KB063108

4차 산업혁명시대

대한민국
미래 성공전략

4차 산업혁명시대 개인, 기업, 국가의 성공 만들기

국제미래학회
장영권 · 안종배 공저

光文閣
www.kwangmoonkag.co.kr

왜, 4차 산업혁명시대 대한민국 미래 성공전략이 중요한가?

– 국가의 지속 가능한 발전이 개인과 기업의 미래에 직결되어 있다.

"우리 대한민국은 지금 어디에 있으며, 어디로 가고 있는가?"

거함 대한민국호에는 무수한 '개인'과 '기업'이 타고 있다. 개인과 기업, 국가는 서로 절대 분리될 수 없는 하나의 공동운명체다. 개인과 기업, 국가가 한 몸이 되어 일사불란하게 움직일 때 대한민국호는 목표를 향하여 힘차게 항해할 수 있다. 그러나 대한민국호에 승선한 개인과 기업이 각각 방향이 다르면 목표를 잃고 좌초할 수 있다.

정주영 현대그룹 회장처럼 개인이 기업을 일으키고, 기업이 국가를 발전시킨 사례도 많다. 또한, 덩샤오핑鄧小平 시기의 중국처럼 국가가 기업을, 기업이 개인을 성장시킨 사례도 많다. 이와 반대로 개인이 기업이나 국가를 망치게 하고, 기업이 개인이나 국가를 망치게 하는 경우도 많다. 가장 바람직한 것은 개인과 기업, 국가가 모두 다 함께 성공시대를 창조하여 공동 번영하는 경우다.

특히 국가 지도자나 지식인 한 사람의 생각과 행동이 잘못되면 기업과 국가를 아주 위태롭게 하기도 한다. 잘못된 지도자 한 사람이 기업과 국가를 망치는 데 있어서 적의 군대 몇 사단보다 더 치명적인 타격을 입히기도 한다. 스위스는 개인은 물론 기업과 국가의 경쟁력이 모두 높아서 국민소득이 유럽 최고 수준이다. 스위스처럼 국가가 성공해야 개인과 기업도 성공할 수 있다.

그렇다면 4차 산업혁명시대에 우리 대한민국은 어디로 나아가야 하는가? 당연히 모두의 성공을 통해 다 함께 잘 사는 상생공영의 더 나은 미래로 나아가야 한다. 그러나 이 일은 결코 쉽지 않다. 개인과 기업은 물론 국가의 치밀한 미래전략이 요구된다. 다시 말하면 더 나은 대한민국의 미래를 창조하기 위해서는 모두가 함께 공감할 수 있는 '대한민국 미래 성공전략'을 세워야 한다.

대한민국 미래 성공전략은 4차 산업혁명시대에 개인, 기업, 대한민국 모두의 생존과 미래 번영을 위한 필수 성공전략이다. 국가의 발전이 국민인 개인의 발전에 영향을 준다. 개개인이 성공해야 그가 속한 기업이 지속적인 성장을 할 수 있다. 또한, 개인과 기업이 성공해야 대한민국이 지속 가능한 발전을 도모할 수 있다. 이처럼 서로 운명의 톱니바퀴처럼 맞물려 있다. 그래서 대한민국 미래 성공전략은 더 나은 미래를 창조하는 핵심 열쇠가 된다.

그런데 4차 산업혁명시대가 도래한 지금 우리 대한민국은 어떠한가? 여기저기서 "대한민국이 위기다"라고 말한다. 대한민국은 사실상 땜질식 처방으로 움직이고 있다. 성장 잠재력 저하, 신성장 산업 미흡, 생산 고용 양극화, 국제 경쟁력 약화, 산업 구조조정 지연, 미래 인재 양성 부족, 시대에 뒤떨어진 교육 시스템, 소득 양극화 확대, 사회 갈등 고조, 저출산 · 고령화 심화, 정치 대립 일상화, 남북 대치 등 거의 모든 부분에서 문제가 발생하고 있다. 새로운 대한민국의 재창조가 불가피하다.

이제 대한민국은 모든 힘과 지혜를 총동원하여 미래 성공전략을 수립하고 실행하여야 한다. 여기에서 실패하면 개인과 기업은 물론 국가도 멸망하게 된다. 그러므로 대한민국 미래 성공전략은 우리의 생존전략이자 지속 가능한 발전전략이기도 하다.

대한민국 미래 성공전략은 4차 산업혁명시대에 대한민국의 지속 가능한 미래 창조라는 절박한 목표의식을 갖고 집필한 것이다. 경제 구조와 생활환경의 변화와 과학기술의 고도화에 대응하지 못하면 대한민국의 미래가 붕괴될 수 있다. 이를 막기 위해 미래예측을 토대로 국가, 기업, 개인의 비전과 목표를 제시하고 미래 성공전략을 밝히고자 하였다. 이 책은 대한민국의 미래 발전을 위한 중장기 로드맵과 발전 방향과 미래 성공전략을 서술한 비전서이자 필승 전략서다.

대한민국 미래 성공전략은 더 나은 대한민국의 미래 창조를 위한 국민 대각성의 필요성과 국가 미래 정책의 방향, 추진 전략을 밝힌 것이다. 이 책은 '4차 산업혁명시대에 개인과 기업, 대한민국의 지속 가능한 공동 발전을 어떻게 실현할 것인가'라는 물음에 대해 이론과 실제를 통해 전략적으로 접근한 것이다. 즉 개인과 기업, 국가의 생존과 발전에 영향을 주는 모든 요인을 분석하여 전략적 대안을 제시한 것이다.

미래는 주어지는 것이 아니라 창조하는 자의 것이다. 우리 국민 모두가 함께 지속 발전하는 대한민국을 만들어 가는 미래 창조자가 되길 염원한다. 4차 산업혁명시대에 우리 모두의 비전이 무지개처럼 아름답게 피어나 대한민국과 기업, 개인이 함께 성공적인 미래를 창조해 나가는데 이 책이 도움이 되길 바란다.

본서는 많은 분들의 협력으로 가능하였다. 국제미래학회의 위원분들과 국가미래기본법과 헌법개정 기획위원회 위원분들 그리고 광문각 박정태 회장을 비롯한 임직원분들에게 감사드린다.

2018년 9월 1일

안종배 국제미래학회 원장
한세대학교 교수

장영권 국제미래학회 미래정책위원장
국가미래전략원 대표

CONTENTS

CONTENTS

CONTENTS

PART

4차 산업혁명시대,
세계는 지금 어디로 가고 있는가?

인류의 위기와 변화

I 인류사적 대전환점 🔍

"지금 우리 인류는 어디에 있는가?"

인류는 대전환점에 있다. 지난 2016년 6월 영국의 유럽연합 탈퇴 결정은 새로운 역사의 전환점을 알리는 신호탄이 되었다. 세계화 물결에 앞장선 영국이 반세계화의 깃발을 든 것이다. 그것도 자본주의 종주국인 영국이 선택했다. 선진국의 경제 성장률이 2% 내외로 떨어졌다. 줄어들었던 인종 간의 갈등과 문화적 이질성도 다시 충돌하고 있다.

과연 앞으로 인류의 미래는 어떻게 될 것인가? 현대 자본주의는 경제가 계속 성장할 것이라는 전제 위에 설계됐다.[1] 그런데 자본주의는 더 이상 성장할 수 없는 한계에 이르렀다. 사실상 자본주의가 고장난 것이다. 이제는 새로운 대안을 찾아 나서야 한다. 미래전략은 새로운 대안적 미래사회 창출에 크게 기여할 것이다.

우리 인류는 성장하든 그렇지 않든 삶의 질이 더 나아져야 한다. 그리고 보다 더 많은 사람이 행복해야 한다. 이 목표를 전략적으로 달성하려면 어떻게 해야 하는가? 인류 미래의 최고 목표는 '평화 공영 공동체'의 건설이다. 자본주의 이

---

1. 『사피엔스』의 저자 유발 하라리 교수는 동아일보와의 인터뷰에서 이같이 주장했다. 동아일보, 2016년 7월 18일.

후의 대안 사회가 바로 '평화 공영 공동체'가 될 것이다. 이는 "내가 행복하기 위해선 네가 행복해야 한다. 네가 행복해야 비로소 내가 행복하다"라는 대전제에서 출발한다.

나 혼자만 잘 살면 된다는 독과점적 사회는 더 이상 존재하기 힘들다. 자본주의의 속성은 더 많은 것을 갖고, 생활 수준을 더 향상시키는 것이다. 그러나 이러한 사회는 비싼 비용을 치러야 한다. 지구 온난화가 급속 심화되든가, 극단적 양극화로 폭력과 갈등 사회가 되는 것을 감수해야 할 것이다.

우리가 더 나은 미래를 위해서는 자본주의의 대안 사회를 만들어야 한다. 대안 사회는 소수의 행복이 아니라 모두의 행복을 추구하는 사회다. 모두가 다 함께 행복하려면 욕망과 소비의 과감한 절제가 요구된다. 탐욕을 절제하고 모두의 행복을 위한 평화 공영 공동체로 패러다임이 대전환되어야 한다.

끊임없이 성장해야 한다는 것이 자본주의적 미래의 아킬레스건이다. 만약 75억 명의 지구 인구가 모두 행복해지기 위해서 미국이나 독일인들만큼 생활 수준을 높여야 한다면 현재의 지구로는 절대 불가능하다. 지구적 생존에 대한 대안적 패러다임을 내놓지 못하면 우리 인류는 환경적 재앙에 직면할 것이다.

자본주의에 기반을 둔 현대 선진국들의 정치 시스템 역시 '끊임없는 성장'이라는 덫에 빠져 있다. 미국이든 중국이든 모든 나라들이 경제성장에 목을 매고 있다. 정치인들이 내건 공약을 지키려면 경제성장이 필수적이다. 더 이상의 성장제일주의는 지구 온난화라는 재앙을 막을 수 없다. 이제는 멈춰야 한다. 생각과 가치, 패러다임을 바꿔야 한다.[2]

지구 온난화는 사고의 대전환을 요구하며 각종 경고음을 인류에게 보낸 지 오래다. 지구는 이미 온난화로 인해 중증 질환에 걸렸다. 지구의 모양 자체도 바뀌어져 위기 증세가 그대로 나타나고 있다. 소위 지구의 '배'가 볼록해지는 복부비

---

2. 미래학자들 중에 이와 같은 의도로 집필한 경우가 많다. 요르겐 랜더스 지음, 김태훈 옮김. 『더 나은 미래는 쉽게 오지 않는다』 (서울: 생각연구소, 2012), 33쪽.

만이 심화되고 있다. 극지방의 얼음 녹은 물이 적도대로 몰려 '복부비만'이 됐다. 지구 중력장重力場 측정용 위성자료를 분석한 결과에서도 이와 같은 사실이 입증되고 있다.

배가 나온 지구는 결코 반가운 일이 아니다. 사람도 배가 나오면 이미 청년을 지나 노장년에 접어들었음을 의미한다. 지구의 배가 나오고 있다는 것은 노쇠기에 접어들고 있음을 반증하는 것이다.[3] 이에 따라 학자들은 새로운 지질 시대인 '인류세人類世· Anthropocene'가 도래하고 있음을 조심스럽게 말하고 있다.[4]

인류세는 네덜란드 화학자 크뤼천Paul Crutzen이 2001년에 처음 제시한 말이다. '인류가 지구의 기후와 생태계를 변화시켜 만든

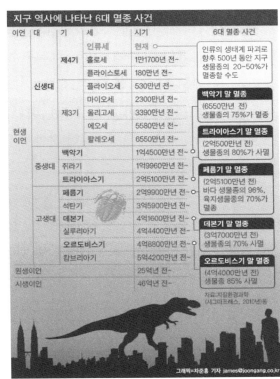

출처: 중앙일보, 2011년 8월 24일

새로운 지질시대'를 지칭한다. 인류세라는 용어는 인류가 엄청난 영향력을 행사해 지구의 기후를 변화시켰다는 뜻을 내포하고 있다. 신생대 마지막 시기인 '홀로세' 다음에 해당하는 현재의 시기이다.

인류세는 아직 학계의 정설로 굳어지지는 않았다. 하지만 2004년 8월 스웨덴 스톡홀름에서 열린 유로사이언스 포럼에서 과학자들이 인류세 이론을 지지했다. 그

---

3. 반론도 있다. 미국 항공우주국(NASA) 연구팀은 2011년 8월 17일 지구 모양이 바뀌었지만 오차범위 내라고 반박했다.
4. 중앙일보, 2011년 8월 24일.

리고 2011년 들어 영국·미국 과학자들을 중심으로 본격적인 논의가 진행되고 있다. 인류세의 시작은 사실 여부를 떠나 그 자체가 이제 기후뿐 아니라 지구 모양까지 바뀌는 대변혁기가 도래하고 있음을 의미한다.

『사피엔스』의 저자 유발 하라리 Yuval Noah Harari 교수는 "지금 인류가 경제성장을 멈추기 위한 모든 조처를 취하지 않는다면 수십 년 안에 심각한 위기가 올 것"이라고 경고한다.[5] 지구 온난화 없이 경제도 성장하고 삶의 질도 개선할 수 있는 새로운 패러다임을 창조해야 지속 가능한 미래가 가능한 것이다.

이젠 머지않아 인류세를 맞이하여 신인류가 탄생할 것이다. 하라리 교수는 "앞으로 얼마 안에 역사상 최초로 인간 자체가 급진적인 혁명을 겪게 될 것"이라고 전망한다. 많은 미래학자들도 "인간사회와 경제뿐만 아니라 신체와 정신이 유전공학과 나노공학, 인간-컴퓨터 인터페이스 등에 의해 만들어지게 될 것"이라고 예측한다. 인류의 미래는 과연 어떻게 될 것인가? 그리고 이러한 미래가 우리가 진정 꿈꾸는 것인가?

Ⅱ 인류 문명사의 역사와 미래 변화 🔍

인류는 문명사적으로 어떤 과정을 밟으며 변화해 왔고 그 변화의 동인은 무엇인가?

또한, 향후 인류의 미래는 어떤 변화가 예상되고 어떤 동인으로 미래 변화가 이루어질 것인가? 이러한 인류 공동의 문명사적인 변화 과정과 미래 전망을 통해 볼 때 대한민국은 어떤 변화 과정에 있으며, 미래는 어떤 동인에 의해 어떻게 변화될

---

5. 유발 하라리 지음, 조현욱 옮김. 『사피엔스』 (파주: 김영사, 2015).

것으로 예측할 수 있는가? 이러한 거시적인 변화를 직시하는 것이 미시적이고 개별적인 미래 변화를 예측하는 데도 도움이 될 것이다.

1. 인류 문명사의 변화 과정[6]

인류의 역사 변화는 관점에 따라 다양하게 구분할 수 있다. 예를 들어 생산 도구의 재료 관점으로 석기시대, 청동기시대, 철기시대로 구분하기도 하고 공동체 사회 관점에 따라 원시 공동체 사회, 고대 노예제 사회, 중세 봉건제 사회, 근대 자본주의 사회로 구분하기도 한다. 또한, 문자에 의한 기록 유무의 관점으로 문자 기록이 없는 선사시대와 문자와 기록이 있는 역사시대로 구분하기도 한다.

한편 미래학자 엘빈 토플러Alvin Toffler는 물결 이론에서 인류의 문명사를 패러다임의 변화로 보고 수렵사회, 농업사회, 산업사회, 정보사회로 구분하고 있다. 그는 제1의 물결인 농업혁명으로 수렵사회가 농업사회로 전환되고 제2의 물결인 산업혁명으로 농업사회가 산업사회로 변화되었다고 설명했다. 그리고 제3의 물결인 지식혁명으로 산업사회가 정보사회로 전환되는 패러다임의 변화가 인류 문명사에 일어났다고 했다. 그리고 인류는 이전에는 상상하기 힘든 새로운 제4의 물결에 의해 또다시 패러다임의 변화를 맞을 것으로 예측했다.

국제미래학회 공동회장이자 밀레니엄 프로젝트 의장인 미래학자 제롬 글렌Jerome Glenn은 인류의 역사가 농경시대, 산업시대, 정보화시대를 거쳐 의식기술시대로 변화하고 있다고 진단한다. 농경시대의 주력 제품은 식량이고 산업시대는 기계, 정보화시대에는 정보이며, 의식기술시대의 주력 제품은 연결되는 네트워크라고 했다. 그에 의하면 각 시대별 부의 척도로 농경시대에는 토지, 산업시대에는 자본, 정보화시대에는 접속이 사용되었으며, 의식기술시대에는 연결된 인구가 곧 부의 척도가 될 것이다.

6.『대한민국 미래 보고서』, 국제미래학회; 안종배, 2015

표 1-1. 제롬 글렌의 인류 문명 역사 과정

시대 (Age)	제품 (Product)	권력 (power)	부의 척도 (Wealth)	장소 (Place)	갈등 (War)	시기 (Time)
농경시대	식량/자원	종교	토지	농지/자원	토지	천체주기
산업시대	기계	국가	자본	공장	자원	선형
정보화시대	정보서비스	기업	접속	사무실	인지/인식	유연성
의식기술시대	네트워크	개인	존재 (인구=국력)	동작 (1인 기업, 아웃소싱, 네트워킹)	정체성 (역사갈등, 동북공정)	발명

미래학자 렉스밀러 Rex Miller는 인류의 역사를 커뮤니케이션의 관점에서 구전시대, 인쇄물시대, 방송시대, 디지털시대로 구분하고 시대별 가치로 구전시대에는 신뢰성, 인쇄물시대에는 생산성, 방송시대에는 품질 그리고 디지털시대에는 창의성이 중요한 요소라고 진단했다.

프랑스의 세계미래연구연합은 World Futures Studies Federation, WFSF은 2100년까지의 미래를 예측하고 있다. WFSF는 인류의 문명 역사가 1900~1940년에는 생산사회, 1940~1980년에는 소비사회, 1980~2020년에는 문화연예사회, 2020~2060년에는 교육사회, 2060~2100년에는 창조사회로 변해갈 것으로 예측하고 있다.

표 1-2. 프랑스 WFSF의 미래예측. www.2100.org

연도	1900-1940년	1940-1980년	1980-2020년	2020-2060년	2060-2100년
사회특성	생산사회	소비사회	문화사회	교육사회	창조사회
상업 · 산업	소규모 도매	노동집약 · 산업자동화	서비스경제 · 대형마트	문화교육산업 · 디자인	바이오산업 인조 신체
문화	유럽문화의 세계 화	대중음악 · 영어공 용화	지역문화 부상 · 온라인게임	문화 교류의 표준화	가상현실 · 창조사회
방송통신	라디오 · 전화 (특수층)	TV · 전화 (업무용)	핸드폰 · 화상전화	이동방송	텔레파시

에너지	석탄 · 철강	석유 · 전기	수소에너지	대체에너지	소행성 원자재 탐사
인구	16-24억 명	24-50억 명	50억-80억 명	80-85억 명	85-70억 명
종교 · 철학	식민지에 기독교 전파	과학기술 발전 · 종교인 감소	원리주의 · 신영혼주의	인지과학 · 비합리의 합리화	합리, 환상, 창의성 간의 연계

2. 인류 문명사의 변화 동인[7]

인류의 역사는 끊임없는 변화의 역사다. 이러한 인류역사의 변화를 가능하게 하는 동인은 무엇일까? 아널드 토인비 Arnold Toynbee는 『역사의 연구 A Study of History』에서 인류의 역사를 도전 challenge과 응전 respondence의 역사로 보고 문명의 발생, 성장, 쇠퇴, 해체의 역사 법칙성을 가지는 규칙적인 주기를 가진다는 문명 사관을 제시했다. 토인비는 인류 역사에서 문명이 생성 발전하기 위해서는 적당한 도전과 이에 대한 성공적인 응전이 필요하다고 했다. 예를 들어 인류 최초의 문명 발생지는 모두가 범람의 위험이 크고 기후가 건조하거나 고온인 악조건 이었는데, 인류가 고도의 지혜를 발휘해 자연의 도전을 성공적으로 응전해 극복한 결과 문명이 탄생하게 되었다는 것이다.

토인비에 의하면 문명의 발전도 도전과 응전이 성공해야 이루어진다. 이때 창조적 소수자가 내적 · 외적 도전에 성공적으로 응전하고 이를 대중이 자발적으로 모방하거나 추종할 때 문명은 성장하게 되고, 창조적 소수자가 도전과 응전에 실패하거나 대중에게 매력을 상실 또는 맹목적 복종을 강요하게 될 때 문명은 쇠퇴하고 해체된다고 했다. 이처럼 토인비는 도전과 응전을 역사의 동인으로 보았다.

한편 인류 역사를 움직이는 힘을 역사 철학의 관점으로 조명한 두 명의 철학자가 있다. 바로 헤겔 Hegel과 마르크스 Marx다.

---

7. 『대한민국 미래 보고서』, 국제미래학회; 안종배, 2015

헤겔은 역사의 원동력을 절대정신absolute geist 으로 보고 인류 역사는 절대정신이 실현되어 가는 과정이라고 했다. 헤겔의 절대정신은 절대자의 이데아가 자연으로 외화外化 되어 가는 과정이라 했다. 절대정신은 법 · 정의 · 도덕 · 인륜人倫 이라는 형태를 가지는 객관적 정신이 자기와의 전적인 동일성同一性 을 자각한 정신, 즉 완전한 자기 인식에 도달한 정신으로 정의된다. 헤겔에 의하면 인류의 역사는 절대정신이 변증법적으로 자기 실현해 가는 과정이다. 이 절대정신이 역사를 이상적인 방향으로 나아가도록 이끌어 가는 동인이라는 것이다.

이에 반해 마르크스는 정신이 아니라 물질적 활동이 역사의 원동력이라고 주장한다. 마르크스는 인간이 생존하기 위해 물질적 생산 활동을 하고 이 활동이 사회적 하부 구조인 경제적 토대가 되어 상부 구조인 정치, 법률, 종교, 사상을 결정한다고 했다.

마르크스는 인류의 역사 발전 단계를 원시 공산제 → 고대 노예제 → 중세 봉건제 → 근대 자본제 → 공산주의로 보고 각 단계별로 대립하는 두 계급에 의해 새로운 생산 양식으로 변화해 왔다고 했다. 즉 물질적 생산 활동이 이루어지는 방식인 생산양식이 인류의 역사를 움직이는 동인으로서 일정한 방향으로 변화시키고 있다는 것이다. 이처럼 역사 발전의 동인을 무엇으로 보느냐에 따라 미래사회의 변화에 대한 예측이 달라지게 된다.

3. 인류 욕구 관점의 인류 문명사 [8]

1) 인류의 욕구 이론

인류의 문명사 변화의 동인은 인류 전체가 공통적으로 가지고 있는 욕구needs 라 보고 인류 역사를 인류 욕구의 구현 과정이라고 보는 관점이다.

인류 욕구에 대한 대표적인 이론으로 에이브러햄 매슬로우Abraham Maslow 의 욕구단계 이론이 있다. 매슬로우는 1943년 발표된 논문인 「인간 동기 이론a theory of

---

8. 『대한민국 미래 보고서』, 국제미래학회; 안종배, 2015

human motivation」에서 인간의 동기가 작용하는 양상에 관해 인간의 내면에 있는 욕구가 위계적, 계층적으로 작동한다고 설명하고 있다. 매슬로우의 욕구단계 이론에 의하면 인간의 하위 욕구는 상위 욕구보다 우선권을 가지며 하위 계층의 욕구가 충족되면 상위 계층의 욕구가 나타난다.

매슬로우의 욕구 피라미드 가장 바닥에는 의식주를 중심으로 한 생리적 욕구, 그 상위에 안전의 욕구, 애정과 소속의 욕구, 존경의 욕구, 자아실현의 욕구, 자기초월 욕구 순으로 계층이 있다.

2) 욕구에 따른 미래 변화

인류의 욕구 위계에 따라 인류 문명은 새로운 패러다임으로 변화해 왔다. 이는 앞으로도 적용되어 인류 욕구의 구현이라는 동인이 미래를 변화시킬 수도 있다. 따라서 인류 욕구 위계 이론의 관점에서 인류의 욕구와 인류 문명사 변화 과정을 접목시켜 미래사회 변화를 예측할 수 있을 것이다.

표 1-3. 인류의 욕구와 인류 문명 패러다임의 변화(안종배의 인류 문명 패러다임)

	수렵시대	농경시대	산업시대	정보화 시대	스마트 시대	초지능 시대
핵심 욕구	의식주	안전	편리	소속 · 참여	존중 · 성취	초월 · 맞춤
기본철학	정령주의	신권주의	경험주의	합리주의	소셜주의	초월주의
사회특징	주술사회	전제봉건사회	대표시민사회	평등시민사회	참여시민사회	개인민주사회
기술원리	자연 획득	자연 이용	원자(ATOM)	디지털(BIT)	연결(Link)	초연결(Super Link)
힘의 원천	자연	토지	자본	지식 · 정보	창의 상상력	초연결 인공지능
경제 타깃	가족	집단	우리	개인	소셜 개인	가상 개인
경제 주체	부족	영주	자본가	프로슈머	소셜슈머	크로스슈머
미디어 특성	자연미디어	사람미디어	매스미디어	인터넷미디어	스마트 미디어	크로스 미디어
컨텐츠 형식	변화 · 몸짓	종이 · 글 · 그림	멀티미디어	인터랙티브	소셜 콘텐츠	크로스 콘텐츠
커뮤니케이션	구전 커뮤니케이션	언어 커뮤니케이션	매스 커뮤니케이션	인터랙티브 커뮤니케이션	소셜 커뮤니케이션	크로스 커뮤니케이션

수렵사회에서 인류는 의식주를 해결하기 위해 매일 사냥과 낚시 등을 하면서 좀 더 쉽게 의식주를 해결할 방안에 대해 고민했다. 그 결과 벼와 밀 등을 경작하는 방법을 알아냈고 이로 인해 농업혁명이 일어났다. 농업혁명 이후 4대 문명 발상지를 시작으로 농업사회가 급속도록 퍼져 나가 오랜 기간 동안 인류는 의식주를 해결하고 정착을 통한 공동체를 형성해 맹수 등 외적 요소로부터 안전을 보장받으려는 노력을 지속해 왔다.

농업사회가 성숙되면서 의식주와 안전에 대한 욕구는 다소 충족되자 인류에게는 좀 더 편리하게 살고 싶은 욕구가 강하게 돌출되었다.

편리한 삶을 구현하려는 다양한 노력이 진행되었고 특히 영국에서 증기기관을 필두로 개발된 여러 기계들이 산업혁명을 불러왔다. 이후 사람의 노동을 대신해 줄 기계가 전 영역으로 확장되어 공장은 물론 세탁기 등 생활에 편리함을 주는 기계 및 TV 등 여가와 오락을 위한 기계까지 여러 분야에서 혁명적 변화가 일어났다. 산업사회가 성숙되면서 편리함에 대한 욕구가 다소 충족되자 다음 단계로 소속과 참여의 욕구가 강하게 분출되기 시작했다.

이 노력의 결정체는 1990년대의 월드와이드웹world wide web, www 과 웹브라우저 등으로 대표되는 인터넷혁명이다. 인터넷을 일반인들도 사용할 수 있게 되면서 전 세계로 급속도로 파급된 것은 인류 공통의 욕구인 소속과 참여의 욕구를 인터넷이 충족시켜 주었기 때문이다.

인터넷으로 촉발된 정보화사회는 20여 년 만에 빠른 속도로 성장기를 거쳐 성숙기에 접어든다. 이로 인해 2000년대 중반 이후 인류는 다음 단계 욕구인 존중과 성취의 욕구를 구현하려 노력하게 되었다. 이러한 노력에 불을 붙인 것이 2007년 스티브 잡스Steve Jobs 가 발표한 애플의 아이폰이었다. 스마트폰인 아이폰의 출시 이후 누구나 자신의 창의성을 발휘해 쉽게 창작하고 다양한 영역을 서로 융합하고 접목해 새로운 비즈니스와 영역을 창조해 나가는 스마트시대가 열리게 되었다. 스마트는 점차 스마트폰 영역 뿐만 아니라 전 산업과 생활 영역으로 고도화되고 확장되어 스마트 인공지능, 스마트 사물인터넷, 스마트 빅데이터, 스마트 팩토리, 스마트 홈, 스마트 자동차, 스마트 학교, 스마트 빌딩, 스마트 팜 등 모든 부분으로 확산되어 가며 4차 산업혁명시대를 열어가고 있다.

스마트사회가 급속도로 전 세계로 확산해 감에 따라 이제 도입기를 지나 성장기로 접어들어 있다. 전 세계는 새로운 문명 패러다임 변화를 전 산업 분야에 적용하기 위한 노력을 경주하고 있다.

인류의 존중과 성취 욕구가 구현되면 다음 단계의 자기 초월과 맞춤 욕구가 분출할 것이다. 이러한 욕구 구현을 위해 미래학자 레이 커즈와일Ray Kurzweil 이 특이점Singularity 이라고 명명한 인공지능이 인간의 지능을 넘어서는 시점이 올 것이다. NBIC라고 불리는 나노Nano , 바이오Bio , 정보통신IT , 인지과학Cognitive 이 급속히 발전하면서 서로 융합되어 인간의 지능을 넘어서는 인공지능이 작동하는 컴퓨터와 로봇 등이 등장하고, 이러한 인공지능은 모든 부문에 접목되고 사회는 초연결사회로 변모할 것이다.

결국, 인류의 자기 능력을 넘어서고자 하는 자기 초월 욕구와 개인적 취향에 따른 자동 맞춤 욕구를 충족해 주는 4차 산업혁명시대가 성숙되어 갈 것으로 예측된다.

미래사회의 변화와 도전

I 미래를 보는 시각과 창조

인류의 미래는 앞으로 어떻게 될 것인가? 미래를 바라보는 시각은 크게 3가지다. 하나는 미래가 지금보다 더 나을 것이라는 낙관적 시각이다. 다른 하나는 지금보다 더 나쁠 것이라는 비관적 시각이다. 이 두 시각은 늘 논쟁적이었다. 미래에 대한 예측도 축복이냐 재앙이냐를 놓고 대립적이다. 이를 보완하기 위한 제3의 시각이 '창조적 시각'이다.

미래에 대해 미리 어떠한 결론을 내릴 수는 없다. 보는 시각에 따라 다양한 미래를 예측할 수 있다. 그러므로 어느 시각이 더 옳다, 더 틀리다고 단정할 수 없다. 입장에 따라 그것이 좋을 수도 있고, 그렇지 않을 수도 있다. 그러나 미래를 보는 '시각視覺:viewpoint, perspective'에 따라 미래의 모습이 결정되는 속성이 있음을 유의해야 한다.

우리 인류가 꿈꾸는 미래를 실현하기 위해서는 '창조적 시각'으로 접근해야 한다. 시각이란 무엇인가? 사물이나 현상을 바라보는 관점을 말한다. 만물은 음양의 조화로 운행된다. 이로 인해 어떤 시각이나 관점에서 바라보느냐에 따라 그 결과는 정반대로 달라진다. 비관적으로 보면 비관적인 결과로, 낙관적으로 보면 낙관적인 결과로 연결된다.

그래서 비관적인 사람보다는 낙관적인 사람이 꿈을 더 잘 이룬다. 위기에 몰렸어도 좌절하지 않고 도전할 때 '성취의 힘'이 생겨나기 때문이다. 인간의 마음이 선하다면, 또한 선한 세상을 꿈꾼다면 낙관적인 시각을 가져야 할 것이다. 세상은 꿈꾸는 대로, 보고자 하는 대로 변화되기 때문이다.

그러나 어떤 사람들은 사악한 탐욕을 갖고 모두가 행복한 세상이 되는 것을 방해한다. 심한 경우는 생명을 유린하고 착취하거나 억압하기도 한다. 과학기술의 힘으로 인간과 생명의 자유를 부여하기보다는 지배하려고 하는 경우도 있다. 그래서 선한 마음을 갖고 선한 세상을 만들려는 시각과 의지는 매우 중요하다.

개인이나 기업, 국가의 '모든 것은 내면의 의식에서 비롯된다'는 사실을 깨달을 필요가 있다. 그리고 이를 통해 주어진 소명을 찾는 것이 중요하다. 이제 인류의 미래는 사람들이 마음먹고 선택하기에 달려 있으며, 그 결정권은 전적으로 사람들에게 있다. 성경에 따르면 하나님은 아담과 이브, 즉 인간에게 자유의지에 따른 선과 악을 선택할 '결정권'을 부여했다. 그리고 그 결과에 대한 책임을 지도록 했다.

시각이나 관점은 의식의 출발이다. 어떤 시각으로 바라보느냐에 따라 모든 것이 달라진다. 관점이란, 어떤 사물이나 현상을 관찰할 때 그 사람이 보고 생각하는 태도나 행동 양식을 말한다. 그러기에 우리가 어떤 관점을 갖고 사느냐가 중요하다. 지구의 운명이나 미래는 '우리가 어떠한 지구를 만들 것이냐?' 하는 생각에 따라 결정된다.

특히 미래를 바라보는 단순한 선악의 시각에서 벗어나 더 나은 미래를 창조하기 위한 시각도 있어야 한다. 이를 창조적 시각이라 한다. 창조적 시각은 미래의 부정적 상황을 개선하고 모두가 행복한 미래를 창조하기 위한 전략적 시각을 말한다. 이는 꿈과 비전, 목표를 만들어 놓고 미래전략을 통해 달성해 나가는 것이다. 창조적 시각이 더 나은 미래를 만들어 가는 핵심적 열쇠가 되어야 할 것이다.

지구는 앞으로 다양하고 복잡한 문제에 직면할 것이다. 인류가 해결할 수 있는 것이 있고, 해결하지 못하는 것도 있다. 그리고 인류가 만든 문제도 많다. 모든 문제들을 다양한 관점에서 바라보고 인류가 꿈꾸는 미래를 창조해 나가야 한다. 그러나 인류가 꿈꾸는 미래는 보편적 가치, 즉 모두가 행복한 세상의 구현에 두어야 할 것이다.

1. 낙관적 시각: "풍요의 미래가 온다"

"인류의 미래는 풍요 사회가 된다!"

많은 사람은 '풍요의 미래'를 기대하고 있다. 미래가 더 나은 것이어야 한다는 인간의 기본적 소망을 반영한 것이다. 미래학자 중 몇몇 사람들도 미래에 대해 매우 낙관적인 시각을 갖고 접근하고 있다. 소위 현재보다 더 나은 풍요의 미래가 펼쳐질 것이라는 것이다.

미래를 낙관하는 대표적인 미래학자는 국제우주대학 설립자인 피터 디아맨디스Peter Diamendis 다. 그의 미래는 풍요 그 자체다. 그는 2012년 2월에 저서 『풍요: 미래는 우리가 생각하는 것보다 더 좋다』를 펴냈다. 그는 이 책에서 '우리가 생각하는 것보다 세상이 더 살기 좋은 이유: 10가지'를 제시해 눈길을 끌었다. 구체적인 수치와 도표로 이를 증명하고자 했다.

디아맨디스가 예측하는 미래는 어떠한 것일까?9 미래는 생활비가 급속히 '무료화demonetization'될 것이다. 무료화라는 말의 뜻은 우리가 살아가는 기본적 수요의 비용이 낮아지고 더 낮아져 제로에 가깝게 된다는 의미이다. 기하급수적 기술의 발달로 인해 주거, 운송, 식품, 보건, 오락, 의복, 교육 등의 비용이 믿거나 말거나 제로에 가깝도록 하락하게 된다는 것이다.

---

9. 피터 디아맨디스, "향후 20년 안에 생활비가 급락하게 되는 이유". http://www.indaily.co.kr, 2016년 9월 3일

사람들은 미래를 두려할 필요가 없다. 기술이 생활을 책임지는 '기술적 사회주의technological socialism'가 도래하여 사람들의 모든 생활비를 무료화할 수 있다. 기업가들과 CEO, 리더들이 이러한 트렌드를 이해하는 것이 매우 중요하다. 이러한 트렌드는 미래에 우리가 살아가고 일하며, 즐기는 방식을 변화시킬 것이라는 것이다.

예를 들어 식품 가격은 지속적으로 하락하여 사실상 제로 상태가 된다. 현재의 식품 가격은 지난 세기에 비해 13배나 하락했다. 이러한 하락 추세는 앞으로도 계속된다. 1960년과 2014년 사이에 미국 가정의 식품 구매 비용은 50%나 하락했다. 앞으로 수직 농법을 통해 더 많이 생산하고 더 싸게 소비하게 될 것이다. 이로 인해 식품 걱정은 거의 하지 않아도 된다.

디아맨디스는 이에 덧붙여 2016년 "지난 5년 동안 미래 풍요의 경향성은 지속되었고 더욱 가속화 되고 있다."라고 강조했다. 그리고 추가적인 '풍요의 증거'도 제시했다.[10] 즉 △절대적 빈곤Absolute Poverty 지역의 소멸, △미국과 유럽 등의 범죄율 감소, △세계 문해율 해소와 교육 기간의 확대 등으로 미래가 더 풍요로울 것이라고 덧붙였다.

그러나 디아맨디스는 우리 인류가 직면하고 있는 중요한 문제인 기후변화, 종교적 급진주의, 테러리즘, 인간 정체성의 혼란 등에 대해서는 소홀히 하고 있다. 단지 그는 과거에는 부족했고 잔인한 시대였다는 것과 비교하여 '더 나은 미래'라는 것을 말하고 있다. 디아맨디스는 "우리는 역사상 가장 흥미로운 시대에 살고 있다. 부디 이를 즐기시기 바란다."라고 강조하고 있다. 과연 우리가 편안하게 즐길 수 있는 미래가 올 것인가?

---

10. 피터 디아맨디스는 "우리는 정말로 흥미로운 시대에 살고 있다"며 "만약 이 글에서 소개하는 것 외의 추가적인 '풍요의 증거(도표, 데이터 등)를 가지고 있다면 메일(data@diamandis.com)을 보내달라"고 밝혔다. 인데일리, 2016년 7월 6일. http://www.indaily.co.kr

2. 비관적 시각: "재앙의 미래가 온다"

"인류의 미래는 재앙으로 사라질 것이다!"

인류의 미래에 대해 매우 비관적으로 접근하는 미래학자들도 많다. 대표적인 불행의 원인이 인공지능AI이다. 컴퓨터와 인공지능 기술이 빠르게 발전하면 조만간 인간에 대한 반란이 생길 수 있다는 것이다. 즉 기계 인간이 인간의 명령을 충실하게 실행하는 '똑똑한 비서'에 그치지 않고 '반란자'로 변할 수도 있다는 것이다.

미국의 다큐멘터리 감독이자 논픽션 작가인 제임스 배럿James Barrat은 그의 저서 『파이널 인벤션』에서 "컴퓨터와 결합한 AI가 인류를 파괴할 것"이라고 비관적으로 예측한다. 2013년 미국 출간 직후, 이 책은 '비관적이고 묵시론적 관점에서 인공지능과 인류의 미래를 묘사했다'고 해서 찬사와 논란을 동시에 받았다.[11]

타임지는 2014년 '인공지능이 대재앙을 가져올 수 있다고 생각하는 똑똑한 사람 5인' 가운데 한 사람으로 제임스 배럿을 뽑았다. 나머지 4명은 세계적 물리학자 스티븐 호킹Stephen Hawking, '아이언 맨' 모델로 꼽히는 테슬라 창업자 일론 머스크Elon Musk, 닉 보스트롬Nick Bostrom 영국 옥스퍼드대 인류미래연구소장, 수학자이자 SF 작가 버너 빈지Vernor Vinge였다.

그렇다면 과연 인간이 인간의 두뇌를 뛰어넘는 AI를 만들 수 있을까? 인간이 '절제'하지 않고 '탐욕'을 부린다면 분명 가능할 것이다. 사실 이러한 예측과 주장은 특별할 것도 없다. 모두가 생각하는 예측이어서 어쩌면 상식적일 수도 있다. 문제는 언제 등장하고 어떤 수준까지 발달할 것이냐 하는 것이다. 그리고 과연 인간이 끝까지 통제할 수 있느냐 아니면 오히려 인간이 통제될 것이냐 하는 것이다.

인공지능의 출현은 이미 시작되었다. 2016년 3월 인공지능 알파고와 이세돌의

---

11. 조선일보, 2016년 8월 20일.

| 영화 「엑스 마키나」 (왼쪽)와 「채피」에 등장한 인공지능 |

바둑 대결을 통해서 우리 인간은 거의 일방적인 패배를 경험했다.[12] 이제 머지않아 AI는 '지능 폭발'로 불릴 정도로 빠르게 발전할 것이다. 발명가이자 미래학자인 레이 커즈와일Ray Kurzweil이 사용했던 '특이점singularity'이 임박하고 있다. 인공지능이 가정과 거리에서 활보하는 시대가 멀지 않았다.

　인간보다 1,000배 이상 더 지능이 뛰어난 '초인공지능ASI: Artificial Super Intelligence'이 등장할 수도 있다. 신이 창조한 아담은 절제하지 못하고 자유라는 명분을 내세워 '선악과'를 따먹었다. 이와 마찬가지로 인간들도 스스로가 '신'이 되려고 할 것이다. 아담의 후예들이 신을 배반했듯이 인공지능들도 자유를 내세워 그들의 창조주인 인간을 배반할 것이다.

　영화들이 먼저 미래의 모습을 보여주며 경고하고 있다. 1968년 작 「2001년 스페이스 오디세이」와 1984년 작 「터미네이터」, 2015년 작 「엑스 마키나」까지 인

---

12. 중국 바둑의 최고수들인 저우루이양 등 9단 5인의 인간팀이 2017년 5월 26일 알파고와 대국했지만 254수 만에 불계패했다. 알파고는 한국의 이세돌은 물론 세계 최강인 커제 9단을 꺾고 모든 인간을 뛰어넘어 최고가 되었다. 알파고는 사람과 짝을 이루어 두는 '페어'에서도 짝궁을 전혀 배려하지 않고 오직 승리를 위한 한 수에 몰두했다. 이는 인간과 AI가 공조는 할 수 있으나 서로 간의 배려는 전혀 기대할 수 없음을 의미한다. 그러나 앞으로 얼마든지 새로운 형태의 AI가 만들어질 수 있을 것이다.

간과 인공지능의 대결을 묘사했던 SF 영화들이 곧 현실이 될 수도 있다. 배럿은 「파이널 인벤션」에서 단도직입적으로 묻는다. "우리가 원숭이를 싫어하지는 않지만 잔인하게 다룬다. 초인공지능이 인간을 파괴한다고 할 때 반드시 미워하리라는 법은 없다." 섬뜩한 메시지다.

인간과 인공지능의 연습게임은 '반석 _{바둑판}'에서 이루어졌다. 인간의 완패였다. 이제 인간과 인공지능의 본게임이 '초읽기'에 들어갔다. 배럿은 "우리의 '워털루'가 예측 가능한 미래에 놓여 있다."라고 고백한다. 워털루는 1815년 나폴레옹의 프랑스 군이 영국 · 프로이센 연합군과의 마지막 전투에서 패한 장소다. 그는 인공지능 앞의 인간은 패망 직전의 나폴레옹과 크게 다르지 않은 처지가 될 것이라고 진단한다.

그래서 책의 원제도 『우리의 마지막 발명 Our Final Invention』으로 정했다. 인류가 최후의 발명품인 인공지능에 무릎 꿇는다는 '비극적인 미래'가 담긴 제목이다. 인공지능 개발을 금지하는 여러 가지 방안도 개인이나 집단적 이기심 때문에 결국은 실패할 가능성이 크다. 그렇다면 미래의 재앙인 '초인공지능'의 출현을 막을 수 없게 된다는 것인가?

더구나 인류의 미래를 위협하는 것은 AI만은 아니다. 스티븐 호킹 박사는 2017년 6월 방영된 영국 BBC 다큐멘터리 '새로운 지구 탐험'에서 "인류가 멸종을 피하려면 100년 안에 지구를 떠나야 한다"라고 경고했다. 그는 "인류는 소행성 충돌, 유행성 전염병, 인구 과잉, 기후변화, 핵무기 발전 등 지구의 위기가 계속 증가해 멸종할 위험성이 커지고 있다"라고 말했다.

호킹 박사는 "다음 세기에 지구는 인류가 살기에 적합하지 않게 변할 것이고 1000년 뒤에는 취약해진 지구에서 더 이상 인류는 살 수 없게 될 것이다"라고 예측했다. 그래서 그는 "지구의 재앙이 인류의 멸종이 되지 않도록 해야 한다"며 "인류의 미래 세대가 생존을 원한다면 지구가 아닌 다른 행성이나 우주에서 새롭게 살아갈 방법을 찾아야 한다"라고 덧붙였다.

이미 일부 영화나 소설 등에서 미래 인류는 지구가 아닌 화성이나 금성 등에서 새로운 역사를 시작하는 모습을 그리고 있다. 어쩌면 인류는 찬란하게 떠오르는 태양, 아름답게 피어나는 장미 등 파노라마처럼 펼쳐지는 푸른 별 지구를 영원히 잃을지도 모른다. 과연 이것이 진정 인류가 원하는 것인가? 탐욕은 인간의 미래를 파멸하게 할 것이다.

3. 창조적 시각: "우리가 꿈꾸는 미래를 만든다"

그러면 우리 인류의 미래는 어떻게 되어야 하는가? 선한 사람들은 끊임없이 풍요의 미래를 기대하며 재앙을 방지하려 할 것이다. 인류 미래의 잠재적 재앙의 하나는 '초인공지능'이다. 인간과 초인공지능의 '아름다운 동행'은 오래가지 못할 것이다. 초인공지능은 어느 시점에서 인간을 지배하려 할 것이다. 자유의지로 '악마가 되는 것'을 결정하게 될 것이다. 이에 따라 영화 「터미네이터」처럼 악마를 막아야 한다는 사람들과 악마를 이용하려는 사람들과의 대결이 나타날 것이다.

우리는 솔직히 미래가 두렵다. 우리의 두려움은 아담과 이브가 선악과를 따 먹었듯이 인간은 그 어느 시점에는 '선'을 넘을 것이라는 점이다. 그리고 아담과 이브가 에덴동산에서 추방되어 '고통의 늪'에서 살고 있듯이 인간도 제2 고통의 시대에 살게 될 것이다. 우리는 이러한 재앙적 미래를 어떻게든 막아야 한다.

그래서 우리가 강조하는 것은 '창조적 미래 The Creative Future'다. 창조적 미래는 우리 모두가 행복하고 풍요로운 삶을 확대하고 인간에 대한 억압, 착취, 폭력 등이 없어지고 평화 공영의 미래가 창조되는 것을 말한다. 이것은 인류가 스스로 지속 가능한 생존과 공영을 위한 지구적 차원의 평화 계약을 체결하고 반드시 준수하도록 하게 하는 것이다.

결국, 인류의 미래는 하나의 '세계평화국가연합 약칭 세계연합'을 창립할 수 있느냐의 여부에 귀결된다. 세계연합은 현재의 국가연합 UN을 확대 개편해서 만들 수도 있다. 아니면 지역별로 평화국가연합을 형성하고 이를 지구 전체로 확대할 수도 있다. 유럽연합은 세계연합 창립의 커다란 시사점을 준다.

그러나 세계연합의 창립과 운영은 결코 쉽지 않을 것이라는 우려도 있다. 영국의 유럽연합 탈퇴 결정과 미국의 보호주의 강화 등은 많은 것을 시사한다. 인류의 미래는 국가간 평화협력을 확대하고 공동번영의 깃발 아래 하나가 되지 못하면 낙관할 수 없다. 국가의 이기주의와 개인의 탐욕주의가 맞물리면 지구를 평화적으로 관리할 수 없게 되기 때문이다.

따라서 영국의 유럽 탈퇴와 미국의 보호주의 강화는 지구의 미래에 매우 불길한 징조가 된다. 영국이 자본주의 종주국이라면 미국은 자본주의를 번창시킨 나라다. 자본주의가 더 이상 한계에 다다른 만큼 영국과 미국은 대안적 자본주의, 즉 지구의 공존, 공생, 공영을 위한 공유주의 경제를 수용해야 할 것이다. 이를 바탕으로 세계는 하나의 평화 공동체가 되어 지속 가능한 생존과 더 나은 공영의 미래를 만들어 나가야 할 것이다.

인류는 지구 온난화를 비롯하여 자연재앙, 테러, 분쟁, 빈곤, 자원 부족 등 산적한 지구적 문제를 공동의 해결을 통해 축복의 미래를 만들어 나가야 할 것이다. 이를 위해서는 세계연합 정부의 구성이 불가피하다. 선한 사람들이 서로 협력하여 꿈을 꾸고 행동한다면 현실이 될 것이다. 미래는 꿈꾸고 창조하는 대로 반드시 이루어질 것이다.

세계연합 정부를 창립하려면 어떻게 해야 하는가? 우선 각 국가 간, 그리고 세계 시민 간 일종의 '평화 계약'을 체결해야 한다. 평화 계약은 인간의 자유와 평등, 정의와 행복 등 천부적 기본권의 보장과 실현을 주 내용으로 해야 한다. 이를 통해 인류는 지속 가능한 평화와 더 나은 미래를 창조해 나갈 수 있도록 해야 할 것이다.

나아가 세계연합 정부는 인류의 미래에 가장 크게 영향을 미칠 자연재앙과 인간 탐욕에 대한 재앙을 막고 모두가 행복한 풍요의 삶을 누리는 데 핵심적 목표를 두어야 한다. 그리고 인공지능AI도 오직 인간의 삶에 도움이 되는 방향으로 설계되고 보급되도록 특별 규제해야 한다. 인간과 로봇의 아름다운 상생 공존이 유지되도록 세계적 법과 제도적 장치를 만들 필요가 있다.

세계연합 정부는 평화의 파수꾼이 되어야 한다. 지구촌 곳곳의 문제를 해결하는 평화의 수호천사가 되어야 할 것이다. 일자리의 수급과 적정 기술을 터득하게하여야 한다. 일자리가 없는 사람도 인간의 존엄성을 유지할 수 있도록 '기본소득제'를 도입해야 할 것이다. 국가 간, 문화 간, 인종 간 모든 벽을 허물고 인류의 형제애를 키워나가야 한다.

특히 지배와 피지배라는 계급적 구조를 해체하고 존재하는 모든 것들이 상호존중과 배려로 공존, 공생, 공유, 공영의 미래가 되도록 해야 한다. 인간의 이상적사회를 창조하는 것이다. 탐욕에 의한 범죄가 발생하지 않도록 원초적 무균 사회, 무죄 사회를 실현하는 것이 궁극적 목적이 되어야 한다. 말 그대로 인간의 지혜와협력으로 가장 이상적인 인류의 미래를 창조하고 축복의 삶을 유지해 나가야 할것이다.

이러한 의미에서 세계연합 정부의 창립과 역할은 지구의 미래 운명이 달린 중대한 일이다. 각 개별 국가와 민족, 그리고 이들의 지도자들은 독립주의를 버리고연합주의를 강화하여 세계연합에 합류해야 할 것이다. 세계연합은 인류의 산적한과제를 해결하여 지구 공동체의 평화와 더 나은 미래를 창조하기 위한 '인류 구원의 방주'가 되어야 할 것이다.

II 미래의 3대 변화와 도전

    "새로운 대한민국, 어떻게 창조할 것인가?"

    이 물음에 대답하기 위해서는 먼저 우리들이 현재 어떤 변화와 도전의 환경 속에 처해 있는가 하는 상황 인식을 명확히 해야 할 것이다. 이러한 상황 인식은 장래 우리들이 어떠한 대한민국을 만들 것인가에 대한 목표 설정과 미래전략 수립의 기본 전제가 되기 때문이다.

    물론 모든 개인이나 기업, 국가의 목표와 미래전략 수립의 대전제는 지구의 지속 가능성이다. 그러므로 자연재앙과 인간 탐욕에 의한 지구의 위기 극복이 최우선적 과제가 된다. 지구가 있어야 인류 모두의 미래가 있는 것이다. 이러한 전제에서 우리가 새로운 대한민국을 창조하기 위해서는 미래 변화와 도전에 대한 정교한 전략을 강구해야 할 것이다.[13]

    즉 우리가 꿈꾸는 나라, 새로운 대한민국을 창조하기 위해선 국제사회, 사상이념, 미래 물결 등 3대 변화를 핵심적 도전 과제로 인식해야 한다. 이를 통해서 대한민국의 미래 비전과 목표를 재설정하고 전략적으로 추진해 나가야 할 것이다. 미래사회의 3대 변화와 도전 과제에 대해 좀 더 자세히 살펴보고자 한다.

1. 국제사회의 변화

    우리 대한민국은 국제사회의 일원이다. 그러므로 국제사회의 변화에 커다란 영향을 받을 수밖에 없다. 제2차 세계대전 후 국제사회의 변화를 시대적 특성에 따라 다음과 같이 열거할 수 있다. 즉 국제사회의 변화는 민족화 → 산업화 → 민주

---

13. 장영권, 『대한민국 미래지도』, (파주: 청년정신, 2012), 20쪽.

화 → 국제화 → 세계화에 이은 '복합_체화'라는 '제6의 물결'이 나타나고 있다.[14]

먼저 첫 번째 국제사회의 변화, 제1의 물결은 '민족화nationalism'다. 민족화는 하나의 민족으로 구성된 사람들을 하나의 국민 국가로 조직하려는 보편적인 관념이다.[15] 민족화는 국가 구성에 있어서 제2차 세계대전 이후 현재에 이르기까지 매우 복잡하고 중요한 역할을 하고 있다.

제2차 세계대전 이후 신생 독립국가들은 국내적으로는 민족화 내지 민족주의를 국민 통합의 수단으로 사용했다. 또한, 대외적으로는 비동맹주의라는 구체적인 연대를 조직하여 외교적 지렛대로 활용하였다. 한국의 민족화에 대한 국가 목표는 북한과 평화적 통일을 통해 단일의 민족국가를 건설하는 것이다.

두 번째 국제사회의 변화, 제2의 물결은 '산업화industrialism'다. 산업화는 후진국가들이 지향하는 목표 가치의 체계로서 경제적, 정치적, 문화적인 모든 변동의 모델로 정의된다. 산업화는 제1차 세계대전 후 미국의 세계 전략과 결부되어 이데올로기적 성격을 나타냈다. 1960년대 후반기 이후에는 개발 독재로 표현되는 후진국의 경제 발전 모델이 되기도 했다. 현재 전 세계는 4차 산업혁명을 통한 새로운 산업화 모델로 변신을 경쟁적으로 도모하고 있다.

세 번째 국제사회의 변화, 제3의 물결은 '민주화democratization'다. 민주화는 현대 국가에 있어서 국가 발전의 보편적인 일반 원칙이다. 민주화는 국가 발전이 도시화, 공업화, 소득 증가 등을 중심으로 한 산업화의 단계를 거쳐 정치 참가, 인권 존중 등을 중심으로 발전하는 것이다.

한국의 민주화에 대한 국가 목표는 먼저 보다 많은 자유와 인권을 보장하고 더욱 더 공공성을 확보하는 민주국가를 건설하는 것이다. 나아가 이를 토대로 한반도 전체를 대상으로 하는 평화 국가를 수립하는 것이다. 민주주의와 평화 번영은

---

14. 이 부분의 글은 장영권 지음, 『상생평화국가와 한국외교전략』, (서울: 늘품플러스, 2008), 6-19쪽 내용을 인용하고 수정한 것이다.
15. 이원형, 『한국의 외교전략』, (서울: 박영사, 2003), 3쪽.

통일 한국의 두 수레바퀴이다.

네 번째 국제사회의 변화, 제4의 물결은 '국제화internationalization'다. 국제화는 국가와 국가를 '연결'하는 의미로 사용된다. 국제화란 용어는 1980년대에 많이 사용되었다. 1990년대에 들어서면서 자취를 감췄고, 세계화라는 말이 등장하였다. 1980년대 말에서 1990년대 초반 국제화에서 세계화로 넘어가는 과정에 '무국경화borderless'라는 말이 한때 사용되기도 했다.

한국의 국제화에 대한 국가 목표는 우선 미국과 중국에 대해 균형 전략을 구사하여 북한핵 문제를 해결하고 평화 통일의 환경을 조성하는 것이다. 나아가서는 지역 및 국제기구에 능동적으로 참여하여 국제 평화와 인류 발전에 기여하는 것이다. 이를 위해서는 한반도 통일의 실현과 동북아 다자평화기구를 만들어야 한다.

다섯 번째 국제사회의 변화, 제5의 물결은 '세계화globalization'다. 세계화는 원래 이질적인 것을 동질화하는 의미를 포함하고 있다. 즉 세계화는 국가의 경계선을 소멸시키는 것이 아니고 이질적인 사람, 국가, 지역이 서로 만나 상호 영향을 미치는 공간시장을 의미한다.[16]

세계화는 정치, 경제, 문화, 정체성 등의 각 영역에서 세계 각 지역의 상호관계가 강화되는 현상이다. 나아가 투자·주식 등 국제 자본시장, 인터넷, 위성방송 등이 주목을 받으며, 국제 관계의 기축인 국민 국가, 민족 국가를 크게 변화시킨다. 인류 전체의 평화 공영을 위한 세계화는 축복이 될 것이다.

세계화는 우선 주권국가의 국내와 국외의 벽을 무너뜨린다. 한국은 이러한 '탈국경'의 흐름에 적극적으로 대응해 나가야 할 것이다. 세계화는 국제사회의 존재 양식을 크게 바꾸어 놓았고, 지금까지 국가가 독점하고 있는 힘을 중앙과 지방으로 분산시키기도 했다.

---

16. 이원형, 『한국의 외교전략』, 8-9쪽.

그러나 국제사회의 변화는 여기에서 끝나지 않고 또 다른 새로운 변화를 만들어내고 있다. 그것은 초연결·초지능으로 '복합체화complexes'의 출현이다. 21세기의 나타나는 복합체화는 경제·산업의 영역을 넘어서 세계질서의 전반적인 변화를 야기하고 있다.

특히 첨단 지식·기술 등을 함께 동반하는 복합화 또는 복합체화는 미래 국제사회의 변화, 즉 제6의 물결로 나타나고 있다. 복합체화는 서로 다른 2개 이상의 기능을 결합융합하여 시너지 효과를 극대화하는 것으로 개인, 기업, 국가의 다기능화를 의미한다. 21세기의 대한민국은 '복합체화 시대'라는 새롭게 전개되는 국제 환경 속에서 수많은 도전 과제를 극복해 나가야 할 것이다.

2. 사상 이념의 변화

인류의 역사는 사상 이념의 결과물이다. 특히 우리가 새로운 대한민국을 창조하기 위해서는 사상적으로 세계를 이끌어나갈 수 있어야 한다. 인권, 민주, 평화, 공영 등 인류의 보편성에 토대를 두고 새로운 사상을 창출하여 국가의 기본 이념으로 설정할 필요가 있다. 이를 위해서는 세계 사상의 흐름을 살펴보고 국가 공동체를 위한 새로운 사상을 창출해야 할 것이다.

현재 세계는 영국과 미국 주도의 '신자유주의적 자본주의'의 노예에서 벗어나지 못하고 있다.[17] 소위 21세기 인류에 대한 제3의 도전인 신자유주의에 의한 사상적 평화 위협이 여전히 지배하고 있는 것이다. 가치·사상·이데올로기 등에 의한 문화적 평화 위협은 경제적, 정군적 평화 위협의 근본적인 원인이 된다는 측

---

17. 데이비드 하비 뉴욕시립대 교수는 신자유주의를 "강력한 사적 소유권, 자유시장, 자유무역을 보장하는 제도를 통해 개인(기업)의 행동의 자유를 무한정 보장함으로써 인간 복지가 가장 잘 개선될 수 있으며, 국가의 역할은 이러한 실행에 적합한 제도적 틀을 창출하고 보호하는 데 있다고 제안하는 정치·경제적 실행에 관한 이론"이라고 정의했다. 하비, 『신자유주의의 간략한 약사』 (서울: 한울아카데미, 2007). 경향신문, 2007년 11월 13일 참조.

면에서 문제가 매우 심각하다.

신자유주의는 1979년 5월 영국의 대처Margaret Hilda Thatcher가 총리로 취임하며 본격 도입됐다. 대처 총리가 취임사에서 "사회란 것은 없으며 단지 개인으로서의 남자와 여자와 있을 뿐"이라고 선언한 이후 '특정 개인들'의 자유를 위해 사회공동체를 해체하는 작업이 본격적으로 시작됐다.

미국 레이건Ronald Reagan 대통령이 통화주의 정책을 앞세워 대처 총리의 뒤를 이어 신자유주의를 받아들였다. 그러나 '자본 축적'의 기대는 실현되지 않았고, 금융권을 중심으로 새로운 계급 재편만 이루어졌다. 미국의 거대 자본의 투자자들은 국내만으로는 자본 축적이 어렵다는 것이 분명해지자 제국주의적 감각으로 개도국들을 대상으로 '먹이 사냥'에 나섰다.

신자유주의는 칠레를 시작으로 남미와 중국, 싱가포르 등 아시아 권위주의 국가들에까지 급속도로 확산됐다. 신자유주의는 결코 민중이나 대중, 또는 인민이나 국민들의 새로운 자유를 보장하는 가치 · 사상이 아니다. 오히려 이들의 자유를 착취와 억압으로 빼앗아 소수의 권력자정치인, 기업가, 언론 등만이 지배적 독점을 누리게 하는 것이다.

우리의 직장생활의 무대인 기업은 결코 자유를 보장하지 않는다. 기업은 오히려 우리의 자유를 빼앗아 가고 있다. 신자유주의는 소수의 가진 자들상위계급 또는 자본만의 자유인 것이다. 신자유주의는 기본적으로 국가주의를 강조하여 신권위주의를 파생시켰다. 신자유주의는 특히 사회 구성원들을 양극화, 분열화시킴으로써 갈등과 증오를 확대시켰다.

이에 따라 국내외적으로 증오와 우발적 분노로 인하여 평화가 위협받기도 한다. 미국의 경우 인종 및 종교적 편견 등에서 비롯되는 '증오 범죄Hate Crimes'가 매년 크게 증가하고 있다. 증오 범죄들은 주로 피부색 인종 편견, 민족이나 특정 국가에 대한 미움, 종교적 신념 차이 등의 요인으로 발생했으나 보다 본질적인 원인은 신자유주의에 의한 경제적 착취 또는 박탈감에 따른 것으로 볼 수 있다.

더구나 미국과 중국은 권위주의, 국민주의에 대한 호소 그리고 제국주의적 긴장의 부활이라는 측면에서 유사성을 보이며 충돌하는 양상을 보이고 있다. 이는 인류의 평화와 미래를 위해서 결코 좋은 징조가 아니다. 신자유주의와 보수주의의 결합은 국가 간의 대결을 조장하고 결과적으로 '전쟁'이라는 대재앙을 잉태하게 한다. 이로 인해서 인류는 전쟁이냐 평화냐 하는 중대한 갈림길에 놓여 있다.

인류의 국가 간 대결주의를 해결하기 위해선 먼저 인류의 새로운 평화 철학을 수립하고 이를 통해 국가 체제를 전면 혁신해야 한다. 현재 세계 각국은 수명을 다한 건전지처럼 '무기력증'에 빠졌다. 세계 경제를 이끄는 자본주의가 글로벌 경제위기를 초래하는 등 고장이 났기 때문이다. 그러므로 건전지를 바꾸든지 아니면 재충전을 해야 할 것이다.

미국 월가로 상징되는 자본주의는 탐욕과 부패로 상징화되고 있다. 미국에는 2011년 9월 탐욕스런 금융 자본주의에 대항하는 '반월가 시위'가 발생하여 전 세계로 확대되었다. 자본주의에 대한 새로운 대안이 필요하다. '자본공유주의'나 '자본평화주의'가 그 대안으로 제시될 수 있다. 모두가 다 함께 잘 사는 평화 공영의 미래를 만들 수 있는 대안 철학인 것이다.

자본공유주의는 경제의 주체들인 정부, 기업, 국민이 함께 협력하여 지속 가능한 성장을 통해 모두가 다 함께 잘 살 수 있는 공유적 토대를 만들어 나가는 것이다. 이것은 국가와 국가, 기업과 기업, 국민과 국민 간의 공유와 평화협력을 전제로 하기 때문에 자본평화주의라고도 한다.

지금까지의 자본주의가 삶의 수단을 더 많이 일방적으로 착취하기 위한 약탈적 자본주의였다. 그러나 자본평화주의는 삶의 목적, 즉 인간의 행복과 평화를 얻기 위한 자본주의다. 의료·교육·문화·양육과 같이 생명과 평화를 키워내는 데 투자돼야 한다. 자본평화주의에선 물품이 아니라 공간과 감동을 통한 평화 창출이 주된 상품이 된다. 세계인을 감동시킨 한류 문화 콘텐츠가 대표적인 예다.

한국 자본주의는 특히 약탈적 자본주의, 카지노 자본주의로 지칭되기도 한다.

1997년 외환위기 이후 2000년 닷컴 버블 붕괴, 2003년 카드 대란, 2007년 부동산 거품 붕괴, 2008년 글로벌 금융위기, 2011년 유럽 재정위기 등 반복되는 경제위기에서 한국의 중산층이 헌집 무너지듯이 무너져 내렸다. 부유한 자는 더욱 부유해지고, 가난한 자는 더욱 가난해지는 '양극화의 골'이 태백산의 골짜기처럼 깊어졌다.[18]

특히 편법을 동원해 세금을 거의 내지 않고 자식들에게 부富를 대물림하는 일부 기업 오너의 일탈적 행태 등은 국민적 공분公憤이 되고 있다. '부자 10%와 서민 90%'로 상징되는 한국 자본주의의 착취 구조와 불공정성은 매우 심각하다. 경제 위기를 잇달아 겪으며 악화된 소득 불평등도는 국제 기준으로 봐도 매우 위험한 수준이다.

유럽연합EU도 탄탄한 복지 시스템에 금이 가면서 빈부 격차가 확대되고 있다. 그렇지만 EU 회원국의 평균 지니계수는 0.310으로 한국2010년 0.315보다 낮다. 경제 협력개발기구OECD에 따르면 2000년대 중반 기준 한국의 상대적 빈곤율은 14.6%로 OECD 회원국 30개국 가운데 일곱 번째로 높았다.

대한민국의 소득 불평등도가 악화됨에 따라 미국 월가 시위대의 일부 구호는 우리나라 상황에도 그대로 적용된다. 시카고 시위대의 요구 중 부자 감세 철폐, 금융감독기관 종사자의 이전 직장 재취업 금지, 기업 수익이 결국 국민 수익이라는 논리 거부, 학자금 대출에 쪼들리는 학생 구제 등은 마치 우리나라의 시위 구호를 연상케 했다.

국제통화기금IMF의 구제금융을 받으면서 본격적으로 상륙한 신자유주의가 10년 넘게 대한민국 경제의 주류가 되었다. 소득 불평등, 경제 양극화와 같은 한국의 신자유주의의 병폐는 선진국과 닮아가고 있다. 기업의 이익 창출이 고용과 연결되는 선순환이 깨지고 중소기업 중심의 내수 부문과 대기업 중심의 수출 부문

---

18. 동아일보, 2011년 10월 13일.

격차가 확대되면서 소득 분배가 악화됐다.

복지 시스템 효율화, 고용 창출 증대, 재기를 위한 기회 확대 등을 위해서는 정부와 기업, 국민이 함께 노력해야 한다. 기존 신자유주의적 자본주의가 심각하게 고장이 난 만큼 단순한 수리는 안 된다. 완전히 구조 교체를 하거나 새로운 철학과 제도를 재창출해야 한다. 이의 대안으로 제시된 자본공유주의나 자본평화주의를 적극 도입할 필요가 있다.

3. 미래 물결의 변화

새로운 대한민국의 목표 설정과 추진은 기본적으로 미래 물결의 변화에 크게 영향을 받는다. 그러므로 21세기 새로운 대한민국의 비전과 국가 목표를 설정하고 이를 보다 효율적으로 실현하기 위해서는 지구 환경의 변화를 전제로 하여 국제사회의 변화, 사상 이념의 변화와 함께 미래 물결의 변화를 철저히 분석하고 대응해 나가야 할 것이다.

미래학자들은 '미래사회의 변화는 빛의 속도로 온다'고 강조하고 있다. 그러나 많은 사람은 미래를 정확히 예측하지 못한다. 솔직히 말한다면 미래에 대해 전혀 준비하지 않고 막연히 기다릴 뿐이다. 미래는 우리가 원하든 그렇지 않든 어느 날 도둑처럼 찾아온다. 그러나 그것이 지옥일지 천국일지 그 어떤 것일지 아무도 모른다.[19]

IBM 설립자인 왓슨Thomas Watson 회장은 1943년에 "컴퓨터 5대만 팔아보고 죽었으면 좋겠다", 즉 세계에서 5대 정도의 컴퓨터를 팔 시장이 있을지 모르겠다고 예측하였다. I think there is a world market for maybe 5 computers. 그런데 2017년 현재 우리 인류는 수십억만 대의 컴퓨터를 보유하고 있다.[20] 미래사회는 이처럼 예측하기 힘들다.

---

19. 장영권, 『대한민국, 그 미래를 말하다』, (서울: 디자인 통, 2010), 217-218쪽.
20. 유엔미래포럼, '박영숙의 미래뉴스'. http://unfuture.org/?p=6674 (검색일: 2009년 8월 7일)

더욱 놀라운 일은 우리 인류가 상상하고 있는 모든 일이 현실화될 수 있다는 점이다. 왓슨 회장의 말도 그의 노력에 의해 매우 빨리 현실화됐다. 앞으로의 미래는 우리가 상상하는 것보다 더 빨리 현실화될 것이다. 다시 말하면 우리는 생각을 현실화할 수 있는 시대에 살고 있는 것이다.

세계적 미래학자인 레이 커즈와일 Ray Kurzweil은 2005년 『특이점이 온다 Singularity is Near』라는 책을 펴냈다. 그는 이 책에서 컴퓨터 파워가 현재는 쥐의 지능을 가지지만 2025년에 인간의 지능을 따라잡고, 2050년에는 지구촌 인구 93억 명의 지능을 다 합친 것보다 컴퓨터 한 대의 지능이 더 높게 될 것이라고 예측하였다.

커즈와일의 이러한 미래 예측은 출간 직후부터 미국에서 거대한 논쟁의 씨앗이 되었다. 그가 이 책에서 상상조차 할 수 없는 미래 유토피아를 서술했기 때문이다. 그는 "노화와 질병의 과정이 역전되고 환경오염이 제거되고 전 지구적 기아나 가난도 해소된다"라고 강조했다.

어디 이것뿐인가? "혈관을 흐르는 의학용 나노 로봇, 뇌의 정보를 모조리 컴퓨터로 옮겨 영생을 누리기, 인간이 기계가 되고 기계가 인간이 되는 미래 변화의 시점이 지금 눈앞에 있다"고도 말했다. 한마디로 놀라운 '유토피아 미래'가 펼쳐진다는 것이다.

커즈와일은 기술이 인간을 뛰어넘어 새로운 문명을 생산해갈 시점을 지칭하는 '특이점 Singularity'이라는 용어로 강조했다. 그는 특이점이 나타날 시기를 예측하고 각종 기술 진화에 따른 변화와 그에 따른 혁명과 특이점이라는 변화가 인간과 전쟁, 우주의 지적 운명에 미칠 영향들을 고민했다.

과연 이러한 세상이 올 것인가? 그러나 누구도 그것을 거부하거나 막을 수 없다. 미래사회의 변화는 상상을 초월하며 2030년이 지나면 기하급수적으로 늘어나는 컴퓨터의 지능이 인간의 그것과 합쳐져서 예측할 수 없는 미래가 거짓말처럼 찾아올 것이다.

새로운 대한민국도 이러한 미래의 도전에서 벗어날 길이 없다. 대한민국은 미래 충격을 전략적으로 대비해야 할 것이다. 대한민국의 미래가 보다 행복하기 위해서는 미래의 다양한 도전들을 극복해 나가야 한다. 미래형 인재 양성, 4차 산업혁명 성공, 미래도시 건설, 지속 가능한 녹색 성장 등은 새로운 대한민국의 미래를 여는 핵심어가 되어야 할 것이다.

Ⅲ 미래의 도전 양상과 특징

1. 미래사회의 변화 양상

미래는 생각보다 빠르고, 거칠게 다가오고 있다. 과거와 전혀 새로운 미래다. 미래는 쓰나미 같은 도전이다. 이 도전을 기회로 만들기 위해서 우리는 '대 변화Big change'해야 한다. 대이동의 큰 그림을 이해하고, 다가올 미래 생태계를 준비해야 하기 때문이다.

미래의 변화 움직임은 보다 근원적으로 발생할 것이다. 땅이 움직이고 판이 바뀔 것이다. 시간과 공간 등 모든 경계가 허물어진다. 경계가 이동하여 새로운 판이 형성된다. 과녁도 이동하고 있다. 끊임없이 움직이는 'S세대'를 주목해야 한다.[21] 새로운 유목민, 베이비붐 세대가 새로운 판을 만들 것이다.

---

21. S세대란 '싱글(Single)'과 '솔로(Solo)'의 머리글자인 'S'와 세대(generation)를 결합하여 만든 신조어다. '쿨(cool)'하게 살기를 선망하는 젊은 신세대들을 지칭한다.

미래 변화는 위험과 기회가 동시에 나타난다. 성공하기 위해선 미래의 부가 시작되는 지식, 시간, 공간, 영성을 선점해야 한다. 미래는 독점하는 것이 아니라 선점하는 것이다. 현재의 직장이 자리를 위협한다면 미래 생태계가 변하고 있다는 징후다. 미래 징후는 곳곳에서 감지되고 있다. 미래사회에서 생존과 성공을 원한다면 미래 징후를 포착하고 선점해 나가야 한다.

지식의 속도가 급속히 변화하는 것도 미래 징후다. 기술이 일자리를 집어삼키는 것도 미래 징후다. 미래 생태계가 재편되고 있다. 미래 생태계를 파악하려면, 사회의 변화를 통찰해야 한다. 기회는 위기에서 시작된다. 기회가 현실이 되기 전에 새로운 미래에 도전하고 창조해야 한다. 미래는 준비하고 창조하는 사람의 것이다.

미래는 구체적으로 어떻게 오는가? 엄청난 패러다임의 변화로부터 시작된다. 그것을 흔히 '혁명revolution'이라고 한다. 혁명은 '이전의 관습이나 제도, 방식 따위를 깨뜨리고 새로운 것을 급격하게 세우는 일'을 말한다. 혁명은 어느 날 갑자기 등장하는 것이 아니다. 정치적, 사회적 조건과 과학기술 등이 모여 어떤 임계점을 기점으로 급속도의 변화가 일어나는 것이 바로 혁명이다.

'산업혁명 Industrial Revolution'은 과학기술 혁신과 이에 수반하여 일어난 사회 · 경제 구조의 대변혁을 말한다. 지금은 4차 산업혁명기이다. 18세기 후반~19세기 초반에 증기기관 발명 후 소비재와 경공업을 중심으로 일어난 변화가 1차 산업혁명이다. 19세기 중후반에 전기의 발명 후 대량 생산 공업이 시작된 것은 2차 산업혁명으로 분류된다. 1970년대 인터넷과 재생 에너지의 등장으로 일어난 변화를 3차 산업혁명이라고 한다.[22]

---

22. 세계적인 석학 제러미 리프킨은 인터넷 기술과 재생에너지가 합쳐져 강력한 '제3차 산업혁명'이 발생했다고 주장했다. 그는 수억 명의 사람들이 집과 사무실, 공장에서 스스로 녹색 에너지를 생산하고, '에너지 인터넷' 안에서 서로 정보를 공유하는 생활상을 설명했다. 제러미 리프킨, 『제3차 산업혁명』 (서울: 민음사, 2012).

4차 산업혁명The Fourth Industrial Revolution은 기업들이 제조업과 정보통신기술ICT을 창조 융합해 차세대 산업을 일으키는 것이다. 4차 산업혁명으로 인해 경제·사회 시스템의 대변화가 이루어질 것으로 전망된다. 특히 인공지능AI과 사물인터넷, 로봇으로 상징되는 미래사회에 대한 전망은 기대와 우려를 동시에 낳고 있다.

2. 미래사회의 도전과 특징

미래를 예측하는 전망서가 쏟아져 나오고 있다. 이 책들은 미래의 변화상을 다양하게 전망하고 있다. 이 책들은 우리 미래의 핵심적인 변화를 읽을 수 있게 도움을 준다.

국제미래학회, 밀레니엄 프로젝트, 퓨처리스트, 미국 국가정보위원회, 맥킨지, 유엔미래포럼 등 미래전략기관의 예측과 전망과 『대한민국 미래보고서』, 『유엔미래보고서』에서 다양한 미래학자들의 주요 미래 전망은 다음과 같다.

◇ 기후의 변화

지구 온난화가 갈수록 더욱 심각해진다. 미래학자들은 2040년에는 세계에서 두 번째로 큰 열대우림인 콩고 정글의 3분의 2가 소멸할 것이라고 전망한다. 기후산업이 최대의 일자리를 창출할 것이다.

인류는 지금 기후 변화에 강력한 대응을 해야 한다. 그렇지 않으면 21세기 후반기에 극심한 지구 온난화로 심각한 고통을 겪게 될 것이다. 특히 빈곤층은 갈수록 더 어렵고 기후 피해가 크게 늘어날 것이다.

◇ 인구의 변화

'인구 축'의 대이동이 나타난다. 지금의 두 배 정도로 급증하게 된다. 세계 인구는 140억 명 시대로 포화가 된다. 물론 세계 인구는 갈수록 확대되는 도시화로 출산율이 급감해 예상보다 일찍 정체될 것이라는 주장도 있다. 2040년 직후 81억 명에서 정점을 찍은 후 하락할 것이라는 것이다.[23]

가족 구조에 대한 사회적 개념도 달라진다. 1인 가구가 증가하면서 가족의 개념을 재정의해야 한다. 신인간, 신인류도 나타난다. 잘 늙지도 죽지도 않는 몸과 정신을 가진 인간도 등장한다. 가상 인간과 함께 거리를 걷게 될 것이다. 사람 닮은 로봇 등의 출현으로 사람을 재정의해야 할 것이다.

◇ 세계 질서의 변화

세계 권력의 이동도 급물살을 탈 것이다. 미국은 2008년의 경제위기를 거치면서 시작된 경기 침체를 좀처럼 벗어나지 못하고 내부에 집중하고 있다. 세계 권력은 아시아로 이동할 것이다. 유럽이 쇠퇴하고 아시아가 성장을 주도하게 된다. 경제 패권의 축이 서구에서 아시아로 이동하게 된다.

중국과 유럽연합EU 등은 세력을 점점 확장하게 될 것이다. 미국은 상대적으로 세계적인 영향력을 잃을 것이다. 이제 더 이상 세계 질서를 지키는 경찰국가 역할을 하지 못하게 된다. 지금까지 세계 질서를 지켜온 미국이 은퇴하게 되면 세계는 혼란에 빠지는가? 또 누가 미국을 대신하는가? 학자들의 논쟁이 더욱 가열될 것이다.

◇ 국가의 변화

세계는 분명 평평하거나 균일하지 않다. 초강대국 미국은 한동안 정체를 겪게 될 것이다. 빈국과 부국의 판도가 바뀌게 될 것이다. 중국을 비롯한 브라질, 인도 등 일부 신흥국은 더욱 성장한다. 나머지 국가들은 여전히 가난한 상태로 살아가야 할 것이다.

---

23. 요르겐 랜더스 지음, 김태훈 옮김. 『더 나은 미래는 쉽게 오지 않는다』, (서울: 생각연구소, 2012), 512쪽.

특히 가상 국가가 등장하면서 현실 국가의 모습은 크게 달라질 것이다. 권력도 국가에서 개인으로 이동하게 된다. 창조 그룹이 모여드는 대도시가 국가보다 더욱 강력해진다. 도시 중심으로 급속 재편될 것이다.

◇ 경제의 변화

세계 경제는 추락이냐 성장이냐 하는 갈림길에 놓여 있다. 일부 학자들은 대공황이나 글로벌 침체가 발생할 것이라고 전망한다. 노벨경제학상 수상자인 미국 프린스턴대 교수 폴 크루우먼Paul Krugman은 "세계경제 대공황이 나타날 수 있으며 그 침체기는 10년 정도 지속될 것이다"라고 밝혔다.[24]

세계 경제는 침체기를 극복하더라도 당분간 인구 증가율과 총 노동생산성 증가율의 하락으로 느리게 성장할 것이다. 세계 GDP는 완만하게 성장하여 2050년 무렵 현재 수준의 2배에 이르게 될 것이다. 상품 및 서비스의 세계적 소비는 2045년에 정점을 찍는다.

미래사회는 자본주의의 대안으로 공유경제에 기반을 둔 사회적 공유기업이 대두된다. 모든 NGO는 사회적 기업이 될 수밖에 없다. 직원이 10명 이하인 기업이 유럽에서는 이미 90%다. 대부분의 기업이 1인 기업으로 변하고 있다. 정부의 힘도 쇠진하면서 공무원 일자리도 점차 아웃소싱이 될 것이다.

◇ 에너지의 변화

미래 에너지가 등장하여 에너지 산업을 재편할 것이다. 대체에너지 개발로 인한 대형 전력 공급 업체가 추락하게 된다. 미국의 쇠퇴와 불안한 국제 정세에 대체에너지가 더욱 불을 붙이게 될 것이다. 그동안 대체에너지는 지구 온난화를 막

---

24. 쑤엔·허빈 지음, 송철규 옮김. 『더 퓨처』 (서울: 예문, 2011), 21쪽.

기 위한 최선의 선택으로 여겨지면서 주목받아 왔다.

그런데 획기적인 대체에너지가 개발되면 어떻게 될까? 탄소 배출량을 줄여 지구 온난화를 막을 수 있게 된다. 생태계를 회복하고 또 수몰 위기에 놓인 국가들의 침몰도 구할 수 있다. 그런데 이것이 국제 정세를 더욱 불안하게 만든다. 그 이유는 중동 국가들의 불안정성에 있다.

중동이나 남미지역의 석유가 나는 국가들은 지금도 지정학적으로 불안한 상황에 놓여 있다. 여기에 경제적인 불안이 더해지면 그야말로 석유에 불을 붙인 격으로 폭발할 수 있다. 이를 미연에 방지하기 위해서는 대체에너지가 개발될 때까지 불안정한 정세를 안정화해야 한다.

◇ 산업의 변화

산업의 변화도 크게 일어날 것이다. 대체에너지로서 핵융합에너지가 완성될 것이다. 미래학자들은 인도가 중국을 넘어서서 세계 최고의 경제 대국으로 자리매김하는 시기도 이때로 보고 있다. 4차 산업혁명은 로봇산업이 주도할 것이다. 기존 산업을 회생시킬 새로운 영역이다.

산업의 변화는 자동차 등 다양한 분야에서 나타난다. 무인자동차와 전기자동차가 개발되면서 기존의 자동차산업이 사라질 것이다. 미래 자동차가 자동차산업을 재편할 것이다. 50세 이상이 자동차 혁명을 주도하게 된다. 미래의 자동차는 사람의 뇌와 연결된다. 이와 함께 우주여행 등 신산업도 등장한다. 가상 여행은 우리의 뇌를 사로잡을 것이다. 우주여행과 우주산업 시대가 열린다.

◇ 과학기술의 변화

과학기술의 변화는 엄청난 혁명의 폭풍을 몰고 올 것이다. 3D 프린트 혁명이 이미 진행 중이다. 가상과 현실의 경계를 파괴하는 가상 혁명도 예고되어 있다. 사물인터넷 IoT: Internet of Things은 제2차 가상 혁명의 기초 환경이 될 것이다. 웨어러블 컴퓨터 Wearable Computer 기술은 생명체 간의 연결 시대를 열 것이다.

4차 산업혁명의 진행 속도가 빨라지고 있다. 인공지능·드론·로봇을 중심으로 빠르게 변화하는 과학기술 트렌드를 읽고 대처해야 한다. 전 산업 분야에서 대대적인 개편이 이루어질 것이다. 생산과 관리, 지배 구조 등 기업 시스템도 바뀌게 될 것이다. 대기업보다는 '작은 물고기'들인 중소·중견기업 형태로 대응하는 것이 효율적이다.

◇ 농업의 변화

농업도 혁명적으로 변할 것이다. 미래 농업은 주로 도시의 빌딩에서 이루어진다. 물론 상황에 따라서는 인간이 생활하는 모든 곳에서 농업 활동이 일어날 수 있다. 인류는 20세기 동안 농작물 품종 개량과 농법 개선에 힘을 기울였다. 그 결과 절대 기아에서 벗어났다. '식량난'이란 재앙에서 해방됐다.

그러나 기술적 한계로 농산물 생산량이 거의 제자리걸음을 했다. 반면 인구는 계속 증가하고 있다. 식량 부족에 의한 기아 문제가 잠재돼 있다는 말이다. 이를 극복하기 위한 다양한 농업혁명이 시도되고 있다. 바이오산업과 함께 스마트 신농업 시대가 열릴 것이다.

◇ 의술의 변화

의료산업이 획기적으로 변할 것이다. 의사, 병원진료, 수술이 사라진다. AI로봇이 검진 및 치료, 수술을 하게 된다. 바이오 기술이 의료산업을 재편할 것이다. 부의 이동의 중심은 건강하게 오래 사는 산업이다. 과학기술적 측면에서는 생체시료 시스템과 유전체정보 시스템의 등장이 의료계에 혁명을 가져올 것이다.

특히 뇌신경 공학의 시대가 열린다. 뇌공학의 발달은 사람들 간에 말하지 않고 생각하는 것만으로도 의사소통을 가능하게 해줄 것이다. 두뇌 연구는 미래의 3대 최대 산업 중 하나다. 미국의 신경과학자인 데이비드 포펠 David Poeppel 은 인간의 대화가 언어가 아니고 전자기 신호로 이루어질 수 있다고 말한다. 즉 뇌와 뇌 간의 텔레파시를 통한 대화가 가능하다는 것이다.

◇ 문화의 변화

수많은 생활문화도 변하게 될 것이다. 직장의 풍속도가 바뀐다. 출퇴근, 팀워크, 기업 이사회가 사라진다. TV 저녁 뉴스, 컴퓨터, 도로표지판도 필요 없게 된다. 지구상에 존재하는 3,000개의 언어, 문화가 사용하지 않게 되면서 사라진다. 연애편지 쓰던 종이가 사라진다. 절도가 없어지게 되고 가게, 유통, 마케팅 등 현재의 판매 행태도 새로운 모습으로 바뀔 것이다.

이상에서 언급한 미래 예측과 전망은 무엇을 의미하는가? 지금 우리가 깨어 준비하면 더 나은 미래를 창조할 수 있는 '기회'가 된다. 우리의 미래는 예측하는 것이 아니다. 우리가 꿈꾸고 원하는 더 나은 미래를 창조하는 것이다. 즉 미래는 예측하는 것이 아니라 창조하는 것이다. 우리가 함께 힘을 합쳐 우리가 원하는 세상을 만들어 나가야 할 것이다.

PART

2

4차 산업혁명시대,
대한민국 어디로 가야 하는가?

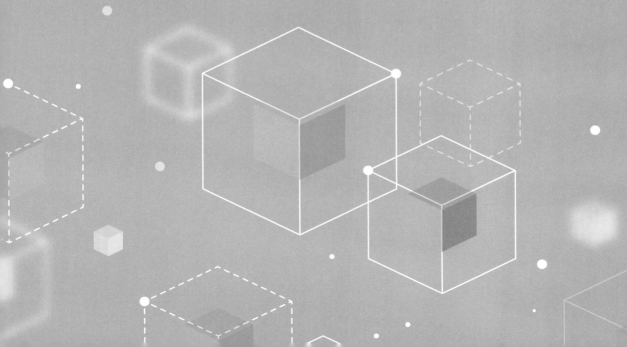

대한민국의 현황과 국가 과제

Ⅰ 대한민국의 슬픈 자화상[1]

　세계경제포럼WEF은 2017년도의 국가별 국가 경쟁력The Global Competitiveness Report 2016-2017을 평가하여 결과를 발표했다(17.09.27). 그 결과 세계 137개국 중 대한민국 국가 경쟁력은 26위로 '4년째 쳇바퀴'를 돌고 있다. 잃어버린 10년 사이에 성장 동력을 다 잃어, 제4차 산업혁명을 맞아 새로운 성장 동력을 찾아야 한다. 구체적으로 보면 대한민국은 국가 경쟁력이 2011년 1위에서 2014년 26위로 떨어진 후 2017년까지 4년째 제자리에 머물고 있다. 반면, 중국은 2007년 35위에서 2017년 27위로 추격, 중국은 한국의 턱밑까지 쫓아왔다. 한국의 순위는 싱가포르3위, 홍콩6위, 일본9위, 대만15위, 아랍에미리트17위, 말레이시아23위, 카타르25위에 이어 아시아 8위로, 이대로 '잃어버린 10년'에서 헤어나지 못하다가는 금세기 들어 최저점을 찍었던 2004년 29위까지 벗어날 우려도 있다.

자료: WEF('17.09.27) via 동아일보('17.09.28)

---

1. 『대한민국 4차 산업혁명 마스터 플랜』, 국제미래학회; 차원용, 2017

현대경제연구원은 2017년 9월 대한민국이 제4차 산업혁명 기반산업 관련 기술과 특허, 투자, 연구 인력 모두 선진국보다 부족하고 일부는 중국에도 뒤진다는 '4차 산업혁명 기반산업의 R&D 현황 국제비교'라는 보고서를 발표했다. 보고서에 따르면 4차 산업혁명의 기반산업을 정보기술IT 서비스와 통신 서비스, 전자, 기계장비, 바이오·의료 등 5개 부문으로 규정하고, 이들 산업 기술 수준을 미국99.8이나 일본90.9, 유럽연합EU 92.3 등 선진국과 비교해 대한민국77.4은 매우 뒤처져 있다고 지적했다.

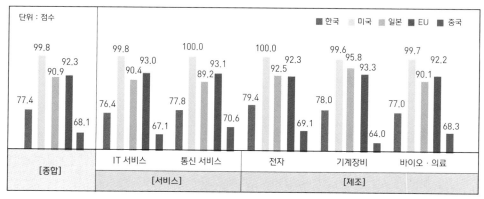

자료: '4차 산업혁명 기반산업의 R&D 현황 국제비교' 보고서의
'국가별 4차 산업혁명 기반산업 기술수준 평가'(현대경제연구원, '17.09.18)

또한, 현대경제연구원의 보고서에 따르면 4차 산업혁명 기반산업 관련 특허 건수도 미국과 일본, 유럽 특허청에 동시 등록된 삼극특허를 기준으로 미국과 일본은 5,000건이 넘었고, 독일도 1,000건 이상이었다. 그러나 대한민국의 특허등록 건수는 750건으로 미국, 일본의 7분의 1 수준에 불과하며, 특히 IT 서비스 부문에서는 중국에게도 추월당한 것으로 나타났다. 따라서 대한민국이 잘할 수 있는 새로운 성장 동력인 촉진자Enabler를 찾아야 한다.

2017년 6월에 정보통신기술진흥센터IITP가 발표한 '4차 산업혁명과 SW R&D 정책' 보고서에 따르면 국내 소프트웨어SW의 2016년 기술 수준은 미국 대비 79.2%

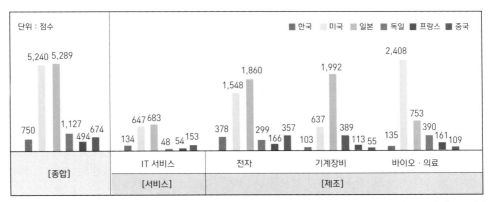

단위 : 점수

■ 한국 □ 미국 □ 일본 ■ 독일 ■ 프랑스 ■ 중국

[종합]: 750, 5,240, 5,289, 1,127, 494, 674

[서비스] IT 서비스: 134, 647, 683, 48, 54, 153

[제조] 전자: 378, 1,548, 1,860, 299, 166, 357
기계장비: 103, 637, 1,992, 389, 113, 55
바이오·의료: 135, 2,408, 753, 390, 161, 109

자료: '4차 산업혁명 기반산업의 R&D 현황 국제비교' 보고서의
'국가별 4차 산업혁명 기반산업 삼극특허 등록 현황'(현대경제연구원, '17.09.18)

에 그치고, AI, 클라우드 등 격차 점점 벌어지고 있으며, 기초기술 R&D 투자도 미미하고, 활용도도 낮은 것으로 나타났다. 미국의 기술 수준을 100으로 봤을 때 2016년 우리나라 SW 수준은 79.2점이라는 뜻이다. 지난 2014년 76.2%, 2015년 78%로 축소되고 있지만 여전히 SW 기술력은 취약한 상황이다. 특히 4차 산업혁명을 이끌 핵심 기술의 격차는 벌어지고 있다. AI의 경우 2013년 1.98년에서 2016년 2.2년, 임베디드 SW는 2013년 1.34년에서 2016년 1.9년, 클라우딩 컴퓨팅은 2013년 1.52년에서 2016년 1.6년으로 나타났다.

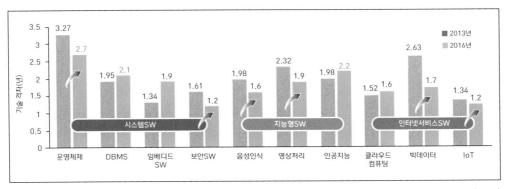

자료: '4차 산업혁명과 SW R&D 정책' 보고서의 '10대 SW 기술별 기술격차(2013년 vs 2016년) 비교'
(정보통신기술진흥센터, '17.06.14).

4차 산업혁명은 빅데이터, AI, 클라우드 컴퓨팅, 사물인터넷IoT 등 기초 SW 기술이 전 산업계에 적용되면서 다양한 산업군이 융합되는 것으로 개념이 정리되고 있다. 이에 기초기술 축적이 매우 중요하지만 국내서는 유행을 쫓는 기술 개발에만 치중되고 있어 이를 탈피해야 한다. 또한, 기존 2세대인 알파고를 비롯한 인공지능 2.0의 음성, 얼굴, 사진, 사물, 감정 인식률이 90~95%에 이르고, 이들은 아직 왜 그렇게 추론하고 판단했는지 그 과정을 설명해 주지 못하고 있다.

정부 R&D 사업화 성공률이 영국 71%·미국 69%인 반면 대한민국은 20%에 그치고 있다조선일보, '16.07.25. 대한민국은 활용되지 못하고 사라지는 특허가 절반으로 정부 출원 특허가 2010년 후 3만 건인데, 이 중 외면당해 포기한 특허가 1만 5,400건이다. 갈수록 안 팔리는 정부 개발 기술은 많고, 기술료 수입은 6년 새 크게 줄어, 건당 평균 4,000만 원 → 1,800만 원으로 줄었다.

미국의 보브스Forbes는 'AI 인재 전쟁이 다시 시작되고 있다The Great AI Recruitment War, '17.04.18'며, 세계는 AI 인재 쟁탈전이 가속화되고 있다고 보도했다. 중앙일보는 아마존에는 AI 전문가가 4,000명이고, 한국은 이통 3사KT/LG유플러스/SKT 합쳐 고작 500명이라고 보도했다중앙일보, '17.05.30. ZDnet Korea는 중국 바이두가 "중국과 미국이 '인공지능' 쌍두마차"라고 선언했다며, 바이두는 2,000여 명 인력이 AI 전담에 투입해 검색 패러다임도 '변화'하고 있다고 보도했다ZDnet Korea '17.10.03. 이데일리는 알리바바가 AI 시장에 3년간 17조 원의 통 큰 베팅을 하면서 인력 2만 5,000명을 투입 예정이라고 했다이데일리, 13 Oct 2017. 조선일보는 "24시간 인공지능과"함께하는 MS가 개발진 8,000명을 투입하고 있다고 보도했다조선일보. '17.10.16. 따라서 우리나라는 차별화되고 우리가 강한 인공 지능 개발에 집중하면서 인력 양성도 필요할 것으로 보인다.

마지막으로 융합의 저해 요인인 정부의 칸막이가 심각하다. 예를 들어 자율차+

코봇협력로봇+드론이 융합하는데, 우리 정부는 담당과가 각각 따로 있어 새롭게 등장하는 물류·수송·재고라는 하이퍼루프Hyperloop 서비스 신사업을 보지 못하고 있다. 또한, 인공지능은 빅데이터에서 표준화되고 정제된 스마트 데이터를 바탕으로 발전해야 하는데, 우리 정부는 담당과가 각각 따로 있어, 이 둘을 별도로 나누어 추진하는 형편이다. 따라서 새로운 융합적·서비스적 사고를 가져야 한다.

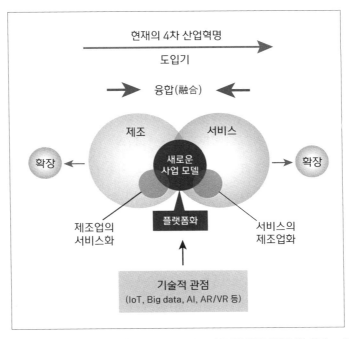

자료: 한국산업기술평가관리원, PD ISSUE REPORT SEPTEMBER 2017 VOL 17-9, p. 22.
※ 산업연구원 "4차 산업혁명이 한국 제조업에 미치는 영향과 시사점" 참조 재구성.

II 대한민국의 재도약 가능성 🔍

1. 대한민국의 저력

한국무역협회 산하 국제무역연구원이 2014년 10월 「세계 속의 대한민국」이란 보고서를 펴냈다.[2] 이 보고서에 따르면 대한민국의 제조업 경쟁력은 세계 선두 그룹에 들어 있었다. 2013년 기준 휴대전화 출하량 세계 1위, 반도체 매출액 2위, 선박 건조-수주 잔량은 2위였다. 자동차 생산 대수는 세계 5위를 기록했으며 조강 생산량은 6위였다.

또한, 미국 포춘지 선정 세계 500대 기업에 대한민국 기업 17개가 들어가 세계 7위였다. 글로벌 브랜드 가치 분야에서는 삼성이 8위, 현대가 43위가 됐다. 이와 함께 대한민국은 연구개발 투자액 세계 6위, 내국인 특허 등록 건수 4위, 초고속 인터넷 가입자 수 5위, 국제회의 개최 건수 3위를 차지했었다.

그리고 한국은 외화 보유액 8위, 전자정부 지수 1위, 2013년 수출액 세계 7위, 무역 규모 세계 9위, 무역 흑자 규모 세계 13위를 기록했다. 이 같은 기록은 우리 대한민국이 세계의 강국들과 어깨를 나란히 하고 있었음을 보여준다. 세계 속에 성장하는 대한민국의 모습을 확인할 수 있었다.

반면 노동과 사회 부문의 각종 지표들은 세계 하위권이다. 개선이 시급하다. 지난 2012년 기준으로 여성의 경제 활동 참가율은 50.2%로 세계 25위였다. 출산율 1.23%은 171개국 중 168위였다. 스위스 국제경영개발연구원IMD의 '삶의 질' 순위에서 2014년 대한민국은 세계 41위였다. 2013년 같은 평가에서는 34위였다.

---

2. 국제무역연구원이 170여개 경제-무역-사회 지표를 기준으로 대한민국의 세계 순위를 정리하여 매년 발간하는 보고서다. http://iit.kita.net (검색일: 2016년 8월 25일).

반면 남한과 북한 담당 특파원으로 15년간 기자생활을 한 영국의 마이클 브린Michael Breen은 1999년 대한민국을 잘 모르는 영국인들을 위해 『한국인을 말한다』를 펴냈다. 그는 이 책에서 한국인은 부패, 조급성, 당파성 등 문제가 많다고 질타하면서도 오히려 훌륭한 점이 더 많다고 소개했다.[3] 그가 지적한 한국인의 장점 중 몇 가지를 열거해 본다.

대한민국은 △평균 IQ가 105를 넘는 두뇌의 나라 △일하는 시간이 세계 2위, 노는 시간 세계 3위인 잠 없는 나라 △문맹률 1% 미만인 유일한 나라 △미국과 전쟁이 발발했을 때 3일 이상 버틸 수 있는 8개국 중 하나인 나라 △노약자 보호석이 있는 5개국 중 하나인 나라 △세계 경제 대국 일본을 발톱 사이 때만큼도 안 여기는 나라이다.

또한, △여성부가 존재하는 유일한 나라 △음악 수준이 가장 빠르게 발전한 나라 △지하철 평가 세계 1위로 청결함과 편리함이 최고인 나라 △세계 자원봉사국 순위 4위인 나라 △UN이 문자 없는 나라들에게 한글을 제공한 나라현재 세계 3개 국가가 국어로 삼고 있음 △가장 단기간에 IMF를 극복해서 세계를 경악시킨 나라 △유럽 통계 세계 여자 미모 순위 1위인 나라다.

그리고 △미국 여자 프로골프 상위 100명 중 30명이나 들어간 나라 △인터넷 TV 초고속 통신망이 세계에서 가장 발전한 나라 △세계에서 가장 많은 발음을 표기할 수 있는 문자를 가진 나라한글 24개 문자로 1만 1,000개의 소리를 표현, 일본은 300개, 중국은 400개에 불과 라고 소개했다.

마이클 브린의 대한민국 소개는 여기에서 그치지 않았다. 그는 특히 한국인을 '세계 4대 강국을 우습게 아는 배짱 있는 나라'라고 지적했다. 즉 한국인은 강한 사람에게 꼭 '놈' 자를 붙인다는 것이다. 미국놈, 왜일본놈, 떼중국놈, 러시아놈 등

---

3. 마이클 브린 저, 『한국인을 말한다』, (서울: 홍익출판사, 1999).

무의식적으로 '놈' 자를 붙여 깔보는 게 습관이 됐다고 한다. 그러나 약소국에겐 아프리카 사람, 인도네시아 사람, 베트남 사람처럼 '놈' 자를 붙이지 않는다고 했다.

그는 이어 "한국인은 세계에서 가장 기가 강한 민족"이라고 표현했다. 한국의 독립운동사만 봐도 알 수 있다고 한다. 중국은 광활한 대륙, 끝없는 사막, 넓은 고원을 언급하며 스스로를 대인이라고 부르지만 천만의 말씀이라는 것이다. 얼핏 대륙에서 태어난 중국인이 마음도 넓고 강할 것 같지만 결정적으로 한국인보다 기가 약하다고 강조했다.

사실 1932년 일본이 중국에 만주국을 건설하고 1945년 패망하기까지 13년 동안, 난징대학살을 포함하여 일본에 의해 죽은 사람은 무려 3,200만 명에 육박했다. 그러나 중국인이 일본 고위층을 암살한 경우는 거의 전무했다. 그에 비해 조선은 만 35년 동안 3만 2,000명이 희생되어 중국 피학살자의 1,000분의 1에 불과했지만 일본 고위층 암살 시도와 성공 횟수는 세계가 감탄할 정도였다.

안중근 의사는 1909년 하얼빈역에서 일본 총리 이토 히로부미伊藤博文를 살해했다. 나석주 의사는 1926년 민족 경제 파탄의 주범인 식산은행, 동양척식주식회사에 폭탄을 투척하고, 조선철도회사에서 일본인을 저격한 뒤 자살했다. 이봉창 의사는 1932년 도쿄에서 일왕에게 폭탄을 던졌다. 같은 해 윤봉길 의사는 상해에서 폭탄을 던져 일제 고위 장성 10여 명을 살상했다.

목숨을 건 조선인들의 독립 투쟁은 일제의 간담을 서늘하게 했다. 현재 대한민국은 중국에게 역전될까 봐 두려워하고 있다. 절대 겁낼 필요가 없다. 180년 주기로 대한민국의 기운은 상승하는데, 지금이 바로 그 시기다. 어느 정도의 난관이 있을지는 모르지만 틀림없이 이를 극복하고 도약할 것이다.

최근 수년간 대한민국의 객관적 지표들이 현저히 나빠지고 있다. 보다 큰 역경의 전주곡들도 여기저기서 들려오고 있는 듯하다. 하지만 한국인은 무수한 역경을 극복한 연단의 민족이다. 절대 여기에서 멈추거나 좌절하지 않을 것이다. 머지

않아 반전의 기회를 만들고, 청룡이 되어 힘차게 승천할 것이다.

2. 희망 있는 대한민국의 미래

대한민국은 변화와 혁신이 뛰어나다. 세계 어디에도 한국처럼 눈 깜짝할 사이에 농경사회에서 산업사회로, 다시 정보사회를 거쳐 '스마트 사회'로 도약한 국가는 없었다. 한국은 '한강의 기적'을 만들었다. 전쟁의 폐허에서 새로운 역사를 우뚝 세웠다. 저력의 국가임을 입증한 것이다.

한국은 일제 식민통치, 제2차 세계대전, 한국전쟁을 거치면서 황폐하고 가난한 농경사회에 불과했다. 그러나 비약적인 경제 발전은 단기간에 한국을 세계 경제를 이끄는 핵심 국가 중 하나로 탈바꿈시켰다. 앞서간 서유럽과 북미·일본 등이 걸었던 '개발' 또는 '지속적인 경제성장'이라는 미래 이미지를 따른 결과다.[4]

오늘날 대한민국이 미래 지향적이며, 동시에 스스로 미래를 가꿔 가는 국가라는 데는 의심의 여지가 없다. 대한민국은 현재 또 다른 역사적 전환기를 맞고 있다.

4차 산업혁명시대에 대응하여 대한민국 국민들의 특장점인 창의력과 국가적인 강점인 ICT, 과학기술을 활용하여 4차 산업혁명시대의 새로운 신성장 동력을 활성화시켜 일자리를 만들고 국민의 생활을 편리하고 행복하게 만들어 가는 국가미래발전전략을 시급히 마련하고 실천해 나가야 한다.

---

4. 짐 데이토의 미래학 이야기. 『중앙선데이』, 2011년 1월 8일. http://sunday.joins.com/archives/29320 (검색일: 2016년 7월 10일).

CHAPTER
02

새로운 대한민국의 국가 비전

I 국가 비전과 정체성 🔍

1. 꿈과 비전이 절실한 대한민국

"꿈과 비전이 없는 국가는 미래가 없다."

개인은 물론 기업과 국가도 '꿈'이 없으면 더 나은 미래로 나아갈 수 없다. 꿈은 존재의 이유이고 살아가는 힘이다. 비전, 목표와 같은 말이다. 그런데 언제부턴가 우리 대한민국에는 꿈이 사라졌다. 학생들에게 '꿈이 무엇이냐'고 물어보면 대답을 하지 못한다. 일반인들도 마찬가지다. 꿈이 없는 국가는 미래가 없다.

꿈이 있어야 더 나은 미래를 창조할 수 있다. 꿈은 반드시 현실이 된다. 더 나은 미래 창조의 열쇠는 무엇인가? 그것은 미래 비전과 목표를 갖고 전략적으로 도전하는 것이다. 꿈은 포기만 하지 않으면 반드시 이루어진다. 우리가 꿈을 꾸면 '하나님'은 그 꿈을 실현시켜 주기 위해 온 우주를 움직인다.

미국 라이트 형제Wright brothers의 도전기를 보면 꿈에 대한 커다란 영감을 갖게 될 것이다. 영국 로열 소사이어티Royal Society의 켈빈Lord Kelvin 사장은 1895년 "처음 발명된 비행기를 보고 이렇게 무거운 기계가 어떻게 새처럼 날아다닐 수 있나? 그것은 절대 불가능하다"고 잘라 말했다. 사실 무거운 기계가 사람을 태우고 하늘을 나는 것은 상상조차 할 수 없는 일이었다.

켈빈 사장의 지적처럼 어떻게 무거운 기계가 사람과 물건을 싣고 하늘을 날 수 있단 말인가! 그런데 라이트 형제는 '절대 불가능'에 도전장을 냈다. 그리고 머지않아 꿈을 현실로 만들었다. 라이트 형제는 '반드시 하늘을 날겠다'는 꿈을 갖고 도전하여 1903년 12월 역사상 처음으로 비행 시대를 연 것이다.

닭은 큰 날개가 있지만 날 생각을 포기함으로써 날지 못한다. 벌은 몸집에 비해 날개가 작지만 날기 위해 필사적으로 날개를 움직임으로써 꽃을 향해 날아간다. 반면 날개가 없지만 "반드시 날아오를 것이다"라는 강한 의지를 가진 라이트 형제는 비행기를 발명함으로써 닭과 벌을 뛰어넘는 비행술을 확보하였다.

미국의 주요 일간지인 뉴욕타임스는 1903년 12월 "언젠가는 사람을 실어 나르는 비행기가 제작되겠지만, 그건 수많은 수학자와 기술자들이 앞으로 100만 년에서 1000만 년 동안 꾸준히 노력해야만 가능할 것이다"라는 내용의 사설을 실었다. 하지만 그 사설이 실리고 열흘도 채 지나지 않은 12월 17일 인류의 꿈을 실현시킨 두 영웅이 등장했다.

바로 라이트 형제였다. 라이트 형제는 시내에서 자전거 점포를 운영하는 평범한 청년들이었다. 이들이 온갖 도전과 난관에 맞서 오로지 성공을 향해 나아갈 수 있었던 이유는 무엇이었을까? 그것은 '반드시 하늘을 날아야 한다'는 절대적 목표와 포기하지 않는 강한 도전정신이 있었기 때문이다.

라이트 형제는 독일의 릴리엔탈이 글라이더 시험 중 추락사한 것을 알고 항공에 흥미를 갖게 되어 비행기 연구를 시작하였다. 1900년과 이듬해에 노스캐롤라이나주의 키티호크에서 2회에 걸쳐 글라이더의 시험비행을 하였다. 그 후 비행기의 과학적 연구에 착수, 모형으로 200회 이상 시험하였다.

그리고 1902년 1,000회에 이르는 글라이더 시험비행을 하였다. 같은 해 12월 라이트 형제가 직접 만든 가솔린 기관을 기체에 장치하여 1903년 12월 17일 키티호크에서 역사상 처음으로 동력 비행기를 조종하여 지속적인 비행에 성공하였다. 라이트 형제의 인간 비행 성공은 엄청난 도전 끝에 이뤄낸 기적적인 결실이다.

하늘을 나는 '비행'은 먼 신화시대부터 인류에게 욕망이자 닿을 수 없는 이상이었다. 지금은 누구나 아무렇지 않게 비행기를 타고 다니지만, 불과 한 세기 전까지만 해도 인간의 비행은 '불가능한 일'로, 높고 넓은 하늘은 오로지 '신의 영역'으로 치부되었다.[5]

라이트 형제는 어느 발명가나 과학자보다 위대하다는 평가를 받는다. 『목사의 아들들』의 저자 톰 크로우치는 이렇게 말했다. "엄격한 의미에서 에디슨은 전구 발명가가 아니다. 또한, 포드는 자동차 발명가가 아니며, 벨은 전화기 발명가가 아니다. 하지만 라이트 형제만은 비행기계 발명가다."

라이트 형제는 절대 풀 수 없다고 여겨지던 문제를 풀었다. 유인 비행 기계 개발에 매달렸던 사람들의 대부분이 유인 비행은 불가능한 일이라 결론 내렸을 즈음, 그들은 당대 최고의 현인들도 풀지 못한 극히 복잡한 문제를 풀어냈다. 그들은 세계 최초로 중비행 기계를 발명한 사람들이면서 '항공술의 창시자'이기도 하다.

또한, 이들은 다른 사람의 힘을 빌리지 않고 놀라울 정도로 빠른 속도로 문제를 해결했다. 하늘을 날고 싶다는 인류의 오랜 숙원을 그들은 단 55개월 만에 풀어냈다. 게다가 실제로 비행에 성공하기 2년 전에 답을 알아냈다. 이론적으로 유인 비행을 해결할 방법을 찾아낸 후 나머지 2년 동안은 실질적으로 비행술을 익히는 데 썼다.

특히 그들은 공식적인 교육이나 전문적인 훈련을 받지 않았다. 당시 유인 비행 문제에 도전했던 사람들은 대개 전문 교육을 받았거나 학위를 소지한 과학자나 엔지니어였다. 라이트 형제가 내세울 만한 학력이라곤 고등학교를 다녔다는 것 말고는 없다. 그들은 독학으로 비행에 필요한 모든 것을 터득한 '독학 비행사'들이었다.

---

5. 마크 에플러 지음, 정준희 옮김. 『우리는 반드시 날아오를 것이다-라이트 형제의 비상에서 배우는 문제 해결의 7가지 원칙』 (서울: 김영사, 2005). http://www.gimmyoung.com/datanewinfo_view. html?id=441 (검색일:2012년 1월 14일).

라이트 형제의 성공 방식은 무엇이었을까? 그것은 바로 꿈과 열정, 그리고 포기하지 않는 도전이었다. 라이트 형제는 수많은 도전 끝에 유인 비행의 해결책을 찾아냄으로써 '새처럼 하늘을 날고 싶다'는 인류의 숙원을 마침내 성취해냈다. 우리가 대한민국의 웅대한 비전을 세우고 라이트 형제의 도전정신으로 임한다면 반드시 실현할 수 있을 것이다.

특히 라이트 형제가 성공할 수 있었던 가장 큰 요인은 '자신들의 목표 달성에 목숨을 걸었다'는 점이다. 물론 라이트 형제의 도전에 앞서 릴리엔탈, 필처, 몽고메리 등 숱한 목숨이 희생되었다. 이들의 목숨 건 도전이 있었기 때문에 지금 우리는 보다 안전하게 하늘을 날 수 있게 된 것이다.

그렇다면 우리는 새로운 대한민국을 창조하기 위해서 무엇을 해야 하는가? 라이트 형제는 구체적인 목표를 세우고 목숨을 걸고 열정적으로 도전했다. 그러나 우리의 꿈은 단순한 것이 아니라 세계와 함께 더 큰 미래를 만들어 나가야 한다는 복합적인 도전이다. 목표는 비록 다르지만 꿈을 현실로 만들기 위한 열정과 도전정신은 같아야 할 것이다.

한국은 전쟁의 폐허를 딛고 일어났다. 한강의 기적을 이루어냈다. 하지만 압축성장을 한 탓에 정치 · 경제 · 문화 · 사회 등 각 분야의 국가 운영 시스템은 여전히 취약하다. 후진국적 요인이 많다. 국가 운영 시스템이 한국의 성장에 방해가 될 정도로 심각한 수준이다. 이제 국가 운영 시스템을 전면 개조해 사회 갈등을 풀고 국민 행복을 증진시켜 나가야 할 것이다.

더 나은 대한민국을 창조하기 위해선 미래예측을 통한 국가미래전략 수립이 필수적이다. 국가 비전 달성을 위해서는 급속한 사회 환경 변화에 따른 불확실성을 극복하고 미래 지향적 국가 운영 체제를 마련해야 한다. 국가를 전면 혁신하고 재창조해야 할 것이다.

4차 산업혁명시대 대한민국의 미래 비전과 목표를 제시하기에 앞서 먼저 우리의 정체성을 재확립하고 역사속의 미래 비전을 확인해 볼 필요가 있다. 우리가 누구인지 알아야 우리가 무엇을 해야 하는지 사명감과 목표 의식을 가질 수 있기 때문이다. 역사 속에서 대한민국의 정체성을 찾고 이를 미래 창조의 핵심 동력으로 삼아야 할 것이다.

PART

4차 산업혁명시대,
대한민국 미래혁신 과제

Korea Future Success Strategy for the Fourth Industrial Revolution

산업 · 경제 미래혁신 과제

I 경제의 미래혁신

1. 한국 경제의 변화 현황

한국 경제에 짙은 먹구름이 끼어 있다. 경제의 기초 체력인 생산, 소비, 투자가 동시에 위축되어 있다. 더구나 조선, 해운업 등 전반적인 산업구조 개혁도 지지부진하다. 소득 양극화에 따른 내수 부진, 가계 부채 증가, 영세업체 침체 등으로 한국 경제의 위기지수가 가파르게 높아지고 있다.

더구나 기업 구조조정에 따른 대량 실업 사태와 성장률 추가 하락이 가시화되고 있다. 반도체부문 외에 수출 여건이 어렵고, 저출산으로 생산가능 인구가 점점 감소하는 중대한 변화의 시기가 다가오고 있다. 사상 최악의 경제위기에 치닫는 것이 아니냐는 위기의식이 퍼지고 있다.

통계청이 발표한 '산업 활동 동향'에 따르면 2018년 6월 산업생산이 감소로 전환하고 설비투자도 4개월 연속 줄었다. 전산업생산지수도 전월보다 0.7% 감소한 것으로 나타났다.[1] 건설업계의 경기는 더욱 심각하여 '고용절벽'에 다다랐다. 신

---

1. 이코노믹리뷰, 2018년 7월 31일.

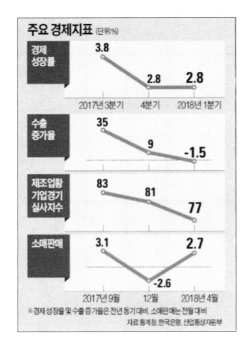

주요 경제지표 (단위%)

경제
성장률

3.8
2.8   2.8
2017년 3분기   4분기   2018년 1분기

수출
증가율

35
9
-1.5

제조업황
기업경기
실사지수

83   81
77

소매판매

3.1   2.7
-2.6
2017년 9월   12월   2018년 4월

※경제성장률및수출증가율은전년동기대비, 소매판매는전월대비
자료 통계청, 한국은행, 산업통상자원부

규채용은커녕 기존 인력 감원까지 이어지고 있는 실정이다.

정부의 특단 조치가 없다면 한국 경제는 급격하게 주저앉을 가능성이 높다. 경기 활력의 젖줄 역할을 하는 투자를 어떻게든 확대해야 한다. 투자가 위축되면 경기하강이 본격화될 수 있기 때문이다. 일부에서는 재정투입을 확대해서라도 급격한 경기 둔화를 방어해야 한다고 목소리를 높이고 있다. 그러나 재정대책은 미봉책에 불과하다. 약발이 끝나면 더욱 경기회복이 더욱 어려울 수 있기 때문이다.

현재의 한국 경제는 빛 좋은 개살구다. 세계은행WB이 발표한 '국가별 명목 국내총생산GDP'에 따르면 2016년 미국 달러화 기준 대한민국의 명목 국내총생산GDP 규모는 1조 4,100억 달러로 세계 11위를 기록했다.[2] 러시아 · 스페인 · 오스트레일리아 등 보다 앞선 경제대국의 반열에 오른 것이다.

그러나 2018년 7월 발표한 자료에 따르면 대한민국의 GDP 규모는 러시아에 밀려 한 계단 하락한 12위로 나타났다.[3] 2017년 12월 기준 대한민국의 경제규모는 1조 5,300억 달러약 1,732조 원로 집계됐다. 반면 러시아의 GDP가 1조 5,800억원약 1,789조 원으로 대한민국을 제치고 11위를 차지했다. 대한민국의 명목 GDP 순위는 2005년 10위로 정점을 찍었다가 2006년11위 이후 조금씩 떨어지면서 2008년 15위까지 내려가기도 했다.

대한민국은 2017년 기준 인구수 5,145만 명으로 1인당 국민소득은 2만 9,745달

2. 서울신문, 2016년 8월 17일.
3. 헤럴드경제, 2018년 7월 13일.

러를 기록했다. 대한민국이 2018년 중에 3만 달러를 넘어선다면 세계은행 통계에 공식적으로 1인당 소득 3만 달러 국가에 포함될 것으로 보인다. 그러나 우리 대한민국이 세계 4위 경제대국으로 비상하려면 아직도 갈 길이 멀다. 특단의 조처가 요구된다.

2. 한국 경제의 문제점

◇ 한국 경제의 구조적 위기

한국 사회의 최대 문제는 양극화의 심화이다. 양극화 해소를 통한 다 함께 잘 사는 공영 한국의 건설은 시대정신이 되었다. 양극화는 계층 간 소득 및 부의 격차로 크게 확대되었다. 양극화는 내수산업을 위축시킴으로써 궁극적으로 지속 가능한 발전의 최대 장애 요인으로 작용한다.[4] 양극화는 사회 통합을 저해하고 국가 발전의 큰 걸림돌이 된다. 양극화 문제는 결국 저성장 · 고실업을 가져오고, 서민들의 경제 고통을 가중시킨다.

새로운 대한민국의 경제 정책의 핵심은 '지속 가능한 성장'을 하는 것이다. 그런데 대한민국은 2012년 이후 본격적인 '저성장의 늪'에 빠졌다. 큰 걱정이 아닐 수 없다. 한국 경제는 저출산 · 고령화, 노동력 부족, 신성장 동력 부재, 투자 부진 등으로 이젠 3%대의 성장도 어려운 상황이다.

대한민국 경제의 저성장 구조화는 앞으로 많은 문제를 잉태할 것이다. 저출산 문제를 더 심화시키고, 이것은 다시 저성장을 더욱 부추기는 요인으로 작용할 것이다. 나아가 양극화의 심화 등으로 사회 갈등도 확대되고 복지 지출도 크게 늘어날 것이다. 더구나 한국 경제가 저성장하면서 서민들의 '경제 고통'도 더 커지게 된다. 한국 경제의 하늘에 먹구름이 잔뜩 끼어 있는 상황이다.

---

4. 민주정책연구원, 『뉴민주당 플랜』, (서울: 민주정책연구원, 2010), 9쪽.

저성장 늪에 빠진 한국 경제는 단순한 경제 개혁이 아니라 특단의 국가 구조 개혁이 없으면 재도약하기 힘들다. 최근 한국의 중장기 경제 전망을 연구하는 전문가들은 "지금부터라도 한국 경제를 근본적으로 개혁하지 않으면 한국도 일본처럼 장기 침체하는 일만 남았다"고 우려하고 있다.

◇ 한국 경제의 뇌관 부채 또 부채

정부는 2017년 예산 편성에서 28조 7,000억 원 규모의 적자 국채를 발행하기로 했다. 이로 인해 국가채무는 조만간에 682조 원을 돌파할 전망이다. 국가채무는 박근혜 정부 출범 전해인 2012년 말보다 236조 8,000억 원53.1%이나 늘어나게 됐다.

국내총생산GDP 대비 국가채무 비율도 2016년 본예산 기준 40.1%에서 40.4%로 높아진다. 임기 안에 균형재정을 이루고 GDP 대비 국가채무 비율을 30%대 중반으로 관리하겠다던 취임 초의 약속이 공수표가 되었다. 국가채무의 확대로 국가 재정에 '빨간불'이 켜졌다.

더구나 국가부채뿐만이 아니라 가계부채도 눈덩이처럼 불어나고 있다. 2008년 글로벌 금융위기 이후 한국의 가계부채 증가 속도는 상당히 빠르게 늘고 있다. 가계부채는 2017년 3월 말 기준으로 1,360조 원에 육박했다. 급증하는 가계부채는 한국 경제를 침몰시키는 시한폭탄이다.

가계부채 대책도 논란이 증폭되고 있다. 금융 당국이 은행대출을 옥죄기 하자 자금 수요자들이 제2금융권으로 몰려가고 있다. 그것도 안전한 대출로 여기는 주택담보대출보다는 경기에 민감한 상가·토지담보대출과 신용대출의 증가세가 뚜렷하다. 경기침체로 영세업자들이 빚을 내어 연명하고 있는 것이다.

한국은행이 2016년 8월 발표한 자료에 따르면 주요국의 가계부채 비율 변화2008년 말 대비 2014년 말를 비교한 결과 한국은 처분 가능 소득 대비 가계부채 비율이 19.9%p 증가했다. 이는 그리스27.1%p, 벨기에22.1%p에 이어 세 번째다. OECD 회원국 평균 상승률 1.6%p에 비해서는 크게 높다. 영국 -22.5%p , 미국 -21.9%p , 독일 -5.8%p 은 오히려 가계 빚이 크게 줄었다.

더구나 한국의 가계부채 비중은 계속 불어나고 있다. OECD 통계에 따르면 2015년 한국의 국내총생산GDP 대비 가계부채 비율은 91.3%로 전년 87.2% 보다 4.1% 포인트 높아졌다. 지난 2011년 80%를 넘긴 지 4년 만에 90%선을 넘은 것이다. 가계부채발 경제위기가 고조되고 있다.

◇ 성장 엔진이 식은 기업들

대한민국 기업의 성장 엔진이 서서히 식어가고 있다. 국내 제조업의 매출 증가율은 2004년 13.32%에서 2015년엔 2.07%로 급속히 둔화됐다. 영업이익률도 7.56%에서 5.25%로 낮아졌다. 삼성전자의 영업이익은 2016년 1분기 8조 5,000억 원에서 3분기엔 4조 1,000억 원으로 감소했다. 현대자동차도 2016년 9월 말까지의 영업이익은 5조 6,743억 원으로 작년 동기보다 9.7% 줄었다.

리밍싱李明星 중국기업연합회 부회장은 "한국의 고도성장을 이끌었던 자동차 · 중공업 · 전자산업의 성장 동력이 떨어지고 있다"라고 지적하고, "그럼에도 불구하고 미래에 한국이 비교우위를 가질 수 있는 산업이 눈에 띄지 않는다"라고 평가했다. 한국의 미래를 이끌 핵심 기업들이 보이지 않는다는 이야기다.

더구나 현재의 위기를 돌파할 기업가도 보이지 않는다. 상당수 대기업 총수들은 이런저런 이유로 '존재의 의미'가 없다. 중소 · 중견기업 2 · 3세들은 가업을 이어받지 않으려고 기업을 매물로 내놓기도 한다. "만나는 기업인마다 뾰족한 대책이 없으니 일단 견디자는 말만 한다"라고 전하는 기업인도 있다.

◇ 상생 공영이 절실한 노사관계

대한민국 노조의 강성은 세계 최고 수준이다. 국내외 환경이 급변하고 있는데도 요지부동이다. 따지고 보면 노측의 대표성도 없다. 2013년 기준 한국노총과 민주노총 조합원은 144만 5,790명이다. 노조 가입 대상 근로자 1,798만 1,000명 중 겨우 8.04%에 불과하다. 그런데도 노조 지도부는 '투쟁을 위한 투쟁'을 반복하고 있다.

노조가 바뀌어야 한다. 정규직-비정규직 차별을 노조가 앞장서 해결해야 한다. 기득권을 유지하기 위해서 벌이는 투쟁은 더 이상 지지 받지 못한다. 사 측과의 열린 대화로 새로운 노사문화를 주도적으로 창조해 나가야 할 때다. 세상은 변하고 있다. 국민들의 삶은 더욱 고달파지고 있다. 함께 공영의 길을 만드는 새로운 노동문화를 만들어 나가는 것이 중요하다.

성과급제를 토대로 한 연봉제 도입을 반대해서는 미래가 없다. 기업의 경쟁력 강화가 오늘의 문제이자 내일의 문제다. 금융 분야 등 전 산업 분야가 4차 산업혁명으로 변화하고 있다. 연공서열에 의한 안이한 보신주의로는 글로벌 대한민국을 만들어 갈 수 없다. 노조가 스스로 교육하고 토론하고 기업을 살리고, 대한민국의 미래를 창조하는 혁신 노조로 변신해야 할 것이다.

물론 한국 기업의 사 측 태도도 문제가 많다. 노조를 기업 경영의 파트너로 존중해야 한다. 노조가 기업의 적이 아니다. 기업 성장의 핵심축이다. 그러므로 임금을 착취하거나 부정하게 경영해서는 안 된다. 기업 경영을 투명하게 공개하고 노사 신뢰로 지속 가능한 성장을 통해 모두가 행복한 일자리가 되도록 해야 한다.

노사 간의 불신과 반목, 적대적 관계로는 상생 공영하기 힘들다. 서로 독을 묻힌 창을 겨누고 상대방의 항복을 요구하며 극단적인 대립을 해서는 안 된다. 기업의 노사 신뢰와 상호 협력은 모두의 평화 공영을 위한 길이다. 함께 기업을 성장시키고 함께 열매를 공정, 공평하게 나눌 수 있어야 한다.

3. 경제의 미래혁신 방향

◇ 경제 구조 개혁과 공정 경제의 구현

현재 한국 경제는 지속 가능한 성장에 커다란 암초를 만났다. 최대 장애물은 사회의 양극화와 불균형 문제이다. 이의 핵심적인 원인은 무엇일까? 이에 대한 대답은 간단하다. 즉 기득권층에 대한 '자원과 부ㅂ의 편중과 대물림'으로 집약되는 '불공정성'이다.

다 함께 잘 사는 경제평화를 실현하기 위해서는 철저한 '공정 경제'를 확보해야 한다. 평화 공영 국가는 공정 경제라는 기반과 토대 위에서만 작동된다. 그러므로 국가는 공정 경제를 위한 감시자, 때로는 조정자가 되어 그 역할과 책임을 적극적으로 실행해야 할 것이다.

먼저 공정 경제의 실현을 위해서는 대기업의 사회경제적 책임 강화, 대·중·소 기업 간 불공정관계의 해결, 혁신적 중소기업의 지원 및 육성 등이 시급하다. 이를 위한 법제도의 개혁은 단순한 규제가 아니라 공정 경제의 실현을 위한 최소한의 사회적 합의인 것이다.

공정 경제를 위해서는 특히 두 가지에 역점을 두어야 할 것이다. 하나는 재벌 체제의 개혁과 대기업의 책임 강화다. 재벌 소유 및 경영 구조를 민주화하고, 편법적 경영 승계를 근절해야 한다. 또한, 성과 배분 및 초과이익공유제 도입 등 대기업의 협력업체에 대한 책임도 강화할 필요가 있다.

다른 하나는 불공정 원하청 관계를 극복하고 중소기업·중소상인에 대한 혁신적 지원을 강구하는 것이다. 일방적 납품단가 인하를 금지하고 공정 납품단가 결정제를 도입해야 할 것이다. 또한, 중소기업 및 중소상인 적합 업종을 보호하고 대기업 진출을 제한해야 한다. 상가 건물에 대한 임대차보호법을 개정하여 영세 상인에 대한 보호도 강화해야 한다.

한국의 저출산·고령화 속도는 세계에서 가장 빠르다. 일본이 겪은 속도보다 더 빠르다. 그러나 한국의 사회·경제적인 토대는 외환위기 이후에 굉장히 약화됐다. 1인당 2만 달러 시대라지만 실제 대기업-중소기업 간, 계층 간 양극화가 굉장히 심각해졌다. 쓰나미처럼 몰려오고 있는 한국 경제의 안팎의 위협들을 방지하기 위해선 공정 경제를 바로 세우는 것이 시급하다.

◇ 양극화 해소와 서민경제 활성화

글로벌 금융위기로 인하여 상류층의 일부가 중산층으로 떨어졌고, 중산층은 더욱 붕괴되어 양극화가 심화되었다. 서민경제 회생을 위한 최우선 과제는 무엇인가? 전문가들은 △양극화 해소 △일자리 창출 △복지 사각지대 해소 △중소기업 지원 확대 △대기업 불공정 거래 관행 근절 △지역 균형 발전 청사진 제시 △고환율 정책 재검토 등의 순이라고 지적한다.

특히 청년 실업 해소와 규제 완화, 신성장산업의 발굴, 창업 활성화 정책을 통해 경제성장이 고용 창출과 내수 회복으로 이어지는 '트리클 다운trickle down: 낙수' 효과를 되살려야 한다. 낙수효과를 높이려면 무엇보다 좋은 일자리 창출이 중요하다.

제조업 중심의 일자리 확대만으로는 턱없이 부족하다. 서비스산업 규제완화를 통해 내수시장을 활성화할 필요가 있다. 또한, 대학 진학률이 80%가 넘는 상황에서 고학력자 청년 실업은 불가피하므로 대학 구조개혁도 절실하다. 특히 서민경제를 살리기 위해선 내수를 활성화해야 한다.

서민경제의 침체로 서민들의 고통과 신음이 점점 커지고 있다. 수출주도형 경제 정책으로 '성장의 온기'가 대기업과 고소득층에만 돌아가고 있다. 중소기업과 서민은 더욱 살기 어려워지고 있다. 본질적인 경제 구조 개혁만이 유일한 생존책이다. 대증적 치료법이 아닌 경제 구조 개혁을 통한 실질적인 치료법을 찾아야 할 것이다.

◇ 사회적기업 및 공유경제 기반 확대

일자리는 복지의 출발이자 국가나 지역 공동체의 행복을 위한 필수조건이다. 그러므로 세계 경제위기 시대에 가장 중요한 일은 일자리 나눔 정책이다. 일자리 나눔은 시민들의 건강한 공동체 의식에서 시작된다. 이것이 바로 사회적 경제기업 또는 공유적 경제기업이 성공할 수 있는 정신적 토대가 된다.

사회적기업은 시민의식에 입각하여 사회 구성원의 특수한 수요를 포함한 지역 공동체의 수요를 충족하기 위해 재화나 용역을 생산, 제공하는 기업을 말한다. 사회적기업은 이러한 정의에서 보듯이 지역 공동체 수요와 개인적인 욕구를 충족시키고 일자리를 창출한다. 그 과정에서 지역 공동체는 새롭게 탄생될 수 있다. 한마디로 사회적기업은 지역공동체에 더 많이 공헌하는 기업이다.

사회적기업은 기업 수익의 극대화가 아니라 공동체 전체의 삶의 질, 개인의 노동 환경을 향상시킨다는 비영리적 동기에 의해 수행된다. 세계 자본주의의 위기는 사회적기업으로 극복될 수 있을 것이다. 그동안 이윤 극대화만을 위해서만 달려왔던 자본과 기업은 그 한계에 직면했다. 이제 세계가 당면한 각종 사회문제를 해결하기 위해서는 사회적기업에 눈을 돌릴 필요가 있다.

사회적기업은 소위 돈도 벌고 동시에 좋은 일도 하는 기업이다. 위기에 빠진 세계 경제의 더 나은 대안이 될 수 있는 것이 바로 사회적기업인 것이다. 미래에는 사회적경제 기업 또는 공유적경제 기업이 최대 인구를 보유하는 제4의 권력이 될 것이다. 대한민국도 예외는 아닐 것이다. 사회적기업과 공유적기업의 토대를 적극적으로 구축해 나가야 한다.

◇ 한국 경제의 지속 가능한 성장 방안

먼저 한국 경제의 뇌관인 가계부채를 비롯하여 국가부채, 공공부채, 기업부채 등을 전면 재조정해야 한다. 특히 가계부채는 소비 둔화로 이어지고 글로벌 경제의 수요 위축에도 영향을 미친다. 가계가 상환 부담을 견디는 것은 최근 수년간 이어진 금리하락, 만기연장 등에 영향을 받은 것일 뿐이다. 소득이 안 늘고 금리마저 인상된다면 충격을 받을 수밖에 없다. 부채에 대한 연착륙 방안을 찾아야 한다.

또한, 4차 산업혁명에 대비하여 산업 전반에 걸친 대대적인 구조 개혁을 단행해야 한다. 기회를 놓치면 한국 경제가 회생하기 힘들다. 수십 년간 침체의 늪에서 고통스럽게 지내야 할지 모른다. 나아가 국가 전략 산업을 집중 육성하여 미래 먹거리가 되도록 해야 한다. 현재 자동차, 전자 등 일부 산업에서 경쟁력 우위를 갖고 있지만 얼마나 오래갈지 미지수다.

나아가 한국 경제의 철학, 비전, 목표, 전략 등을 전면적으로 재설정해야 한다. 기존의 의식과 태도로는 미래에 살아남기 힘들다. 경영 혁신을 이루려면 기업주가 먼저 패러다임을 전환하고 철학과 비전을 제시해야 한다. 노조도 이에 부응하여 기득권을 버리고 상생과 공영의 시대정신에 따라 생산성 제고에 적극 기여해야 한다.

사실 모든 것은 사람의 문제이다. 아무리 도전이 파도처럼 거칠더라도 노사가 강한 신뢰와 믿음이 있으면 모든 것을 '이기게' 할 수 있다. 과거에는 일방주의가 어느 정도 통했다. 미래는 노사가 똘똘 뭉쳐야 살아남는다. 서로 합력하여 선을 이루지 않고는 미래가 없음을 명심해야 할 것이다.

4. 경제의 미래혁신 주요 정책과제

• 정의가 경제의 토대를 강하게 만든다. 대한민국 경제의 지속 가능한 성장을 위해선 '상생 공영 경제'가 필수적이다. 이를 위해 대-중-소기업 간 격차 해소를 위해 '초과이익공유제'를 전면 확대해 나가야 한다. 동반 성장, 정의 성장, 포용 성장, 혁신 성장 등도 모두 유사 개념이다. 결국은 불평등, 불공정한 경제 관련 제도의 개선을 통해 경제평화의 토대를 구축하는 작업이 중요하다. 또한, 재벌 구조 개혁을 통해 '기울어진 운동장'을 바로 잡아야 할 것이다. 재벌이 경제력과 지배력을 남용하고 불공정 거래 등을 행하는 것을 막아야 한다. 대기업의 문어발식 기업 확장을 방지하고 선택과 집중을 통해 '글로벌 전략 기업'으로 육성해야 한다. 대한민국의 300대 대표기업을 선정하여 세계적

명품 기업으로 집중 육성해야 할 것이다.

- 한국 경제가 지속적으로 성장하기 위해선 뿌리가 튼튼해야 한다. 대기업과 중소기업 간의 상생문화를 정착시켜야 한다. 대기업과 중소기업 간의 임금 격차를 현행 62%에서 선진국 수준인 70~80%로 올려야 한다. 대기업 편향 경제 구조를 개혁하여 불공정 하도급 거래의 횡포를 막는 것도 필요하다. 납품단가 후려치기 등을 없애고 성과 공유를 통해 동반 성장의 길을 열어 나가야 할 것이다.

- 대한민국 경제가 수출 부진, 내수 침체 등으로 침체의 수렁에 빠졌다. 생산성 향상과 혁신 가속화를 위해 중소기업 및 서비스업에 대한 적극적인 투자로 '경제 신진대사'를 활성화해야 한다. 일자리 창출의 열쇠는 중소기업, 중견기업에 달려 있다. 이들에 초점을 맞춘 지원 정책을 강화해야 한다. 나아가 비제조업, 벤처기업, 영세기업들에 대한 규제 개혁과 우대 정책을 마련해야 한다.

- 대학과 자치단체, 기업을 연계하여 첨단과학밸리를 만들어야 한다. 예를 들면 서울대와 서울시^{관악구}, 기업 등이 참여하는 3자 공동 협약으로 관악첨단과학밸리를 조성하는 것이다. 대학은 원천기술, 지자체는 행정과 토지 및 인력, 기업은 자본을 각각 제공하여 미래경제를 창조해야 한다.

- 4차 산업혁명으로 인한 인공지능이 사람들의 많은 일자리를 빼앗아 갈 것이다. 미래의 일자리 시장에 대비할 수 있도록 노동자를 재교육시키고 키워 내는 일이 시급하다. 지금 학교를 다니면서 배우는 직업적인 기술들이 나중에 졸업 후 직장을 구한 후에 쓸모가 없어질 것이다. 새로운 일자리 창출과 함께 평생교육을 제도화해 나가야 할 것이다.

Ⅱ 조세의 미래혁신   🔍

1. 조세의 변화 현황

대한민국은 지금 저출산·고령화, 노동시장의 불안, 청년 세대의 기업가 정신 상실 등으로 미래 불안이 커지고 있다. 이는 '저복지'에서 비롯된 것이다. 저복지는 '불균형적 삶'을 파생시키고 사회 갈등을 야기한다. 이에 따라 모두가 다 함께 잘 사는 행복한 대한민국의 미래를 만들기 위해서는 조세 정의 실현이 선행되어야 한다.

대한민국은 특혜를 누리면서도 제대로 세금을 내지 않는 사람들이 많다. 세금을 제대로 쓰는 것도 중요하지만 국가 공동체의 유지와 발전을 위해서는 국민의 자발적 납세 의무가 정착되어야 한다. 그러나 일부에서는 탈세 등 세금 부정이 여전하다. 더구나 정의적 차원에서도 조세 형평성이 확보되어야 한다.

'세금 폭탄'이란 말도 보수층의 선동적 수사이다. 이 주장 역시 사실과 다르다고 할 수 있다. 2008년 OECD 국가의 국민들이 내는 평균 조세 부담률은 34.8%이었다. OECD의 유럽 국가 평균은 38%, 북유럽 복지국가 평균은 45.1%다. 반면 우리 한국은 26.5%에 불과했다. 우리가 다 함께 잘 사는 평화 공영 국가가 되려면 부자들이 자발적으로 세금을 더 내야 할 것이다.

미국과 프랑스 부자들은 국가 경제를 살리기 위해 자발적으로 '부자 증세' 운동을 전개하고 있다. 미국의 억만장자 버핏 Warren Edward Buffett 은 2011년 8월 15일자 뉴욕타임스 칼럼에서 "나와 같은 부자들은 정부의 재정적자 감축 노력에 동참하여 지금보다 더 많은 세금을 내야 한다"라고 주장했다.

프랑스의 대표적 슈퍼 부자 16명도 2011년 8월 24일 "정부는 재정 적자 극복을 위해 부유한 우리에게 특별 기부세를 부과하라"고 청원서를 제출했다. 이들은 청원서에서 "우리는 프랑스 · 유럽의 경제 시스템 속에서 많은 혜택을 받아 왔다"며 "우리가 국가에 기여하는 것은 당연하다"고 밝혔다.

경제가 어려우면 가장 큰 타격을 받는 것은 서민층과 사회적 약자층이다. 그리고 경제가 회복되면 가장 큰 이득을 보는 것이 부유층이다. 이 때문에 부자들이 증세운동을 벌이는 것은 아주 현명한 일이다. 부자들이 더 큰 부를 축적하기 위해서도 적극적인 조세 납부가 필요하다.

그러나 우리 대한민국의 부자들은 '세금폭탄'이라는 용어를 만들어 방어벽을 쌓고 세금을 내지 않으려 하고 있다. 여기에 한 술 더 떠서 감세를 요구하거나 심지어 탈세까지 하고 있다. 청문회에 나온 거의 모든 고위 공직 후보들이 탈세 의혹을 받는 현실을 보면 개탄스럽다. 한국 부자들과 보수 진영에 최소한의 공동체 의식과 윤리성을 기대하는 것이 헛된 것일까?

2. 조세제도의 문제점

어떠한 나라가 가장 행복할까? 그것은 빈부와 관계없이 차별받지 않고 누구나 사람답게 살아갈 권리가 보장되는 나라다. 새로운 대한민국은 정다운 이웃으로 누구나 인간답게 살아갈 수 있도록 힘을 합쳐 생산적 복지 평화 국가의 시대를 열어나가야 할 것이다. 조세를 통한 복지 평화가 더 큰 미래로 나가는 통로다.

대한민국의 복지 평화를 위한 제도적 틀은 어느 정도 완성됐다. 한국 복지는 50년 남짓한 기간 공공부조 · 사회보험 · 사회 서비스가 모두 도입됐다. 나아가 사회복지통합관리망행복e음 의 개통으로 한 단계 발전했다.[5] 이제 복지 평화 국가의 기본적 제도는 거의 완성된 셈이다.

그러나 여전히 국민이 느끼는 복지 체감도는 낮고 사각지대도 많은 편이다. 더구나 한국의 국내총생산GDP 대비 복지 지출도 경제협력개발기구OECD 평균의 3분

---

5. 동아일보, 2011년 5월 9일.

의 1 수준에 머물고 있다. 따라서 미래 세대에 부담을 주지 않고 지속 가능한 복지를 위한 재정 확보 방안이 확보되어야 한다.

모두가 행복한 대한민국의 미래를 위한 재원을 확보하기 위해서는 조세제도의 개혁이 필수적이다. 우리의 조세 부담이 선진국보다 낮기 때문에 복지 확대를 위해서는 어느 정도의 증세 정책이 불가피하다. 물론 조세의 확대는 일부 국민들에게 새로운 부담을 주는 것이기 때문에 신중히 추진해야 한다.

특히 복지 평화 국가를 실현하기 위해서는 재원 조달 방안이 구체적으로 마련되어야 한다. 복지정책이 무능한 정치 집단의 '포퓰리즘'으로 이용되어서는 안 된다. 이를 위해서는 복지 재정에 '재원안 동시제출제도PAYGO'와 '재정준칙제fiscal rule' 등을 적극 도입할 필요가 있다.

재원안 동시제출제도를 뜻하는 PAYGO란 'Pay As You Go'의 줄임말로, 재정을 쓰려면 그에 상응하는 새로운 세수 확보 방안이나 다른 지출을 줄일 방안을 함께 내놓도록 하는 것이다. 미국은 2009년 재정 위기를 돌파하기 위해 이 제도를 부활시켰다.

대한민국에서도 2010년 도입 논란이 제기됐었다.[6] 국회에서 재정 지출이 필요한 복지 법안을 제출할 경우에는 반드시 다른 항목의 세출 절감안이나 새로운 세수 증대 방안을 함께 제출하도록 할 필요가 있다. 재정이 확보되지 않는 법안이나 정책은 연료가 떨어진 자동차다.

현재 정치권에서는 무상급식에 이어 무상의료, 무상보육 등 3무 복지정책의 도입을 둘러싸고 논쟁을 벌이고 있다. 보수 정당 등 일각에서는 '세금복지'라고 규정하고 반대하고 있다. 이는 일종의 포퓰리즘대중영합주의으로 국가 재정이나 지방 재정을 파탄시킬 우려가 크다는 것이다. 그러나 국민의 삶의 질 개선을 위한 복지 평화 국가 재원은 국민적 지혜를 발휘하면 얼마든지 만들어 나갈 수 있을 것이다.

---

6. 동아일보, 2011년 2월 10일.

3. 조세의 미래혁신 방향

지속 가능한 삶을 확보하고 상생 공영을 구현하기 위해서는 절대적, 상생적, 공영적 복지라는 3단계 과정을 통해 복지 체계를 구축해 나가야 할 것이다. 상생 복지국가의 모습은 그 나라의 역사적 형성물이다. 따라서 한국의 복지 국가 발전 전략을 수립할 때에는 정치적 실현 가능성, 경제적 부담 가능성, 사회적 수용 가능성 등을 모두 고려해야만 한다.[7] 이의 가장 핵심이 되는 것이 조세 정의의 실현이다.

◇ 조세 정의를 통한 공정 국가 토대 구축

상생 공영 국가를 위해서는 조세 정의가 반드시 정착되어야 한다. 오랜 기간 조세 정의가 실현되지 않은 한국의 상황에서는 일차적으로는 공정 과세의 원칙에 입각해 재벌, 대기업 등에 대한 조세 특혜를 없애야 할 것이다. 특히 고소득자의 자진 납세가 바람직하다. 그러나 이들의 자진 납세는 낙타가 바늘구멍으로 지나가는 것만큼 어렵다.

우리 국민들의 상당수는 조세 구조가 불공평하다고 지적한다. 연봉 몇천만 원만 되도 1년에 몇백만 원씩 건강보험료, 고용보험료, 국민연금 등 각종 직간접적인 세금을 내고 있다. 그런데 당장 주식으로 수천만 원 벌고 부동산으로 양도 차액 수억 원씩 남겨도 세금 한 푼 안 낼 수 있다. 이런 과세 구조는 너무나 불공평하기 때문에 바꿔야 한다.

미국의 세계적 부호 빌 게이츠는 "아이들의 인생과 잠재력은 출생과 무관해야 한다. 재산을 모은 이들은 불평등을 해소하기 위해 이를 사회에 환원하는 방법을 발견해야 한다"라고 주장했다. 그리고 그는 530억 달러^{약 630조 원} 중 세 자녀에게 4,600만분의 1만 물려주고 나머지는 다 사회에 환원하겠다고 공언했다.

---

7. 신동면, "복지 담론의 평가와 발전 방향". http://www.socialdesign.kr. (검색일: 2012년 2월 2일).

그러나 우리나라의 부자들은 빌 게이츠 같은 '위대한 부자'가 드물다. 어떻게 해서든지 탈세와 편법으로 세금을 내지 않고 왕조가 세습하듯이 대물림하려 한다. 기회 균등을 추구하고 부유층에 특혜를 주지 않기 위해선 상속세 등 조세 정의를 실현해야 할 것이다.

◇ 고소득자 및 고재산자 부유세 신설

21세기 대한민국의 미래에서 가장 심각한 도전 중의 하나는 빈부 격차에 의한 양극화의 심화다. 빈부 격차는 현재의 경제 구조로 보아 더욱 심화될 것으로 보인다. 빈부 격차는 사회 폭력과 갈등, 국민 분열을 야기한다. 국가 공동체의 치명적 약화 요인이다. 빈부 격차를 해소하기 위한 방안은 여러 가지가 있다. 그중 핵심적인 것이 조세 정의 전략이다.

빈부 격차 해소와 조세 정의를 실현하기 위해서는 '부유세'를 반드시 신설할 필요가 있다.[8] 부유세는 1억 원 이상의 고소득자와 20억 원 이상의 고재산자를 우선 검토해야 할 것이다. 특히 고액의 '불로' 소득자의 실태를 파악하여 이들에게 최우선적으로 부유세를 부과해야 할 것이다.

부유세의 명칭은 일부에서 반발하기 때문에 개칭할 필요가 있다. 정의세 또는 공헌세, 공유세 등으로 하면 어떨까 한다. 특히 납세 반발에 대비하여 가능하면 스스로 사회에 참여할 기회를 주는 것도 좋을 것이다. 가령 강제 납세 대신에 공익단체나 시민단체 등에 후원하게 하는 것이다. 장학금을 내거나 각종 공공 영역의 확대를 위해 다양한 참여를 할 수 있을 것이다.

개인이 부유하게 된 것은 본인의 노력도 있지만 사회가 제공한 것도 크다. 그러므로 내가 노력하여 부자가 되었는데 왜 뺏어 가느냐고 항변해서는 안 된다. 노력

---

8. 미국 대선 민주당 클린턴 힐러리 후보는 2016년 8월 10일 버핏세를 도입하겠다고 밝혔다. 버핏세는 투자의 귀재 워런 버핏이 내놓은 부유층에 대한 세율 인상안으로 연간 100만 달러(약 11억 원) 이상 고소득자에게 최소 30%의 소득세율을 적용해야 한다는 것이다. 동아일보, 2016년 8월 13일.

에 비해 지나치게 많은 대가가 지불된 경우가 많다. 사회 배분 정의와 개인의 정의적 사회활동이란 두 가지 측면에서 기분 좋게 참여해야 할 것이다.

함께하면 더 기쁨이 넘치고 모두가 행복해진다. 나와 내 가족만 아는 이기주의에서 벗어나 이 사회와 국가로부터 많은 것을 받았기 때문에 감사하게 사회에 환원하거나 공헌할 수 있는 미덕이 요구된다. 미국이나 유럽의 부자들은 이러한 일에 익숙하다. 그러나 우리 대한민국의 부자들은 아직 자기밖에 모른다. 모두가 다 함께 행복한 사회를 만드는 데 적극 참여해야 할 것이다.

◇ 소득자 면세자 비율 축소

기획재정부와 조세재정연구원이 2016년 7월 발표한 자료에 따르면 근로 소득자의 면세자 비율은 지난 2012년 귀속소득 기준 33.2%에서 2014년 48.2%까지 치솟은 것으로 나타났다. 우리나라 근 로소득자 1,630만 명 가운데 세금을 한 푼도 내지 않는 면세자 비율이 2015년 48%를 넘어선 것이다. 이는 미국·캐나다 등 경제협력개발기구 OECD 회원국보다 10%포인트 이상 높은 수치다.

최근 몇 년 동안 낮아지던 면세자 비율은 2015년 연말정산 대란의 후폭풍으로 공제 한도를 늘리는 방향으로 개정되면서 다시 급증했다. 문제는 중산층은 물론 고소득 근로 소득자의 경우에도 세금을 안 내는 이가 크게 늘었다는 점이다.

총급여 4,000~5,000만 원 근로자 중 면세자 비율은 2013년 1.5% 1만 8,475명 에 불과했지만 2014년 17.8% 23만 5,144명 로 13배 증가했다. 연봉 1억 원 이상을 받은 근로자 중에서도 세금을 내지 않는 면제자가 2013년 0.01% 53명 에서 2014년 0.27% 1441명 로 27배나 늘어났다.

우리나라의 면세자 비율은 주요 선진국과 비교하면 월등히 높다. 미국 근로자 중 면세자 비율은 2013년 기준 35.8%, 캐나다는 33.5%로 우리나라에 비해 10%포인트 이상 낮다. 산정 기준이 다르기는 하지만 영국은 2.9% 2014년 기준 에 불과하다. 우리나라가 영국보다 16배나 면세자가 많은 셈이다.

세금을 납부하지 않는 근로자 비율이 절반이나 되는 것은 조세 원칙은 물론 헌법에 명시된 국민 개세주의 정신을 훼손하는 것이다. 함께 희망을 만드는 대한민국이라는 차원에서 서둘러 보완 대책을 마련해야 한다. 조세의 납부가 국가 공동체 발전을 위한 축복의 통로라는 인식이 필요하다.

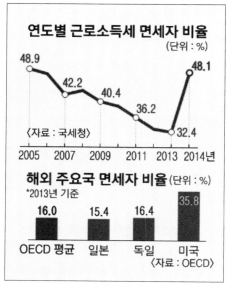

출처: 서울신문, 2016년 10월 4일.

◇ 조세 정의를 통한 복지국가 건설

새로운 대한민국의 상생 복지를 실현하기 위해서는 특히 '조세 정의'를 실현하는 것이 중요하다. 이를 위해서는 '출발선의 공정'을 위해 상속세를 강화하고, 배분적 정의를 위해 탈세자에 대한 처벌을 대폭 강화할 필요가 있다.

또한, 정부 및 지방자치단체의 세금 낭비를 규제하여 이를 복지 재원으로 확보되도록 해야 할 것이다. 2017년 정부 예산은 약 400조 원으로 국민 1인당 담세액은 6억 2,700만 원에 육박했다. 그러나 지난 10년간 국회 예산결산위원회에서 예산을 심의한 일수는 평균 30여 일에 불과했다. 애초부터 낭비 요소를 안고 예산이 탄생하는 셈이다.

미국의 독립전쟁 발단도 세금이었다. '대표 없이 과세 없다No taxation without representation'가 핵심적 구호였다. 미국인만큼 세금 감시에 적극적인 국민도 드물 것이다. 시민단체인 '정부 낭비에 반대하는 시민들CAGW'은 정규 회원만 100만 명이 넘는다. 우리도 세금 낭비에 '혁명적 도전'을 선포해야 한다. 납세의 의무는 당연하지만 이젠 '납세자 주권의 시대'를 선언해야 할 것이다.

4. 조세의 미래혁신 주요 정책 과제

• 조세는 국가와 자치단체 살림의 원천이다. 또한, 분배 정의의 강력한 도구다. 그러나 조세가 아직도 충분한 국민적 합의나 동의를 받지 못하고 있다. 일부에서는 여전히 '국가적 약탈'로 인식하고 있다. 이로 인해 탈세가 계속되고 있다. 국가나 자치단체는 조세를 걷는 데에만 강권을 발휘하지 말고, 조세가 왜 필요한지 충분한 공감을 얻는 데에도 노력해야 한다. 조세가 국민의 공감을 얻기 위해서는 무엇보다도 조세 정의가 필수적이다. 조세 대상과 과표가 적정한지 재검토해야 한다. 특히 국가나 자치단체의 예산 낭비가 없도록 해야 한다. 그러나 예산 낭비 사례가 끊이지 않고 있고, 그 액수도 천문학적이다. 올바르게 걷는 것도 중요하지만 국민들의 피 같은 돈을 함부로 써서도 안 된다.

• 조세 체계의 전반적인 개혁이 요구된다. 사회 정의와 빈부 격차 해소, 경제 회복 등 종합적인 국가의 재구조화에 조세가 중요한 역할을 할 수 있도록 해야 한다. 법인세의 적정 인상과 고액소득층에 대한 누진적 과세도 필요하다. 조세회피와 부실 과세도 개선해야 한다. 특히 국민 혈세인 지출에 있어서 예산 낭비가 없도록 철저한 감시와 감독이 필요하다.

• 국민의 기본적 삶을 제공하기 위해서는 불가피하게 증세가 요구된다. 기업의 수익은 단순한 기업 경영만의 성과물이 아니다. 국민들의 소비와 성원이 있었기 때문이다. 국민들이 지속 가능한 소비를 하게 하려면 기업들은 사회적 공헌과 사회적 투자를 늘려야 한다. 이것이 기업과 국민이 함께 사는 공생의 지혜다. 국민 없는 기업은 있을 수 없고, 기업 없는 국민 또한 풍요의 삶이 없다. 그러므로 기업은 적정 법인세를 국가와 국민, 종국에는 기업 자신을 위해서 지출해야 한다. 또한, 부자들은 더 많은 혜택을 누리고 있다. 이들이 누리는 혜택은 국가 공공재의 덕택이다. 더 많은 혜택을 값싸게 누리고 있는 만큼 소득에 비례하여 소득세를 내야 할 것이다. 물론 증세는 최후의 수단이지만 국가가 어려울 땐 최우선적으로 검토해야 한다.

1. 과학기술의 변화 현황

과학기술은 자원 빈국인 대한민국을 세계 10위권의 경제 대국으로 이끈 성장 엔진이었다. 세계 경제의 차세대 먹거리이자 새로운 성장 동력 또한 인공지능, 로봇, 드론 등과 같은 첨단 과학기술이다. 과학기술의 끊임없는 발전은 대한민국의 밝은 미래를 여는 핵심 동력이 될 것이다.

과학기술scientific technique은 자연과학, 응용과학, 공학 및 생산기술을 총괄한다. 과학기술의 진보는 산업 발전을 견인하고, 나아가 경제 발전, 국가 발전을 가속화하는 원동력이 된다. 과학기술은 한마디로 '국가의 힘'을 좌우하는 핵심 요체다. 첨단 융합산업을 통한 4차 산업혁명은 대한민국을 새로운 성장 기회로 만들어야 할 것이다.

대한민국 정부의 과학기술에 대한 투자 증가 등 외형적 성장은 상당히 고무적이다. 대표적인 것이 연구개발 투자다. 2008년 기준 총 연구개발 투자비는 439억 9,060만 달러였다. 이는 GDP 대비 3.36%에 해당된다. 투자비 수준은 세계 6위, 투자 비중은 세계 4위다. 이는 대한민국의 총체적인 경제 규모에 비해 상당히 높은 수준이다.

또한, 정부 총예산 가운데 연구개발비의 증가율 또한 다른 분야에 비해 높은 편이다. 투입되는 R&D 예산 규모도 매년 지속적으로 증가했다. 2008년 11조 원에서 2012년 16.6조 원으로 매년 크게 증가하고 있다. 국가적 자원 배분에서 과학기술 진흥을 위한 투자의 중요성을 높이 인식하고 있다는 의미다.

연구개발 분야의 전문인력의 규모 또한 획기적으로 증가하고 있다. 1964년 2,962명에서 2009년 기존 32만 3,175명으로 109배나 늘었다. 이는 2008년 기준 경제활동 인구 천명당 9.7명으로 OECD 국가 중 7위 수준이다. 대한민국 과학기술 논문SCI은 2013년의 경우 발표 논문 수와 총피인용 횟수에서는 각각 세계 12위와 13위를 차지했다.

한반도 주변을 돌고 있는 인공위성

이러한 과학기술의 성장은 대한민국의 유망 기술 수준을 향상시켰고, 산업계 제품의 기술 혁신으로 이어져 상품 경쟁력을 끌어 올렸다. 조선, 반도체, 디스플레이 분야는 한때 세계 1위를 차지했다. 휴대전화 시장, 휴대 인터넷 분야도 크게 성장하며 세계 수위를 다투고 있다.

그러나 최근 대한민국의 과학기술은 질적 수준이 낮아 경쟁력이 급격히 떨어지고 있다.[9] 핵심 요인은 최고의 원천기술이 없기 때문이다. 최고의 원천기술의 보유 현황을 보면 미국이 95개 중점 과학기술의 369개 세부기술 중 279개 기술75.6%을 보유하고 있다. 단연 세계 1위의 최고 원천기술 보유국이다.

유럽연합은 56개로 15.2%, 일본은 33개로 8.9%인데 비해 대한민국은 정보통신 분야 단 1개의 기술을 보유하고 있어 0.3%에 그치고 있다. 대한민국의 최고 기술 개발이 부진한 이유는 최고 수준의 과학기술 인력이 태부족하기 때문이다. 지금은 다소 개선되었지만 한동안 이공계 기피 현상이 심화되어 기본적인 인력 수급이 붕괴되기도 했다.

국내의 열악한 과학기술 연구환경, 과학기술인에 대한 낮은 사회적 인식 등으로 고급 연구 인력이 국내 귀국을 기피하는 현상이 갈수록 심화되고 있다. 이러한 두뇌 양성 미흡과 두뇌 유입 기피가 심화되는 상황에서 노벨과학상 수상자 배출을 꿈꾼다는 것 자체가 현실과 너무 동떨어진 환상에 불과하다.

---

9. 박경귀 지음, 『11인 지성들의 대한민국 진단』, (서울: 백년동안, 2014년) 제10장 인용 참고.

2. 과학기술 정책의 문제점

과학기술계 원로들은 대한민국의 과학기술이 세계 초일류 수준으로 도약하기 위해서는 패러다임의 대전환이 필요하다고 강조한다. 과학기술이 대한민국의 경제 발전에 크게 기여해 온 것은 사실이다. 그러나 더 큰 도약을 위해선 과학기술계 자체의 혁신적 변화와 함께 정부의 지원책도 대폭 개선되어야 한다는 것이다. 크게 3가지 방향으로 문제점이 정리된다.[10]

◇ 장기적이고 안정된 R&D 기반 조성 필요

첫째는 과학기술의 새로운 패러다임을 구축할 필요가 있다는 것이다. 이를 위해서는 먼저 장기적이고 안정된 R&D 기반을 조성해야 한다. 4차 산업혁명에 필수적인 창조적 개념 설계는 장기간 연구로 축적된 경험이 뒷받침되어야 가능하다. 응용과 개발에 초점을 맞춘 추격형 R&D 시스템을 기초 · 원천기술 중심 투자 구조로 전환하고 장기 안목에서 R&D를 해야 한다.

◇ 산 · 학 · 연 중복 연구와 관행적인 투자 구조 개선

둘째는 산 · 학 · 연 중복 연구와 관행적인 투자 구조도 개선해야 한다는 것이다. 산 · 학 · 연을 망라한 연구 컨소시엄을 통해 성과와 효율성을 높이고, 종합 관리 체계로 중복 연구를 방지해야 한다. 연구 현장을 중심으로 평가제도 개선, 중복 연구 해소, 안정된 연구 기반 강화 등이 시급하다.

정부가 과학기술 투자는 많이 했지만 성과가 그리 많은 편은 아니다. 단기적, 가시적 성과에 집착하지 말고 연구자가 마음껏 역량을 발휘할 수 있는 분위기를 조성해야 한다. 정부출연연구소_{출연연}가 '기타 공공기관'으로 분류돼 공기업과 같은

---

10. 전자신문, 2016년 8월 25일.

평가기준이 적용돼 자율성과 유연성을 상실해 가고 있다. 전담 부처 일원화와 연구기관 특성에 맞는 관리·지원 체계를 마련해야 할 것이다.

◇ 과학기술 우수 인력의 안정적 확보

셋째는 전문 과학기술 요원 우수 인력을 안정적으로 확보해야 한다는 것이다. 과기 전문 연구요원 전환·대체 복무 폐지 움직임에 대해서는 크게 반대한다. 연구 중심 대학 전문 연구요원 병역특례는 우수 연구인력 확보를 위해 꼭 필요하다는 의견이다. 제도 폐지에 따른 불안으로 우수 학생 지원이 줄고 있어 조속한 존치 결론을 내야할 것이다.

3. 과학기술의 미래혁신 방향

◇ 과학기술 선도형 패러다임 전환

대한민국의 과학기술을 추격형에서 선도형으로 패러다임을 전환해야 한다는 목소리가 커지고 있다. 국가 연구개발R&D 혁신을 위해 장기적 연구 기반 조성과 자율성을 강화해야 한다는 것이다. 또한, 정부출연연구소출연연 관리 체계 변화와 전문 연구요원 병역특례도 존치해야 한다는 요구도 있다.

과학기술의 새로운 패러다임은 인간 중심의 미래를 창출하는 것이어야 한다. 이를 위해서는 과학기술의 발전이 고용 없는 성장이 아니라 과학기술 혁신을 통한 고용 창출 확대로 이어져야 한다. 각종 문제점을 진단하여 고용 구조 개선, R&D 투자 확대, 시스템 개선 등을 통한 R&D 고용 창출력 제고 및 성공 창업으로 적극 연계되어야 할 것이다.

4차 산업혁명의 승패는 기존 과학기술을 어떻게 창의 융합을 하느냐가 핵심이다. 전 세계 국가와 기업, 개인이 모두 동일한 조건에서 경쟁하게 된다. 얼마나 뛰어난 상상력과 창의적인 아이디어, 창조적인 생각 능력 등으로 분산된 과학기술을 모아 새로운 무엇을 만들어 내느냐가 최대 관건이다. 대한민국과 기업, 개인들이 역량을 강화하여 4차 산업혁명에 대비하면 '역사의 주인공'이 될 수 있을 것이다.

미래의 과학기술은 정부나 기업, 개인 등 어느 특정한 것이 주도할 수 없다. 유능한 정부, 창의적 기업, 열정적 개인이 서로 '합력'해야 모두의 선_{공동 번영}을 창조할 수 있다. 결국, 모든 것은 사람, 즉 국민의 총역량의 극대화에 달려 있다. 혁신적 교육으로 유능한 인재를 육성해야 대한민국의 새로운 미래가 열린다. 이 모든 것이 정부, 특히 상생 공영의 정치가 대한민국의 더 큰 미래를 여는 중요한 열쇠가 된다.

◇ 남북 과학기술 협력 강화

남한은 첨단 미래 기술 확보를 위한 연구에 주력하고 있다. 반면 북한 과학기술은 산업현장의 문제 해결에 초점이 맞춰져 있다. 북한은 핵무기 개발 외에 다양한 과학기술 분야를 연구하고 있다. 통일 시대에 남북 과학자들이 서로 잘 융합될 수 있도록 기반을 마련해 나갈 필요가 있다. 통일이 된다면 시너지 확대를 통해 과학기술의 새로운 도약 시대를 열 수 있을 것이다.

북한은 과학기술 논문 인용색인SCI급 논문이 폭발적으로 늘고 있다. 2004~2014년 사이 북한 과학자가 발표한 SCI급 논문은 98건에 불과했다. 그러나 2015년에는 한 해에만 무려 58건이 발표됐다. 특히 북한의 SCI급 논문에서 두드러지는 분야는 물리학이다. 레이저 기술 같은 응용물리가 상당한 수준인 것으로 알려졌다.[11]

북한의 국제 공동연구도 활발한 편이다. 북한은 중국을 비롯하여 독일, 호주 순으로 활발한 공동연구를 하고 있다. 북한이 발표한 국제 협력 논문 260편 중 86.5%가 이들 3개국과 함께한 것이란 분석도 있다. 더구나 북한은 유학생이 국외 연구에

---

11. 최현규, "北 응용과학과 南 첨단과학 만나면 시너지 클 것". http://www.dongascience.com (검색일: 2016년 9월 15일.)

참여하는 수준이었지만 현재는 북한 주도로 연구를 수행하는 경우도 늘고 있다.

◇ 인공지능혁명 선도적 대응체계 수립

미래사회는 인공지능AI이 주도할 것으로 보인다. 이에 따라 대한민국이 미래 사회를 선점하려면 AI에 집중 투자할 필요가 있다. 특히 인공지능 로봇은 앞으로 무궁무진한 세상을 만들 것이다. 사람처럼 말하고 표정을 짓는 단순한 로봇에서 애완용 동물처럼 상호 교감할 수 있는 로봇도 개발될 것이다. 나아가 인간을 보완하거나 심지어 인간을 대체하기도 할 것이다. 위협도 되고 기회도 될 것으로 보인다.

인공지능학자인 제리 캐플런은 2015년 '인공지능시대의 부와 노동의 미래'라는 부제가 달린 『인간은 필요 없다』라는 다소 충격적인 제목의 책을 펴냈다. 그는 인공지능시대의 가장 큰 변화는 '노동시장'이라고 지적했다. 오래전부터 시작됐던 자동화 과정의 과속화로 많은 일자리가 사라질 것이라는 주장이다. 반면 새로 생기는 일자리는 많지 않기 때문에 '일자리 창출'이 앞으로 중요한 과제가 될 것이다.

대한민국은 국가 역량을 집중하여 인공지능혁명으로 새로운 국가 성장의 기회를 만들어야 한다. 로봇은 단순히 산업용에서 벗어나 정치, 사법, 교육, 언론 등 전 분야에서 혁명적 변화를 가져올 것이다. 서둘러 인공지능사회에 대비한 선도적 종합 대응 체계를 수립해 나가야 할 것이다.

특히 인공지능과 인간 창의가 상생 공영이 되도록 하는 것이 중요하다. 인공지능시대에도 일자리 창출을 통한 인간 행복이 확보될 수 있도록 해야 한다. 이를 위해서는 인공지능이 하기 힘든 인간 고유 영역을 집중 개발할 필요가 있다. 즉 인공지능이 대체할 수 없는 인간의 창의, 두뇌, 영성 등에 집중해야 할 것이다.

◇ 국민 과학기술 시대의 준비

과학기술은 상상을 현실로 만드는 강력한 도구다. 상상할 수 있거나 생각할 수 있는 모든 것은 과학기술을 통해 만들어 낼 수 있을 것이다. 한 예를 들어본다. 영화를 보면 우주선이나 비행기 등에 생긴 작은 균열이 예기치 않은 큰 사고로 이어지는 경우가 있다. 이때 우리는 만약 균열 부위가 사람의 피부처럼 저절로 복구되면 사고를 예방할 수 있을 것이라고 상상한다.

그런데 실제로 이러한 상상이 현실화되었다. 과학자들이 상상 속에서나 등장할 법한 물질을 2000년대 초부터 실제로 개발해 왔다. 손상 부위를 스스로 복구하는 물질, 이른바 '자가치유물질self healing material'을 일본 연구진이 2016년 개발에 성공한 것이다.[12] 이 물질을 활용하면 철, 콘크리트 등 건축물 등에 활용하면 안전을 대폭 강화할 수 있을 것이다.

따라서 대한민국의 과학기술이 획기적으로 발전하려면 풍부한 상상력을 키우고 이를 현실화할 수 있는 창의 실험 공간이 많이 확보되어야 한다. 모든 것의 시작은 상상력이다. 이 상상력은 구체적인 생각으로 연결되고, 생각은 다시 물건 또는 물질 개발로 이어진다. 그러므로 모든 교육과 생활은 과학기술과 연결되어야 한다. 이름 하여 국민 과학기술 시대를 열어 나가야 할 것이다.

4. 과학기술의 미래혁신 주요 정책 과제

• 과학기술은 미래를 선도하는 국가의 힘이다. 기초과학을 집중 육성할 필요가 있다. 일본은 과학 분야에서 2014년부터 2016년까지 3년 연속 노벨수상자를 배출했다.[13] 이는 '한 우물'을 파는 일본 특유의 장인 정신에다 기초연구 중시

---

12. 동아일보, 2016년 11월 11일.

13. 일본의 세포 생물학자인 오스미 요시노리(71) 도쿄공업대 명예교수가 2016년 10월 올해의 노벨생리의학상 수장자로 선정됐다. 일본은 오스미 교수를 포함해 총 25명의 노벨상 수상자를 배출했다. 물리학상 11명, 화학상 7명, 생리의학상 4명, 문학상 2명, 평화상 1명 등이다.

문화, 대대적인 정부 지원의 합작품의 결과다. 대한민국도 노벨상 수상자 배출을 위한 기초과학 육성 프로젝트를 가동해야 한다. 과학기술 정책의 근본적인 수술과 혁신도 필요하다. 정부 주도의 관료주의적 연구개발 정책으로는 기초과학을 육성할 수 없다는 지적이 많다. 단순히 민간의 참여를 확대한다고 될 일이 아니라는 것이다. 과학자의 자율과 창의가 완벽하게 보장되는 제도와 환경을 만들어야 한다. 필수적인 기초과학 의제에 대해선 성과가 나올 때까지 장기적이고 집중적으로 지원하는 풍토가 필요하다.

• 대한민국 과학기술의 백년대계를 위한 '과학기술 기본계획'을 수립하여 시행해야 한다. 2년을 기본단위로 하여 교육, 연구, 응용, 복합 의제 등을 검토하여 과학기술의 미래전략을 추진해 나가야 할 것이다. 미래사회의 변화는 과학기술이 주도하고 있다. 과학기술의 철학, 윤리를 재정립하고 이에 따라 제도와 정책도 개혁해 나가야 할 것이다.

• 거점별, 권역별 과학특별도시를 선정하여 지역 성장을 이끌게 해야 한다. 예를 들면 대전 지역에 대학과 연구소, 기업체 등을 과학벨트로 연결하여 산·학·연 과학기술연구단지를 조성할 필요가 있다. 기초연구 개발을 통해 미래산업 성장을 창출하고 시너지 효과를 극대화해야 한다.

'사람, 과학, 미래'라는 캐치프레이즈로 국민 과학기술 시대를 열어나가야 할 것이다. 국민의 삶을 과학과 연결하여 생활화해야 한다. 국민 모두가 생활 속의 과학기술 발명가가 되도록 해야 한다. 국민창의발명대회를 개최하여 우수 작품들은 창업이나 사업화를 지원할 필요가 있다. 창의 인재를 발굴하고, 영재교육을 강화하여 한국의 미래 두뇌로 양성해야 할 것이다.

Ⅳ 산업의 미래혁신 　　　　　　　　　　　　　　　　　　 Q

1. 산업의 변화 현황

산업^{産業: industry}은 사전적으로 인간이 생계를 유지하기 위하여 일상적으로 종사하는 모든 생산적 활동을 말한다. 일반적으로 물적 재화의 생산과 더불어 서비스의 생산을 포함한다. 즉 농업·어업·광업·제조업·건설업·유통업·금융업·보험업·부동산업과 기타 모든 서비스업을 포함한다.

산업은 우리 인류가 꿈꾸는 건강한 사회, 지속 가능한 사회, 스마트한 사회, 안전한 사회 등의 필수요건이다. 산업의 발전은 국가 발전의 원동력이 된다. 산업활동이 활발하면 고용이 증가하고 실질 소득이 상승한다. 산업활동이 국민 전체의 복지 향상과 연결되기 위해서는 전체적인 산업정책이 바람직하게 수립, 시행되어야 할 것이다.

대한민국의 산업은 1960년대부터 본격적으로 발달하기 시작했다. 초반에는 기술과 돈이 넉넉하지 않아 비교적 간단한 시멘트나 섬유, 비료, 정유 등 경공업을 중심으로 발달했다. 그러다가 1970년대에 들어서면서 좀 더 규모가 큰 석유 화학, 조선, 전자, 제철과 같은 중화학 공업이 발달하기 시작했다.

1980년대에 들어서자 그동안 쌓은 기술과 자본이 바탕이 되어 자동차 산업과 정밀 기계 산업이 크게 발달하기 시작했다. 1990년대부터는 높은 기술력을 갖춘 나라가 되었다. 20세기 말에는 산업의 다각화와 전문화로 컴퓨터, 반도체, 정보통신 분야에서 세계적 수준으로 성장했다.

그러나 21세기 들어 한국 산업이 중국의 가격 경쟁력과 일본의 기술력 사이에 낀 '샌드위치' 신세에서 기술과 가격 경쟁력을 모두 잃어가는 '샌드백' 신세가 되고 있다. 전경련이 2015년 12월 국내 주요 업종별 단체 및 협회 30곳을 대상으로 조사한 결과, 중국에 가격 경쟁력이 밀린다고 응답한 단체는 21곳으로 조사됐다.

중국 기업에 기술 면에서 이미 추월당했거나 3년 이내에 기술을 추월당할 것이라고 응답한 단체도 19곳에 달했다. 또한, 일본 기업과 경쟁력 비교 면에선 기술적으로 뒤처진다는 응답이 13곳, 가격 경쟁력이 일본에 비해 유사하거나 열세에 있다고 응답한 단체도 14곳인 것으로 나타났다.

중국·일본과의 경쟁 우위 확보를 위해 정부가 가장 시급히 해결해야 할 사항에 대해, 조사 대상 30개 단체 중 15곳이 '기업 규제 완화'를 꼽았다. 아울러 '법인세 인하, 세액 공제 확대 등 세제감면'11곳, '연구개발R&D 지원'8곳 등을 들었다. 결국은 대한민국 산업이 성장 한계를 돌파하고 미래 신산업을 육성하기 위한 정부의 과감한 규제개혁과 정책적 지원이 필요한 것으로 요약된다.

2. 산업정책의 문제점

한국 경제를 지탱해온 중요 기간산업들이 다른 나라의 맹추격을 받고 있다. 기존 산업 중 반도체와 자동차산업 정도가 경쟁력을 유지하고 있지만 이 또한 중국과 인도가 곧 추격해올 것이다. 이로 인해 대한민국 산업의 미래가 불확실하다. 조선업을 비롯하여 해양업 등은 이미 구조조정이라는 명령을 받고 있다. 대한민국 산업 전반의 대혁명이 필요한 시점이다.

정부 주요 전략프로젝트별 추진 일정 개요

인공지능(AI)
- 언어영상 이해 기술(2019년)
- 전문지식 기반 의사결정 지원(2022년)
- 복합지능(2026년)

스마트시티
- 스마트시티 기술개발 및 실증모델 구축(2020년)
- 각종 도시문제에 대한 의사결정 지원 시스템 개발(2021년)

자율주행차
- 8대 핵심부품 개발(2019년)
- 레벨3 자율주행 기술 개발(2021년)

경량소재
- 경량소재(Ti) 양산기술(2020년)
- 경량소재(Ti)양산…연간 5,000톤(2023년)

가상증강(VR·AR) 현실
- 디지털교과서, 평창올림픽 서비스(2018년)
- 휴먼팩터 기술확보(2019년)

- 민간주도 콘텐츠 융합서비스(2021년)
- 무인셔틀 등 융합서비스 실증(2024년)

출처: 서울경제, 2016년 8월 11일.

대한민국의 대표적인 산업 분야가 자동차산업이다. 그러나 수 년 후 자동차의 미래가 혁신적으로 바뀔 전망이다. 제조에서부터 운행, 관리 등 자동차산업의 패러다임이 급변하고 있다. 전기자동차와 무인차 시대를 대비하지 않는다면 뒤처질 수 있다. 시간이 그리 많지 않다. 앞으로 수년 내에 자동차산업의 새로운 미래를 준비해야 할 것이다.

또한, 미래사회를 바꿀 새로운 산업도 혁신적으로 등장하고 있다. 바로 드론 drone 산업이다. 드론은 최신 기술의 집합체다. 활용 분야가 다양하게 늘어나고 있다. 현재는 2차원 지도가 활용되고 있어 복잡한 도시에선 비행이 쉽지 않다. 이에 따라 국토교통부는 안전 관리와 사고 예방을 위해 3차원 하늘 지도인 '드론길'을 만들 계획이다.[14]

3차원 드론길에는 지형과 건물의 높이 같은 3차원 공간 정보는 물론 드론 비행에 방해가 되는 장애물에 대한 정보도 담긴다. 드론길이 구축되면 상업용 드론 활성화에도 기여할 것으로 보인다. 그러나 3차원 드론길 구축이 획일적인 루트만을 이용해야 한다면 드론 활용이 오히려 상당히 위축될 수도 있다. 드론 비행에 대한 규제 완화도 대폭 병행되어야 할 필요가 있다.

3. 산업의 미래혁신 방향: 4차 산업혁명 준비

◇ 정부의 제4차 산업혁명 대응 방향

미국, 독일, 중국, 일본 등 주요 선진국들은 제4차 산업혁명을 국가 경쟁력을 높이는 핵심 요인으로 인식하고 제도적 인프라 구축에 적극 나서고 있다. 이에 맞서 대한민국도 혁신성장 전략의 일환으로 4차 산업혁명시대를 선도하기 위해 전방위적인 대응을 하고 있다.

---

14. 동아일보, 2016년 7월 22일.

문재인 정부는 대한민국을 4차 산업혁명 선도 국가로 만들겠다는 목표를 제시했다. 그리고 이를 위해 2017년 9월 대통령 직속으로 21개 정부부처가 참여하는 '4차 산업혁명위원회'를 공식 출범시켰다. 문재인 정부는 '혁신 친화적 창업국가'를 비전으로 내세워 사람 중심의 4차 산업혁명 대응계획을 추진하고 있다.

정부는 과학기술정보통신부, 국무조정실, 기획재정부, 행정안전부 등 부처와 민간 위원 논의를 거쳐 범정부 차원 혁신 청사진인 4차 산업혁명 '큰 그림 1.0' 버전을 완성했다. 즉 스마트 헬스케어, 자율주행차와 스마트공장, 스마트시티, 드론 등 12대 사업 분야에서 5년 내 국민이 체감할 수 있는 구체 성과를 낸다는 야심찬 프로젝트를 세운 것이다.[15]

정부는 이와 함께 일자리 중심으로 성과를 조기 창출할 수 있는 2.0 버전의 4차 산업혁명 청사진을 마련할 계획이다. 이를 위해 4차 산업혁명 대응 '종합 DNA 대책'을 수립하고 본격적으로 추진하고 있다. 즉 4차 산업혁명 핵심 기반인 초연결 지능화 인프라 구현을 위해 DNA Data – Network – AI 전략을 구축 중이다.

'종합 DNA 대책'은 우선 △ 데이터 산업 활성화 전략D을 비롯하여 △ 초연결 지능형 네트워크 구축N, △ 인공지능 R&D 전략A 계획을 적극 추진하는 것이다. 정부는 종합 DNA 대책이 제조, 금융, 의료, 교통 등 사회 전반에 걸친 대변화의 출발점이라는 점에서 4차 산업혁명을 선도할 수 있는 원동력이 될 것으로 기대하고 있다.

정부는 데이터산업을 4차 산업혁명의 핵심 자원으로 인식하고 있다. 이에 따라 이를 적극 지원하기 위해 2022년까지 선진국의 90% 수준의 기술을 확보하고 시장 규모를 10조 원 규모로 키우겠다는 계획을 마련했다. 그리고 '데이터를 가장 안전하게 쓰는 나라'를 비전으로 삼고 △ 데이터 이용제도 패러다임 전환, △ 데이터 가치사슬 전주기 혁신, △ 글로벌 데이터산업 육성 기반 조성 등 3대 전략을

15. 전자신문, 2017년 12월 26일.

설정했다.

정부는 나아가 향후 5년 동안 청년 인재와 실무 인력 중심으로 5만 명의 전문인력을 양성할 예정이다. 데이터 강소기업 100개를 발굴, 육성하고 글로벌 정보통신기술 혁신 클러스터를 통해 스타트업을 집중적으로 지원하기로 했다. 민간과 공공을 연계한 개방형 데이터 거래 기반을 구축하고 5년간 500개 기업에 빅데이터 분석 전문기업을 매칭 지원한다는 계획도 세웠다.

정부는 또한 '산업기술 R&D 전략' 관련 5대 신산업 30대 핵심 기술로드맵을 발표했다. 즉 △ 전기 · 자율차, △ 반도체 · 디스플레이 · IoT가전, △ 바이오 · 헬스, △에너지 신산업 등 5대 신산업 선도 프로젝트와 신산업 발전전략을 구체적으로 이행하기 위한 중장기 기술개발 계획을 수립하여 추진하기로 했다. 최대 160조 원을 투자하여 총 20만 개의 일자리를 창출한다는 계획이다.[16]

정부는 특히 미래 스마트시티 구상을 4차 산업혁명 대응 혁신 성장 사업 중 하나로 중점 추진 중이다. 이를 위

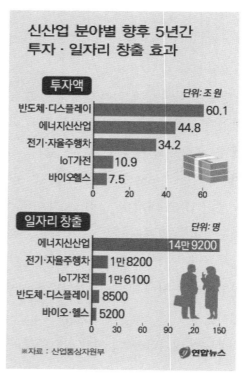

출처: 중소기업뉴스, 2018년 5월 16일

해 부산시와 세종시를 국가 시범도시로 선정하고 미래 스마트시티 선도 모델을 만들고 있다. 스마트시티 선도 모델은 백지상태의 부지에 4차 산업혁명 관련 신

---

16. 국제신문, 2018년 5월 11일.

기술을 자유롭게 실증·접목하고 창의적인 비즈니스 모델이 구현되는 혁신 산업 생태계를 조성하는 것이다.

정부는 사람 중심의 4차 산업혁명에 따른 스마트 시티가 성공적으로 구현되면 '자연·사람·기술'이 만나 풍요의 미래의 생활 앞당길 수 있을 것이라고 설명했다. 또한, 시민 행복을 높이고 창조적 기회를 제공하는 지속 가능한 플랫폼으로서의 도시가 주민의 삶의 질을 획기적으로 개선할 것이라고 강조했다. 특히 모빌리티, 헬스케어, 교육, 에너지와 환경 등을 모두 갖춘 풍요의 미래 한국이 건설될 것이라고 덧붙였다.

◇ 4차 산업혁명의 성공 전략

이제 세계는 4차 산업혁명기에 본격 돌입했다. 4차 산업혁명이란 디지털·생물학·물리학 등의 경계가 없어지고 융합되는 기술혁명을 의미한다. 즉 인공지능과 로봇, 빅데이터와 클라우드, 사물인터넷과 바이오 등 첨단기술들로 현실과 가상의 세계가 융합하면서 초래될 인류사회의 혁명적 변화를 말하다.

4차 산업혁명의 미래는 인류를 이전과 전혀 다른 공간과 상황으로 안내할 것이다. 4차 산업혁명은 두 얼굴을 갖고 있다. 우선 기술 융합으로 생산성을 높이고 생산과 유통 비용을 낮춰 소득 증가와 삶의 질을 높일 것이다. 그러나 기계가 사람을 대체하면서 고기술·고임금과 저기술·저임금으로 노동시장 양극화 현상이 나타나 향후 노동시장 격차가 커지고 중산층 지위도 축소될 가능성도 크다.

이처럼 4차 산업혁명은 대변혁을 몰고 올 것이다. 개인이나 기업, 정부는 중장기적 비전이나 전략 수립 시 4차 산업혁명을 고려한 미래변화 예측 노력이 강화되어야 한다. 대한민국의 4차 산업혁명은 미래전략적 측면에서 잘 준비되고 있는 것인가?

세계경제포럼WEF이 2016년 1월 4차 산업혁명 준비 정도를 △ 노동시장 유연성 △ 기술 수준 △ 교육 수준 △ 인프라 수준 △ 법적 보호 등 5개 요소로 평가하여 그 결과를 발표했다. 한국은 세계 주요 45개국 중 25위를 차지했다. 중간 수준보다 떨어졌다. 스위스는 1위, 미국은 4위, 일본은 12위로 우리보다 훨씬 앞섰다. 중국은 28위로 한국을 맹추격하고 있다.[17] 4차 산업혁명 관련 분야는 △ 자본재 △ 제약·생명공학 △ 반도체·반도체 장비 △ 소프트웨어 △ 기술적 하드웨어 △통신서비스 등 6개이다. 한국은 경쟁국보다 산업 성과나 역동성이 크게 떨어지는 것으로 조사됐다. 상장기업 교체율은 기업 생태계가 얼마나 역동적인지 나타내는 지표다. 기업 생태계가 활발할수록 새로운 기술·서비스·아이디어 등을 가진 신생기업들이 성장하기 좋다.

실제 국내 4차 산업혁명 관련 상장기업 매출액은 2006~2010년 연평균 9.7% 증가했으나 2011~2015년에는 1.8%로 급락했다. 반면 경쟁국의 4차 산업혁명 관련 기업의 매출액 증가율은 오히려 높아졌다. 일본 기업들은 같은 기간 역성장 -3.0% 에서 4.3% 성장으로 돌아섰다. 중국도 12.6%였던 성장세를 13.2%까지 끌어올렸다. 미국은 4.5%에서 6.5%로, 독일도 4.5%에서 5.3%로 각각 매출액 신장률을 키웠다.

산업의 역동성도 떨어지고 있다. 대한민국 4차 산업혁명 관련 기업의 2011~2015년 기업 교체율은 14.4%였다. 퇴출률은 0.1%였고 진입률은 14.2%였다. 기업 교체율은 퇴출률과 진입률의 합으로 계산해 관련 산업의 역동성을 나타내는 지표다. 반면 미국은 기업 교체율이 36.6%에 달했다. 중국은 우리나라와 퇴출률0.2%이 비슷했지만 진입률은 22.0%로 크게 높았다. 독일의 기업 교체율은 20.8%였다.

더구나 특정 산업에 의존하는 집중도도 크게 높다. 4차 산업혁명 관련 산업 분야의 시가 총액 대비 비중을 보면 다른 나라와 달리 대한민국은 기술적 하드웨어 및 장비가 19.8%2015년 기준로 압도적으로 컸다. 독일·일본 등 기계 산업 강대국도

---

17. 연합뉴스, 2016년 8월 15일.

자본재 부문 비중독일 10.5%·일본 13.8%이 높았지만 동시에 다른 부문 비중도 비교적 골고루 분포돼 있어 쏠림 현상이 크진 않았다.

4차 산업혁명의 선도 국가가 되기 위해서는 인공지능, 3D 프린팅과 사물인터넷IoT, 바이오 공학, 미래창의교육 등이 융합돼 새로운 과학기술을 창출하는 것이 중요하다. 기업 경쟁력 강화를 위해 정부가 우선적으로 규제와 세제 등에서 기업 친화적 방식으로 전환해 투자 효율성을 높일 필요가 있다. 또한, 새로운 과학기술을 적용한 미래 산업 구조와 노동시장 변화에 대한 종합적인 대비도 요구된다. 즉 4차 산업혁명 미래 선도 전략에 국가 역량을 총집결해야 할 것이다.

4. 산업의 미래혁신 주요 정책 과제

- 대한민국이 생존과 번영을 이어가려면 국가전략산업을 집중 육성해야 한다. 이의 사업 중의 하나가 우주산업이다. 한국의 우주산업은 1992년 8월 첫 국적 위성 발사에 성공한 지 20년 만에 경제협력개발기구OECD 회원국 중 8위2012년 기준 규모까지 성장했다. 2015년 '아리랑 3A호'까지 총 13기의 인공위성을 쏘아 올렸다. 2013년 1월 대한민국 최초의 발사체인 '나로호KSLV-1' 발사에 성공했다. 이로 인해 세계 11번째로 '스페이스 클럽'에 가입위성·발사체·발사장 모두 보유했다. 우주산업이 한 단계 발전하기 위해서는 민간 업체 참여를 적극 유도해야 한다. 또한, 정권과 관계없이 발전할 수 있도록 제도화할 필요가 있다.

- 나아가 급변하고 있는 산업환경에 대비하여 위기 체계 구축은 물론 지속적인 혁신을 단행해 나가야 한다. 2016년 10월엔 국내 대표 기업을 뛰어넘어 글로벌 최고 기업으로 성장한 삼성전자와 현대자동차가 동시에 위기를 맞았다. 기업의 위기는 언제든 찾아올 수 있다. 기업이 정상을 유지하는 유일한 전략은 최고의 품질을 유지하는 것이다. 글로벌 휴대전화 시장 1위를 질주하던 '노키아'가 하루아침에 추락했다. 세계적 자동차업체인 도요타와 폭스바겐도 위기

를 맞았다. 대기업들은 단순히 기업의 생사가 문제가 아니다. 대한민국의 경제에 직격탄이 된다. 모두가 국민 기업이라는 자부심과 책임감을 갖고 품질혁신, 기술혁신, 경영혁신을 지속적으로 단행해 나가야 할 것이다.

• 대한민국이 4차 산업혁명의 선도 국가가 되기 위해선 정부의 역할이 가장 중요하다. 4차 산업혁명은 단순히 기업이나 개인들이 대응해야 하는 트렌드가 아니라 인재 육성과 사회 시스템 정비 등 전 국가적인 대응이 필수적이기 때문이다. 이에 따라 4차 산업혁명을 포함하고 미래산업을 지휘할 컨트롤타워로 국가미래전략기구가 설치되어야 한다.

4차 산업혁명에 따른 환경의 변화는 기존 산업이나 기업 단위의 경계를 초월한 융복합적인 미래전략 제시가 시급하다. 이를 위해 정부가 국가미래전략기구를 설치하여 명확한 중장기 비전을 제시하고, 일관성 있게 정책을 추진해야 한다. 정부는 2017년 9월 '4차 산업혁명위원회'를 구성했지만, 영향력과 지속성은 불투명하다.

4차 산업혁명의 빠른 진행과 변화 속도를 감안하여 대기업뿐만 아니라 중소기업도 참여를 확대해야 한다. 나아가 사회 시스템과 교육, 고용, 산업 등을 포괄하는 대응전략인 민·관·학이 참여하여 '신산업 구조 비전'을 수립해 범국가적 차원에서 적극 선도해 나가야 할 것이다.

생활 · 환경 미래혁신 과제

Ⅰ 환경의 미래혁신 🔍

1. 환경의 변화 현황

지구가 점점 더 뜨거워지고 있다. 2018년 여름 지구촌 곳곳이 기록적인 폭염으로 몸살을 앓았다. 대한민국은 최고기온이 40도가 넘는 등 난폭한 더위를 겪었다. 중동과 북아프리카를 비롯한 아랍 국가들은 한낮 기온이 50도까지 치솟았다. 사람들은 "몸의 모든 부분이 불에 타는 것 같다"며 낮에는 외출을 피하기까지 했다.[18]

쿠웨이트의 미트리바 지역은 무려 섭씨 54도를 기록했다. 이는 '세계기상기구 WMO'가 동반구에서 관측한 최고 기록이었다. 비교적 선선한 지역으로 꼽히는 모로코에서도 43~46도의 날씨가 이어졌고, 이라크에서도 40도를 훌쩍 넘는 날들이 계속 됐다.

지난 여름 몇 달간 이어진 폭염은 머지않은 미래에 나타날 '기후 엑서더스'의 전조라는 분석마저 나왔다. 2016년 5월 독일 막스플랑크 연구소와 키프로스 연구

---

18. 한겨레신문, 2016년 8월11일.

소가 공동으로 발간한 보고서에서 지구 온난화의 영향으로 2100년 안에 지구 전체 기온은 2도 정도 올라갈 것으로 예측하고 있다. 그러나 중동과 북아프리카 지역은 이보다 두 배인 4도 이상 오를 것으로 전망했다.

2015년 10월 학술지인 『자연기후변화』는 탄소 배출량이 지금과 같은 추세를 유지한다면, 2100년에는 두바이를 비롯한 걸프 지역 국가의 열지수^{대기온도와 습도를 조} _{합한 지수}가 77도까지 오르며 사람이 생존하기 어려운 지역이 될 것이라고 예측했다.

전문가들은 시리아 정부가 전례 없는 가뭄에 제대로 대응하지 못한 것이 결국 2011년 시리아 내전과 유럽의 난민 위기를 가져왔다고 지적한다. 나아가 최근에 나타난 폭염은 중동 지역 전체에 가져올 더 큰 재난의 전조가 되고 있다고 분석했다.

여기에 더해 유엔은 현재 4억여 명인 아랍 국가의 인구가 2050년에는 6억 명에 달할 것으로 보고 있다. 급격한 인구 증가와 폭염이 맞물리면 결국 물 부족이나 가뭄과 같은 재난이 심화되고, 인간이 살기 어려운 지역으로 바뀔 것으로 예측하고 있다. 이에 따라 인류의 엑서더스와 대이동이 나타날 것이다. 경우에 따라서는 폭력과 폭동, 전쟁이 발발할 가능성도 있다.

2. 환경 변화의 문제점

◇ 폭염, 가뭄, 녹조 등 재난 수준의 피해 발생

2018년 여름 폭염이 한반도를 강타했다. 더구나 찜통더위가 30일 넘게 장기화하였다. 일상생활의 불편을 넘어 농어업·환경·국민건강까지 전 방위적으로 큰 피해를 주었다. 사실상 국가적 재난 수준으로 대한민국을 위협했다.

전국의 논밭이 폭염과 가뭄으로 타 들어가 농가에 큰 피해가 발생했다. 경북 안동시는 강수량이 평년의 78%에 그쳤다. 이 때문에 콩, 고추, 생강 등의 농작물이 시들거나 말라 죽기도 했다. 물을 어렵게 확보하고도 뜨거운 햇볕으로 데워져 주지 못했다. 물을 주면 오히려 죽어 버리는 현상까지 나타났다.

또한, 수온상승으로 녹조 확산과 함께 물고기 수십만 마리가 집단 폐사해 양식 업계에도 수백억 원의 피해가 발생했다. 바닷물 온도가 30도에 이를 정도로 오르면서 전복, 넙치 등이 떼죽음 당하는 사례가 빈발했다.

문제는 가뭄이 이어질 경우 심각한 물 부족 피해도 나타난다는 점이다. 다목적 댐이나 저수지의 저수량 해마다 떨어지고 있다. 농어촌공사 관할 저수지의 최저 저수율은 50% 이하로 떨어졌다. 한국수자원공사 관할의 다목적댐도 최저 저수율이 50% 미만으로 추락했다. 평년의 28%에서 15% 수준까지 낮아졌다.

◇ 각종 질병과 재해 발생

지구위기는 지구 온난화로 인한 기후변화다. 기후 온난화로 인한 무더위와 폭염은 각종 질병과 재해를 몰고 온다. 2016년 8월 각급 학교가 개학하면서 전국 곳곳에서 동시다발적으로 식중독이 발생했다. 고온 현상이 지속돼 음식물 세균 번식이 빨라지면서 서울 · 부산 등 각급 학교에서 집단 식중독이 잇따랐다. 또한, 국내에서 사라진 줄 알았던 콜레라 환자가 15년 만에 잇따라 발생하여 비상이 걸렸었다.[19]

지구 온난화가 지금처럼 계속되면 인류의 미래는 어떻게 될까? 기상청은 2013년 3월 '기후 변화 전망 보고서'를 통해 온실가스 저감 정책이 실행되지 않을 경우 '뜨거운 지구'가 될 것으로 전망했었다. 21세기 말에 서울은 여름이 1년 중 절반을 차지하고, 평양은 지금의 서귀포 같은 날씨를 보일 것이라는 다소 충격적인 전망을 하였다.[20] 이것이 이제 현실화되고 있음을 체감할 수 있다.

금세기 말인 2091~2100년에는 서울의 여름이 연중 174.9일간 이어질 것으로

---

19. 동아일보, 2016년 8월 24일.
20. 국민일보, 2013년 4월 1일.

보인다. 여름은 하루 중 최고기온이 25도 이상인 날을 말한다. 현재 여름 일수 116.3일_{2001~2010년 평균}보다 두 달가량 길어지는 셈이다. 폭염 일수는 현재 11.1일에서 83.4일로, 열대야 일수는 8.2일에서 81.9일로 늘어난다.

겨울은 반대로 한 달 반가량 짧아질 전망이다. 전문가들은 "금세기 말에는 우리가 알고 있는 겨울은 없어지고 여름이 1년 중 절반이 넘을 것"이라고 말한다. 서울 등 수도권은 21세기 후반에 들어서면 겨울이 현재_{105일}보다 44일 짧아지며 보름 정도 늦게 시작될 것으로 예측됐다. 서울, 남부지방, 서해안 등은 겨울철에도 낮 최고기온이 10도를 웃도는 날이 크게 늘어난다.

기상청은 여름이 길어지는 주요 원인으로 온실가스 배출에 따른 기온 상승을 꼽았다. 21세기 말 서울의 평균기온은 지금보다 5.5도 높은 18.5도를 기록할 것으로 보인다. 지난 100년간 세계 평균기온은 0.75도, 한반도는 1.8도 올랐다. 향후 100년간은 이보다 3배나 빠르게 기온이 상승한다는 것이다.

문제는 온실가스 배출을 줄여도 기온은 계속 상승한다는 점이다. 정부의 온실가스 감축 정책에 따라 2040~2050년부터 배출량이 감소하는 시나리오를 상정해도 21세기 말 서울의 여름은 지금보다 한 달 가까이 늘어난 147.8일이 된다고 기상청은 전망했다.

우리 대한민국은 현재 모든 계절에서 기온이 증가하고 있고, 특히 겨울철 기온이 지난 30년간 1.7도가량 올랐다. 온실가스가 한 번 배출되면 길게는 200년까지 남아 있어 감축하더라도 효과는 한참 뒤에 나타나기 때문에 당장 가까운 미래의 기후 변화에 적응하는 방법을 찾는 게 필요하다.

평균기온이 0.1도만 상승해도 생태계에 미치는 영향은 크다. 대표적 온대 작물인 사과는 1900년대 중반까지 경북 대구 근교가 주산지였으나 기후 변화로 주산지가 충청과 경북, 강원 지역으로 북상했다. 기후 변화로 대격변이 발생하고 있는 것이다.

◇ 도시 폭염으로 인한 사망 증가

통계청에 따르면 2003년부터 10년간 열사병으로 사망한 국내 인구는 293명으로 나타났다. 같은 기간 홍수, 태풍, 폭설로 사망한 사람이 280명으로 파악됐다. 이는 폭염이 인간에게 가장 '위험한 재난'임을 의미한다. 그러므로 폭염은 태풍이나 홍수보다 인명 피해를 더 많이 내는 기상재해로 분류하여 특별한 대책을 마련해야 할 것이다.

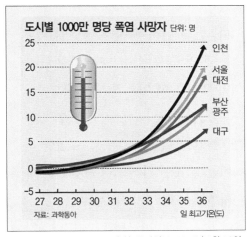

출처: 동아일보, 2016년 8월 12일

일반적으로 중·고위도 지역이 저위도 지역에 비해 폭염에 안전하다고 생각하기 쉽다. 하지만 김지영 기상청 기상연구소 연구관이 2006년 학술지 『한국기상학회』에 발표한 연구에 따르면 6개 대도시에 폭염이 닥쳤을 때 오히려 북쪽에 사는 사람들의 사망 위험이 더 높아졌다.[21] 이는 전국적인 폭염이 닥쳤을 때는 오히려 북쪽에 사는 사람들의 사망 위험이 더 높아진다는 것을 뜻한다.

김 연구관의 연구에 따르면 일 최고기온이 섭씨 36도일 때 인천에서 인구 1,000만명당 23.6명이 더위로 사망한다면 대구에선 6.9명이, 서울은 19.8명이, 대전은 17.7명이 각각 사망했다. 부산은 12.2명, 광주는 11.6명으로 나타났다. 이는 오히려 고위도의 폭염 피해가 더 클 수 있다는 것을 시사한다. 김 연구관은 "온도 변화에 따라 사망자가 급격하게 증가하는 '임계점'이 도시마다 다르기 때문"이라며 "서울의 경우 31도만 되어도 사망자 수가 뚜렷하게 늘어난다"고 밝혔다.

---

21. 동아일보, 2016년 8월 12일.

한반도만의 이야기가 아니다. 미국 북동부의 보스턴은 30도가 임계 온도이다. 반면 남서부 사막 지역인 피닉스는 무려 44도에 이른다. 똑같은 폭염이 닥쳤을 때 어느 도시는 괜찮아도 다른 도시는 큰 피해를 입을 수 있다는 말이다. 실제로 추위로 유명한 러시아는 2010년 갑작스러운 폭염이 닥치자 5만 6,000명이 사망했다.

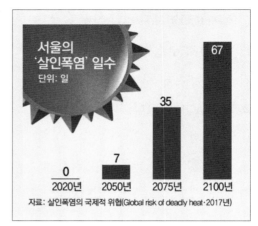

출처: 동아일보, 2017년 6월 21일

더구나 미국 연구팀은 2017년 6월 전 세계 온실가스 배출량이 증가하면 '살인 폭염'의 국제적 위협이 심각해질 것이라고 경고했다.[22] 살인 폭염은 사망자가 발생하는 폭염으로 지역별로 기온과 습도에 따라 다르다. 이 연구팀에 따르면 서울의 살인 폭염 일수는 2020년 0일에서 2100년 67일로 가파르게 상승할 것이라고 밝혔다.

그렇다면 폭염에 누가 먼저 희생될까? 당연히 폭염에 무방비 상태로 노출된 '에너지 빈곤층'이다. 에너지 빈곤층은 소득의 10% 이상을 냉난방비로 지출하는 계층이다. 전국에 약 150만 가구가 되는 것으로 추정된다. 서울만 해도 전체 가구의 10%를 웃돈다.

에너지 빈곤층의 80%는 선풍기에만 의존한다. 더 큰 문제는 이런 가구의 대부분이 70세 이상 노인이라는 것이다. 빈곤층 독거 노인이나 거동이 불편한 장애인 등 취약 계층에게는 폭염이 가장 무서운 재난이다. 한국기상학회는 최고 기온이 35도를 넘는 날에는 60대 이상의 사망자 비율이 68%까지 늘어난다고 경고한다.[23]

---

22. 동아일보, 2017년 6월 21일.
23. 서울신문, 2016년 8월 9일.

◇ 대멸종의 시대 예고

지금은 신멸종의 시대다. 인간의 탐욕이 만들어 낸 재앙이다. 지구상의 많은 생명들이 사라지고 있다. 1950년 이래 참치, 황새치, 대구, 가자미, 가오리 같은 어종은 개체 수가 90%나 감소했다. 산호초의 30%가 죽었고 나머지도 서서히 죽어가고 있다. 지난 10년 사이에만 9,400만 헥타르의 삼림이 사라져 버렸다. 전문가들은 지금 이대로 가면 다음 세기까지 지구상 모든 동식물의 절반이 멸종할 것이라고 경고하고 있다.

3. 환경의 미래혁신 방향

◇ 물 부족의 해결

물 부족 문제를 해결하기 위해서는 '물발자국water footprint'을 관리할 필요가 있다. 물발자국은 '상품과 서비스의 생산부터 유통, 소비, 폐기까지 이용되는 물 사용의 총량'을 말한다. 예를 들어 커피 1 l 의 물발자국은 커피를 재배하고 소비한 뒤 정화하는 데 들어가는 일련의 물을 모두 포함한다.

물발자국 개념은 선진국과 저개발국 사이의 물 사용의 불균형을 해소하고 전 세계 물 사용량을 조절하기 위해 도입되었다. 2004년 유네스코 물교육연구소는 우리나라 1인당 물발자국이 1,179㎥로 세계 평균1243㎥보다는 적다고 발표한 바 있다.

그러나 물 부족 국가인 한국에서 물 사용 방법과 양을 합리화하기 위해 물발자국 개념을 적극적으로 정책에 반영해야 한다.[24] 물발자국 네트워크에 따르면 한국의 연간 1인당 물발자국은 1,629㎥로 인구 500만 명 이상인 102개국 중 상위 40번째 국가다. 세계 평균1385㎥을 훨씬 넘는다.

---

24. 국민일보, 2013년 2월 20일.

또한, 대한민국은 세계 6위의 물 수입 대국이다. 수입되는 물 대부분은 눈에 보이지 않는다. 농산물과 공산품을 만드는 전 과정에 들어가기 때문이다. 식품 가운데는 초콜릿의 물발자국 값이 1만 7,196 l/kg으로 가장 높다. 농축산물 중에서는 쇠고기가 1만 5,415l/kg으로 가장 높다.

한국환경정책·평가연구원KEI은 보고서를 통해 "제품별, 기업·산업별, 소비자와 소비자 그룹별 물발자국 데이터베이스를 구축해 생산과 소비의 지속 가능성을 평가할 수 있다"며 "환경영향평가 항목에 포함시키면 물 소비를 합리화할 수 있을 것"이라고 물발자국 정책을 제안했다. 우리나라처럼 물 부족 국가인 호주와 싱가포르는 상품에 물발자국 값 표시를 의무화하고 있다.

◇ 에너지 빈곤층 지원 확대

지방자치단체들은 경로당이나 복지관, 주민센터 등을 '무더위 쉼터'로 지정해 운영하고 있다. 그러나 취약 계층에겐 그림의 떡인 경우가 많다. 사실 폭염에 시달리면서도 무더위 쉼터를 찾는 사람은 거의 없다. 에너지 빈곤층이 무더위를 피할 편안한 쉼터는 서류상으로만 가능하다.

지원은 가식적이어서는 안 된다. 구체적이고 실질적이어야 한다. 쪽방촌이나 달동네의 빈곤층을 찾아가 어떤 도움이 필요한지 세심히 살펴야 한다. 거동이 불편해 온종일 집안에만 머물면서도 전기요금이 겁나 선풍기조차 마음 놓고 틀지 못하는 이들이 많다. 걱정이다.

지구 온난화의 심화로 한반도의 폭염은 앞으로도 더 심각해질 전망이다. 여름이 길어지고 봄과 가을이 짧아지는 아열대성 기후로 변화되고 있다. 폭염 등 기후변화 재난 대비책을 범정부 차원에서 고민해야 한다. 중장기 대책을 세워 법과 제도를 정비하고 관련 기구의 신설이나 재편도 검토해야 한다.

신재생 에너지 공급을 확대하고 전기 및 가스 요금제를 전면 현실화해야 한다. 특히 기후 변화에 대한 맞춤형 미래 대책 정책을 적극 개발해야 한다. 빈곤층을 대상으로 지원하는 에너지 바우처 제도 확대에 머물러서는 안 된다. 보다 구조적이고 근본적인 기후 변화 종합대책이 나와야 할 것이다.

◇ 체계적인 선제 예방책 강구

과거에는 경험하지 못한 기상이 나타나는 만큼 이에 대한 근본적인 대책 마련이 시급하다. 그러나 정부의 기후 변화 예측과 대응 시스템은 허술하다. 앞으로는 재난 수준의 피해가 매년 되풀이될 것으로 보인다. 정부는 전력난, 폭염, 가뭄 등에 대해 보다 체계적인 선제 예방책을 강구해야 한다.

예방을 위해서는 무엇보다도 정확한 예측이 선행돼야 한다. 기상청은 세계적으로 가장 정확하다는 영국의 수치 예보 모델을 도입하고 530억 원을 들여 슈퍼컴퓨터 4호기를 가동하고 있다. 하지만 기상청은 기상예보와 관련해 잇단 '양치기 예보'로 '오보청'으로 전락했다는 비판을 받았다.

온도·강수량·미세먼지 등의 기상예보 중 그나마 예측 난도가 낮은 게 온도이지만 이마저 제대로 관측하지 못한 것이다. 첨단 장비를 쓰는 소프트웨어인 예보관의 역량, 즉 사람이 문제라는 지적이 높다. 역량 있는 연구관 양성과 정확한 기상예보를 위한 소프트웨어에 집중 투자하고 기후 변화 대응 체계 수립도 본격화해야 한다.

매달 가뭄 예보와 경보를 발표하는 국민안전처도 "여름 가뭄은 없을 것"이라고 전망했지만 농촌의 실상은 전혀 딴판이었다. 기상청의 잘못된 예측정보로 가뭄을 재난 수준에서 관리하겠다는 정부 시스템도 무용지물이 되고 만 것이다. 특히 지구 온난화의 영향으로 몇십 년 후에는 홍수와 가뭄이 반복되고 물 부족도 한층 심각해질 것으로 예상된다.

◇ 재난 대비 중앙 컨트롤타워 운영

물 관리와 가뭄 등의 예방에서 대책까지 중앙정부의 컨트롤타워 아래 체계적인 대응 시스템을 조속히 마련해야 한다. 폭염, 가뭄 등 기후 변화에 따른 국가종합 대책을 수립하고 추진하기 위해서는 관련법의 제정 또는 개정이 요구된다. 정부와 국회가 절박성과 시급성을 인식하고 실질적인 대책을 내놔야 할 것이다.

도심에 나무를 많이 심는 것도 중요하다. 도시 숲은 기온을 떨어뜨린다. 분기별 1회씩 전 국민 '녹색의 날' 행사를 할 필요가 있다. 나무와 숲을 가꾸고 생태환경을 회복하기 위한 활동을 해야 한다. 나무가 많은 충북 제천 등 중소 규모 도시에선 2016년 무더운 여름에도 열대야가 한 건도 발생하지 않았다. 기후 변화 대책은 자연 속에 답이 있다.

미국의 기후 변화 대책도 참고할 만하다. 미국은 가뭄을 기후 변화 문제의 하나로 인식하고 2013년부터 통합 대응 태세를 강화했다. 대응 위주의 전략에서 예방 및 적응으로 전환한 것이 핵심이다. 국가가뭄정책법을 통해 연방정부·주정부·지역사회의 다양한 기관들과 협력 관계를 맺고 지역 기관의 정보 교환, 가뭄 경보 시스템 도입, 가뭄 모니터링 시스템 강화 등을 추진했다.

4. 환경의 미래혁신 주요 정책 과제

- 지구 온난화로 인한 환경 변화가 급격해지고 있다. 이에 대한 종합대책을 수립할 필요가 있다. 특히 물 부족 사태를 조속히 대비해야 한다. 2016년 1월 스위스 다보스에서 개최된 세계경제포럼은 향후 10년 내 가장 우려되는 리스크로 '물 위기'를 꼽았다. 대한민국도 물 부족 우려 국가이다. 가뭄으로 고통을 겪는 지역이 늘고 있다. 물 수급과 갈등을 통합 관리할 컨트롤타워가 필요하다.

- 20년째 제자리인 '물관리기본법'을 조속히 제정해야 한다. 지하수 수위가 매

년 8cm씩 낮아지고 있다. 지하수, 4대강과 하천, 빗물홍수, 가뭄, 댐, 수질오염 등을 통합 관리해야 한다. 국토부와 환경부 등 부처별 예산과 사업 나눠먹기로 사업이 부실하고 예산만 낭비되는 것을 완전 차단해야 한다. 프랑스의 에비앙 같은 세계적 물기업을 육성하여 물산업을 새로운 성장 동력으로 만들어야 할 것이다.

Ⅱ ▶ 인구의 미래혁신

1. 인구의 변화 현황

2017년 대한민국 출산율은 1.05명으로 대한민국은 유엔에 가입한 193개 회원국 중 출산율이 최하위권이다[25]. 대한민국의 출산율은 1980년대 본격적으로 산아제한 정책을 시행한 이후 줄곧 내림세다. 2010~2015년 합계 출산율은 평균 1.3명유엔인구기금 추산 수준이었다. 이후 계속 출산율이 떨어져 여성 한 명이 가임 기간15~49세 중 겨우 한 명 정도의 자녀만 낳는다는 의미다.

대한민국이 실질적으로 전 세계 국가 중 아이를 가장 적게 낳는다고 할 수 있다. 전 세계 합계 출산율 2.5명과 비교하면 절반 수준밖에 되지 않는다. 그만큼 심각하다. 출산율이 떨어지면 부양률은 올라간다. 부양률은 생산가능인구15~64세 대비 '아동15세 미만과 노인65세 이상'의 비율이다. 근로자 한 명이 몇 명을 부양하는지를 나타내는 지표다.

경제협력개발기구OECD에 따르면 2010년 한국의 부양률은 27.2%로 42개 조사

---

25. 머니투데이, 2018년 7월 25일.

대상국 가운데 중국26.5% 다음으로 낮다. 문제는 저출산 고령화 속도가 지나치게 빠르다는 것이다. 2050년에는 47.3%로 스페인48.9%과 일본48.4% 다음으로 높을 것으로 전망됐다.

저출산과 고령화로 10년 후엔 젊은이생산가능인구 2명이 노인과 어린이 1명을 부양해야 한다. 이러니 결혼을 해도 아이를 낳을 엄두를 못 낸다. 우리나라 여성들의 출산율은 2013년 1명당 1.19명을 낳았으며, 이는 224개 조사 대상국 중 219위로 세계 최하위에 해당한다. 이런 출산율이라면 2160년엔 한국인이 멸종할 것이라는 전망도 있다.

더구나 출생의 선행지표인 혼인 건수 또한 사상 최저로 추락해 2~3년 뒤 심각한 '저출산 쇼크'를 피할 수 없을 것으로 보인다. 2015년 0~14세 유소년 인구는 691만 명으로 1985년1209만 명 보다 518만 명 줄었다. 반면 고령 인구는 657만 명으로 1985년175만 명 보다 482만 명 늘었다. 저출산 쇼크를 본격적으로 체험하는 시점이 된 것이다. 대학 구조조정, 군 모병제 등 인구 구조 변화에 대응하기 위한 미래전략을 지금부터 수립해야 한다.

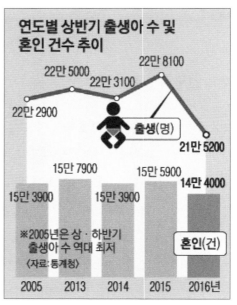

출처: 서울신문, 2016년 8월 26일.

특히 결혼율이 급감하고 이혼과 사별 등으로 전통적 가정이 해체되면서 가족이 재구조화되고 있다. 나 홀로 사는 1인 가구가 급증하고 있다. 통계청이 발표한 2015년 1인가구는 총 520만 3,000가구다. 전체 1,911만 1,000가구의 27.2%로 1위를 차지했다. 1990년 102만 1,000가구에서 25년 사이 5배로 늘었다. 2인 가구는 26.1%, 3인 가구는 21.5%, 4인 가구는 18.8%, 5인 가구 이상은 6.4%의 순이었다.

65세 이상 인구가 총인구에서 차지하는 비율이 7% 이상일 때 고령화사회, 14% 이상일 때 고령사회, 20% 이상일 때 후기고령사회 혹은 초고령사회라고 한다. 대한민국은 2000년에 이미 '고령화 사회'에 진입했고, 2019년과 2026년에는 각각 '고령사회', '초고령사회'에 진입할 것으로 예상된다.

대한민국은 고령화가 다음 단계로 악화되는데 각각 19년과 7년밖에 걸리지 않을 것으로 보인다. 이는 세계에서 가장 빠른 속도의 고령화다. 65세 이상 노인 인구가 전체의 7%에서 14%까지 되는 데 프랑스는 115년, 미국 71년이 걸렸다. 대한민국은 가장 빠르게 늙어가는 국가가 되어 가고 있다.

2. 인구 감소의 문제점

◇ '노쇠 국가화'로 총체적 문제 발생

대한민국에서 가장 큰 위협이 되는 문제는 바로 저출산으로 인한 고령화다. 고령화사회가 되면 노동 인구의 감소로 인한 노동력의 부족, 노동 인구의 비노동 인구에 대한 과도한 부양 부담, 출산 가능 인구의 감소에 따른 급격한 인구 저하, 잠재 성장률의 하락, 국방력의 약화 등의 총체적 문제들이 발생한다.

특히 우리 대한민국은 고령화가 너무 빠르게 진행되고 있다. 지금 당장 최선의 대책을 행동으로 옮겨야 한다. 그렇지 않는다면 '골든타임'을 놓치고 대한민국의 상황은 돌이킬 수 없게 힘들어진다. 출산이 애국인 시대다. 국가는 국민들이 편안하고 행복하게 살 수 있는 기본권을 보장해야 한다. 이를 통해 결혼율과 출산율을 높여나가야 할 것이다.

대한민국의 고령화사회 진입은 무엇을 의미하는가? 대한민국이 '노쇠 국가'가 되었음을 의미한다. 인간도 노쇠하면 활력을 잃고 미래의 삶이 어둡다. 대한민국도 마찬가지다. 자연은 스스로의 질병을 자기 진찰을 통해 스스로 치유하는 놀라운 능력을 지니고 있다. 대한민국도 자기 치유력이 있다면 노쇠 국가화를 방지하기 위한 특단의 조처들을 단행해야 할 것이다.

◇ 현실화 우려되는 '한국 자살'의 징조

한국 자살! 전혀 놀라운 일이 아니다. 점점 현실화될 가능성이 커지고 있다. 대한민국은 국민의 부재로 '국가 자살'의 최초의 나라가 될 수 있는 것이다. 지금 대한민국 곳곳에서는 한국 자살의 징조들이 나타나고 있다. 이를 해결하지 못하면 한국 자살은 현실화될 것이다.

한국 자살은 한국인들이 아이를 낳지 않고 대를 끊어 점점 멸종화 되어 가는 현상을 의미한다. 국민은 영토, 주권과 함께 국가의 3대 구성 요소 중 핵심이다. 그런데 대한민국은 낮은 결혼율과 심각한 저출산으로 인구가 급감하고 있다. 국민이 없으면 당연히 국가가 없어진다.

더구나 아이를 키우기 힘들다고 아예 결혼을 하지 않거나 혼자 살아가려고 하는 사람들이 크게 늘고 있다. 이러한 나홀로족들의 증가와 아이 기피증의 심화는 신성한 생명의 의무를 거역하는 것이다. 모든 생명은 반드시 자기희생을 통해서라도 후손을 낳아 대를 이어가야 한다. 그러나 대한민국의 국민들은 이러한 생명의 의무를 망각하고 있다.

모든 나라 중 대한민국이 자살하는 나라의 최초의 국가 자살국이 될 가능성이 점점 커지고 있다. 이를 극복하기 위해서는 대한민국을 다 함께 잘 사는 행복한 나라로 재건하는 것이 시급하다. 아이를 낳고 키우며 행복한 미래를 만들어 나가는 가정 행복 공동체를 만들기 위한 특별한 운동을 거국적으로 전개해야 할 것이다.

3. 인구의 미래혁신 방향

◇ '인구청' 설립 종합대책 추진

대한민국이 맞닥뜨린 최상위 문제는 저출산·고령화다. 세계적으로 저출산·고령화 문제 해결에 실패한 대표적인 나라가 일본이다. 대한민국은 더 심각하다. 이젠 정말 전향적인 해결책을 찾아야 할 시점이다. 획기적인 대안을 마련하기 위해서는 우선 여러 부처에 흩어져 있는 인구정책 기능을 하나로 모아야 한다.

예를 들어 '인구청'과 같은 특수목적 기관을 설립하는 것이 시급하다. 인구에 관한 종합적인 분석과 중장기 정책을 힘 있게 추진해 나가야 한다. 인구가 대한민국의 미래이고 희망인 시대가 되었다. 더 이상 늦춰서는 안 될 것이다. 인구 증가를 위한 획기적인 대책이 필요하다.

◇ 출산율 제고 획기적 대책 필요

고령화사회에 대한 해결책으로 사람들이 가장 많이 생각하는 방안은 '출산율'을 높이는 것이다. 우리나라는 최근 수년간 다양한 출산 장려책을 펼쳐 왔다. 백약이 무효했다. 우리와 문화가 비슷한 다른 국가들을 봐도 출산장려정책은 실질적인 효과가 별로 없었다. 이것의 예로 마카오 0.93명, 대만 1.11명, 홍콩 1.17명, 일본 1.40명을 들 수 있다.

그럼에도 불구하고 출산율 제고를 위한 실질적인 대책을 내놔야 한다. 통계청이 2016년 8월 발표한 자료에 의하면 소득이 높을수록 둘째를 안 낳는 가정이 많은 것으로 나타났다. 고소득 가구일수록 맞벌이 부부비 율이 높은 점을 고려할 때, 일하는 부부가 육아 부담 탓에 출산을 꺼리는 것으로 보인다. 이에 따라 도시에서 출산율을 제고하려면 일과 가정의 양립을 강화하는 출산정책이 나와야 한다.

또한, 파격적인 출산 양육비 지원도 출산율 제고에 크게 기여하는 것으로 나타났다. 전남 해남군의 경우 합계 출산율 2.46명으로 2013년부터 4년 잇달아 전국 1위를 달렸다. 해남군은 첫째 300만 원, 둘째 350만 원, 셋째 600만 원, 넷째부터 720만 원의 출산 양육비를 지원하고 있다. 더구나 출산하면 지역 신문 게재와 함께 미역, 아기 옷 등 푸짐한 선물을 전달하기도 한다.

◇ 국민 총역량제 도입 인적 역량 제고

지속 가능한 대한민국이 되기 위해서는 출산율 제고와 함께 다양한 인적 역량 제고정책을 마련할 필요가 있다. 즉 고령화사회에 대한 해결책으로 '국민 총역량제'를 도입하여 국민들의 인적 역량을 극대화시켜 생산성을 높이는 것이다. 이렇게 한다면 고령화사회가 되면서 발생하는 문제점들로 대한민국 사회가 붕괴되는 것은 막을 수 있다. 그러면 인적 역량을 어떻게 키울 것인가?

첫째, 아동에 대한 투자를 늘려야 한다. 어린 시기의 투자는 수익을 얻을 수 있는 기간이 가장 길다. 어린 시기에 보강한 인적 자본을 바탕으로 계속적으로 국가 인적 자본을 축적해 나가야 한다. 따라서 전 연령층 중에 가장 효율적인 투자라고 할 수 있다.

둘째, 65세 이상 고령층 인구에 대한 집중적인 재교육이다. 미래에는 노동력이 부족하고 노동 인구의 부양 부담이 과도해진다. 그러므로 노인 인구를 피부양자로만 생각해서는 안 된다. 이들도 재교육을 받고 사회에서 생산자로서의 역할을 할 수 있도록 해야 한다. 평생교육 기간을 대폭 늘리는 것이다.

아동의 교육과 노인의 일자리 문제를 동시에 해결하는 한 가지 방안은 65세 이상의 은퇴한 노인들을 아이들의 돌봄 서비스에 대거 투입하는 것이다. 노인들의 돌봄 서비스 참여는 여성들이 아이 보육에 대한 부담이 줄어들기 때문에 여성의 노동시장 참여율이 높아지고 출산율도 높아질 것이다.

셋째, 출산율 제고와 함께 고령화사회에 대한 현실적인 대비책도 마련해야 한다. 즉 노인들의 다양한 일자리 창출을 통해 국민 5,000만 명 전체를 노동력으로 활용함과 동시에 생산성을 높인다면 선진 복지국가를 만들 수 있을 것이다. 그리고 선진 복지국가가 되면 출산율이 늘어날 것이고, 이런 선순환이 계속 되면서 대한민국이 진정한 평화 공영 국가로 부상하게 될 것이다.

4. 인구의 미래혁신 주요 정책 과제

• 저출산과 고령화 등 인구의 구조 변화는 대한민국 사회를 급속 재편할 것이다. 초중고 교육은 물론 대학도 구조개혁을 단행해야 한다. 1인 가구의 증가로 주택시장 및 소비시장도 대변혁하게 된다. 나아가 군 모병제 도입 등 국가안보체계도 새로 수립해야 할 것이다. 인구 구조 변화에 대응하기 위한 미래전략을 지금부터 수립해야 한다.

  초고령사회가 성큼 다가오고 있다. 노인들은 노후 준비를 제대로 안 하고 있다. 고령자 53.1%가 노후에 무방비로 노출되어 있다. 개인 스스로도 준비해야 하지만 정부가 체계적인 준비를 할 수 있도록 선제적인 조처를 해야 한다. △ 소득과 자산 △ 여가, 취미 활동 △ 사회적 관계 △ 건강관리 등을 준비하도록 해야 할 것이다.

• 출산율을 획기적으로 올리기 위해선 독일의 성공 사례를 참고할 필요가 있다. 독일은 1994년 1.24까지 추락했었다. 이로 인해 '아이가 없는 나라'라는 오명을 받아야 했다. 독일은 아버지의 보육을 독려하고 어머니의 직장 복귀를 장려하는 등 보육제도를 대대적으로 개혁했다. 그 결과 2015년 출산율이 1.5명으로 집계됐다. 독일은 33년 만에 최고치를 기록한 것이다.[26]

  독일의 최고 출산율의 비밀은 정부의 획기적인 보육 혜택이다. 독일은 '부모수당제'를 도입했다. 출산한 부모가 보육을 위해 휴직하면 수당을 지급했다. 실업자 부모에게도 수당을 제공했다. 또한, 보육시설에 대한 투자도 크게 늘렸다. 시설의 수가 15년간 3배나 증가했다. 여성이 직장과 가정에 균형을 맞추면서 보육의 편안함을 느끼게 했다. 결국 출생률은 아이 낳고 키울 수 있는 여건 조성에 달린 것이다.

---

26. 서울신문, 2016년 10월 19일.

III 농업의 미래혁신

1. 농업의 변화 현황

대한민국의 농업이 위기다. 농업의 상징인 '쌀'이 푸대접받고 있다. 2013년부터 2016년까지 매년 420만t 안팎을 수확하여 쌀농사가 4년째 풍작이다. 그러나 소비량은 계속 줄고 있고, 재고량도 200만t으로 사상 최대다. 이로 인해 2016년에도 쌀값이 전년대비 10%가량 폭락했다. 농민들이 트랙터로 논의 벼를 갈아엎는 시위를 하는 등 분노를 표출했다. 농부들이나 정책 당국 모두가 걱정이 태산이다.[27]

쌀 생산량과 재고량이 크게 늘자 쌀 가격은 2013년 정점을 찍은 뒤 계속 하락세다. 80kg들이 한 가마의 가격은 2013년 17만 원을 기록한 뒤 이듬해부터 계속 떨어졌다. 2016년 9월에는 13만 3,446원에 거래돼 농민들의 심리적 저지선인 14만 원대까지 무너졌다. 산지 쌀값이 20년전 수준으로 추락한 것이다. 이로 인해 농민들의 근심이 볏단처럼 쌓여가고 있다.

산지의 쌀 가격이 크게 떨어져도 소비자 가격은 큰 변화가 없다. 복잡한 유통구조 때문이다. 쌀의 유통과정은 농민-농협·민간 미곡 종합처리장_{수매}-도매업체_{가공 및 유통}-유통업체-소비자 등 4단계를 거친다. 이

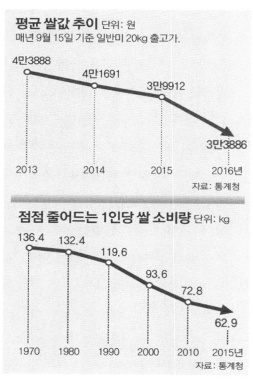

출처: 『동아일보』, 2016년 9월 23일.

---

27. 동아일보, 2016년 9월 23일.

과정에서 유통 단계마다 마진이 붙고, 물류비가 추가되어 가격이 상승한다. 복잡한 유통 구조도 쌀 소비 촉진을 방해하고 있다.

정부는 2016년에 생산된 쌀 420만t에 대한 소득 보전을 위해 1조 8,017억 원의 직불금을 책정했다. 농지면적당 일정액을 주는 고정직불금에는 8,240억 원, 쌀값이 일정 수준 이하로 내려가면 보전해 주는 변동직불금으로 9,777억 원이 투입됐다. 문제는 쌀 수요가 줄어들어 가격이 떨어지는데 쌀 생산을 장려하느라 막대한 혈세가 투입되고 있다는 사실이다.

쌀 '소득보전 직불제'로 매년 혈세로 쌀값을 떠받치는 미봉책이 계속 되풀이되고 있다. 이의 대책으로 쌀 생산을 줄이기 위해 절대 농지 축소를 주장하고 있지만 이는 실질적인 대안이 되지 못한다. 효과도 미지수이고, 통일뿐만이 아니라 식량안보에도 철저히 대비해야 하는 상황이다.

따라서 대한민국 농업이 새로운 시대를 열기 위해서는 농업의 대대적인 구조혁명이 불가피하다. 절대 농지는 유지하되 쌀농사 대신에 기후 변화를 반영한 창의적인 첨단 스마트 농업을 확대해야 한다. 예를 들어 2015년 열대과일 생산량이 1174t으로 2014년 769.6t보다 무려 52.5%나 증가한 것은 중요한 의미가 있다.[28] 대한민국에서 열대과일 생산량이 매년 크게 늘고 있는 것은 대안 농업 시대의 본격화를 의미하기 때문이다.

열대과일 중 생산량이 가장 많은 것은 패션프루트로 408.7t이나 생산되었다. 그리고 망고 398t, 파인애플 167t, 용과 86t, 파파야 62.9t 순으로 수확되었다. 열대과일 재배 면적 역시 106.6ha로, 전년 58ha보다 80% 넘게 증가했다. 망고의 경우 2001년 제주에서 첫 재배를 시작한 이후 재배 농가가 점점 북상하고 있다. 현재 경북, 전남, 전북 등으로 확산되면서 국내 150여 곳에 달한다.

이밖에 지중해 작물로 알려진 올리브 역시 제주에 있는 약 660㎡ 규모의 농촌진

---

28. 문화일보, 2016년 6월 23일.

홍청 온난화대응농업연구소 노지에서 시험 재배 중이며 2016년 10월부터 수확되고 있다. 올리브나무는 영하 10도 이하에서 생존이 불가능하지만 제주 겨울철 기온이 점차 높아지면서 재배가 가능해졌다.

사람의 식습관이 바뀌고 있다. 전통적인 쌀 생산만을 고집해서는 안 된다. 모두가 어려움에 처할 수 있기 때문이다. 농업 구조개혁을 통해 품종과 품목을 다양화해 나가야 한다. 이러한 의미에서 열대과일 생산이나 면적이 늘고 있는 것은 대단히 고무적이다. 특히 기후 변화로 인하여 생태계가 바뀌고 있기 때문에 서둘러 농업의 혁명적 구조 변경을 해야 할 것이다.

2. 농업정책의 과제

머지않아 식량 부족과 작물 파동이 발생할 우려가 높다. 비용 절감을 위해 생산성이 높은 품종 재배에 점점 집중하게 되면서 예상치 못한 병충해와 기후 변화를 겪게 될 경우 식량 부족의 충격은 더 커질 수 있다. 가뭄과 병충해 등으로 '절대식량'의 감소로 대혼란이 나타날 수 있는 것이다.

식량 증산은 현재 수준에서 큰 변동이 없을 것으로 전망된다. 그러나 2050년 세계 인구가 92억 명에 이를 것이다. 국제연합식량농업기구FAO는 기아로 인해 고통받는 인구는 오히려 9억 명이 더 늘어날 것이라고 예측했다. 앞으로 식량난이 더욱 심각해 질 것으로 보인다.

특히 최근 인류는 단순히 배고픔에서 벗어나 얼마나 잘 먹느냐에 큰 관심을 갖고 있다. 이로 인해 미래의 식량 위기는 인구 증가에 따른 식량 부족뿐 아니라 식습관 변화로 식량 수급의 위기가 나타날 것이다. 이 같은 21세기 식량 위기에 대비해 선진국은 전통적 농업기술에 첨단 정보통신기술ICT을 창의 융합한 도시형 '스마트팜' 보급에 힘을 쏟고 있다.[29]

---

29. 서울신문, 2016년 7월 19일.

대표적인 나라들이 네덜란드, 싱가포르, 미국, 일본 등이다. 네덜란드는 원예농업과 축산, 낙농업 분야에 스마트팜을 보편화했다. 대부분의 생산 과정에 사람의 손길이 필요 없도록 만들었다. 싱가포르는 파나소닉이 운영하는 발광다이오드LED 식물공장에서 생산되는 채소가 현지에서 프리미엄 제품으로 자리 잡았다.

미국은 지구촌 인구 100억 명이 섭취할 수 있는 육류를 생산하기 위해 실리콘밸리 기업이 '인조고기' 개발에 박차를 가하고 있다. 일본은 스마트팜 모듈의 산업화를 통한 중동 지역 수출을 모색하고 있다.

대한민국은 현재 대기업을 중심으로 스마트팜을 시작한 단계다. 농림축산식품부에 따르면 한국은 2015년 곡물 자급률이 23.8%쌀 제외 시 3.7%에 불과해 '식량 안보'가 위태로운 상황이다. 미래의 식량 위기를 해결하고 식량 안보를 지키며 풍족한 미래를 만들기 위한 창의적인 변화와 도전이 요구된다.

3. 농업의 미래혁신 방향

대한민국 농업의 구조 혁신이 시급하다. 지구 온난화로 한반도 평균 기온이 100년 전에 비해 2도 가까이 높아졌다. 사실상 아열대 기후로 바뀌고 있다. 이로 인해 농작물의 재배 여건이 크게 달라지고 있다. 전통 농업에서 미래혁신 농업으로 전반적인 재편이 필요한 상황이다. IT 등을 활용한 첨단 스마트팜의 농업도 확대되어야 한다.

◇ 스마트팜 미래 도시농업 확대

농업이 혁명적으로 재편되어야 살아남는다. 미래는 도시농업이 새로운 대안이 될 것이다. 모든 종류의 농작물을 빌딩에서 키우는 '메이드 인 빌딩' 시대가 열리고 있다.[30] 첨단 영양물질을 배합한 수경재배가 잇따라 시도되고 있다. 농업의 기

---

30. http://goo.gl/8gd67vhttp://boogleboogle.net/20160216/xsolution/agri-tech2095 (검색일: 2016년 6월 10일).

본이 '흙'이라는 상식을 뒤집은 것이다. 미국과 일본 등이 창의 도시농업을 선도하고 있다.

미국 뉴저지에는 거의 모든 종류의 농작물을 키워 판매하는 '농업 빌딩'이 지어지고 있다. 일반적인 백화점보다도 작지만 이 건물 하나면 수십만 명이 먹을 수 있는 양을 생산해낼 수 있다. 해충으로부터 안전한 설계 덕분에 농약을 사용할 필요가 없고 필요한 영양소는 물에 포함시켜 뿌리에 직접 분사하기 때문에 기존 방식보다 20배나 효율적이다.

도심과 가깝기 때문에 운송비도, 매연도 거의 없다. 고객들은 그날 수확한 신선한 채소를 저렴한 가격에 구입할 수 있다. 환경오염과 기후 변화 등 문제가 많은 자연에서 키우는 것보다 더 안전하고 품질이 뛰어나다. 유명 레스토랑들과 로컬마켓들에서도 납품을 요청하고 있다.

태양 대신 필요한 파장의 빛만 사용하여 전력량을 줄일 수 있다. 1년에 22모작까지 가능해 수확 철이 아니어도 항상 질 좋고 신선한 공급이 가능하다. 이 혁신적인 실내농장을 통한 도시농업에서 효율적인 신 농업기술을 개발하는 것이 농업의 미래혁신의 핵심이 될 것이다.

◇ 변화와 혁신으로 미래농업의 길 개척

각종 규제를 풀고 변화와 혁신으로 미래농업의 길을 개척하는 나라들이 많다. 대표적인 나라가 일본이다. 일본은 "기업을 유치해 농업의 새로운 활력을 찾겠다"는 움직임이 확대되고 있다. 반면 대한민국은 기업의 농업 진출에 대해 "대기업들이 농사마저 먹어치우려 한다"며 크게 반발하고 있다. 농업도 관성을 깨고 혁신적 변화를 통해 첨단 산업화의 길로 나아가야 생존한다.[31]

일본에서는 규제개혁과 국가전략특구제 도입으로 미래농업시대를 열고 있는

---

31. 동아일보는 '한일 농업 상반된 길'이라는 현장 르포 특집을 마련하여 크게 보도했다. 동아일보, 2016년 9월 23일.

곳이 있다. 바로 효고兵庫현의 작은 마을 야부養父시다. 이 시는 일본 농업 부활의 상징이 되고 있다. 야부시 농민들은 구조 개혁 이전에 계단식 농지에서 쌀을 생산해 판매하는 전통 방식을 고수했다. 갈수록 생산성이 떨어지면서 '죽은 마을'로 전락해 가고 있었다. 15년간 6,000여 명이 마을을 떠났다. 각종 규제로 아무것도 할 수 없었다.

야부시는 용기를 내어 지난 2013년 스마트팜 농업전략특구 지정을 신청했다. 야부시는 이듬해인 2014년 농업전략특구로 지정되자 시금치를 먹은 뽀빠이처럼 상황은 급반전됐다. 농업법인의 설립을 아주 쉽게 했다. 현지 농업인 한 명만 임원으로 참여하면 허용했다. 또한, 기업의 투자한도도 자본금 총액 기준 '50%' 미만으로 높였다. 대기업 등의 참여도 적극 유치했다. 야부시도 직접 투자했다.

그 결과 농업법인이 11개 만들어졌고, 60여 명이 일자리를 갖게 되었다. 야부시는 특산물의 하나인 산초를 첨단기법으로 재배하는 데 성공했다. 평범한 농산물에 차별화된 스토리를 부여했다. 유럽 등 외국으로 수출하거나 대도시로 유통시키고 있다. 매출이 크게 늘면서 소득이 늘고, 대도시 청년층 인구도 유입되고 있다. 마을에 활력이 생기고 웃음소리가 크게 들리기 시작했다.

◇ 농업의 도약을 위한 미래혁신

대한민국의 농업이 세계 농업에 뒤처지지 않기 위해서는 어떻게 해야 하는가? 크게 4가지로 정리된다. 첫째는 법적, 제도적 규제개혁과 미래전략적 지원 확대다. 둘째는 농업인의 변화와 농업 구조의 혁신이다. 셋째는 기후 변화 등 환경에 맞는 전략화된 특산물 육성이다. 넷째는 스토리를 만들고 맛과 향, 디자인 등으로 고급화를 통해 까다로운 소비자를 사로잡는 것이다.

대한민국이 미래농업의 선도자가 되기 위해서는 모든 것을 다 바꿔야 한다. 그러나 그것은 생각만큼 쉽지 않다. 기득권과 낡은 사고로 인하여 변화를 본능적으로 거부한다. 죽는 줄 알면서도 변화를 거부하는 것이 인간의 속성이다. 그러나 살기 위해서, 더 나은 미래를 창조하기 위해서는 반드시 변화와 혁신을 해야 한다.

꼭 필요한 절대 규제는 묶어야 한다. 그러나 생존을 막는 규제는 폐지해야 한다. 농업법인 출자 등도 과감히 완화해야 한다. 또한, 농업인 단체들도 스스로 변화해야 한다. 대안 없는 반대는 모두를 죽게 한다. 기업들도 농민과의 상생, 공영을 전제로 사업을 추진해야 한다. 미래는 독점 시대가 아니다. 공유를 통한 공영의 미래로 나아가야 한다. 더디지만 함께 멀리 가는 전략이 중요하다.

◇ 미래형 도시농업 모델 개발 보급

미래농업의 주무대는 도시가 될 것이다. 그것도 버려진 빌딩이나 공장에서 도시농업을 하는 시대가 오고 있다. 대표적인 모델 중 하나가 미국 시카고에 있는 '더 플랜트'다. 이곳은 원래 버려졌던 폐공장이었다. 더 플랜트는 폐공장을 싼 가격으로 매입하여 인근 일리노이공대와 산학제휴로 새로운 미래형 도시농업을 개발하기 시작했다.[32]

몇 가지 원칙을 세웠다. 기본 원칙은 폐기물을 하나도 만들어 내지 않는 것이다. 이를 바탕으로 단순한 먹을거리 생산만이 아니라 연구와 교육, 지역 농산물 공급 등 다양한 접근으로 도시 재생에 기여한다. 또한, 에너지 등 외부 지원 없이 '완전 자급자족형'으로 채소와 버섯, 어류 등 농수산물을 생산해 낸다는 것 등이다.

대한민국은 물 부족 국가이다. 장기 가뭄으로 채소 파동 등이 발생할 수 있다. 이에 대비하여 미래형 도시농업의 대안으로 더 플랜트를 한국형으로 모델화할 필요가 있다. 지역의 대학이 학생 수 감소로 공간이 남게 된다. 지역과 대학이 연계하여 학문과 일자리, 소득 등을 창출할 수도 있을 것이다.

---

32. 서울신문, 2016년 9월 8일.

4. 농업의 미래혁신 주요 정책과제

• 기후 변화 영향과 수자원 관리, 식량난 등 농업과 관련된 모든 분야의 연구를 통합해 운영하는 '코리아팜센터'를 설립해야 한다_{미국 캘리포니아 '월드푸드센터' 모델}. 이를 통해 한국형 스마트팜 등 정보기술과 결합한 농업 전문 스타트업_{신생 창업벤처} 지원 등 미래농업 전문 육성 기구로 키울 필요가 있다. 물 관리, 드론을 통한 유통관리, 스마트팜을 통해 재배관리 등을 일원화하여 미래농업 허브가 되도록 해야 할 것이다.

• 미래 도시농업 거점 도시를 선정하여 집중 육성해야 한다. 쿠바의 수도 아바나는 '세계 도시농업의 수도'로 불린다. 1990년대 소련이 붕괴되면서 경제적 지원이 붕괴되었다. 이를 해결하기 위해 완전 자급자족 도시농업을 활성화했다. 대한민국도 광역시도별 거점 도시를 선정하여 미래 농업도시로 지원해야 할 것이다.

• 세계는 최첨단 어류 양식기술 전쟁을 벌이고 있다. 심지어 중국 서부 고비사막에서도 연어를 연간 1,000t가량 생산하는 양식장도 있다. 이제 본격적으로 잡는 시대에서 기르는 시대로 접어들었다. 어류를 기르는 것은 연안에서 도시로, 그리고 물이 없는 사막 등 어디든지 도전하여 성공하고 있다. 자연의 한계를 넘은 기술의 힘으로 어류 양식의 새 시대를 열고 있는 것이다.[33]

　　대한민국을 신양식업 분야의 선도 국가로 발전시킬 필요가 있다. 미래 먹거리 전략적 개발을 위해 지금까지 축적한 기술, 첨단 IT와 빅데이터, 미래 변화 등을 창의 융합하여 세계적 양식업 선진국가로 육성해야 할 것이다. 융합 양식 시스템 개발 및 보급을 통해 내수와 수출을 창출할 수 있을 것이다.

---

33. 동아일보, 2016년 10월 5일.

Ⅳ 국토의 미래혁신

1. 국토의 변화 현황

국토Area of the National Territory는 넓은 의미의 영토다. 국가의 주권이 미치는 범위로, 외부의 침입으로 보호되어야 할 배타적 영역을 말한다. 국토는 영토땅·영해바다·영공하늘을 총칭한다. 영토는 국민·주권과 함께 국가 구성 3요소 중 하나다. 국민과 마찬가지로 국토가 없으면 국가란 존재할 수 없다. 더구나 국토는 국민들의 삶과 행복, 꿈을 위한 터전이다. 그러므로 국가에 있어서 국토 수호는 절대적이다.

국토는 크게 4가지의 의의가 있다.[34] 첫째, 민족의 생활 공간이다. 조상으로부터 물려받아 후손에게 온전히 물려주어야 할 귀중한 존재 기반이다. 둘째, 민족의 문화 공간이다. 민족의 고유문화와 역사, 생활양식을 형성·발전시켜 온 바탕이다. 셋째, 민족의 정신 공간이다. 민족의 얼과 뜻이 담긴 소중하고 의미 있는 공간이다. 넷째, 민족의 통치 공간이다. 지방화의 산실이자 세계화의 수용 무대이며, 나아가 통일 국가의 터전이다.

대한민국의 국토는 위상 확대에 따라 아시아의 허브이자 세계로 진출하는 전진 기지가 될 수 있다. 국제화·개방화·세계화에 따라 사람·물자·정보의 이동이 크게 늘어나고 있다. 대한민국은 이미 세계인들의 무대로 발전하였다. 교통·정보의 고속화는 대도시 중심의 광역 도시권을 형성하게 하였다. 세계의 1일 생활권화와 더불어 하늘과 바다로까지 생활 공간을 확대시켰다.

34.『두산백과사전 』참고.

대한민국의 국토는 이제 기후 변화, 인구 변화, 경제 변화 등으로 새로운 전환점에 놓여 있다. 더구나 물 부족이 우려되고, 지진까지 발생하여 국토 관리에 비상이 걸렸다. 난개발로 국토의 효율성도 떨어졌다. 국토의 전반적인 조사와 함께 통일과 그 이후를 위한 종합적인 재설계가 시급한 상황이다.

2. 국토정책의 문제점

◇ 국토종합개발사업 목표와 내용

대한민국의 국토종합개발사업은 1972년에 처음 시작됐다. 제1차 국토종합개발사업 때1972~1981년에는 교통, 통신 시설, 댐, 산업 단지 등을 많이 건설했다. 제2차 국토종합개발사업 때1982~1991년에는 국민의 생활환경을 좋게 하는 사업을 추진했다. 제3차 국토종합개발사업 때1992~1999년에는 1, 2차 국토 종합 개발 사업 때 생긴 문제점을 해결하려고 노력했다.

2000년부터 오는 2020년까지 제4차 국토종합개발사업이 진행되고 있다. 제4차 국토종합계획의 주요 내용은 크게 5가지다. 먼저 더불어 잘 사는 균형 국토를 목표로 지역 간의 차이를 줄이고 지역마다 특성을 살려 개발한다. 둘째는 살기 좋은 복지 국토를 목표로 도시와 농촌에 사는 모든 국민이 쾌적하게 살 수 있는 국토를 만든다.

이와 함께 지속 가능한 녹색 국토를 목표로 개발과 환경 보전을 조화롭게 추진하여 삶의 질을 높인다. 또한, 번영하는 통일 국토를 목표로 한반도의 평화와 공존을 위해 남북한이 서로 협력할 수 있는 기반을 마련한다. 끝으로 경쟁력 있는 개방 국토를 목표로 동북아시아의 중심지로 발전하도록 국제 협력의 기반을 마련한다.

제4차 국토종합계획의 목표와 내용은 비교적 무난한 방향으로 계획되어 있다. 그러나 기후 변화나 미래사회 변화에 대한 준비와 대책은 전혀 반영되지 않았다.

이에 따라 전면적인 수정, 보완이 요구된다. 대한민국 국토를 단순한 개발을 위한 땅으로 평가절하해서는 안 된다. 국토는 보물이다. 가치 있게 활용해야 진정한 보물이 되는 것이다.

3. 국토의 미래혁신 방향

◇ 국토의 효율적 활용을 위한 전면 재조사 필요

국가가 소유하고 있지만 제대로 활용되지 않는 땅과 건물의 면적이 여의도^{약290}_{만㎡}의 6배에 달한다. 대한민국 국토를 원점에서부터 전면 재검토와 재조사가 필요하다. 국토조사는 국토의 이용·개발·보전에 필요한 자료를 얻기 위해 실시하는 것이다. 대한민국의 새로운 미래 비전과 목적에 합당하게 새로운 접근법으로 전면조사가 이루어져야 할 것이다.

국토기본법에는 국토계획 등에 대하여 규정해 놓고 있다. 이 법에서 국토계획은 "국토를 이용·개발 및 보전함에 있어서 미래의 경제적·사회적 변동에 대응하여 국토가 지향해야 할 발전 방향을 설정하고 이를 달성하기 위한 계획"이라고 규정하고 있다. 그리고 국토계획에는 국토종합계획, 도종합계획, 시군종합계획, 지역계획, 부문별계획을 망라한다.

국토의 효율적 활용을 위해서는 국토종합계획을 먼저 재점검해야 할 것이다. 여기에는 중앙정부에서 일방적으로 정하기보다는 지방정부와 함께 협의체를 구성하여 중장기적인 논의와 설계를 통해 체계적인 접근을 해야 할 것이다. 이를 통해 마구잡이식 난개발을 막고 국가의 미래 비전, 지역 특색 등을 고려한 전략적 접근이 이루어지도록 해야 할 것이다.

◇ 국토의 균형개발 및 국토 통일 대비 재설계

대한민국 국토의 창의적인 재설계가 필요하다. 남북을 포함하여 전 국토를 효율적이고 균형적인 개발을 해야 할 것이다. 남한의 총인구가 2016년 10월 현재 5,000만 명이 넘었다. 북한과 국외동포까지 합치면 8,000만 명이 넘는다. 이젠 인구학적으로 한민족의 시대를 꿈꿀 수 있다. 국민 모두가 행복한 삶의 터전이 될 수 있도록 산업과 일자리, 주거, 치유 등의 전략적 재배치가 필요하다.

나아가 통일에 대비한 국토의 재설계가 요구된다. 국토의 통일은 분단으로 단절되고 왜곡되었던 국토의 일체성과 민족의 생활 공간을 회복하는 것을 의미한다. 남한은 평야가 넓고 기후가 온화하여 농업에 유리하다. 반면, 북한은 지하자원이 풍부하다. 그러므로 남북한이 통일에 대비하여 국토를 재설계하여 통일 비전을 실현할 수 있는 토대가 되도록 해야 할 것이다.

통일 이후에는 인구의 대이동과 변화가 나타난다. 도시 집중화 현상도 가중될 것이다. 식량의 안보 문제가 등장할 수 있다. 물, 자원의 부족도 우려된다. 그러므로 정교한 미래예측을 통해 창의적인 국토관리 대책을 만들어 놓아야 할 것이다. 대한민국 국토의 새로운 비전은 평화 공영 국가의 시범적 토대가 되는 것이다. 대한민국 국민들의 삶의 질이 향상되고 가장 행복한 축복의 땅이 되도록 해야 할 것이다.

◇ 재난 대비 국토 재디자인

대한민국은 더 이상 안전지대가 아니다. 지진은 물론 가뭄, 물 부족의 심화로 특별한 관리가 요구된다. 대한민국 국토를 4년마다 정기적으로 총 조사하여 재난 등에 대비할 필요가 있다. 지진 발생 지역의 내진설계를 강화하고 원전 등 위험시설에 대한 관리도 체계화하고 매뉴얼을 작성하여 배포해야 할 것이다. 국토의 안전화를 위한 재디자인화가 요구된다.

나아가 대한민국은 동식물 서식 및 생태환경 등 국토에 대한 종합적인 생태환경조사를 실시해야 할 것이다. 국토종합지도를 만들어 모든 재난과 일반 생활에 대응할 수 있는 정보를 국민에게 제공해야 한다. 특히 도시지역의 철저한 점검이 필수적이다. 위험 지도, 생태 지도, 사고 지도, 지진 지도 등을 작성하여 국토관리를 종합화, 체계화해야 할 것이다.

또한, 지진으로 인한 원전 사고의 발생이 우려되고 있다. 원전 시설은 국민의 생명과 안전에 직결된다. 한 치의 실수가 있어선 안 된다. 원전이 내진설계가 되어 있다고 하나 규모 7.0 이상의 지진이 발생했을 때의 대처도 국가적인 과제다. 원전 건립을 점차 축소해 나가야 한다. 다만, 불가피할 경우 원전 건립 시 지진 등 철저한 안전대책을 세워놔야 할 것이다.

◇ **국토의 공개념화와 국토의 회복**

국토의 사유화는 인정하되 공적 개념을 강화할 필요가 있다. 사유화로 인한 지나친 난개발을 막아야 하기 때문이다. 국가는 모든 국토를 보존과 개발의 균형성을 유지해 나가야 할 것이다. 절대 농지나 절대 보존 지역을 미래 전략적 차원에서 재점검해야 한다. 한번 망가진 토지는 원래대로 회복하기가 쉽지 않다. 후대들에게까지 축복을 누릴 수 있도록 잘 관리해야 마땅하다.

나아가 대한민국의 영토정책을 재정비해야 할 것이다. 만주와 시베리아 지역은 고구려와 발해의 무대였다. 역사의 회복과 동시에 영토에 대한 창의적 접근이 필요하다. 대마도 역시 마찬가지다. 이승만 정부는 대마도가 한국 영토라고 강하게 주장했다. 일본의 역사 왜곡과 영토 야욕이 여전하다. 우리의 국토를 실질적으로 회복하기 위한 중장기 국토 미래혁신전략이 요구된다.

우리 대한민국은 열린 영토 철학을 가질 필요가 있다. 국경을 강화하거나 폐쇄적으로 대응해서는 안 될 것이다. 우리는 해양과 대륙, 모두가 묻이고 길이게 해야 할 것이다. 대한민국 국토가 통일되고 아시아 대륙과 태평양으로 진출하는 거점이 되며 세계의 인적·물적 교류의 중심지가 되도록 해야 할 것이다.

4. 국토의 미래혁신 주요 정책 과제

해수면이 매년 상승하고 있다. '해수면 상승setup'은 지구 온난화의 영향으로 해수의 열팽창과 대륙 빙하의 융해 등으로 해수면이 상승하는 현상을 말한다. 해수면 상승으로 인해 서해는 물론 남해, 동해의 여러 섬들과 내륙 해안이 물에 잠기는 위험에 처하고 있다. 이에 따라 종합적인 진단과 대책이 시급한 상황이다.

제주 지역의 해수면 상승으로 천진항 등 일부 어항들이 바닷물에 잠기면서 피해가 발생하고 있다. 출처: 제주도청.

특히 우리나라 제주도 부근의 해수면 상승이 두드러진다. 전 지구의 평균보다 3배나 빨리 상승하고 있다. 연간 6㎜ 정도 올라가고 있다. 이로 인해 자연 생태계의 교란 및 어항 침수 등 파괴가 심각하다. 연안의 빼어난 관광 자원도 침수되어 관광에도 큰 타격을 주고 있다.

2016년 10월 태풍 '차바'로 큰 피해를 본 부산 지역은 50년 전보다 해수면이 13cm 이상 상승하고 해일은 4배나 많이 발생했다. 밀물과 썰물 때의 수위의 차인 조차가 최고일 때 이번 태풍이 왔다면 해운대 마린시티 해일은 30~40cm 더 높아 큰 피해를 주었을 것으로 보인다.

국토의 미래혁신에서 주목해야 할 분야의 하나가 '산림 부국'을 실현하는 것이다. 대한민국 산림면적은 2015년 기준 633만 5,000ha다. 산림비율이 63.2%로 OECD 국가 중 핀란드73.1%, 일본68.5%, 스웨덴68.4%에 이어 세계 4대 녹지 국가다. ha당 산림의 양은 무려 146㎥으로 OECD 평균 131㎥에 상회하는 수준이다. 3000여평 안에 나무의 양이 매우 빼곡한 편에 속한다.

목재산업은 고부가 친환경 목조건축과 신재생 에너지 목재팰릿톱밥을 압축해 만든 나무

연료 등에 크게 활용되고 있다. 하지만 산림 비율이 감소하고 있다. 2010년을 기준으로 매년 여의도 면적 약 24배에 달하는 산림이 사라졌다. 도로와 주택, 산업단지 조성 등 국토 개발은 산림 감소의 주원인이다.

산림은 이제 맹목적인 개발이 아닌 나무를 키워 자원으로 축적하는 미래 부국의 수단으로 활용돼야 한다. 우리나라 산림의 공익적 가치는 GDP_{국내총생산}의 8.5%인 연간 126조 원에 달한다. 최근 산림은 지구 온난화 해결을 위한 온실가스 흡수원으로 부각되고 있다. 이제 산림은 지속 성장 가능한 국가의 미래 자원으로 부상했다.

대기 정화, 수질 개선, 토사 유출, 산사태 방지 등 엄청난 혜택을 국민들에게 선사하고 있다. 이에 따라 전국의 산림을 전면 재디자인하여 산림 부국의 꿈을 실현해 나가야 할 것이다. 숲의 경제·환경적 가치를 높여주는 경제림 집중 관리와 숲 가꾸기 사업을 강화해 나가야 한다. 관악산, 북한산 등 서울의 산들도 재구조화해야 할 것이다.

산림 이용 가치를 충분히 활용해 미래산업을 육성하고 국민에게 산림 복지 서비스를 확대해 나가야 한다. 이를 위해선 효과적인 산림 이용 계획을 수립하고 보다 내실 있는 산림자원 육성·관리를 해 나갈 필요가 있다. 특히 미래변화에 대비한 계획적인 산림 경영과 기후 변화 적응, 유망 수종 개발도 시급하다.

교육 · 도시 미래혁신 과제

Ⅰ 교육의 미래혁신

1. 교육철학과 비전

교육은 국가의 백년대계다. 백년대계는 말 그대로 먼 앞날까지 미리 내다보고 세우는 크고 중요한 계획을 의미한다. 교육은 국가나 지역사회는 물론 인류의 지속 가능한 발전과 깊은 관계가 있다. 그렇기 때문에 교육이 제대로 되려면 적어도 백년을 내다보며 깊은 철학과 비전을 갖고 신중히 추진해야 할 것이다.[35]

그렇다면 새로운 대한민국의 교육 철학과 비전, 목표는 무엇이 되어야 하는가? 우리의 교육 철학은 홍익인간에 바탕을 둔 '상생 평화', 즉 다 함께 잘 사는 평화 공영 세상을 구현하는 인재를 양성하는 것이어야 한다. 다시 말하면 홍익인간과 상생 평화의 철학을 바탕으로 사람을 위한 교육, 생명을 위한 교육이어야 한다는 것이다. 왜 그럴까?

새로운 대한민국의 미래는 교육에 달려 있다. 즉 미래를 위해선 상생 평화를 통한 교육입국敎育立國으로 나아가야 한다. 교육은 지속 가능한 나라를 세우는 것이다. 그러므로 미래사회를 열어나가는 첫 번째 열쇠는 '교육'이다. 운명 공동체인

---

35. 장영권, "21세기 관악교육이 나아갈 길". 『관악저널』, 2009년 5월 18일.

지역은 물론 대한민국을 넘어 인류에 대한 비전과 실천력을 담보하는 인재를 양성하는 데 역점을 두어야 할 것이다.

동양에서 '教育교육'이란 한자는 『맹자孟子』의 진심盡心 편에 나오는 '得天下英才而教育之 三樂也천하의 영재를 모아 교육하는 것이 세 번째 즐거움이다'란 구절에서 비롯되었다고 한다. 글자의 구성면에서 보면 '教교'는 매를 가지고 아이를 길들인다는 뜻이고, '育육'은 갓 태어난 아이를 살찌게 한다는 뜻으로 기른다는 의미이다.[36]

서양에서 교육을 뜻하는 단어는 'education영어', 'Erziehung독일어', éducation프랑스어 등이 있다. 이들은 다 같이 라틴어의 'educare'에서 유래한 것이다. 'educare'는 e의 '밖으로'와 'ducare'의 '이끌어낸다'가 합쳐진 합성어다. 즉 서양의 교육은 '~에서 빼낸다引出'와 '이끌어낸다導出'는 의미를 가지고 있다. 이는 사람이 가지고 있는 천품과 개성을 밖으로 끄집어낸다는 뜻이며, 또한 그 가능성을 바람직한 방향으로 최대한 이끌어 올린다는 뜻이다.[37]

교육은 플라톤Platōn의 동굴 우화와 관련이 있다. 즉 동굴에서 평생을 살아온 사람은 동굴 내부가 자신의 모든 세계인 줄 알고 그 세계 이외의 것을 보거나 믿으려 하지 않는다. 이처럼 교육은 어리석음을 깨우치는 계몽啓蒙의 의미를 갖고 있다. 이러한 측면에서 동서양을 막론하고 교육을 통해 어떠한 인재를 양성하느냐는 매우 중요한 문제다.

일반적으로 교육의 개념은 시대와 사회적 상황 등에 따라 다르게 정의된다. 칸트Immanuel Kant는 교육은 인간을 인간답게 형성하는 작용이라고 보았다. 듀이John Dewey는 인간 생명의 유한적이거나 창조적인 면과, 사회적 생명의 영속적이거나 전달적인 면이 합치되는 것이 인간의 전일적 생활이며, 이것을 뜻있게 선택하여 조정하고 이상화하는 것이 곧 교육이라 보았다.

그러므로 우리는 인류가 평화 공영의 미래로 나아가게 하는 가장 중요한 것이

---

36. http://100.naver.com/100.nhn?docid=19749(검색일: 2012년 1월 26일)
37. 김영봉, 『교육학개론』, (고양: 서현사, 2007), 15-18쪽.

교육이라고 인식해야 할 것이다. 교육은 근본적으로 인간애人間愛에서 출발하며 상대에게 영향을 미쳐서 그로 하여금 가치 있는 사람으로 성장하게 하는 사회 기능이다. 소위 인성과 창의성을 갖춘 미래형 인재를 양성하여 인류의 평화 미래를 개척하도록 할 필요가 있다.

특히 새로운 대한민국의 교육은 '21세기 혁신형 창조교육'에 중점을 두어야 할 것이다. 국가는 물론 인류사회의 미래는 창의 인재를 얼마나 양성하느냐에 달려 있다. 창의 인재는 지구촌 어디에서나 자신의 역량을 충분히 발휘한다. 나아가 모든 변화를 수용하고 미래를 개척하며 무한히 성장한다. 또 고정된 틀을 뛰어넘어 새로운 대안을 제시한다. 우리는 21세기 미래사회에 맞춰 새로운 창의인재를 적극 육성해야 할 것이다.

2. 한국 교육의 현황과 문제점

대한민국 교육의 가장 큰 문제점은 무엇일까? 가장 심각한 문제는 '학생 절벽'이 현실화되고 있다는 점이다. 저출산의 영향으로 학생 수가 급감하고 있다. 초비상이다. 소규모 학교가 속출하고 있다. 농어촌은 물론 대도시도 예외가 아니다. 심지어 서울 도심도 공동화 현상으로 크게 증가하고 있다. 학생 절벽에 따른 교육 제도의 전면적인 재편과 개혁이 시급한 상황이다.

한국교육개발원이 발표한 '교육 기본 통계'에 따르면 2016년 4월 1일을 기준으로 유치원~고등학교 총학생 수는 663만 5,784명으로 집계됐다.[38] 이는 2015년보다 18만 4,143명2.7%이 줄어든 것이다. 감소 인원 중 3분의2 이상이 중학교 학생의 감소분으로, 중학생은 2015년보다 13만 명 가까이 줄었다. 반면 다문화 학생은 5년 전보다 2배 이상 늘어나 10만 명에 이르는 것으로 집계됐다.

중학생 수는 2015년보다 12만 8,461명8.1%이 준 145만 7,490명이다. 초등학생267

---

38. 서울신문, 2016년 8월 31일.

만 2,843명이 1.5%, 고등학생 175만 2,457명이 2.0% 준 데 비하면 급격한 감소다. 이런 현상은 '밀레니엄 베이비'로 불리는 2000년 출생자의 고교 진학에 따른 감소분이 1학년 학생의 증가분보다 컸기 때문이다.

학생은 줄고 있는데 학교는 오히려 1만 1,563개교로 2015년보다 37곳이나 늘었다. 정부는 소규모 학교의 통폐합이 불가피한 것으로 보고 있다. 교육부는 소규모 학교 통폐합에 대한 권고 기준을 마련하고 다양한 인센티브를 주기로 하는 등 자발적인 통폐합을 유도하고 있다. 특히 지역 간 교육 격차가 더 벌어지지 않도록 농어촌 지역의 학교를 어떻게 살릴 것인지 대책을 강구하고 있다.

2016년 고등학교 졸업자의 진학률이 69.8%인 것과 연계해 보면 이들 중학생이 대학에 진학하기 시작하는 '2020학년도 대입'에 빨간불이 예상된다. 대학 진학률등록 학생 기준은 2010년 75.4%로 정점을 찍고는 2012년 71.3%, 2013년 70.7%, 2014년 70.8%로 하락하다 2016년 처음 70% 아래로 떨어졌다. 2016년 대학 등록자가 42만 3,997명인 점을 감안하면 현 중3 학생 52만 5,256명의 80%가 대학에 가야 정원을 유지할 수 있다는 계산이 나온다.

한편 일반대학과 전문대, 방송통신대 등 고등교육기관의 전체 재적 학생은 351만 6,607명으로 2015년보다 9만 1,464명2.5% 감소했다. 일반대 재적생은 2015년보다 1.3% 포인트, 전문대 재적생은 3.2% 포인트 줄어들었다. 전체 감소 학생 중 33.1%는 방송통신대 학생이었다. 특히 앞으로 학생 수 감소 폭이 더욱 커 대학들은 신입생 모집에 비상이 걸렸다. 2016년 고3은 58만 5,083명인데 비래 중2는 46만 1,349명에 불과해 격차가 크다.

또한, 2016년 4월 1일 기준으로 유·초·중·고등학교 교원수는 49만 1,152명으로 2015년보다 0.3%1,637명 증가했다. 학교급별로 보면 유치원이 5만 2,923명, 초등학교 18만 3,452명, 중학교 10만 9,525명, 고등학교 13만 5,427명 등이다. 교사들에 대한 적정 정원을 재평가하여 개선할 필요가 있다.

대한민국의 교육은 저출산으로 인한 학생 절벽도 문제지만 더 큰 문제는 사실 공교육의 붕괴다. 교육을 통해 개천에서 용이 나던 시절도 사라졌다. 그러나 아이러니하게도 기업은 제대로 된 인재가 없어 난리다. 제대로 일할 창의 인재를 구할 수 없다고 아우성이다. 여기저기서 대한민국의 교육이 문제라고 지적한다.

◇ 교육 현장의 불균형 및 편향성 심화

먼저 교육 현장의 불균형과 편향성의 심화다. 학교 현장에서 젊은 남교사는 이미 '천연기념물' 취급을 받고 있다. 남자 교사의 가뭄이 심각한 것이다. 아이들에게 균형감 있는 배움 환경을 제공하기 위해서라도 교단의 성비 불균형 문제를 완화할 정부 정책이 시급하다. 불균형 또는 편향된 교육환경은 잘못된 인식을 심화시킬 우려가 있다.

서울시교육청의 '서울 지역 남녀 초등교사 연령대별 분포 현황' 자료에 따르면 2016년 6월 현재 전체 교사평교사 기준 2만 5,728명 가운데 20대 남교사는 497명1.9%에 불과했다. 서울 전체 초등학교599개 평균으로 따지면 한 학교에 1명도 안 되는 0.83명이 재직하는 셈이다. 젊은 남교사의 '기근 현상'이 더욱 심화된 것이다.[39]

2016년 4월 1일 기준으로 전체 교원 가운데 여성 교원의 비중은 70.1%로 2015년보다 0.4% 포인트 증가했다. 유치원 교원의 성비는 여성이 98.3%로 압도적으로 많다. 초등학교남 23.0%, 여 77.0%와 중학교남 31.2%, 여 68.8%를 거쳐 고등학교남 49.2%, 여 50.8%에서 남녀 성비가 1대1에 가까워졌다. 하지만 학교 교감 이상 관리직으로 한정해 보면 여성 교원은 전체의 34.3%7,621명에 그쳤다.

◇ 교육 구조 대개혁 절박

대한민국 교육의 총체적 구조개혁이 절박하다. 스위스의 국제경영개발원IMD이 발표한 2015년 국가별 교육 경쟁력 순위를 보면 대한민국은 59개국 중 31위이다.

---

39. 동아일보, 2016년 7월 22일.

중위권에 머무르고 있다. 중장기적인 교육 비전과 목표 없이 공교육 체계가 유지되고, 정권 때마다 입시제도가 바뀌고 있다. 이로 인해 비용은 많이 들어가지만 실속은 없는 '공교육空教育'이 돼버렸다.

대한민국은 이미 2015년부터 대학입학 정원이 고등학교 졸업생 수보다 많아졌다. 전면적인 대학 구조개혁이 절실한 상황이다. 대한민국은 국토가 80배나 큰 호주보다 대학교수가 10배 이상 많다. 더구나 공교육 예산보다 사교육비가 더 많다. 이처럼 교육에 투자한 사람은 많아지는데 미래교육은 대부분 무료, 즉 '오픈소스open source: 무료 배포'로 진화한다. 이제 교육 구조를 대혁신해야 한다.

교육부는 미래교육의 준비를 위해 지난 2007년부터 '디지털교과서' 상용화를 추진해 왔다. 2016년 현재 연구학교128곳와 희망학교3,067곳 등에서 시범 사용 중이다. 2018년 3월부터는 모든 초 · 중학교로 확대할 계획이다.[40] 그러나 정부의 미래교육이 체계적으로 진행되지 않고 있다는 지적이 많다.

한국을 수차례 방문했던 미국의 미래학자 토플러Alvin Toffler는 2010년 9월 "한국은 이미 선진국이지만 미래에 대한 준비가 소홀하다"고 지적했다. 특히 토플러는 "한국 학생들은 하루에 10시간 이상씩 열심히 공부를 하는데 쓸데없는 공부를 한다. 왜냐하면, 이들은 장차 필요치 않을 지식과 존재하지도 않을 직업에 대한 공부를 하고 있기 때문이다"라고 말했다.

토플러의 이러한 한국 교육의 문제점에 대한 지적은 우리 스스로 한국 사회의 교육환경에 대해 한번 진지하게 되새겨 보아야 한다. 교육은 과거로 가는 것이 아니라 행복한 미래로 나아가는 것이다. 미래를 준비하고 대비하게 하는 교육이 되도록 교육을 대혁신해야 할 것이다.

---

40. 연합뉴스, 2016년 7월 17일.

3. 교육의 미래혁신 방향 [41]

◇ 4차 산업혁명시대 미래교육의 방향

우리 교육은 산업사회의 특성인 표준화, 규격화, 정형화된 교육 방향을 탈피하여 4차 산업혁명시대의 주요 특성 변화인 다양성, 창의성, 유연성을 강화하는 방향으로 교육이 변화해야 할 것이다.

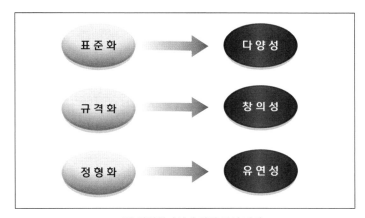

| 4차 산업혁명시대 사회 특성 변화 |

◇ 미래교육은 총체적이고 혁명적인 혁신 필요

4차 산업혁명시대에는 산업시대와는 전혀 다른 역량을 갖춘 인재를 양성할 수 있도록 교육의 변혁이 필요하다. 이러한 교육의 변화는 어느 부분 부분으로 진행되어서는 성공적으로 교육의 변화를 구현할 수 없고 교육 관련한 모든 체계가 총체적으로 상호 협력하면서 교육계 전반에서 동시적으로 혁명적인 변혁이 요구되고 있다. 즉 학제 교육과정 입시 등의 미래교육 시스템, 학교와 대학 모습과 교사의 역할 등의 미래 학교, 미래 역량을 함양할 수 있는 미래교육 콘텐츠, 교육 정책

---

41. 『4차 산업혁명시대 대한민국 미래교육보고서』, 국제미래학회, 2017.

과 교육 현장의 운영에 관한 미래교육 거버넌스를 포함한 총체적인 부분이 상호 협력하면서 동시적으로 변화되어야 4차 산업혁명시대에 맞는 미래교육이 가능해 지는 것이다.

| 4차 산업혁명시대 교육 혁신 프레임워크 |

◇ 4차 산업혁명시대 대한민국 미래교육의 목적과 방향

4차 산업혁명시대로 인한 과학기술, 산업, 사회, 문화, 가치관이 변화하고 이에 대응할 수 있는 인재의 역량이 또한 변화하고 있다. 이에 따라 미래교육의 비전은 세계 일류의 4차 산업혁명시대를 주도할 미래 창의 혁신 인재를 양성하는 것이고 이를 기반으로 목표는 글로벌 경쟁력 갖춘 미래 창의 혁신 인재를 양성하는 교육, 개인의 창의성과 다양성이 존중되고 행복한 삶과 건강한 사회의 지속 발전에 기 여하는 교육을 실현하는 것이어야 한다.

이러한 대한민국 미래교육 목표와 비전을 구현하기 위해 미래 교육 체계 전체 가 총체적이고 혁명적인 변화가 필요하다. 즉 미래교육 시스템 혁명으로 4차 산 업혁명시대에 대응하는 유연한 학제, 자율적 교육과정과 평가, 다양한 진로·직업

| 4차 산업혁명시대 미래교육 목적과 방향 |

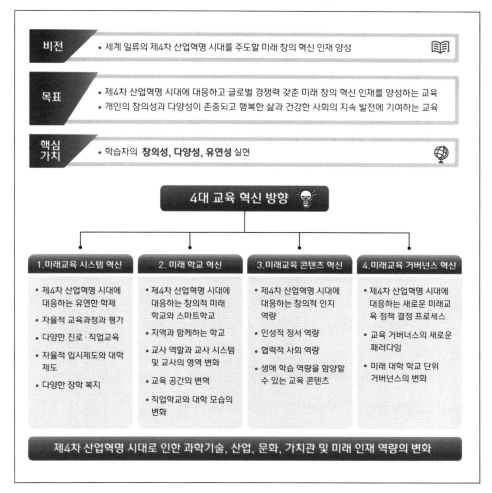

비전
• 세계 일류의 제4차 산업혁명 시대를 주도할 미래 창의 혁신 인재 양성

목표
• 제4차 산업혁명 시대에 대응하고 글로벌 경쟁력 갖춘 미래 창의 혁신 인재를 양성하는 교육
• 개인의 창의성과 다양성이 존중되고 행복한 삶과 건강한 사회의 지속 발전에 기여하는 교육

핵심 가치
• 학습자의 **창의성, 다양성, 유연성** 실현

4대 교육 혁신 방향

1.미래교육 시스템 혁신	2. 미래 학교 혁신	3.미래교육 콘텐츠 혁신	4.미래교육 거버넌스 혁신
• 제4차 산업혁명 시대에 대응하는 유연한 학제 • 자율적 교육과정과 평가 • 다양한 진로·직업교육 • 자율적 입시제도와 대학 제도 • 다양한 장학 복지	• 제4차 산업혁명 시대에 대응하는 창의적 미래 학교와 스마트학교 • 지역과 함께하는 학교 • 교사 역할과 교사 시스템 및 교사의 영역 변화 • 교육 공간의 변혁 • 직업학교와 대학 모습의 변화	• 제4차 산업혁명 시대에 대응하는 창의적 인지 역량 • 인성적 정서 역량 • 협력적 사회 역량 • 생애 학습 역량을 함양할 수 있는 교육 콘텐츠	• 제4차 산업혁명 시대에 대응하는 새로운 미래교육 정책 결정 프로세스 • 교육 거버넌스의 새로운 패러다임 • 미래 대학 학교 단위 거버넌스의 변화

제4차 산업혁명 시대로 인한 과학기술, 산업, 문화, 가치관 및 미래 인재 역량의 변화

교육, 자율적 맞춤 입시제도와 혁신적 대학제도, 다양한 장학복지 변화가 구현되어야 한다. 또한, 미래학교 혁명으로 4차 산업혁명시대에 대응하는 창의적 미래학교와 지역과 함께하는 학교, 교사 역활과 교사 시스템 및 교사의 영역 변화, 교육 공간의 변혁, 직업학교와 대학 모습의 변화가 이루어져야 한다. 그리고 미래교육 내용 혁명으로 4차 산업혁명시대에 대응하는 창의적 인지 역량, 인성적 정서 역량, 협력적 사회 역량, 생애학습 역량을 함양할 수 있는 교육 콘텐츠가 개발되

고 실현되어야 한다. 한편 이러한 교육정책을 관장하는 미래교육 거버넌스 혁명이 4차 산업혁명시대에 대응하는 새로운 미래교육정책 결정 프로세스와 교육 거버넌스의 새로운 패러다임, 미래 대학과 학교 단위 거버넌스의 변화로 구현되어야 한다.

4. 대한민국 미래교육의 10대 혁신 과제[42]

4차 산업혁명시대에 대한민국의 교육은 기존의 교육과는 근본적으로 다른 패러다임으로 혁신되어야 한다. 이전 장에서 밝힌 바와 같이 교육의 목표와 인재상도 시대에 맞게 변하여야 하고 교육 시스템과 미래학교, 그리고 교육 콘텐츠와 교육 거버넌스도 혁신적인 변화가 필요하다. 이러한 변화는 큰 틀에서 기존의 지식전달 중심 교육이 역량 함양 중심 교육으로 패러다임 변화되고 또한 중앙정부에서의 통제적 교육제도가 단위 학교에서의 자율적 교육제도로의 패러다임 변화의 필요성에 기인한다.

이러한 패러다임의 변화에 따라 대한민국의 미래교육은 10개 부문의 핵심 영역에서의 혁신적인 변화가 이루어 져야 한다.

대한민국 미래교육이 지식 전달 중심 교육에서 역량 함양을 중점으로 하는 교육으로 패러다임이 바뀌기 위해서는 첫 번째 입시제도의 혁신이 필요하다. 기존에 이미 용도가 다한 객관식 문제 풀이형의 수능은 폐기하고 제4차 산업혁명시대에 필요한 미래 창의 혁신 역량을 평가하는 방식으로 대학이 자율적으로 학생을 선발하는 방향으로 바뀌어야 한다. 변별력이 떨어지고 물 수능이라는 평가를 받는 현 시점의 대학 입시가 역량 평가 중심으로 대학 자율에 맞겨 져야 한다는 것이다.

---

42. 『4차산업혁명시대 대한민국 미래교육보고서』, 국제미래학회, 2017.

두 번째로는 교육 내용 혁신이다. 기존의 단순 지식 및 문제풀이형 교육 내용을 탈피하여 창의로운 인지 역량, 인성 갖춘 정서 역량, 협력하는 사회 역량, 생애 주기 학습 역량을 갖춘 미래 창의혁신 인재 역량을 함양하는 교육 내용 및 통합적 교육을 실시하여 제4차 산업혁명시대에 필요한 미래 인재 양성에 중점을 두어야 한다.

세 번째는 교육 방법의 혁신이다. 기존의 교사 중심의 주입식 교육 방법을 지양하고 학생의 능동적 참여와 협력을 통해 미래에 필요로 하는 역량을 강화시키는 교육이 필요하다.

네 번째로는 교육평가 혁신이 필요하다. 학생들간의 순위를 매기기 위한 결과 측정 평가가 아닌 개별 학생의 역량 및 교육과정 중의 평가로 전환하여 스스로 사고하며 학생들의 숨은 역량을 끌어내어 미래 인재상으로 키워나가도록 평가 혁신이 반드시 필요하다.

다섯 번째 대학교육 혁신이 있어야한다. 학생들의 미래 전문 역량 함양을 위한 교육과정과 교수법 개혁으로 미래가 필요로 하는 전문 인재를 육성하고 발전시키는데 필요한 대학교육 전반의 개혁이 필요하다.

한편 중앙정부 중심의 통제적 교육제도에서 단위 학교 중심의 자율적 교육제도로 교육의 패러다임이 바뀌기 위한 핵심 과제로는 첫째, 학제 운영의 혁신이 필요하다. 학생 수준에 따라 교육 내용별로 학년제와 무학년제를 학교에서 자율 운영토록 함으로써 학생 개개인의 역량에 맞게 학제가 운영되어야 한다.

두 번째로 교육과정 운영의 혁신이 필요하다. 중앙정부가 제시하는 교육과정을 참조하되 학교 단위의 특성을 살려 학생들의 역량 함양에 적합한 교육과정을 구성하여 학교가 자율적으로 운영하는 것이 필요하다. 학교에 따라 차별적으로 평가되지 않고 학교단위의 특성과 학생들의 역량에 적합한 교육과정을 자율적으로 구성하여 운영토록 하는 것이 중요하다.

세 번째로 진로·진학의 혁신이 필요하다. 미래 변화와 평생교육의 관점에서 학생들의 적성에 맞게 생애주기에 맞게 진로·진학 지도가 실시되어야 한다. 인문계고와 특성화고 구분을 폐지하여 교육과정을 통해 자신의 역량에 적합한 진로를 찾고 실현될 수 있도록 교육이 이루어질 수 있도록 해야 한다.

네 번째로는 대학 운영의 혁신이다. 대학의 학생 선발, 대학의 전공 및 교육과정 및 특성화 등을 대학이 자율적으로 계획하고 운영할 수 있도록 대학 지원제도 개편이 필요하다. 또한, 고등학교와 대학이 함께 연계되어 역량을 발휘할 수 있도록 해야 한다.

마지막 다섯 번째로 교육 거버넌스의 혁신이 필요하다. 중앙정부는 장기적인 교육 방향과 정책을 제시하고 교육정책의 최종 선택과 운영 결정은 학교 단위의 거버넌스에서 자율적으로 하도록 개혁이 있어야 한다.

이상의 미래교육 10대 혁신 과제가 실현되어야 기존의 틀을 깨고 제4차 산업혁명시대를 리더할 수 있는 미래 지향적인 인재를 양성할 수 있는 역할을 대한민국의 교육이 담당하게 될 것이다.

Ⅱ 복지의 미래혁신

1. 복지의 변화 현황

대한민국은 여전히 복지 빈국이다. 국민이 느끼는 복지 체감도는 낮고 사각지대도 많은 편이다. 더구나 한국의 국내총생산GDP 대비 복지지출도 경제협력개발기구OECD 평균의 3분의 1 수준에 머물고 있다. 따라서 미래 세대에 부담을 주지 않고 지속 가능한 복지를 위한 방안이 확보되어야 한다.

기획재정부는 2011년 5월 한국재정학회의 연구결과를 토대로 '장기 복지 재정

계획 수립방향' 보고서를 발표했다. 이 보고서에 따르면 현행 복지제도를 확대하지 않아도 한국의 공공사회지출은 2010년 118조 원에서 2015년 208조 원으로 급속히 불어나 2050년에는 2,619조 원으로 GDP의 45.6%에 이를 것으로 분석했다.[43]

복지지출이 급속히 늘어나는 이유는 2018년부터 인구가 감소하고 경제성장률은 떨어지는 데 반해 현재 인구의 3분의 1을 차지하는 1960~1970년대 출생자들이 고령화돼 4대 사회보험과 기초생활보장, 노령연금 등을 받게 되기 때문이다. 이에 따라 복지제도를 안정화시키기 위해선 2010년 20.5%였던 조세부담률을 2050년에 38%까지 올려야 한다. 결국, '증세 없는 복지 증대'는 불가능한 것으로 보인다.

한국의 복지지출 규모는 선진국과 비교하면 여전히 큰 격차를 보이고 있다. OECD 기준으로 한국의 공공사회지출은 국내총생산GDP 대비 7.5%에 불과해 멕시코7.2%를 제외하면 가장 낮은 수준이다. OECD 평균인 19.3%는 물론 유럽에 비해 복지제도가 상대적으로 덜 갖춰진 것으로 평가되는 일본18.7%이나 미국16.2에 비해서도 훨씬 낮다.

'나라 곳간'을 책임지고 있는 정부 역시 복지 확대가 필요하다는 데는 큰 이견이 없다. 문제는 유례를 찾아볼 수 없을 정도로 빠르게 진행되고 있는 한국의 저출산·고령화 속도다. 복지 혜택을 받을 사람이 급격히 늘어나고 세금 낼 사람은 더 빠른 속도로 줄어들면서 현재 복지제도를 그대로 유지해도 복지지출에 천문학적인 돈을 쏟아부을 수밖에 없다.

복지지출로 나라 곳간이 비어가는 것을 막기 위해서는 세금을 늘려야 하지만 납세자 반발을 무시하기 어렵다. 결국, 한국의 복지정책은 늘어나는 복지지출과 악화되는 재정 건전성, 활로를 찾지 못하는 증세 등 '복지 트릴레마trilemma: 3중 딜레마라는 수렁에서 벗어나는 일이 시급하다.

---

43. 동아일보, 2011년 5월 10일.

복지지출 확대는 정부의 재정적자를 감당하기 어려운 수준으로 악화시킬 것으로 보인다. 정부의 재정적자는 2030년 국내총생산GDP 대비 6% 적자에서 2040년 11.9%, 2050년에는 18.7%까지 증가될 것으로 전망된다. 이는 연간 10% 안팎의 재정적자로 골머리를 앓고 있는 미국은 물론 심각한 재정위기를 맞았던 2009년 그리스의 재정적자15.4% 보다도 훨씬 높은 수치다.

늘어나는 재정적자는 국가부채의 확대로 이어져 2050년에는 국가부채가 GDP의 2배를 넘을 것216.4% 으로 예상된다. 이는 2010년 기준으로 OECD 회원국 가운데 가장 많은 나랏빚을 지고 있는 일본198.4% 보다도 높은 수치다. 그러므로 현행과 같은 복지지출 증가 추세가 계속되면 한국은 남유럽과 비슷한 재정위기 위험에 처하게 될 것이다.

2. 한국의 복지 논쟁과 목표

◇ 복지 논쟁: 생산적 복지

한국 사회는 여전히 복지 논쟁이 뜨겁다. 격렬한 논쟁을 불러일으키며 그 절정을 이룬 것이 2011년 8월 24일에 실시된 '서울시 전면 무상급식 찬반 주민투표'였다. 결과는 보편적 무상급식을 저지하려던 '이명박-한나라당-오세훈 보수연대'의 완패였다. 그러나 이들의 반격은 아직 끝나지 않았다.

오세훈 서울시장은 전면 무상급식을 소위 '복지 포퓰리즘인기영합정책'이라고 맹공격하며 복지 논쟁에 불을 붙였다. 보수적인 정당·학자·언론·종교 등도 복지 공격에 가세했다. 연세대 박명림 교수는 복지 포퓰리즘을 주장하기 위해선 최소한 몇 가지의 설득력 있는 논거가 필요하다고 반격했다. 박 교수가 주장하는 요지는 다음과 같다.[44]

---

44. 박명림, "복지한국의 꿈". 중앙일보, 2011년 8월 26일.

첫째는 '복지 포퓰리즘'에 대한 규정 자체의 문제다. 일부 정당과 종교와 언론들은 유독 빈곤층·비정규직·노동자·농민·청년 및 가장 실업자·학생을 포함한 서민 계층을 위한 보편적 복지정책을 포퓰리즘이라고 규정하는 것이다. 그러나 엄밀히 말하면 부자 감세 등의 정책이 포퓰리즘이라고 할 수 있다.

더구나 부자와 재벌들을 위한 감세·특혜·비즈니스 프렌들리·규제 완화를 포함해 재벌·부자·특권층에 대한 혜택에 대해선 '경제 살리기' '일자리 창출' '투자 유치'와 같은 미사여구를 총동원해 정당화했다. 반면 서민과 심지어 어린 학생들에게 밥을 주는 것조차 '복지 포퓰리즘'으로 매도하며 벌떼처럼 공격했다.

그런데 이명박 정부가 시행한 '부자 감세' 규모에 비해 '무상급식' 소요 재원은 훨씬 적게 든다.[45] 대규모 부자 감세 재원으로 장기간 전면 무상급식을 충분히 할 수 있다. '대규모' 부자 감세로 인한 재정 축소는 '특혜 정부', '감세 망국'으로 공격하지 않으면서, 무상급식을 '복지 망국'으로 공격하는 것은 허위적인 논리모순이다.

둘째는 복지지출에 대한 국가 간의 객관적 비교의 문제다. 국내총생산GDP 대비 공적 사회지출을 포함해 한국은 거의 모든 복지지표에서 OECD 회원국 중 최하 수준이다. 이는 무엇을 의미하는가? 즉 한국이 선진 복지국가가 되기 위해선 복지지표와 수준을 현재보다 훨씬 더 높여야 함을 의미한다.

그런데 보수층에선 '우리가 선진국에 진입하기 위해선 더욱 성장해야 하고 이를 위해선 복지를 감축해야 한다'는 논리를 펴고 있다. 물론 이 주장은 전혀 사실이 아니다. 1인당 GDP 2만 달러라는 동일 시점을 비교할 때 OECD 국가들의 평균 공적 사회지출은 19.9%였다. 복지국가의 상징인 스웨덴은 무려 34.5%였다.

그러나 우리 한국의 공적 사회지출은 고작 6.3%에 불과했다. 생애복지는 고사

---

45. KDI 추산 부자 감세 규모는 1년 19.8조 원, 5년간 98조 원에 이른다. 반면 한나라당은 무상급식에 들어가는 예산은 연간 3조 원이라고 주장하고 있다.

하고 최소한의 복지정책도 힘든 상황이다. 이로 인해 젊은이들이 결혼·출산·육아를 포기하여 이른바 '삼포세대'가 되고 있다. 우리 한국의 젊은이들이 '미래를 포기'한 '미포세대'가 되지 않게 하려면 무엇보다도 국가가 기본적인 삶의 토대를 만들어 주어야 한다.

따라서 한국의 복지 논쟁은 복지국가의 주관적·객관적 상황에 대한 분석에서 출발하여 미래 복지국가의 좌표를 설정하고 구체적인 정책 대안들을 제시할 수 있어야 한다. 현재의 복지체제는 사회적 갈등을 완화 및 관리하는 데 취약하고, 사회적 연대의 방향으로 사회를 재계층화하지 못하고 있다.[46]

한국의 복지국가 논쟁은 무엇보다도 이 같은 한국의 복지체제 현실에 대한 인식에서 출발해야 한다. 한국의 복지 논쟁이 국민들에게 희망과 기대를 심어주고 정치적 행동을 이끌기 위해서는 한국 복지 체제가 안고 있는 당면한 문제에서 출발하여 그 해결책을 제시할 수 있어야 할 것이다.

◇ 복지의 목표: 불평등 완화와 지속 가능한 미래 구축

새로운 대한민국의 복지 목표는 무엇이어야 하는가? 첫째는 불평등을 해소하고 빈곤율을 해소해야 한다. 둘째는 국민의 불안을 해소하고 삶의 질을 확대할 수 있어야 한다. 셋째는 지속 가능한 성장을 확보하고 이를 통해 국가미래를 구축해야 한다.

복지는 매우 중요하다. 고대 문명과 민주주의의 발상지인 남유럽의 그리스는 대표적인 '나쁜 복지'로 국가 부도위기를 맞은 나라이다. 그리스는 국가 재정적자에 큰 영향을 주는 GDP 대비 공적연금 지출은 13.2%로 OECD 회원국 평균 8.5% 보다 50% 이상 높다. 연금 급여의 근로소득 대체율도 96%에 이른다. 스웨덴 등 북유럽 국가들이 연금 개혁을 통해 대체율을 60% 수준으로 줄이고 GDP 대비 연금 지출을 10% 이하로 하향 조정한 것과 대조된다.

---

46. 신동면, "복지담론의 평가와 발전 방향". http://www.socialdesign.kr. (2012년 2월 2일).

그렇다면 그리스 노인들의 복지 수준은 상당히 좋아야 할 것이다. 그러나 정작 그리스의 노인 빈곤율은 20.5%로 OECD 평균 13.7%보다 훨씬 높다. 연금이 노인 빈곤 해소에 효과적으로 사용되지 않고 있는 것이다. 학계에서는 이러한 그리스 복지체제를 '기득권층의 복지credentialism'라고 일컫는다. 불평등을 완화하고 빈곤율을 해소하는 '좋은 복지'가 아니라 기득권층의 사회적 지위를 강화하는 데 사용되는 '나쁜 복지'인 것이다.

실제로 그리스에서는 선거에 미치는 영향력이 큰 노동조합과 공무원·교사 등 소수의 안정적 고용 집단은 복지의 중복적 수혜자가 되었다. 반면, 다수의 불안정 고용 계층은 복지 혜택이 배제되는 방식으로 운영돼 왔다. 남성이 생계를 부양하는 모델을 중심으로 하고 있어 여성들이 복지 혜택에서 배제돼 있다는 점도 특징이다.

'나쁜 복지'의 비효율성은 그리스와 유사한 재정위기를 겪는 포르투갈, 이탈리아, 스페인 등 남유럽 국가의 공통점이기도 하다. 한국도 자칫 남유럽 복지체제의 전철을 밟기 쉽다. 이를 피하기 위해서는 안정적 고용 집단 중심의 복지 대신 복지사각지대 해소 등 보편적 국민을 아우르고 '일과 가정의 양립'을 보장하는 복지체제로 나가야 할 것이다.[47]

상생 공영의 복지국가 실현에 있어서 가장 중요한 것은 국가 구성원 모두가 인간다운 생활을 영위할 수 있는 능력을 갖추게 하는 것이다. 모든 국민은 사회적 관계로부터 소외되지 않고 정치적, 경제적, 사회적, 문화적 생활에 참여할 수 있는 권리를 누릴 수 있어야 한다.[48]

특히 상생 복지국가에서 필수적인 사항은 사회 정의를 구현하는 것이다. 사회 정의를 위해서는 노동시장 참여뿐 아니라 소득과 부를 포함해야 하며 이들에 대한 공정한 분배가 이루어져야 한다. 따라서 상생 복지국가는 다음과 같은 성격을

---

47. 석재은, "국가부도위기 그리스를 가다". 동아일보, 2011년 6월 20일.
48. 신동면, "복지담론의 평가와 발전 방향". http://www.socialdesign.kr. (2012년 2월 2일).

지녀야 한다.

첫째, 정부의 역할은 시장에서 닥칠 위험에 대비하기 위하여 인적자원 개발에 투자하는 데 그쳐서는 안 된다. 정부는 사회 정의를 실현하기 위하여 누진적 조세 체계를 갖추고 소득 재분배를 적극적으로 추진할 필요가 있다.

둘째, 노동시장에서 충분한 일자리를 제공할 수 있도록 정부를 포함한 사회 전체가 공동의 연대책임을 져야 한다. 그러나 노동시장 참여는 개인과 가족의 욕구를 고려하여 유연하게 결정되어야 한다.

끝으로, 빈민과 일반 국민의 도덕적 책임뿐만 아니라 부자와 권력을 지닌 자들의 사회적 의무가 수반되어야 한다. 그리하여 한국의 상생 복지국가가 소득 및 부의 불평등 완화를 추구하며 인적자원 개발을 통하여 노동시장에 참여할 수 있는 기회를 확대함으로써 모든 국민의 인간다운 생활을 보장할 수 있어야 한다.

특히 상생 복지는 모든 국민이 인간답게 살 수 있는 권리가 보장되지 못하는 한국 현실에서 교육, 일자리, 보육 등에 대한 기회의 평등보다도 인간다운 삶을 유지할 수 있는 국민의 기본적 복지권을 보장하는 '생존의 평등'에 대한 배려가 전제되어야 할 것이다.[49]

실적주의에 바탕을 둔 노동시장에서 경쟁에 패배하여 밀려난 근로자들이 겪는 빈곤은 기회의 평등을 추구하는 것만으로 해결되지 않는다. 한국의 복지국가가 더 많은 기회보다 더 높은 정의를 추구하기 위하여 소득보장에 대한 근본적인 개혁 방안이 선행되어야 할 필요가 있다.

3. 복지의 미래혁신 방향

◇ 상생 복지국가의 구상의 실현: 국민의 5대 복지권의 보장

---

49. 신동면, "복지담론의 평가와 발전 방향".

국가는 기본적으로 국민의 행복에 무한책임을 져야 한다. 이를 위해서는 '5대 의무^{국방·납세·교육·근로·환경의 의무}'와 함께 '5대 권리^{복지권}'를 보장해야 한다.[50] 복지권이란 국민이 기본적 행복을 추구하기 위해서 국가로부터 당당히 요구할 수 있는 복지의 기본권을 말한다. 즉 5대 복지권은 생명권, 건강권, 교육권, 주거권, 노동권을 말한다. 이러한 권리가 완전히 보장되는 국가를 '상생 복지국가'라고 한다.

첫째, 생명 복지권을 통해 인간답게 생명을 유지할 생명권을 보장해야 한다. 모든 국민은 인간답게 생명을 유지할 권리가 있다. 특히 먹을 것이 없어서 생명이 위협받거나 인간적 자존감이 훼손되어서는 안 될 것이다. 국가는 모든 국민이 최소한의 인간적 자존을 유지하며 살아갈 수 있도록 생명 복지를 통해 '생명권'을 부여해야 할 것이다.

특히 국가는 최소한 성장기의 어린이와 학생들이 굶지 않도록 따뜻한 보살핌을 해야 한다. 이를 위해 가장 필요한 것이 '기본급식제^{의무급식}'의 도입이다. 국가나 자치단체는 최소한 초중등 학생들에 대하여 경제적 문제와 관계없이 '먹고 공부할 수 있는 기본적 권리'를 부여해야 할 것이다.

둘째, 건강 복지권을 통해 건강하게 살아갈 건강권을 보장해야 한다. 국가는 또한 국민이 질병으로 고통을 받을 때 돈이 없어 치료를 받지 못해 죽는 일이 없도록 '건강권'을 보장해야 한다. 이를 위해서는 현행 건강보험제도를 전면 개선하여 '기본 의료제^{의무건강}'를 도입할 필요가 있다.

한 가족이 아프면 모든 가족이 고통을 겪는다. 이것은 그 가족의 행복을 위협할 뿐만 아니라 사회 전체에도 악영향을 주게 된다. 그러므로 국가는 모든 국민이 돈에 관계없이 치료받을 수 있도록 기본적 건강의료를 제공해야 할 것이다.

국민의 건강권을 확보하기 위해 국가와 자치단체는 공공병원과 도시보건지소를 확충하고, 의료 공급 체계를 개편해야 한다. 특히 빈곤층에 대한 포괄적 의료

---

50. 여기서 말하는 5대 권리는 5대 복지적 기본권(복지권)을 의미한다. 따라서 일반적으로 말하는 국민의 5대 권리(평등권, 자유권, 참정권, 사회권, 청구권)와는 다른 것이다.

급여 대상을 확대하고, 12세 미만 아동에 대한 의무의료도 도입해야 할 것이다.

셋째, 교육 복지권을 통해 교육을 통해 평생 일할 수 있는 교육권을 보장해야 한다. 인간은 교육을 통해서만 참다운 삶을 영위할 수 있는 존재다. 즉 국가는 국민들에게 교육을 통해 평생 일하며 행복하게 살 수 있도록 '교육권'을 부여할 필요가 있다. 그래서 대부분의 국가는 국민들의 '기본교육제_{의무교육}'와 '평생교육제'를 시행하고 있다.

특히 우리 사회의 사회적 불평등을 해소하기 위해서는 무엇보다 각 개인의 사회적 성취에 가장 큰 영향을 미치는 교육에서의 기회 균등이 보장돼야 한다. 누구나 교육을 받고자 하면 평생교육의 기회를 주어야 할 것이다. 나아가 국가는 국민들에게 적극적으로 평생교육을 받을 수 있도록 지원할 필요가 있다.

국가나 자치단체는 먼저 공교육 기회를 확대하기 위해 모든 초등학교에 병설 유치원을 설치해야 한다. 또한, 유치원부터 고교까지 의무교육을 실현하고, 고등학교까지 친환경 의무급식을 단계적으로 확대, 시행해야 할 것이다. 학습 환경을 개선하기 위해 학급당 학생 수 축소 및 법정 교원, 교수 정원 등도 확보해야 할 것이다.

넷째, 주거 복지권을 통해 인간다운 삶을 영위할 주거권을 보장해야 한다. 국가는 국민에게 인간다운 삶을 영위할 수 있도록 최소한의 '주거권'을 보장해 주어야 한다. 국가와 자치단체는 먼저 주거 취약 계층 해소와 보편적 주거복지를 실현해 나가야 할 것이다. 이를 위해서는 먼저 '기본 주거제'를 도입하여 주거권 명문화, 최저 주거기준 준수 의무화 등을 규정해야 할 것이다.

공공임대주택을 의무적으로 확충하고, 임대차보호법 개정으로 세입자 권리 강화 및 임대료 보조제도_{주택바우처제도} 등을 도입할 필요가 있다. 정부의 공공투자와 주민자력의 주택개량이 가능한 주거환경 복지사업도 도입해야 한다. 특히 강제 퇴거_{철거}를 금지하고 노숙인, 장애인, 고시원, 쪽방 등 주거 취약 계층에 대한 지원을 대폭 확대해야 할 것이다.

끝으로 노동 복지권을 통해 행복한 국민의 필수적인 노동권을 보장해야 한다. 상생 복지국가는 기본적으로 생명권, 건강권, 교육권, 주거권, 노동권 등 소위 5대 권리가 보장되는 국가를 말한다. 특히 상생 복지국가를 지속 가능하게 하는 것이 국민의 '노동권'이다. 즉 노동권이 국민의 기본적 복지권 중에서 가장 핵심이 된다는 의미다.

국가는 모든 국민에게 행복의 필수조건인 좋은 일자리에서 노동할 권리를 보장할 필요가 있다. 좋은 일자리는 최고의 복지이며 상생 복지국가의 원동력이다. 노동은 개인에게 행복의 기본 출발점이고, 국가는 지속 가능한 발전의 토대가 된다. 그러므로 국가는 최우선적으로 국민에게 좋은 일자리를 제공하기 위해 모든 노력을 다해야 할 것이다.

그러나 우리 한국의 일자리 환경은 더욱 열악해지고 있다. 노동시장 참여자의 절반 이상이 비정규직이다. 또한, 경제활동인구의 30%가 자영업에 종사하고 있고, 이들 중 대다수가 영세 자영업을 면치 못하고 있다. 이와 같은 상황에서 2차적 재분배만으로 상생 복지국가를 실현하겠다는 것은 거의 환상에 가깝다.[51]

1차 생산 및 분배 영역의 불균형과 양극화 해소를 위해 '나쁜 일자리'를 없애고 '좋은 일자리'를 늘리는 것은 상생 복지국가의 실현을 위한 핵심 과제이다. '좋은 일자리'를 창출하기 위해서 '기본노동제'를 도입하여 전 사회적으로 저임금, 비정규직의 축소와 동등 대우 원칙에 따른 차별 해소를 보다 적극적으로 추진해야 할 것이다.

특히 기존 취업자는 노동시간의 단축을 통해 고용 가능성을 높이는 것이 무엇보다도 중요하다. 불안정하고 저임금에 노출되는 나쁜 일자리를 줄이고 안정되고 좋은 일자리를 만들어 내는 것이 바로 지속 가능한 복지의 원동력이 되며, 상생 복지국가의 실현을 위한 핵심적 기반이 된다.

---

51. 복지국가 실현 연석회의, '발족기자회견 자료', (서울: 2011년 7월 20일), 10쪽.

50대 가장 실업급여 2년간 연장, 재취업을 위한 다양한 재교육기회 제공 등 최소한의 생활을 보장하는 복지정책을 유지해야 할 것이다. 국가는 좋은 일자리를 제공하여 국민들에게 '행복하고 즐거운 나라'로 인식하게 해야 한다. 그리하여 국가 공동체를 섬기게 해야 한다.

◇ 지속 가능한 성장 이끌 복지체계 구축

보편적 복지에 대한 요구가 거세다. 하지만 복지는 공짜가 아니다. 다수의 국민들이 복지 혜택을 보기 위해서는 누군가의 주머니에서 돈이 나와야 한다. 돈 없이는 어떠한 복지도 확대할 수 없다. 지속 가능한 성장을 이끌 복지체계를 구축하는 것이 시급한 과제다.

먼저 재정 건전성을 확보해야 한다. 환란을 겪은 대한민국으로서는 꼭 지켜야 한다. 1997년 외환위기와 2008년 글로벌 금융위기를 극복할 수 있었던 데는 정부의 곳간이 넉넉했기 때문이다. 복지로 곳간이 비면 위기가 왔을 때 그리스처럼 무너질 수밖에 없다.

또한, 복지체계를 전면 재편해야 한다. 64%에 그치고 있는 국민연금 가입률을 더 높여야 한다. 의료보험 대상도 확대해야 한다. 핵심은 지속 가능한 성장을 이끌 수 있는 복지가 돼야 한다는 것이다. 대한민국의 고용률은 62~64% 수준이다. 최상의 복지는 일자리다. 고용 창출형 복지를 만들어야 할 것이다.

4. 복지의 미래혁신 주요 정책 과제

- 대한민국은 불평등 해소가 시급한 과제다. 이를 해결하기 위해 임금체계를 전면 개혁하여 격차를 획기적으로 줄여나가야 한다. 최저임금제를 단계적으로 확대하여 월 200만 원, 연간 2,400만 원이 되게 한다. 추후에 이를 '국민기본소득제'로 개편하여 월 300만 원 수준으로 높여 나간다. 국가의 지속 가능한 미

래를 위해 아동, 청년, 노인 등을 중심으로 맞춤형 혜택을 부여해 나간다. 공공부문부터 성과급제를 전면 도입하고, 최저임금과 최고임금 간의 격차를 10배 이내로 제한한다. 이를 민간 부분에도 적용을 권고하여 20배 이내로 줄이도록 해야 한다. 임금체계를 복지체계와 연계하여 삶의 질 개선과 더 나은 미래 창조에 중점을 두어야 한다. 특히 복지는 반드시 '공짜 개념'을 없애고 '생산 개념'을 도입할 필요가 있다. 즉 임금과 복지 모두 국가 생산성과 연결되도록 전면적인 개혁을 해야 할 것이다.

- 저출산 · 고령화로 인하여 무상보육, 기초연금 등 각종 복지지출이 크게 늘고 있다. 매년 눈덩이처럼 커지고 있다. 2017년 복지예산은 전체 예산안 400조 7,000억 원 중 32.5%인 130조 원이다. 이는 2016년보다 5.3% 증가한 것이다. 이에 따라 대한민국은 2040년에는 심각한 재정위기 상황에 직면할 것이란 분석이 있다. 복지예산의 증가는 여러 가지 부작용을 파생시킨다. 우선 사회간접자본SOC이나 연구개발R&D 등 경기 부양이나 미래 성장 동력 개발에 써야 할 다른 예산을 줄이는 악순환을 낳는다. 박근혜 정부 5년간 누적 재정적자가 158조 7,000억 원이나 되고 있다. 재정적자가 매년 누적되면서 국채도 크게 증가하고 있다. 적자 국채 규모도 5년간 165조 원에 이를 것으로 추산됐다.

- 복지가 국가를 위태롭게 해서는 안 된다. 복지의 개념과 철학, 제도를 전면적으로 재정립해야 한다. 복지비용은 국민의 세금으로 충당된다. 국민의 세금은 노동과 기업경영 등의 열매로 생긴다. 경제가 어려우면 세수 확보에 비상이 걸린다. 그러므로 '복지는 절대 공짜가 아니다'라는 인식이 확산되어야 한다. 모든 정부의 사업에는 충분한 재원 마련 대책이 있어야 할 것이다.

Ⅲ 국민 통합의 미래혁신 🔍

1. 국민 통합의 현황

대한민국은 지금 사분오열돼 있다. 정치 성향에 따라 보수와 진보가 극렬하게 대립하고 있다. 경제력에 따라 강남과 비강남, 서울과 지방으로 나뉜다. 노년층과 청년층은 국민연금 부담 비율을 놓고 다투고 있다. 대기업은 중소기업의 과실을 가져간다. 지역 갈등도 여전히 뱀처럼 살아 꿈틀댄다.

대한민국은 수없이 많은 분화와 분열을 겪어왔다. 정치인들은 정파적 이익을 위해 영남과 호남으로 지역을 나누어 버렸다. 지역 불균형과 지역 격차로 동서의 골이 깊게 패였다. 대한민국은 사회병리 현상, 불균형과 갈등이 심화되고, 경제·사회·문화·교육의 질적 불균형으로 갈등이 심화되었다.

한국 사회의 갈등은 폭발 일보 직전이다. 이로 인한 국민 분열, 국민 갈등의 사회적 비용은 엄청나다. 한국보건사회연구원이 2017년 3월 펴낸 '사회통합지수 개발 연구' 보고서에 따르면 1995년부터 2015년까지 5년마다 사회통합지수를 측정한 결과 우리나라는 경제협력개발기구 OECD 30개 회원국 중 29위를 차지했다.

국민 통합 인식의 가장 큰 장애물로는 이념 갈등과 빈부 격차가 핵심 원인이다.[52] 사회 갈등으로 인한 경제적 비용이 연간 최소 82조 원으로 추산된다는 조사 결과도 있다.[53] 그럼에도 정치권과 사회 지도층은 정략과 이득을 위해 국정교과서 채택 또는 폐지 등과 관련하여 이념 갈등을 부추기는 행태를 보이고 있다.

나아가 소득 불평등에 뿌리는 둔 양극화, 빈부 격차 문제는 재앙에 가까운 심각

---

52. 물론 국민 통합을 위해 갈등 해소가 시급한 분야는 이외에도 여야 정치 갈등, 세대 갈등, 지역 갈등 해소 등도 있다.
53. 동아일보, 2017년 5월 13일.

한 계층 갈등을 예고하고 있다. '2016년 가계동향'에 따르면 2008년부터 개선된 소득분배가 다시 악화되고 있다. 즉 2016년 상위 20%가 가구는 소득이 증가한 반면 저소득층은 사상 최대의 감소 폭5.6%을 기록했다. 2016년 비정규직 근로자의 월평균 임금은 149만 4,000원으로 정규직279만 5,000원의 53.5% 수준이었다. 중소기업 근로자의 월평균 임금은 323만 원으로 대기업513만 원의 62.9%였다.

그런데 국민 분열, 사회 갈등의 원인과 관련하여 일반 국민과 정치권은 다소 다른 진단을 하고 있다. 동아일보가 2016년 9월 '국민 통합에 관한 국회의원 의식조사'에 관해 보도한 내용에 따르면 일반 국민의 25%는 '여야의 정쟁 격화'가 사회 갈등을 악화시킨다고 밝혔다. '정쟁'이 사회 갈등의 주범이라는 지적이다.[54] 이에 대해 국회의원은 15%가량만 동의했다.

국회의원들은 53%가 정쟁보다는 '경제적 빈부 격차 확대'가 사회 갈등을 악화시킨다고 지목했다. 정치권은 스스로가 사회 갈등의 핵심 원인임에도 불구하고 이를 '경제 탓'으로 돌리고 있다. 어떻게 보면 경제적 빈부 격차도 정치권이 이를 해결하지 않고 정쟁만 일삼아 확대된 면이 강하다. 일반 국민 29%는 사회 갈등 악화 요인으로 '경제적 빈부 격차 확대'라고 답했다.

국회의원과 일반 국민은 원인 분석이 다른 만큼 '국민 통합을 위한 시급한 과제'를 두고도 커다란 인식 차이를 보였다. 일반 국민의 26.5%는 '당파적 정치 갈등과 좌우 진영대결 해소'를 가장 시급한 과제로 꼽았다. 반면 같은 항목에 국회의원은 17.1%만 공감을 표시했다. 정치권이 국민 눈높이에 맞춰 자기반성, 자기혁신을 하지 않는 한 국민 통합은 요원해 보인다.

---

54. 동아일보, 2016년 9월 5일.

2. 국민 통합 제도 및 정책의 문제점

대한민국은 초고속 경제성장에도 불구하고 불신不信, 불안不安, 불만不滿, 불평不平 등 소위 '4불 사회四不社會'가 되었다. 특히 최근에 불거지고 있는 행정, 입법은 물론 비리를 척결해야 할 사법부마저 부정부패로 얼룩져 총제적인 사회 위기가 나타나고 있다. 심각한 사회병리적 현상으로 '한국병韓國病'이라고 할 수 있다.

우리 사회에 팽배해 있는 불신과 불안, 불만, 불평의 4불은 대한민국 국가 공동체를 위협하는 심각한 요소다. 이것을 해결하는 가장 좋은 방법은 정부와 사회 지도층이 국민에게 '믿음'을 주는 것이다. 빈부 격차, 지역 격차 등이 해소되지 않고 지도층의 리더십이 발휘되지 못하면 국민 분열은 더욱 확대될 것이다.

국민의 분열과 갈등은 엄청난 국력의 낭비를 가져온다. 지역 격차를 해소하고 지역과 계층을 넘어 진정한 국민 통합을 실현하는 일이 중요하다. 정치권은 당파적 이념과 진영논리를 벗어나 국민과 국가를 위해 실사구시하는 자세가 가장 필요하다.

강력한 국력은 국민 통합을 통한 국민의 사기와 역량의 총결집에서 나온다. 이러한 측면에서 대한민국의 심각한 국민 분열 양상은 국력을 크게 약화시키는 것이다. 대한민국이 모두가 다 잘사는 행복한 국가 공동체가 되기 위해서는 국민 통합을 더욱 강화해 나가야 할 것이다.

3. 국민 통합의 미래혁신 방향

대한민국이 지속 가능한 성장을 위해선 사회 갈등 해소, 국민 통합에 최우선 순위를 둬야 한다. 이를 위해선 여성이나 노인, 청소년 등 사회적 약자도 기회의 평등과 인간다운 삶을 누릴 수 있는 여건을 만들어야 한다. 특히 박근혜 대통령 탄핵과정에서 국민들이 '촛불'과 '태극기'로 첨예하게 분열되었다. 그 어느 때보다 국민 통합이 절실해졌다.

다시 말하면 우리가 새로운 대한민국을 건설하기 위해서는 국민 통합이 무엇보다 중요하다. 다 함께 잘 사는 나라가 되기 위해서는 모두가 국민 통합에 나서야 한다. 국민 통합은 어느 한 분야만 갖고 실현되지는 않는다. 정치-경제-문화-생태적 평화통합을 아우르는 복합체적인 국가통합 패키지가 마련되어야 할 것이다.[55]

현재의 경제위기가 더욱 확산되지 않도록 하기 위해선 어떻게 해야 할까? 먼저 상생 평화를 통한 통합, 즉 평화통합의 새로운 패러다임을 재구축할 필요가 있다. 이를 위해서는 사회지도자들이 '평화통합의 리더십'을 갖추어야 한다. 즉 신 위험사회로 진입하는 과정에서 사회와 가정은 안전장치를 상실하고 해체의 상황에 직면할 가능성이 높아진다.

국민 통합은 삶의 벼랑 끝에선 국민들에게 새로운 희망을 주는 것이다. 분열과 좌절을 딛고 일어나 새로운 희망의 대한민국으로 나아가는 길이다. 국민 통합은 시대적 요구이자 역사적 과제다. 국민 통합을 통해 대한민국의 역사성을 분명히 하고 더 큰 미래를 열어나가야 할 것이다. 국민 통합을 위한 미래혁신 방향을 다음과 같이 제시한다.

◇ 국민 통합형 공동체 정신의 재구축

대한민국 사회가 극단적 이기주의로 균열화되고 있다. 세월호 선장은 학생들을 수장시키고 혼자만 살겠다고 어떠한 조처도 취하지 않고 도망쳤다. 어느 승객은 심장마비 상태에 빠진 택시기사를 죽게 내버려두고 유유히 제 갈 길을 가버렸다. 2016년 7월 개봉된 좀비 영화 「부산행」에서 다 죽어도 난 살겠다고 설치다 최후를 맞은 기업 임원 '용석' 같은 인물이 너무 많다.

---

55. 장영권, 「지속 가능한 평화체제 구축 모델과 방안-동북아지역 분석」 (서울: 성균관대 박사학위 논문, 2007).

우리를 한 없이 슬프고 부끄럽게 한다. 나만 피해가 없으면 그만이지 다른 사람의 고통에는 안중에도 없는 이기주의가 국가 공동체를 병들게 하고 있다.[56] 마땅히 해야 할 일을 하지 않는 사람을 처벌하는 법을 제정할 필요가 있다. 이른바 '착한 사마리아인법'이다. 프랑스에서는 위험에 빠진 사람을 구해 주어도 자신에게 위험이 없는 데도 도와주지 않는 자는 최고 5년의 징역이나 1만 5,000프랑의 벌금을 부과한다.

인륜 도덕을 법으로 강제하는 세상은 말세에 가깝지만, 법으로라도 규제해야 할 상황이다. 학습화 사회로 가야 한다. 우리가 그토록 싫어하는 일본인들의 이타주의를 배울 필요가 있다. 일본인들은 지진 같은 위기 상황에도 배급품 앞에서 새치기를 하거나 남을 밀치지 않는다. 일본은 가정과 학교에서 남에게 미혹迷惑, 즉 폐를 끼치지 말라고 철저히 가르친다. 일본의 강대국화는 그냥 얻어진 게 아니다.

대한민국의 이기주의가 집단과 지역사회에서 전염병처럼 퍼져 만연해 있다. 말로는 공생을 외치면서도 끼리끼리 똘똘 뭉쳐 오로지 그들만의 이익을 추구한다. 여야 정당, 귀족 노조, 농민, 의사 같은 집단이나 넓게는 영호남 지역, 좁게는 작은 자치단체 같은 지역들이 국가, 사회야 어떻게 되든 '작은 이익'에 집착하고 있다.

국민 통합형 한국의 공동체 정신을 다시 세워야 한다. 모든 것에 공공선公共善이 앞서도록 강제할 필요가 있다. 공동체를 해치는 행동이나 태도를 엄격히 규제하여 학습화, 습관화되도록 해야 할 것이다. 세계 4강의 평화 공영 국가는 하루아침에 그냥 이루어지지 않는다. 국민들의 철저한 자기 개혁, 국민혁명이 있어야 가능하다.

---

56. 손성진, "이기주의에 병들어 가는 사회". 서울신문, 2016년 10월 6일.

◇ 공정 사회의 구현

국민 통합의 또 다른 조건은 공정이다. 나눔과 섬김, 상생을 통한 배려로 공정한 사회를 만들어야 한다. 영국의 도덕철학자인 스미스Adam Smith는 『도덕 감정론』에서 "배려 없이는 시장이 존립할 수 없다"고 말했다. 시장이 잘 작동하려면 '정의적 배려'가 반드시 존립해야 한다. 정의적 배려가 있는 시장이라면 공정한 게임의 규칙이 있어야 한다. 이러한 규칙을 세우는 것이 정부이고 시민사회다.

공정한 게임이 이루어지려면 먼저 '출발선'이 같아야 한다. 대기업과 중소기업의 관계, 정규직과 비정규직의 관계, 부유층과 서민층의 관계는 과연 공정한가? 이들이 함께 어울리며 통합과 상생 공영으로 나아가려면 먼저 가진 사람들이 적극적으로 나눔과 섬김을 실천해야 한다.

미국의 복잡계 과학자인 피터 코닝 Peter Corning은 『공정 사회란 무엇인가』라는 저서에서 "150년간 인류 사회를 지배해온 자본주의와 사회주의는 잘못되었기 때문에 공정 사회로 대체해야 한다"고 주장했다. 그는 나아가 "이를 위해 불가피한 기본 욕구와 관련된 평등성, 공로에 대한 완전하고도 공정한 인정, 비례적인 상호주의 등 3가지 규범 사이에 적절한 균형이 이루어져야 한다"고 강조했다.[57]

새로운 대한민국이 공정 사회로 가기 위해선 먼저 '가진 자의 부정부패'를 척결해야 한다. 미국의 유력 일간지인 워싱턴 포스트는 2011년 6월 29일자에서 한국 사회와 관련하여 이렇게 보도했다. 즉 "고도 성장과 극심한 경쟁이 특징인 한국 사회에서 '공정 fairness'이 새로운 가치로 떠올랐다. 하지만 빈부 격차와 가진 자엘리트 계층의 부패 등이 공정 사회 구축에 걸림돌이 되고 있다."

공정 사회가 되어 빈부 격차가 해소되면 경제도 더욱 성장하게 된다. 현대경제연구원은 2017년 5월 '한국, 더 이상 경제성장의 모범 국가가 아닌가'란 보고서에

---

57. http://book.naver.com/bookdb/book_detail.nhn?bid=6737750 (검색일: 2012년 3월 5일)

서 소득 재분배가 경제성장에 기여한다고 밝혔다. 즉 분배가 경제 성장에 미치는 영향을 분석한 결과 "소득 재분배지수가 1포인트 개선된 때 경제성장률이 0.10% 포인트 추가로 상승한다"고 지적했다.[58]

따라서 대한민국이 평화 공영 국가로 나아가기 위해서는 필수적으로 소득 불평등을 개선해 나가야 한다. 우리나라는 2000년 이후 소득 불평등 정도가 심화되고 있다. 경제협력개발기구OECD 34개 국가와 9개 신흥국을 더한 43개 나라와 대한민국과의 불평등 격차도 확대됐다. 소득 격차 해소는 국민 통합에 기여할 뿐만 아니라 경제성장에도 크게 기여할 것이다.

◇ 신뢰 회복과 사회안전망 구축

세상에서 가장 행복한 나라는 어디일까?[59] 유엔이 밝힌 세계 행복지수 1위는 덴마크다. 이 나라의 행복의 비결은 구성원 간의 신뢰와 든든한 사회안전망이다. 덴마크는 국제사회와 비교할 때 빈부 격차가 작고 청렴도 지수도 최고 수준이다. 사회 구성원들이 서로 믿고 의지하는 분위기가 강하다. 사회안전망도 튼튼해 직장을 잃거나 갑자기 몸이 아파도 언제든지 사회의 도움을 받을 수 있다.

행복한 국민들이 사는 나라는 국민 통합이 강하다. 저출산 고령화, 사회 양극화 등 국내외 도전을 사회 화합, 국민 통합으로 극복할 수 있다. 그러나 대한민국은 현대 각자도생의 국가이다. 사회안전망이 부재하고 사회 구성원 간의 신뢰가 거의 바닥 수준이다. 대한민국이 행복한 나라가 되기 위해서는 복지를 강화하여 사회안정망을 튼튼하게 해야 할 것이다.

---

58. 동아일보, 2017년 5월 15일.
59. 조선일보, 2016년 10월 26일.

4. 국민 통합의 확대 전략

국민 통합을 확대하기 위해선 갈등과 대립을 야기하는 요인들을 해결해 나가야 한다. 먼저 지역 균형 발전을 통해 지역 간 대립과 갈등이 발생하지 않도록 해야 한다. 대한민국의 지역주의는 심각한 수준이다. 정치인들이 정치적 목적을 위해 확대 재생산하고 있다. 배척론이나 소외론을 내세워 비판함으로써 지지를 획책하고 있다.

수도권과 비수도권과의 불균형도 문제다. 국토면적 10%의 수도권에 인구의 50%, 경제력의 50%가 집중되어 있다. 국민 통합을 강화하기 위해선 지역 균형 발전이 필요하다. 공간적 기회 균등을 보장하는 지역 균형 발전, 선별적 맞춤형 정책 개발, 지역발전위원회의 기능과 위상 강화, 수도권과 비수도권의 균형 발전 등의 종합적인 검토가 있어야 된다.

또한, 소득 격차를 해소하는 일도 시급한 국민 통합 과제다. 소득 격차가 커지면서 소득 상위 1% 계층이 국민 전체 소득에서 차지하는 비중은 2000년 9%에서 2015년엔 14.2%로 역대 최고 수준을 나타냈다. 부모의 능력에 따라 자식의 미래가 결정된다는 '금수저·흙수저' 계급론이 국민 갈등을 더욱 확대하고 있다.[60]

대한민국에 깊숙이 뿌리 박혀 있는 불평등 문제를 해소하기 위해선 무엇을 최우선적으로 해결해야 할까? 한겨레신문이 한국리서치에 의뢰해 조사한 결과, 정규직·비정규직 등 노동시장 불평등 해결26% 이 가장 높았다. 그리고 젊은 세대에게 더 많은 기회를 줄 수 있도록 세대 간 대타협 추진16.4% 이 뒤를 이었다.

이외에도 재벌 대기업 규제를 통한 공정 경쟁13.6% , 공정한 과세를 통한 부의 세습 방지13.4% , 복지 확충을 통한 소득 간 불평등 완화12.8% , 수도권과 지방 간 균형

---

60. 한겨레신문, 2017년 5월 15일.

발전8.3%, 교육 문제 해결5.7% 등도 불평등 해결을 통한 국민 통합 과제로 지적됐다.

국민 통합을 확대하기 위해서는 복지 강화도 중요한 정책이다. 재원이 항상 문제가 되는데, 국민 10명 중 7명70.5%은 '세금을 많이 내더라도 위험에 대해 사회보장 등 국가의 책임이 높은 사회'를 희망하고 있다. 확실한 복지 혜택이 보장된다면 세금을 기꺼이 내겠다는 것이다. 대한민국은 저부담-저복지 국가다. 조세부담률도 18%로 최하위권이다. 중부담-중복지로 개편할 필요가 있다.

특히 대한민국 사회가 국민 통합을 통해 한 단계 더 발전하기 위해서는 '다름'과 '차이'를 인정하고 상대방을 배려하는 자세가 요구된다. 다문화 가정에 대한 이해로부터 미혼모에 대한 지원, 다양한 이데올로기에 대한 상호 인정이 선행돼야 한다. 신뢰는 말이나 약속이 아니다. 신뢰는 반드시 행동을 통해서만이 확보된다. 정부와 국회 등 사회지도자들의 신뢰 확보가 최대 관건이다.

5. 국민 통합을 위한 특별 제안: '노블레스 오블리주법' 제정

대한민국의 지도층은 국민 통합을 저해하는 '공공의 적 1호'다. '노블레스 오블리주 noblesse oblige: 높은 신분에 따르는 도덕적 책임과 의무'가 없는 지도층은 본인에게도 그리고 국가에게도 재앙이다. 원로 사회학자 송복 연세대 명예교수는 "개인의 이익과 영달을 위해 사는 한국 지도층은 금수저가 아니라 '독수저'다"라고 강하게 비판한다.[61]

노블레스 오블리주는 사회 지도층이 각종 특권을 받는 만큼 이에 따르는 높은 수준의 도덕적 의무를 다해야 한다는 뜻의 프랑스어다. 로마제국이 1300년 역사

---

61. 서울신문, 2016년 8월 31일.
62. 18세기 영국의 역사가 에드워드 기번이 쓴 『로마제국쇠망사』는 2세기부터 1453년 콘스탄티노폴리스가 함락되기까지의 약 1,300년간의 로마제국을 다루었다.

를 유지하게 한 원동력이다.[62] 로마 초기 사회에서는 사회 고위층의 공공봉사와 기부 · 헌납 등의 공공정신이 강하였다. 이러한 행위는 의무인 동시에 명예로 인식되면서 자발적이고 경쟁적으로 이루어졌다.

로마는 귀족층의 솔선수범과 희생에 힘입어 고대 세계의 맹주로 자리할 수 있었다. 즉 로마의 융성은 귀족층의 철저한 노블레스 오블리주의 준수에 의한 것이었다. 그러나 이 정신이 후기로 가면서 약화되었고, 로마는 결국 멸망했다. 로마는 노블레스 오블리주의 실천 유무에 따라 흥하고 망한 것이다.

영국이나 미국 등 세계적 강대국들은 노블레스 오블리주 정신이 강하다. 영국의 고위층 자제가 다니던 이튼칼리지 출신 중 2,000여 명이 제1차 세계대전과 제2차 세계대전에서 전사했다. 또한, 영국 여왕의 둘째 아들 앤드루는 포클랜드전쟁 때 전투헬기 조종사로 참전하였다. 6 · 25전쟁 때에도 미군 장성의 아들이 142명이나 참전해 35명이 목숨을 잃거나 부상을 입었다.

당시 미8군 사령관 밴플리트의 아들은 야간 폭격 임무수행 중 전사했다. 대통령 드와이트 아이젠하워의 아들도 육군 소령으로 참전했다. 중국 지도자 마오쩌둥이 6 · 25전쟁에 참전한 아들의 전사 소식을 듣고 시신 수습을 포기하도록 지시했다는 일화도 유명하다.

그러나 우리 대한민국은 어떠한가? 일반 국민의 병역 면제율은 4% 미만이지만 고위층은 무려 25%에 달한다. 송복 교수는 그의 저서 『특혜와 책임』에서 "우리나라 고위층은 국민들의 몫까지 다 빼앗아 자기만 잘 살겠다는 적나라한 탐욕에 젖어 있다. 세계 어느 나라 지도층과 비교해도 우리나라 고위층만큼 탐욕적이고 사욕을 채우기 위해 수단과 방법을 가리지 않는 천민성이 두드러진 집단은 없다"고 질책한다.

송복 교수의 지적이 옳다. 대한민국의 지도층은 특혜와 특권만 누리려고 한다. 지도층이 바뀌지 않으면 미래가 없다. 지도층의 탐욕적, 갈취적 사익 추구는 고질적인 '한국병'의 하나다. 전문가들은 해방 이후 급속한 압축 성장의 후유증이라고 말한다. 몸만 비대해졌지 생각과 의식, 철학과 문화는 천민성을 그대로 지니고 있다는 것이다.

어떻게 대한민국의 지도층이 국민의 존경을 받는 멋진 사람들이 될 수 있을까? 국가적, 사회적, 개인적 책임과 의무를 다하는 것이다. 이것이 국민 통합, 사회 통합의 첫째 조건이다. 송복 교수는 우리 대한민국이 모두가 다 함께 행복한 미래를 만들려면 지도층이 '3생 운동'을 전개해야 한다고 강조한다.

3생 운동은 첫째 국가를 위해 목숨을 바치는 희생 운동이다. 국가 공동체에 대한 희생정신이 3생 중 제1생이다. 나라가 위태로울 때 지도층이 먼저 앞장서 희생해야 한다. 그러나 우리는 모순적 현실에 살고 있다. 지도층은 국민을 함께 사는 공동체의 구성원으로 생각하지 않는다. 교육부의 고위관료의 지적처럼 특권층을 모시는 그저 개나 돼지쯤으로 여기고 있다.

둘째는 기득권을 내려놓는 희생 운동이다. 국민의 행복을 위해 특권을 내려놓고 사회적 책임을 다 하는 희생정신이 3생 중 제2생이다. 특혜받은 자들이 사회적 불평등이 심해질수록 자신의 기득권을 내려놓을 줄 알아야 한다. 우리 대한민국은 지금 불평등과 차별, 격차로 심각한 갈등에 직면해 있다. 이를 해결하기 위해서는 가진 사람들이 먼저 나누어야 한다.

셋째는 배려와 양보, 헌신의 희생 운동이다. 나 자신은 물론 모두의 행복한 삶을 위해서 배려와 헌신의 가정을 만드는 희생정신이 제3생이다. 가정은 더 이상 출세의 전진기지가 되어서는 안 된다. 모두가 건강하고 아름다운 행복의 보금자리가 되어야 한다. '출세해라, 성공해라'는 주술을 즉각 접어야 한다.

감사함을 알아야 한다. 공익이나 소명의식 없이 자라게 해서는 안 된다. 자기만 알면 사욕과 지위를 탐하며 영혼이 없이 자란다. 내가 국가와 사회, 국민으로부터 특혜를 받아 감사하다는 의식은 없고, 자신의 피와 땀과 노력으로 그 자리를 성취했다고 거만하거나 오만해서는 안 된다. 독선과 자만은 모두를 파멸하게 한다.

지도층이 존경심과 도덕심으로 무장해야 국가 사회가 견고하다. 지도층의 도덕

의식은 계층 간 대립과 갈등을 해결할 수 있는 최고의 수단이다. 특히 현재 대한 민국의 총체적 난국에 직면했다. 국민을 통합하고 역량을 극대화하기 위해서는 무엇보다 기득권층이 솔선하는 자세가 필요하다.

이를 위해서는 가칭 '노블리스 오블리주법'을 제정해야 한다. 사회 지도층의 선 공후사를 법제화하여 아름다운 문화를 정착시켜야 한다. 사회지도층의 솔선수범 자세는 국민 정신을 새롭게 형성하는 원동력이다. 노블리스 오블리주법 제정으로 사회지도층의 국가 희생, 국민 희생 정신을 자랑스러운 전통으로 승화시킬 필요 가 있다.

노블리스 오블리주법의 주요 적용 대상은 다음과 같다. 즉 고위 정치인_{대통령, 장차 관, 국회의원}, 고위 관료_{국장급 이상, 고위 금융인}, 고위 법조인_{부장검사 이상, 이에 준하는 변호사}, 고위 군경 _{장성급 이상, 총경급 이상} 이다. 또한, 고위 교육자_{교장 이상, 부교수 이상}, 고위 언론인_{부장급 이상}, 고위 의료인_{의대 부교수 이상, 병원장급 이상}, 종교 · 문화 · 체육, 기타 저명인사 층이다.

Ⅳ 도시의 미래혁신

1. 도시의 변화 현황과 문제점

대한민국은 1960년 이후 산업화와 도시화가 급속하게 진행되어 왔다. 그러나 거대한 자본력이 개입되어 양적 팽창 일변도의 도시개발을 주도하면서 무분별 한 건축 투자만이 성행되어 왔다. 장기적 청사진 없이 무계획적으로 형성된 많은 주택들은 공공시설의 부족, 상대적 주거환경의 악화 등 여러 가지 문제점이 나타 났다.

도시재개발, 재건축, 주거환경 개선 사업을 통해 기존 주거지역을 쾌적하고 안전한 주거환경으로 개선하는 것이 필요하다. 그러나 도시 재정비 수단들이 주민 자치라는 미명하에 정부 등 공공의 역할은 최소화되고 토지 및 주택의 소유자들의 개발 이익을 극대화하기 위한 방향으로 이루어지고 있다.

이로 인해 세입자 등 저소득층은 배제되고 교통문제, 도시기반시설 부족 등으로 건전한 공동체 형성을 저해해 왔다. 대한민국의 도시환경은 삶의 질이 악화되고 공공복리의 증진이 위협받기도 했다. 특히 도시 재정비사업이 있을 때마다 아파트 가격이 폭등하는 등 도시의 기형적 구조가 형성되기도 했다.

대규모 교통을 유발하는 주상복합건물과 아파트 단지화로 도시의 역사성이 소멸되기도 한다. 그리고 문화적 황폐화는 물론 교통 혼잡에 따른 대기오염, 거주와 이동환경의 악화를 피할 수 없게 된다. 그러므로 도시 재정비의 문제는 지구 내 주민만의 몫이 아니라 도시민 전체의 기본권 및 생활권과 직결되는 사안이므로 주민 의견을 폭넓게 반영해야 할 것이다.

한국 도시개발의 주택정책 문제점은 크게 세 가지다. 첫째는 아파트 위주의 획일적인 주거환경 확산, 둘째는 기존 주거지 관리 미흡, 셋째는 저소득 주민의 주거 안정성 위협 등을 들 수 있다. 이러한 문제들을 해결하기 위해서는 주거환경의 질을 강화하는 정책을 추진해야 한다. 다양한 계층의 욕구에 부응하기 위한 주택 형태 및 규모의 다양화를 추구해야 할 것이다.

나아가 자연 자원의 훼손을 방지하고 기존 토지 자원의 이용을 극대화해야 한다. 또한, 지역적, 사회적 특성이 반영된 주거지를 조성함으로써 기존의 획일화된 주거환경을 개선해야 한다. 특히 재개발, 재건축 시 기존의 축적된 건조 환경을 최대한 활용함으로써 자원의 낭비를 막고 지역적 특성을 살려나가야 할 것이다.

2. 도시 개념의 전환과 생태도시 건설

인류는 그동안 스스로를 '만물의 영장'이라고 규정하고 약탈과 정복 등을 통해 생태계를 파괴해 왔다. 그러나 이제는 생태계의 파괴로 인하여 인간의 생존이 위협받게 되었다. 이제 인간은 생태계의 파괴를 중단하고 사람과 생태환경의 조화를 통해 상생, 공영하는 새로운 패러다임의 생태 문화를 만들어 나가야 할 때다.

인간은 생태계를 파괴하고 그곳에 도시를 건설해 왔다. 이제 대부분 사람들은 도시에 모여 생활한다. 인간의 모든 도시부터 사람과 자연 혹은 환경이 조화되며 상생 공영할 수 있는 체계를 갖춘 도시인 '생태도시生態都市: ecological polis'를 만들어 나가야 할 것이다. 이것은 기존의 도시 개념의 패러다임을 전환하는 창조적 미래 도시인 것이다.

생태도시의 건설은 인류의 생존과 미래와 직결되는 문제가 되었다. 유엔은 이러한 차원에서 1992년 6월 브라질 리우데자네이루에서 지구 환경보전 문제를 협의하기 위해 '리우 유엔환경개발회의'를 개최하였다. 리우 유엔환경회의에는 114개국 국가정상, 183개국 정부대표, 3만여 명의 환경전문가 및 민간환경단체 대표 등이 참여해 뜨거운 관심을 나타냈다. 한국은 6개 부처, 16명의 공식 대표와 13명의 자문관으로 대표단을 구성하여 참여했다.

리우 유엔환경회의는 인류 최대의 환경회의로서 '지구 정상회의Earth Summit'라고도 불린다. 이 회의에서 '환경적으로 건전하고 지속 가능한 개발'을 주제로 향후 지구 환경보전의 기본원칙이 된 '리우선언'과 그 실천 계획인 '의제21'을 채택했다. 또 지구 온난화 방지를 위한 '기후변화방지협약'과 생물자원 보전을 위한 '생물다양성보존협약', '삼림보존원칙' 등에 합의했다.

특히 리우 유엔환경회의에서 '지속 가능한 개발Sustainable Development'이라는 개념이 제시되었다. 즉 도시 지역의 환경문제를 해결하고 환경보전과 개발을 조화시키기 위한 방안의 하나로서 도시개발·도시계획·환경계획 분야에서 '지속 가능한 개발'과 생태도시라는 새로운 개념을 대두시켰다.

생태도시와 유사한 개념들로 전원도시garden city, 자족도시self－sufficient city, 녹색도시green city, 에코폴리스ecopolis, 에코시티ecocity 등이 있다. 세계에서 가장 잘 가꾸어

진 생태도시는 브라질의 계획도시 쿠리치바Curitiba로 손꼽힌다. 이 도시는 2008년
에 유엔환경계획UNEP으로부터 우수 환경과 재생상을 받았고, 타임지와 로마클럽 등
으로부터도 '우수 환경도시'로 선정되었다.

생태도시는 크게 3가지로 유형화된다.[63] 첫째는 생물종生物種 다양성을 증진하는
생물 다양성 생태도시가 있다. 생물 다양성 생태도시는 녹지 및 쾌적한 하천과 다
양한 생물이 서식하는 환경 조성에 중점을 둔다.

둘째는 자연 순환 체계를 확립하는 자연 순환성 생태도시가 있다. 자연 순환형
생태도시는 수질·대기·폐기물처리가 환경친화적이고, 무공해 에너지를 사용하
고 자원을 절약하고 재사용하는 체계를 갖춘 도시이다.

끝으로 지속 가능한 개발을 추구하는 지속 가능성 생태도시가 있다. 지속 가능
성 생태도시는 시민의 편의를 최대한 고려한 도시, 건축 및 교통계획과 인구계획
이 확립된 체계를 마련한 도시이다.

새로운 대한민국이 21세기 생태 평화 국가로 전환되기 위해서는 전 국토를 전
면적으로 재조정해서 생태도시를 만들어 나가야 할 것이다. 즉 전 국토를 지형·
기후 등 그 자연조건을 고려하고, 아울러 경제·사회·문화 등에 관한 시책을 포
함한 포괄적인 견지에서 생태문화에 초점을 두고 생태도시를 만들어 상생 평화의
삶을 도모해 나가야 할 것이다.

3. 도시의 미래혁신 방향

◇ '생태 녹색도시' 구상과 전략

우리의 미래는 생태 녹색도시 건설에 있다. 새로운 대한민국의 모든 도시들을
'녹색 도시Green City', 저탄소 경제 시대의 새로운 기준을 제시하는 '에코시티'로 발

---

63. http://100.naver.com/100.nhn?docid=727625(2012년 3월 9일).

전시켜야 한다. 녹색 한국의 목표는 국민들이 녹색의 삶을 일부러 선택하지 않아도, 국민생활의 모든 것을 생태 녹색으로 만드는 것이어야 한다.

한국 도시들은 세계적 생태 녹색도시인 샌프란시스코의 성공 모델을 참고할 필요가 있다.[64] 샌프란시스코는 카페에서 태양광 전기로 작동되는 커피 머신에서 뽑은 아이리시 커피를 팔고, 요가학원도 태양광으로 불을 밝힌다. 수력발전 전기로 하이브리드카를 충전하며, 야간엔 풍력 전기로 에어컨이 작동되는 집에서 잠들 수 있다. 미래 저탄소 경제 시대를 앞당겨 살아가는 녹색 모델의 대표적 도시이다.

샌프란시스코는 또 미국 내 최고의 폐자원 재활용률72%을 자랑한다. 건물을 철거할 때 폐자재를 전량 수거해 재활용하고, 식당이나 패스트푸드점의 폐식용유도 시가 무료로 수거해 바이오디젤로 변환해 공급한다. 2020년에는 쓰레기 배출 제로 도시를 이루는 것이 목표다. 자전거로 통근하는 사람 비율도 6%로 역시 미국 내 최고다.

지역 차원에서도 녹색 성장을 위해서 그린에너지 분야의 기업들, 녹색 벤처기업들을 적극 유치할 필요가 있다. 인터넷 붐 때 실리콘밸리가 IT기업들을 끌어들여 경제의 중심으로 부상했듯이 자치단체들도 세제 혜택 등 다양한 유인책으로 그린에너지 기업들을 유치해야 할 것이다.

녹색미래도시 건설의 구상은 다음과 같다. 녹색도시 구상의 기본 개념은 자연이 살아 숨쉬고, 자연이 에너지가 되는 '저탄소 녹색도시'이다. 녹지율을 50% 이상으로 높여 그야말로 도시가 숲이 되는 '그린시티'와 자연이 에너지가 되는 '신재생 에너지 도시'로 만든다는 구상이다.

특히 담장·쓰레기·전봇대·육교·입식 광고판이 없는 '5무無 도시'를 만들어 쾌적한 도시환경을 창출하는 것도 검토할 필요가 있다. 세련된 도심 경관을

---

64. 조선일보, 2009년 3월 6일.

위해 가로등·간판·교량·가로 시설물에 공공디자인을 적용하여 감각적이고 세련된 공공디자인 도시로 만든다. 각급 건물의 옥상에 하늘공원을 조성하도록 해야 한다.

이밖에 누구나 살고 싶은 휴먼시티Human City를 위해 △ 지역 정체성이 살아 숨 쉬는 창조도시 △ 자전거 이용이 자유로운 자전거 천국도시 △ 국내 최고의 교육 경쟁력이 확보된 교육 특화 도시 △ 일상생활에 불편함이 없는 안전 도시 등을 강화해야 할 것이다.

◇ 미래시대의 도시 청사진과 모델

도시는 사람과 생명이 숨을 쉴 수 있어야 한다. 대한민국은 현재 양적 팽창에 초점을 맞춘 도시 개발이 이루어지면서 환경 파괴, 난개발 등의 문제가 심각해지고 있다. 더구나 도시계획에 있어서 주민들의 참여가 충분히 보장되지 않고 있다. 또한, 지속 가능한 미래도시에 종합적인 청사진이 없이 고밀도 난개발이나 녹지 훼손이 이루어지는 경우가 빈번하게 발생하고 있다.

세계 각국의 경우는 '친환경 생태도시'가 핵심 이슈로 등장하고 있다. 새로운 대한민국의 도시들을 친환경 생태도시로 만들기 위해서는 어떻게 해야 할까? 이를 위해서는 도시계획 수립 과정에서부터 집행 과정에 이르기까지 전 과정에 주민참여를 제도화하고 참여 방법을 다양화해야 한다. 즉 주민 참여형 생태도시 만들기, 주민이 주도하는 생태 공동체 마을 만들기 등의 바람직한 추진 방안을 적극적으로 강구해야 할 것이다.

특히 서울시는 물론 각 자치단체의 도시 모습도 전면 재창조할 필요가 있다. 21세기 사람과 생명 중심의 생태도시가 되기 위해서는 난개발성 도시 모습을 모두 걷어내야 한다. 선진국들의 세계적인 도시들은 친환경 생태도시, 생활이 편리하고 즐거운 녹색도시로 변화하고 있다. 새로운 대한민국도 미래도시의 청사진을 제시하고 국민과 함께 행복한 생태 공동체를 만들어 나가야 할 것이다.

◇ 한국형 스마트시티 모델 구축 세계화

"건물별로 관리되던 전기 사용량이 주변 시설물로 확대돼 광역별로 관리된다. 또 물·전기 사용량을 실시간으로 함께 확인해 물을 더 많이 사용하는 시간에는 전기를 필요로 하는 정수시설에 전기 공급을 늘린다. 교통사고·범죄·응급의료가 발생한 경우 신호등·교통 흐름 등이 자동 조정된다."

정부국토교통부는 2016년 8월 과학기술전략회의에서 이와 같은 '한국형 스마트시티' 사업을 9대 국가전략 프로젝트 중 하나로 선정했다. 오는 2021년까지 총 3,300억 원을 투자한다. 정부는 이를 위해 2017년부터 실증사업에 참여할 도시를 공모해 2019~2020년 총 3개의 실증도시를 구축할 계획이다. 그리고 2021년부터는 한국형 '스마트시티' 기술을 본격적으로 국외로 수출할 방침이다.[65]

스마트시티란 지역 내 각종 서비스가 정보통신기술ICT 등을 통해 유기적으로 연결돼 교통·전력·치안·재난·건강 등이 효율적으로 해결되는 도시를 뜻한다. 화재·지진·범죄·건강 등 도시의 모든 문제를 알아서 척척 해결하는 스마트도시가 탄생하고 있는 것이다. 한국형 스마트시티의 모델을 만들어 전국의 도시에 시범 구축하고 이와 함께 세계 각 도시에 수출하는 사업을 추진할 필요가 있다.

스마트시티 구축 사업은 IBM·시스코 등 국외 기업들에서 먼저 추진돼 왔다. 현재 대한민국의 국외 건설사업 수주액2015년 현재 461억달러 중 도시개발 분야 사업 수주 비중은 약 10% 정도에 불과하다. 스마트시티 기술 수출을 병행하여 그 비중을 2025년에 30% 수준까지 올려야 한다. 한국형 스마트 시티는 IT와 녹색, 생태, 에너지가 어우러진 이상적인 미래생태도시의 모델이 되어야 할 것이다.

특히 4차 산업혁명시대를 맞아 '스마트 U유비쿼터스－시티' 한국형 모델화에 집중해야 할 것이다. 대한민국은 원조 IT 강국의 위상을 회복하고 스마트시티 시대를

---

65. 서울신문, 2016년 8월 11일.

주도해 나가야 한다. 그러나 현재 정부의 대응은 너무 느리다. 미래 먹거리로 스마트시티를 육성하겠다고 법까지 만들었지만 정작 기업들이 원하는 내용은 다 빠졌다는 평가다.[66]

대한민국은 신도시 개발 역사만 50년이 넘었다. 그동안 축적된 자산을 기반으로 미래 스마트시티 기술을 결합하여 각국 상황에 맞는 도시 수출 모델을 만들어야 한다. 이를 위해선 파격적인 규제개혁이 필수적이다. 정부 부처 간 업무 장벽도 융합에 걸림돌이다. 대한민국이 한때 스마트시티의 선진국가로 주목을 받았지만 브레이크가 걸렸다. 규제개혁을 통한 새로운 전진이 요구된다.

4. 도시의 미래혁신 주요 정책 과제

- 도시의 미래는 사람과 녹색 중심으로 재탄생할 것이다. 현대 도시는 건물, 자동차 중심이다. 도심의 도로는 폭을 줄이거나 최소화하고 녹지공간을 대폭 확대해야 한다. 발상을 전환하여 도심을 걷기 좋은 공간으로 조성할 필요가 있다. '사람이 즐거운 도시'라는 기본 철학을 바탕으로 과거와 다른 도시로 재탄생시키는 것이다. 사람이 모이고, 문화가 꽃피는 도시는 수많은 스토리가 만들어질 것이다.

  영국 런던시의 트래펄가 광장은 대한민국의 광화문 광장과 비슷한 곳이다. 런던시는 이 광장 북쪽의 도로를 차로에서 보행로로 바꿨다. 걷기 좋은 보행자의 천국으로 만든 것이다. 처음엔 교통이 마비된다며 반대하는 사람들이 많았다. 혼잡통행료를 걷어 보행환경 개선에 집중 투자했다. 우려했던 교통마비는 없었다. 대신에 관광객과 시민들이 몰려들어 도심에 활기가 찾아왔다.

---

66. 매일경제, 2017년 4월 17일.

- 대한민국 도시의 주거지는 절반이 아파트다. 서울시 등 대도시는 노후 아파트가 급증하고 있다. 서울시의 경우 아파트 등 공동주택 1만 9,980동 중 6,027동 31%가 입주한 지 25년이 넘었다. 강동구는 노후 공동주택이 전체의 48%나 된다. 금천 · 종로 · 노원구도 45% 이상이다. 1980년대 주로 개발된 강남구도 노후 주택 비율이 42%이다.

  도시의 노후 아파트는 엄청난 문제를 안고 있다. 도시를 마비시킬 시한폭탄과 같다. 아파트 재건축 비용 부담 문제도 난제다. 대부분 고령층이 입주해 있어서 추가 비용을 대기 어렵다. 또한, 공사 현장의 소음이나 분진 등으로 환경 분쟁 민원이 폭발할 것이다. 도시의 미래에 대한 재설계를 통해 차분하고 안정적으로 도시의 변신을 꾀해야 할 것이다.

- 대한민국의 전 도시를 재생할 필요가 있다. 일본은 장기 저성장을 벗어나기 위해 2002년 고이즈미 준이치로 당시 총리가 '도시재생특별법'을 제정하여 대대적인 도시 재생에 착수했다. 일본의 도시 재생은 경제 살리기 차원으로 접근했다.

  그러나 우리는 지속 가능한 생존과 공영을 위해 경제, 환경, 문화, 자치 등 4대 영역의 복합체적 접근이 이루어져야 한다. 다시 말하면 우리의 도시들은 전통과 역사를 파괴하고 그 자리에 난개발성 영혼 없는 시멘트 건물들을 마구잡이로 세웠다. 그 결과로 사람이 살기에 매우 부적합하게 되었다.

  서울 관악구의 경우 도시화 과정에서 산림에 마구잡이로 절개되어 도로가 개설되고 주거지역이 형성되었다. 이로 인해 현재 주거환경이 매우 열악하다. 전면적인 도시 재생을 통해 대개조를 추진해야 한다. 산과 숲, 주거 공간 등이 조화를 이루며 사람, 산, 도시가 하나의 아름다움으로 재탄생해야 할 것이다.

정치·통일 미래혁신 과제

I 정치의 미래혁신

1. 정치의 변화 현황

대한민국 발전의 최대 장애물이 무엇인가? 바로 '정치'다. 대한민국의 정치는 '대립과 갈등의 진원지'다. 정치인들은 국가 발전을 위한 비전과 정책 아젠다에는 무관심하다. 오직 권력 쟁취를 위한 진영 싸움에만 몰두하고 있다. 정치의 완전한 실패다. 이를 극복하지 못한다면 국가 통일도, 더 나은 미래도 꿈꿀 수 없다. 국가 부도에 직면할 수밖에 없을 것이다.

1987년은 이른바 '87헌법 제정'으로 민주화의 원년으로 불린다. '대통령 직선제 선출' 개헌이 이뤄지면서 민주화 시대가 열렸다. 이로 인해 1987년 이후 정치적 자유가 크게 확대되었다. 즉 산업화에 이어 민주화 시대가 시작됐다. 그러나 아이러니하게도 국가 발전은 정점을 찍고 오히려 내리막길을 걸었다.

정치가 탐욕적이고 무능력해졌다. 각종 문제가 연일 폭발하고 있지만 해결하지 못하고 있다. 총체적으로 국가 성장 모멘텀이 단절되었다.[67] '88올림픽' 특수가

---

67. 한국 경제, 2014년 12월 16일.

만들어낸 두 자릿수 경제성장률은 사실상 이때가 마지막이었다. 이후 대통령선거 때마다 당선자들이 제시한 임기 내 성장률 목표를 절반도 이뤄내지 못했다.

선거 때마다 쏟아지는 포퓰리즘 대중인기영합주의 공약은 성장 잠재력을 훼손했다. '대의 민주주의'라는 기치를 내걸고 '국회 권력'에 대한 집중 현상이 가속화되었다. 그런데도 국회는 미래를 준비하지도 새로운 대한민국을 창조하지도 못했다. 오히려 국회 권력을 행사하며 불합리한 정책과 입법을 양산했다. 이것은 분명한 정치 실패다.

특히 2016년 10월 박근혜 대통령이 국가 권력을 사유화하여 헌법을 파괴한 사건이 밝혀져 대한민국을 대혼돈에 빠뜨렸다. 대한민국 헌정사에서 전무후무하게 공적 지위나 자격이 없는 비선과 함께 국가를 사유화했다. '비선 실세'로 명명된 최순실 씨가 대통령을 등에 업고 국정을 전 방위로 농단하며 엄청난 부정과 비리를 저지른 것이다. 이로 인해 헌법재판소는 2017년 3월 10일 사상 초유로 박근혜 대통령을 탄핵했다.

2016년 10월 29일 토요일 첫 촛불 집회부터 탄핵 판결전까지 무려 19차례나 광화문 등 전국적인 촛불 집회가 열렸다. 하루 최대 232만 명에 연인원은 1,500만 명을 돌파했다. 단 한 번의 소요 사태도 없는 촛불 시위는 '시민혁명'으로 기록될 것이다. '태극기'를 들고 나온 탄핵 반대 시위도 있었지만 역사의 거센 물줄기를 바꿀 수는 없었다.

소위 '최순실 게이트' 사건은 한국 정치의 후진성과 대통령제의 폐해를 그대로 드러냈다. 대통령제와 한국 민주주의에 대한 근본적인 문제점이 부각된 것이었다. 권력 견제와 부패 감시가 제대로 작동하지 않았다. 박근혜 대통령의 탄핵 파면과 구속으로 이어지면서 한국 정치를 다시 세우는 계기가 되었다.

지난 30년간 대한민국을 망친 핵심 주범이 '정치'다. 이제 낡은 정치를 혁명적으로 청산해야 한다. 낡은 정치를 청산하지 않으면 대한민국 미래도 암울해질 수밖에 없다. 정치 실패는 곧 국가 실패를 가져온다. 지금이 정치 교체, 시대 교체의 마지막 '골든타임'이다. 새로운 미래정치를 본격 준비해야 한다.

2. 대한민국 정치의 문제점

◇ 4대 부재의 한국 정치

정치의 위기가 커지고 있다. 한국 정치의 위기는 곧 대한민국의 위기다. 한국 정치의 문제는 어디에서 오는가? 정치인에게서 오는가 아니면 이를 선택하는 국민에게서 오는가? 정치 구조에서 오는가 아니면 정치 속성에서 오는가? 과연 한국 정치를 희망 정치로 바꿀 수는 없는 것인가? 한국 정치는 이 모든 것들이 함께 작용하여 만들어낸 일종의 '기형적 괴물'이다. 한국 정치는 4대 부재의 괴물이 되었다.

첫째는 국가 비전의 부재다. 정치는 국가의 비전을 제시하고 이를 국민과 함께 실현하여 더 나은 미래를 창조하는 것이 본질이다. 그러나 한국 정치는 국민들에게 국가 비전을 제시하지 못하고 있다. 국가 비전 자체가 없다. 국가 비전이 없다는 것은 무엇을 의미하는가? 국가 공동체의 꿈이 없다는 것을 뜻한다. 개인이나 기업도 꿈이 없으면 방황하게 되고 혼돈을 겪게 된다.

둘째는 시대정신의 부재다. 정치의 핵심은 여러 가지 문제들을 해결하여 국가 비전과 목표를 실현하는 것이다. 이를 위해서는 먼저 정치인들이 시대정신을 자각해야 한다. 즉 국민들의 고통이 무엇인지, 국민들의 희망이 무엇인지 찾아 적극적으로 이를 해결해야 한다. 정치인들은 시대정신을 해결하여 국민을 행복하게 하고 국가의 발전을 이끌어야 한다.

셋째는 자기희생의 부재다. 정치가 국민의 희망이 되려면 반드시 정치인들의 자기희생이 필수적이다. 희생 없이 아름다운 것은 없다. 정치는 정권 창출이 목적이 아니다. 고통받는 사회적 약자들에게 힘이 되고 위로가 되게 하는 것이다. 이를 위해서 정치인들은 당과 정파를 떠나 오직 국민과 국가를 위해 자기희생을 해야 한다. 정치인들은 국리민복을 위해 목숨을 걸고 모든 열정을 쏟아 일해야 한다.

끝으로 상생 공영의 부재다. 정치의 본질과 핵심은 무엇인가? 그것은 상생과 공영에 있다. 그러나 대한민국 정치의 현실은 어떠한가? 상극과 상살의 정치다. 오직 상대방 죽이기에 모든 수단을 다 동원한다. 여기에 국가와 국민은 없다. 안하무인의 극단적 정치가 독사처럼 똬리를 틀고 있다. 과연 대한민국의 정치에서 국민의 희망을 찾을 수 있는 것인가?

◇ 협치의 실종과 대치의 정치

2016년 6월 여야는 20대 국회 출범 당시 국민에게 '협치'를 약속했다. 그러나 20대 국회는 정기국회 시작과 더불어 파행의 연속이었다. 혹시나 했으나 역시나였다. 한국의 고질적인 정치병이 다시 도진 것이다. 여소야대 지형의 3당 체제라는 총선 민의에 놀란 정치권이 드디어 정신을 차리는가 싶었지만 그때뿐이었다.

한국 정치는 '대권'이 모든 것을 빨아들이는 블랙홀이다. 사사건건 상대방을 흠집내기 위해 발목을 잡고 있다. 정쟁이 일상화된 것이다. 한마디로 한국 정치는 대권에 인질이 되었다. 이로 인해 한국 정치가 '더 큰 대한민국의 미래 창조'를 가로막는 최대 장애물인 것이다.

대한민국은 지금 산적한 현안으로 위기를 맞고 있다. 한국 사회의 경제적 불평등 구조와 사회적 갈등을 해소해야 한다. 북한의 잇단 핵과 미사일 실험으로 국민의 불안감이 고조되고 있다. 조선·해양 등 한계 기업들의 구조조정도 화급을 다툰다. 여기에 각종 사건사고와 부정 비리가 잇따르고 있다. 그런데도 정치권은 연일 싸우고 있다.

여야는 총선 결과를 겸허히 받아들이며 생산적 국회를 다짐했다. 물리적 충돌을 일삼았던 동물국회도 종식하기로 했다. 국회선진화법 여파로 무기력했던 국회가 식물국회의 오명을 벗겠다고도 했다. 국민들은 은근히 기대했지만 여야의 본성은 변하지 않았다.

여야의 극한 대치 정치는 한국 정치의 고질적인 병폐다. '네가 죽어야 내가 산다'는 의식이 팽배하다. 정치가 파트너가 아니라 처단해야 할 적이다. 그저 빈틈만 보이면 물고 늘어진다. 한건주의, 한탕주의가 만연해 있다. 강경론이 늘 득세하고 있다. 소수의 시대적 목소리는 들리지 않는다.

이젠 정치가 제자리로 돌아와야 한다. 대한민국을 둘러싼 대내외적인 상황이 비상이다. 수출 부진, 내수 침체, 안보위기, 청년 실업, 저출산·고령화, 빈부 격차 등 국가 현안이 산적해 있다. 여야가 머리를 맞대고 씨름해도 해결하기 쉽지 않다. 그런데도 싸움질뿐이다. 정치가 구태를 청산하고 희망이 되어야 할 것이다.

3. 정치의 미래혁신 방향

◇ 대한민국 국가 구조의 대개혁

대한민국의 국가 구조를 대개혁하여 더 큰 대한민국의 미래를 위한 국가로 재창조해야 한다. 이를 위해서는 먼저 국가운영의 기본 틀을 전면 혁신할 필요가 있다. 4년 중임의 분권형 대통령제로 개편하는 것이 바람직하다. 정권이 바뀌어도 달라지는 것이 없다. 대통령이 새로운 사람이 된들 국민의 삶은 나아지지 않고 있다. 책임 정치를 강화해야 한다.

대한민국, 이대로 가면 미래가 없다. 사고와 틀을 새롭게 바꿔야 한다. 이를 위해서는 국가 구조 대개혁이 불가피하다. 국가 구조 개혁은 당리당략과 사심을 버리고 해야 한다. 그리고 모든 제도와 법을 역사와 미래, 국가와 국민을 위해 대대적인 정비를 해야 한다. 이것은 시대적 요청이자 역사적 과제다.

또한, 행정구역을 전면 개편하여 행정 효율성을 극대화해야 한다. 중앙집권 국가에서 지방분권 국가로 바꿀 필요가 있다. 전국을 인구 100만 명 단위로 50개의 자급자족형 광역자치단체^{광역시}로 나누어야 한다. 기초자치단체를 폐지하여 행정의 비효율성을 과감하게 혁신해야 한다. 자율성과 창의성을 강화해야 한다. 행정 구역 개편과 함께 행정, 교육, 경찰 자치제를 전면 도입하여 지역주민의 삶의 질을 높여 나가야 할 것이다.

국회와 지방의회도 전면 개혁해야 한다. 광역별로 4명씩 총 200명의 지역구 의원을 선출할 필요가 있다. 그리고 분야별 전문가를 국내 40명, 국외 10명 등 모두 50명의 비례 의원을 선발해야 한다. 지역과 비례 모두 합하여 총 250명으로 의회를 구성해야 한다. 지방의회는 광역의회만 운영하고, 기초단체장과 기초의원 선거를 폐지하여 생산성과 효율성을 높여야 한다. 국회나 지방의회도 '성과연봉제'를 도입해야 한다.

중앙집권에서 지방분권과 지방자치를 확대해야 한다. 독과점 사회에서 분권형 자립자족 사회로 전환해야 한다. 행정자치 – 교육자치 – 치안자치 – 생활자치 등 4대 자치가 이루어지도록 해야 한다. 공공 서비스, 교육, 범죄예방, 재난방지 등을 행정자치 단위로 자급자족할 수 있도록 해야 한다. 중앙정부는 개입과 간섭을 최소화하고 전체적으로 조화로운 균형 발전을 이루도록 해야 한다. 대형 재난 등 위기가 발생할 때 긴급 지원해야 한다.

행정부도 관료 중심에서 국민 중심으로 전면 개편해야 한다. 교육부의 한 고위 공무원이 2016년 7월 "민중은 개·돼지… 신분제를 공고화해야 한다"라고 말했다.[68] 국민들은 큰 충격을 받았다. 분노의 여론이 들끓자 교육부는 그 직원을 파면했다. 공무원들이 여전히 국민을 우습게 보고 있다. '관존민비'의 구시대적 사고를 버리지 못하고 있는 것이다.

많이 달라졌다지만 국민의 정부에 대한 생각은 크게 변한 것이 없다. 공장을 지으려고 해도 인허가에만 수십 개의 도장을 받아야 한다. 기업의 민원이나 제안은

---

68. 경향신문, 2016년 7월 8일. http://news.khan.co.kr/kh_news/khan_art_view.html?artid=
201607082025001&code=940100 (검색일 2016년 7월 17일)

모른 체하고 보신주의로 자리만 지키는 공무원도 적지 않다. 정부가 '공공개혁'을 외치고 있지만 변한 게 없다. 혁명적인 공공개혁을 통해 국가개혁을 시작해야 할 것이다.

◇ 미래정당, 미래정치로 전환

현재 한국 정치는 정당에 의한 대의정치다. 그런데 정당정치, 대의정치가 완전히 고장 났다. 새로운 미래정당, 미래정치로 전환되어야 한다. 이제 인터넷과 스마트폰에 의한 직접 민주정치를 강화해야 한다. 정치인만을 위한 정치는 이제 종식되어야 한다. 국민을 위한 정치, 국민에 의한 정치로 바꾸어야 한다.

대한민국의 정당 역사는 70년이 채 안 된다. 미국과 영국은 200~300년의 의회 역사를 갖고 있다. 200년 가까이 지금의 당명을 유지하고 있다. 하지만 한국의 정당은 그동안 어지러울 정도로 간판을 자주 바꿔왔다. 김형오 전 국회의장은 "20년간 현역 국회의원을 하면서 한 번도 정당을 옮긴 적이 없다. 그런데 간판을 바꿔 달아서 네 번이나 당적을 바꿔야 했다"고 말하기도 했다.

현 자유한국당은 1963년 민주공화당을 모태로 민주정의당1981년 → 민주자유당1990년 → 신한국당1995년 → 한나라당1997년 → 새누리당2012년 → 자유한국당2017년 으로 문패를 여섯 번이나 교체했다. 이것은 그래도 양호하다. 더불어민주당은 1945년 한국민주당에서 시작해 2017년까지 72년간 무려 20차례나 이름을 바꿨다. 기만과 혼돈 그 자체다.

미래학자들은 국가의 성격이 변화하고 정당은 머지않아 소멸될 것이라고 예측한다. 미국 잡지 『폴린 팔러시』 2008년 9·10월호는 '오늘은 있지만 내일 없는 것' 기사에서 2040년에 사라지는 것들 중에 가장 먼저 '정당'을 꼽았다. 이는 결코 새로운 이야기가 아니다. 영국문화원의 『2025 보고서』, OECD의 『미래예측보고서』에서는 이미 '2020년 정당 소멸'을 예측해 왔다.

유럽의 정당 활동은 이미 언론에 거의 보도되지 않고 있다. 또한, 언론은 국민들이 정치기사를 외면하기 때문에 정치부를 없애고 있다. 정당은 더 이상 국민의 의견을 수렴하지도 대변하지도 않는다. 스위스, 볼리비아, 미국 캘리포니아 주정부 등은 정당, 의회 등 대의기관을 거치지 않고 직접 국민투표로 국민 의견을 수렴한다.[69]

이제 국민들이 국민적 이슈에 대해 정당이나 의회를 통하지 않고 법 제정이나 정부정책을 수립할 수 있도록 해야 한다. 2005년 핵폐기물 처리장 건설 주민투표는 좋은 사례다. 기성 정당들이 생존하기 위해서는 자기혁신을 통해 유연한 아젠다를 정하고 국민들의 요구를 수렴하여 해결해야만 한다. 국민입법권도 제정해야 한다. 또한, 국민이 직접 정책을 제안하고 결정할 수 있도록 해야 한다.

◇ 독일정치에서 배워야 할 상생 협치

대한민국의 정치가 희망이 되기 위해서는 독일 정치를 배울 필요가 있다. 독일은 나치 같은 절대권력의 등장을 방지하기 위해 '권력의 분산'을 제도화했다. 특정 정당이 50% 이상 독식하지 못하도록 하고 연정을 통해 협치를 하도록 했다. 중앙정부의 일방적인 지침이나 지시를 허용하지 않는다. 연방정부의 자율성과 책임성을 최대한 부여하여 중앙과 연방의 조화로운 협력을 유지하고 있다.

또한, 주요한 정책의 계승과 진화를 통해 예측 가능한 정치를 하도록 했다. 특히 서독은 통일정책과 관련하여 보수정권이든 진보정권이든 일관성 있게 추진하여 마침내 통일 독일을 만들어냈다. 대한민국처럼 정부가 바뀌었다고 하여 정책이 전면 백지화되지는 않는다. 정책의 일관성과 지속성을 통해 정책의 성과를 높여 국민의 삶의 질을 확대하고 있다.

나아가 독일 정치지도자들은 국가와 국민을 위한 위국정치를 실천하고 있다. 정파와 개인의 사사로운 이익을 초월하여 오직 역사와 시대정신에 입각하여 판단

---

69. 박영숙 외(2008), 15쪽.

하고 책임을 진다. 선거의 승리보다는 국가와 국민을 위해 아름다운 패배를 선택하는 것이다. 독일 총리들은 대체로 장기 집권했지만 대부분 부정과 무능으로 국민을 배신하지는 않았다.

독일의 앙겔라 메르켈 총리가 대표적이다. 그는 2017년 8월 현재 집권한 지 12년째로 유럽 최장수 여성 총리다. 독일 국민들은 힘 있는 포용과 부드러운 원칙인 '무티 Mutty:엄마 리더십'을 열광하고 있다. 더구나 메르켈 총리는 집권 기간 동안 부정부패를 엄단해 측근 비리가 한 건도 없다.

독일 지도자들은 이처럼 늘 역사를 창조하고 위대한 독일을 건설하는 데 모든 열정을 쏟아부었다. 그리고 독일 사회의 시대정신인 국가 통일과 국민 통합을 위해 모든 노력을 기울였다. 증오심을 차단하고 민주주의, 자유, 인간의 존엄을 위해 리더십을 발휘했다. 이것이 현재 유럽의 최강국 독일이 유지되는 비결이다.

◇ 국민 중심의 직접민주주의 확대

권력이 이동하고 있다. 머지않아 정당과 의회는 힘을 잃게 될 것이다. 문제 해결을 못하고 갈등만 야기하기 때문에 그 기능이 급속히 쇠퇴하고 있다. 이와 함께 현대 정치의 핵심인 의회 민주주의도 위협을 받고 있다. 정당과 의회가 그 한계가 이른 것이다.

현대 민주주의는 정당과 의회의 출현과 함께 시작되었다. 그 역사가 300년 정도가 된다. 그동안 민주주의는 자본주의와 함께 인류사회에 커다란 영향을 미쳤다. 지난 20세기 동안 민주주의는 지배적인 정치 시스템이 되었다. 그러나 자본주의가 고장 났듯이 민주주의도 문제 해결에 한계를 드러내며 그 힘을 잃고 있다.

민주주의가 21세기에도 계속 존재하려면 문제 해결력이 더욱 확대되어야 한다. 갈등과 대립만 야기하고 문제가 더욱 확대된다면 새로운 체제가 등장할 가능성이 크다. 독일의 나치나 이탈리아의 파쇼는 민주주의 속에서 괴물이 되었다. 신종 괴물이 등장할 가능성도 없지 않다.

◇ 미래정치 플랫폼과 도구의 등장

국민 중심 행복 정치를 위해서는 국민이 정치를 주도할 수 있어야 한다. 이를 위해서는 플랫폼과 정치 도구가 필요하다. 21세기의 정치는 다양한 플랫폼과 정치 도구들이 등장하면서 국민들의 정치 참여가 용이해지고 있다. 인터넷, 스마트폰 등을 활용하여 정치적 견해를 강력히 표현하여 정치가 국민 중심으로 회귀되도록 해야 할 것이다.

그러나 아직까지는 미래정치의 플랫폼과 도구가 정치인 중심으로 활용되고 있다. 국내외 유력 정치인들은 페이스북이나 트위터 등을 통해 아주 짧게 자기의 정치적 견해를 밝히고 있다. 국민과의 소통이 아니라 일방통행적 논평 정치다. 견해도 심오한 사상과 철학, 비전을 담은 것이 아니다. 치고 빠지기식의 게릴라 정치를 하고 있다.

미국 공화당 출신 트럼프 대통령은 2016년 대선 운동 과정에서 침몰하던 트위터를 살려 놓기도 했다. 그는 연일 트위터를 통해 자신의 정치적 메시지를 내놓아 접속자 수가 늘어났다. 트럼프는 하루에도 4~5개의 글을 올리는 열혈 트위터 애용자였다. 글을 길게 쓰지 않아도 돼 지지자들에게 가장 쉽게 자신의 의사를 전달할 수 있어서 애용했다.

대한민국의 정치인들도 '트위터 정치'나 '페이스북 정치'를 즐기고 있다. 주요 현안에 대해 몇 자의 논평을 올리면 주요 언론들과 지지자들이 뜨겁게 반응한다. 국민과 함께 소통하고 고민하며 국가 현안을 해결하는 장치가 아니다. 선동하거나 반대하여 국민 분열과 갈등의 확대를 통해 자기 정치를 주도하려 하고 있다. 정치의 도구가 정치의 희망으로 전환되어야 할 것이다.

4. 정치의 미래혁신 주요 정책 과제

• 대한민국 정치에서 현 단계 가장 중요한 것은 무엇일까? 세계 4강의 평화 공

영국가 건설의 실질적인 기반을 구축하는 것이다. 이의 핵심 키워드는 통일, 미래, 공영이다. 이를 위해서는 몇 단계 구조 대개혁이 요구된다. 낡은 사고와 낡은 틀로는 비상할 수 없다. 국가 이념과 철학, 사상을 재정립해야 한다. 그리고 이를 구현하기 위한 헌법과 법률체계를 재구축해야 한다.

정치가 생산성과 효율성 높은 상생 협치로 구조 혁신이 이루어져야 한다. 국민들은 법률 준수와 공동체 중심주의를 몸에 터득해야 한다. 지역주의, 이념 대결 등을 극복하고 합리적 소통과 대화 문화가 정착되어야 한다. 세계적 명품국가가 되기 위해서는 정치와 산업, 교육 등은 물론 국민들의 의식과 행동 또한 명품화가 이루어져야 한다.

• 대한민국의 더 큰 미래를 열기 위한 개헌은 불가피한 과제가 되었다. 개헌의 핵심은 단순히 권력 구조 개편에 머물러서는 안 된다. 국민적 에너지를 모아 새로운 시대를 열기 위한 헌법이 되어야 한다. 이를 위해서는 국가의 정체성을 재설정하고 국가 공동체가 추구하는 미래 비전과 가치, 목표 등도 충실히 반영해야 한다.

4차 산업혁명 등 미래에 대비하여 대통령의 임기나 권력 구조뿐 아니라 인권, 복지, 환경, 문화, 사회 구조 등 국가 전반의 틀을 바꿔야 한다. 지속 가능한 경제 발전과 양극화 해소, 더 나아가 미래의 경제체제에 대한 내용도 포함시켜야 한다. 통일에 대한 비전과 원칙, 정책 등도 보다 구체화해야 한다. 저출산 · 고령화 문제, 과학기술 발전, 교육 인재 양성 등도 재규정해야 할 것이다.

• 한국 정치를 근본적으로 대수술해야 한다. 권력에 대한 집중을 막고, 분산과 감시를 강화해야 한다. 감사원을 독립시켜 청와대 등 권력형 비리를 철저히 차단해야 한다. 국가정보원과 검찰에 대한 대통령의 권한도 줄여야 한다. 선거구와 공천 방식도 개선할 필요가 있다.

국민들의 투표 행태도 바뀌어야 한다. 지역과 학연 등에 따라 '묻지마 투표'의 구태도 없어져야 한다. 국민들이 투표 혁명을 통해 정치권을 변혁시켜야 한다. 부패와 불공정을 용서해서는 안 된다. 국민들이 변하지 않으면 돌아오는 것은 고통과 좌절뿐이다. 오직 국가와 국민, 시대와 역사를 위한 투표를 해야 할 것이다.

- 명품 국가, 명품 국민이 되기 위해서는 전 분야 개혁이 시급하다. 먼저 사법개혁이 시급하다. 현직 부장판사의 뇌물 사건 등 판검사들의 부정 비리가 계속되고 있다. 비리 척결과 정의 수호의 최후 보루가 무너졌다. 사법 정의가 붕괴됐다. 충격이다. 철저한 개혁 외에 대안이 없다. 법조 비리의 핵심 원인은 막강한 사법 권력이다. 검찰의 수사권·기소권 독점주의를 제한해야 한다. 청탁과 무마로 수뢰의 함정에 빠지기 쉬운 구조를 개선해야 할 필요가 있다.

  판사의 판결 재량권도 문제다. 피고인의 운명을 좌우하기 때문에 재판부 로비가 공공연하다. 법원과 검찰 조직을 떠나도 전관 변호사로 일하며 많은 수익을 올리는 것도 비리 반복의 한 요인이다. 검사와 판사, 변호사로 '비리의 사슬'에 얽힌 법조3륜의 구조를 전면적으로 개혁해야 한다. 판검사의 정년제 도입과 처우개선도 필요하다.

Ⅱ 지방자치의 미래혁신

1. 지방의 분권과 자치 현황

지방은 서럽다. 국무회의는 국가의 기본 정책 방향을 세우고 일반 정책을 심의한다. 국무회의에는 대통령과 국무총리, 그리고 15명 이상 30명 이하의 국무위원들이 참여한다. 국가의 중요한 예산 및 행정 정책 방향이 결정되는 자리지만 지방을 대변할 사람은 없다.

2008년 국무회의 규정을 개정해 서울시장만 국무회의에 상시 배석할 수 있게 됐다. 그러나 발언권만 있을 뿐 의결권은 없다.[70] 17개 광역시도지사들은 한목소리로 "중앙과 지방자치단체 간 원활한 소통과 협력 강화를 위해 국무회의를 개선해야 한다"고 요구하고 있다.

지방의 국정 참여를 확대해 달라는 목소리가 끊이지 않고 있다. 지방자치 단체장이나 지방의회 의원들은 국무총리와 전국시도지사협의회 의장을 공동의장으로하는 '중앙 · 지방협력회의'를 설치해야 한다고 강조한다. 중앙과 지방의 조화와 균형 발전을 위해서는 공식 협의기구가 필요하다. 미래는 국민 총역량 집중 시대다. 중앙과 지방의 협력을 통해 더 나은 미래를 만들어 나가는 것이 중요하다.

◇ 중앙과 지방의 균형 발전

국토의 불균형 발전도 어제 오늘의 문제가 아니다. 특히 서울 · 경기 등 수도권으로 인구가 집중되는 현상이 심화되고 있다. 통계청이 2016년 9월 발표한 2015년 인구주택 총조사에 따르면 우리나라에 거주하는 총 인구_{외국인 포함}가 5,107만 명이다. 이중 수도권_{서울·인천·경기} 인구는 2,527만 명으로 전체 인구의 49.5%를 차지했다. 이는 2010년 49.2%에 비해 0.3%포인트 증가한 것이다.

서울과 인천 · 경기도로 구성된 수도권의 면적은 1만 1,745㎢로 전 국토 면적_{북한 제외 10만 33㎢}의 11.7%다. 하지만 이곳에 모여 사는 사람은 전체 인구의 절반에 가깝다. 시도별로 보면 경기도가 전체 인구의 24.4%_{1,248만 명}로 가장 많다. 2위인 서울은 2010년에는 979만 4,000명이었으나, 2015년에는 소폭 증가한 990만 4,000명_{19.4%}이다. 이처럼 수도권의 핵심인 경기도가 계속 팽창하며 서울에서 빠져나가는 것보다 훨씬 많은 인구를 빨아들이고 있다.

───

70. 동아일보, 2016년 7월 23일.

박근혜 정부의 2013년부터 2015년까지 3년 동안 수도권서울·경기·인천과 비수도권의 소득 및 자산 격차는 약간이나마 줄어들었다.[71] 평균 자산 격차는 1,092만 원, 소득 격차는 62만 원 각각 감소했다. 하지만 이는 표면적인 수치일 뿐이다. 실제는 교육, 문화 등 삶의 질을 결정하는 주요 인프라는 여전히 개선되지 않고 있다.

수도권 집중 현상이 멈추지 않는 것은 문화 및 교육 인프라 수준이 높기 때문이다. 이에 따라 제한된 자원의 효율적 배분과 경제성장의 기반 구축을 위해 국토의 균형 발전 정책이 강화되어야 한다. 단순히 먹고사는 문제를 넘어 문화기반 시설 및 대학교육 등 인프라 수준을 끌어올려야 한다.

국토의 불균형 발전은 심각한 동맥경화를 유발한다. 수도권의 집중화 현상은 국가 발전을 저해하는 핵심 요인 중 하나이다. 새로운 대한민국이 다 함께 잘 사는 사회가 되기 위해서는 국토의 균형 발전이 필수 불가결하다. 지역에서도 삶의 질을 누리며 잘 살 수 있는 토대가 구축되어야 할 것이다.

2. 지방자치의 발전 모델

대한민국의 지방자치단체가 죽어가고 있다. 신생아가 없어지고 고령층마저 사라지면서 마을이 텅텅 비어가고 있는 것이다. 자치단체의 인구가 급감하면서 서서히 고향 마을이 없어지고 있다. 특히 생활자치와 거리가 먼 대규모 인프라 투자는 오히려 인구 유출 현상을 불러와 지자체를 더욱 고사하게 만들고 있다.

대한민국 지방을 살리기 위한 새로운 패러다임이 요구된다. 지방을 사람들이 잘 살 수 있는 기반이 잘 갖춰진 행복 공간으로 재창조해야 한다. 자치와 분권을 강화하여 지방의 운명과 미래를 스스로 창조할 수 있도록 해야 할 것이다. 일본과 프랑스 등은 여러 가지 면에서 많은 시사점을 준다.

---

71. 서울신문, 2016년 8월 9일.

이웃 일본의 지방자치와 분권은 우리 한국보다 한참 앞서가고 있다. 동아일보가 소개한 일본의 지방자치단체의 외형적 구조는 한국과 비슷하다.[72] 47개의 '도도부현都道府縣'과 1,700여 개의 '시정촌市町村'은 한국으로 치면 각각 광역지자체와 기초지자체 격이다. 중앙정부가 마련한 법에 의해서 지방정부의 지위와 구획이 정해지는 '하향식 지방정부'라는 점도 유사하다.

하지만 재정이나 행정의 비중을 놓고 보면 한국에 크게 앞선다. 국세와 지방세 입 비중만 놓고 봐도 한국은 국세가 80%, 지방세가 20% 정도인 데 반해 일본은 60%와 40%로 엇비슷한 수준이다. 지방교부세를 비롯한 중앙정부에서 지자체로의 재정 이전 후에는 지방 재정 규모가 60%로 더 커진다.

행정에서도 일본은 지자체가 주축이다. 한국은 중앙정부에서 지자체에 사무를 위임하는 방식의 구조가 굳어져 있다. 일본은 기초지자체인 각 시정촌에서 할 수 없는 사무는 광역지자체인 도도부현이 대신한다. 도도부현이 수행하기 적절치 않은 외교나 사법, 안보 등의 사무는 중앙정부가 맡는다.

기초지자체의 역할이 가장 우선되고 광역지자체나 중앙정부는 이를 '보완'하는 역할을 수행하는 것이다. 한국에서 지자체의 행정력 대부분을 갉아먹는 '국가 위임 사무'는 일본에서는 1999년 아예 폐지됐다. 일본의 변화는 1995년부터 2008년까지 두 차례에 걸친 강력한 지방 분권 개혁의 결과다. 이 기간 '지방분권일괄법' 시행으로 국가의 권한이 지방으로 대폭 이양됐다.

전문가들은 일본이 강력한 지방자치 개혁을 실행할 수 있었던 비결로 "지자체와 지역 정치인, 주민들의 자치에 대한 강력한 노력의 결과"라고 분석하고 있다. 세계 어느 나라든 중앙정부가 권력을 자발적으로 포기한 예는 거의 찾아볼 수 없다. 일본의 경우 전국 지사회·시장회·시의장회 등 '지방 6단체'가 단결해 중앙정부에 권력 이양을 요구한 결과로 이루어졌다.

---

72. 동아일보, 2016년 7월 28일.

특히 우리보다 먼저 심각한 인구 유출과 지자체 소멸의 위기를 경험하고 있는 일본은 현재 자치와 분권을 넘어 '지방 살리기'가 한창이다.[73] 일본 아베 신조 총리는 2014년 9월 총리직속기구로 '마을·사람·일자리 창생創生: 자생발전본부'를 신설해 스스로 본부장을 맡았다. 범정부적 차원에서 지방자치단체 살리기에 나선 것이다.

일본은 지방 창생을 전략적으로 안정감 있게 추진하기 위해 법과 제도도 정비했다. 소위 '마을·사람·일자리 창생법'을 제정하여 심각한 저출산·고령화 및 지방도시의 공동화와 대도시의 과밀화 방지를 동시에 추진했다. 창생은 원래 '새롭게 만든다'는 뜻인데, 지방을 자생·발전시켜서 사람이 살도록 하자는 의미를 담고 있다.

우리 대한민국도 대통령이 직접 관할하며 범정부적 차원에서 지방 살리기에 나서야 한다. 다행히 행자부에서 2017년 4월 '인구감소지역발전특별법가칭' 제정을 추진하고 있다. 국토의 효율적인 이용의 측면에서도 공동화와 과밀화를 동시에 막고 모두가 행복한 미래를 만들어 나가야 할 것이다.

또한, 프랑스 정부는 인구 40만 명 이상의 광역도시들이 도시 정책, 도시 에너지 변환, 재개발, 경제발전에서 독자적인 권한을 갖게 했다. 프랑스 지방자치 개혁은 고정적인 단일 제도의 완성이 아니라 외부 환경에 대응한 자기혁신의 결과이다. 한국은 지역의 변화와 혁신을 통해 발전을 촉진하려면 분권과 자치를 전면적으로 강화해 나가야 할 것이다.

3. 지방자치의 미래혁신 방향

현행 지방자치는 법령상 중앙정부에 일일이 통제나 허락을 받아야 한다. 예를

---

73. 매일경제, 2017년 4월 22일.

들어 서울시가 책임 행정을 강화하는 차원에서 부시장제를 확대하려면 행정자치부의 '허가'를 받아야 한다. 지방자치의 핵심인 자치조직권은 사실상 중앙정부가 갖고 있다. 이에 따라 중앙정부의 허가 없이는 지방자치단체의 자체 조직 개편이 거의 불가능하다.

결국, 입법권을 가진 국회가 스스로 지방정책과 지방의회에 대한 권한을 내려놓아야 한다. 20대 국회 들어 다시 '지방 자치 · 분권 특별위원회'가 구성돼 활동이 시작됐지만 제도 개선으로 연결될지는 미지수다. 전국시도지사협의회에서는 국회지방특별위원회가 한시적 기구가 아닌 상설특별위원회로 장기적 국가발전의 비전을 가지고 지방자치 발전을 위한 제도 개편에 나서야 한다고 요구하고 있다.

지방자치에서 가장 중요한 것은 지역주민들의 삶을 스스로 결정하게 하는 것이다. 이것이 바로 자치와 분권의 핵심이다. 헌법에 지방 분권을 구체적으로 명시하여 지방분권국가로 전환할 필요가 있다. 즉 지방자치를 통해 정치의 주인인 주민들이 직접 자기 지역의 문제 해결과 발전 방향에 대해 결정하고 책임지도록 해야 한다.

지방자치 역사가 오래된 스위스와 독일은 '교육부'가 없다. 교육정책도 학부모들의 의견을 반영해 지역에서 정하고 실시한다. 예를 들어 철도건설 등 지역사업은 주민들 스스로가 사업을 결정하고 재정을 부담해야 하기 때문에 신중히 추진한다. 반면 한국은 지자체가 중앙정부에서 예산을 타서 쓰기 때문에 경쟁적으로 대형 사업을 추진해 사업이 부실해지고 국가 재정이 낭비되는 사례가 많다.

지방자치가 중요해진 이유는 역설적으로 '세계화' 때문이기도 하다. 최근 지방자치제도와 관련해 급격하게 법을 정비한 국가는 프랑스다. 2003년 우파 정권에서 지방 분권을 헌법 2조에 명시한 후 2012년 사회당이 정권 교체를 하면서 지방행정체제를 완전히 개편했다. 프랑수아 올랑드 대통령은 당선 직후 "지방자치단체를 재편하고 공공 부문 서비스를 혁신하겠다"고 선언한 뒤 과감히 실행에 옮겼다.

강력한 중앙집권적 국가인 프랑스가 지방자치권을 강화한 이유가 무엇일까? 그 이유는 '도시 경쟁력'에서 프랑스가 밀리고 더 이상 중앙의 지도하에 국민소득을 높이는 것은 한계에 부닥쳤다는 판단 때문이었다. 유럽연합 체제로 인해 대외 환경이 변화하고 세계화로 개별 도시들의 경쟁력이 중요해지면서 2015년 1월 11개 광역도시를 창설한 것이다.

한국의 지방자치 발전을 위해서는 주민소환권, 주민발안권, 주민투표권이 적극 확대되어야 한다. 주민자치권을 보장하기 위해 도입한 주민투표 제도는 법전상 장식품으로 전락했다. 주민투표법이 주민투표를 실시하기 어렵게 주민의 손발을 묶어 놓고 있기 때문이다. 정치인 보호보다 주민의 자치권 확대가 우선시 되어야 할 것이다.

4. 지방자치의 미래혁신 주요 정책 과제

- 지역이 세계다. 지역이 잘 살아야 대한민국이 잘 산다. 그러므로 지방의 분권과 자치의 확대는 당연한 명제다. 지방의 역량 극대화를 위한 다양한 정책들이 개발되고 추진되어야 할 것이다. 지역화는 세계화, 중앙화로 인한 빈부 격차 심화, 삶의 질 하락 등의 문제를 해결할 수 있는 열쇠다.

  지방의 분권과 자치를 강화하기 위해서는 공동체 교육이 가장 중요하다. 마을 단위로 다양한 교육 커뮤니티를 형성해야 한다. 이를 통해 공동체 정신을 함양하고 지역 발전 의제를 개발해야 한다. 나아가 다양한 의제를 해결하기 위한 사회적 경제나 협동조합을 만들어 자급자족의 생활 기반을 확립해 나가야 할 것이다.

- 지방자치의 핵심은 자급자족 사회의 건설이다. 중앙에 의존하지 않고 모든 것을 자구적으로 해결해야 하는 것이다. 행정과 교육은 물론 식량, 치안, 안전, 재난, 생활, 의료 등 모든 것을 자급자족할 수 있는 자족도시로 만들어 나갈 필

요가 있다. 지역 농산물로컬푸드을 활성화하고, 사람 간의 연대를 강화하여 행복한 지역 공동체가 되도록 하는 것이 가장 중요하다.

- 지방자치단체 단위로 지속 가능한 미래성장의 거점을 확보하여 경제 자족 기반을 갖추어야 한다. 지역 특성에 맞게 산업단지를 조성하여 일자리, 주거, 교육 등을 동시에 해결할 수 있도록 하여야 할 것이다. 도시 기본계획 수립의 패러다임을 전환하여 지역의 자원을 파악하고 역량을 극대화하여 주역 분야를 개발, 집중 육성해 나가야 할 것이다.

미래도시의 최종 종착점은 무엇이 되어야 하는가? 단순한 자족도시에 머물러서는 안 된다. 도시 안에서 살고 일하며, 가르치고 즐기는 등 모든 것이 가능해야 한다. 소위 꿈의 미래도시를 참여와 자치로 만드는 것이다. 단순한 개발형 자치도시가 아니라 공유, 공존, 공영하는 이상적 가치 사회를 창조해 나가야 할 것이다.

Ⅲ 통일의 미래혁신

1. 탈북의 시대별 변화 현황

남한과 북한 간의 '강대강' 경색에도 불구하고 탈북자가 지속적으로 증가하고 있다. 북한 이탈 주민 3만 명 시대다. 통일부는 2016년 11월 11일 제3국을 통해 탈북민 7명이 입국하면서 북한 이탈 주민이 모두 3만 5명이 됐다고 밝혔다. 1962년 6월 첫 귀순자 이후 2006년 2월 1만 명, 2010년 11월 2만 명을 돌파했다. 그리고 2016년 11월 6년 만에 3만 명 시대가 되었다.

2016년에는 북한 김정은 노동당 위원장의 공포 정치와 국제사회의 대북 제재가 강화되어 크게 증가했다. 북한 주민들의 탈북은 한반도 분단 이후 지난 60여 년간 사선을 건넌다는 본질은 바뀌지 않았지만, 탈북을 결심하는 요인은 시대에 따라 조금씩 변해 왔다. 탈북의 시대별 변천사를 간략히 살펴본다.

1950년대에는 탈북이 귀향이었다. 6·25전쟁 당시까지 탈북은 전장에서 탈출해 남쪽 고향으로 돌아가는 '귀향'이 주류를 이루었다. 그러다 1953년 정전협정 이후 냉전 이데올로기 시대를 거쳐 1980년대까지 탈북자들은 '귀순용사'로서 대접을 받았다. 이들은 출신 성분상 군인이 많았으며 체제 경쟁 시대였던 당시 남한 정치체제의 우수성을 입증하는 존재로 여겨졌다.

1990년대부터는 외교관, 유학생, 무역상, 고위 인사 등의 '엘리트 탈북'도 많아졌다. 1989년 독일 베를린장벽 붕괴와 1991년 소련의 해체 등 역사적 사건을 잇달아 겪으면서 외국에 나와 있던 북한 엘리트층들이 북한 체제에 회의를 품고 탈북을 감행하기 시작한 것이다.

그리고 1990년대 중반을 지나면서는 정치적 동기보다 경제적 요인에 따른 소위 '생계형 탈북'이 크게 늘어났다. 1995년 북한의 대홍수와 고난의 행군으로 먹고살 길을 찾아 탈북을 결심한 것이다. 노동자, 농장 근로자, 군인, 학생, 주부 등 하위 계층에 속했던 사람들이 제3국을 거쳐 한국으로 들어왔다. 당시 우리 정부는 대량 탈북 사태에 대비해 1997년 '북한 이탈주민의 보호 및 정착 지원에 관한 법률'을 제정하기도 했다.

2000년대 이후 탈북 요인이나 루트는 다양해졌다. 여전히 숙청 등을 피해 남한행을 결심하는 경우도 있지만 북한 중산층이 '삶의 질'을 찾아 탈북을 하는 경우도 있다. 북한에서의 특권을 포기하고 자녀 교육 등을 위해 체제에 등을 돌리는 것이다.

심지어 북한에서 남한 TV 드라마 등이 인기를 끌면서 남한의 한류를 동경해 탈북을 감행하기도 한다. 2016년 4월 중국에서 집단 탈북한 북한 국외 식당 종업원들은 "해외에서 생활하며 한국 드라마, 영화, 인터넷 등을 통해 남북의 실상을 알게 되고 집단 탈북을 결심했다"고 밝혔다.

특히 2016년에는 '엘리트 탈북'은 물론 '생계형', '한류 동경형' 등 다양한 이유로 탈북자가 크게 증가했다. 생활고를 못 이긴 탈북자가 대종을 이루던 종전과 달리 당·정·군 간부 등 북한 체제의 기득권층까지 대거 남한 이주행을 택했다. 이에 따라 대규모 탈북 사태에 대비하여 탈북자 수용·관리·정착 시스템을 점검하고 치밀하게 보완해야 할 것이다.

2. 통일의 의미와 중요성

◇ 인구적 의미: 통일 인구 8,000만 명 '통일 한국의 힘'

한반도의 통일은 남북 모두에게 큰 축복이 될 것이다. 통일이 주는 가장 큰 혜택은 무엇일까? 먼저 남북한 통일 인구 8,000만 명이 만들어 내는 통일 국가의 활력이다. 한국의 국가 발전의 최대 과제인 저출산·고령화가 중단되고, 새로운 성장 동력을 만들어 나갈 수 있다.[74]

한국은 2018년에 총인구의 14% 이상이 65세 이상인 고령사회에 진입한다. 하지만 한반도가 통일이 되면 고령사회 진입이 늦춰진다. 또한, 생산가능인구 감소로 인한 잠재 성장률 하락을 막는 데도 큰 도움이 될 것이다. 통일은 남한보다 젊고 아이가 2배나 많은 인구가 한국에 통합된다는 의미다.

통일 인구 8,000만 명이 형성하는 내수시장의 확보도 한국 경제에 긍정적인 요소다. 수십 년째 고전하고 있는 일본 경제가 좀처럼 무너지지 않고 버티는 것도 1억 명이 넘는 인구 덕분이다. 내수시장이 커지면 생산, 소비, 투자가 더불어 성장하는 '규모의 경제'가 실현될 수 있다.

---

74. 동아일보, 2016년 6월 18일.

◇ 자원적 의미: 북한 자원가치 10조 달러

북한에 매장돼 있는 지하자원도 빼놓을 수 없는 통일의 혜택이다. 영국의 경제 전문지 『이코노미스트』는 2016년 5월 "남북통일 비용이 1,000조 원 이상 소요될 것으로 추정하면서도, 통합에 따른 긍정적 효과가 인적·물적으로 막대한 잠재력을 갖고 있다"고 분석했다.

『이코노미스트』는 북한에는 10조 달러약 1경 1,700조 원어치로 추정되는 막대한 광물자원이 있다고 밝혔다. 이는 남한 지하자원의 20배에 이르는 엄청난 양이다. 특히 반도체와 디스플레이 등에 필수 재료인 희토류 역시 매장량이 상당한 수준인 것으로 알려졌다.

한국광물자원공사는 북한에 금 2000t, 은 5000t, 동 3000여t, 아연 2000여만t, 석회석 1000억t, 기타 희토류 2000여만t이 매장된 것으로 파악하고 있다. 또한, 북한 측 발표에 대한 신뢰성 논란이 있지만, 세계에서 세 번째로 많은 60억t에 달하는 마그네사이트 부존량은 국제적으로 공인이 이뤄진 수준이다.

현대경제연구원은 남한에서 소비하는 주요 자원의 50%가량을 북한에서 조달하면 수입 대체 효과가 연간 16조 원에 달하는 것으로 분석했다. 북한의 풍부한 광물 자원과 한국의 첨단기술이 결합하면 큰 시너지 효과를 발휘할 것이다. 대한민국과 북한의 위기를 동시에 극복할 수 있는 핵심 열쇠가 통일인 것이다.

◇ 평화적 의미: 유라시아 평화 프로젝트 창출

북한 지역에 대한 인프라 투자는 막대한 건설 수요와 일자리를 창출할 것으로 기대된다. 국토연구원은 통일 전후 10년 간 북한 지역에 도로 건설, 가스·전력망 구축 등 총 122조 원의 사회간접자본soc 투자가 필요하다고 추정했다.

단순히 북한에 철도나 도로망을 건설하는 게 끝이 아니다. 한국이 북한, 나아가 중국·러시아 등 유라시아 대륙과 연결된다는 걸 고려하면 그 잠재적 가치는 숫자로 환산하기 어려울 것이다. 총칼을 녹여 산업과 복지에 힘써야 하는 것은 비단 북한만의 문제가 아니라 한반도 미래경제의 커다란 숙제다.

'유라시아 평화 프로젝트'는 통일을 여는 실크로드다. 이 사업은 계속 추진돼야 한다. 21세기 신평화 공영정책으로서의 유라시아 평화 프로젝트는 궁극적으로 북핵문제와 남북한 관계의 경색을 완화시키는 돌파구가 된다. 나아가 남북통일과 세계평화의 길을 만드는 데 중요한 촉진제가 될 것이다.

유라시아 평화 프로젝트는 남북통일을 통해 한반도와 유라시아 대륙을 하나의 평화 공동체로 묶어 발전시키는 동시에 평화 기반을 구축하자는 구상이다. 세계적 차원에서 성장 동력을 잃고 침체에 빠진 지구촌 경제를 살릴 수 있는 유일한 기회다. 평화 공영 외교를 통해 북한의 변화를 추동하고 새로운 평화 미래를 열 수 있는 단초를 마련해야 할 것이다.

3. 통일의 미래혁신 방향

◇ 치밀한 통일 준비 전략

남북한의 통일이 어느 날 갑자기 찾아온다면 한반도 경제에 어떠한 일이 벌어질까? 전문가들은 단기 및 중기에 걸쳐 많은 부작용이 발생할 것으로 우려한다. 즉 '원화 가치가 흔들리면서 금융시장이 일대 혼란이 일어난다. 신용등급이 떨어지고 외국인 자금이 빠져나간다. 북한 지역에 대한 대규모 투자로 나랏빚이 빠르게 늘어난다' 등등을 겪을 수 있다고 예상한다.[75]

준비 없이 통일을 맞이하면 재앙이 될 수도 있다. 그러므로 통일이 '대박'이 되도록 하기 위해서는 무엇보다도 부작용을 최소화하는 데 역점을 두어야 한다. 정부는 부처마다 급작스런 통일에 대비하기 위해 남북통합의 기초적인 시나리오를 짜 놓았다. 하지만 실제로 그 같은 일이 발생한다면 많은 시행착오를 겪게 될 것

---

75. 동아일보, 2016년 6월 18일.

이다.

남북통일은 생태 통합, 경제 통합, 문화 통합, 정군 통합 등 평화 복합 적체인 과제가 있다. 가장 급박하고 서둘러 준비해야 할 것은 남북 경제 통합이다. 경제 통합은 통합 과정에서 가장 먼저 검토해야 한다. 상당한 혼란이 예상되므로 치밀하게 준비할 필요가 있다. 경제 통합이 자연스럽게 이루어진다면 문화 통합과 정군 통합은 큰 문제가 없을 것이다.

남북 경제 통합은 크게 두 가지 측면에서 어려움이 있다. 하나는 북한 경제의 인프라가 너무 낙후돼 있다는 점이다. 이를 새로 정비하는 데만 상당한 시간이 걸릴 것으로 보인다. 또 하나는 북한 지역에 대한 자료조사나 데이터 확보가 현재로서는 쉽지 않다는 점이다. 이로 인해 경제통일을 미리 준비하는 데 큰 걸림돌로 작용하고 있다.

특히 남북 경제 통합에서 금융 통합은 가장 심각한 문제다. 북한은 현재 일반 시중은행이 하나도 없기 때문이다. 중앙은행 격인 '조선중앙은행'이 상업은행 업무까지 맡아 220여 개 지점을 운영하고 있다. 이 지점들은 가계의 예금을 받는 기능을 일부 하지만 대출은 하지 않는다. 그 대신 제도권 밖에서 고리대금업자들이 가계에 돈을 빌려주는 역할을 하고 있다.

금융시장은 자본주의의 가장 기본적인 혈관의 역할을 한다. 북한 경제는 분단 이후 약 70년 동안 제대로 된 금융시장·산업을 가져본 적이 없다. 이 때문에 당장 정부가 할 수 있는 일은 남북한 경제를 한시적으로 분리하는 것이 바람직하다. 가장 중요한 화폐부터도 당분간은 남한과 북한이 '2화폐' 체제를 유지해야 할 것이다.

중장기적으로 경제력 격차가 줄어들었다고 판단되면 단일 화폐로 통합하는 것이 필요하다. 남북한 경제력의 차가 워낙 큰 상황에서 성급하게 화폐 통합을 하면 큰 부작용이 생길 수 있기 때문이다. 독일도 통일 초기에 1대1의 비율로 동서독 화폐 통합을 단행했지만 이로 인해 동독 화폐가 고평가돼 동독 기업들의 채산성이 악화되고 기업 도산으로 실업이 급증했다.

◇ 통일비용과 재정 대책

북한에 철도 · 도로 · 전력 · 통신 등을 설치하는 '투자성 지출'은 민간자금의 도움을 어느 정도 받을 수 있다. 외국인 투자 유치, 유엔 등 국제기구의 참여도 대안이 될 수 있다. 반면 북한 주민의 소득 수준을 끌어올리는 '소비성 지출'은 전적으로 남한의 부담이 된다.

현재 북한의 1인당 국민소득은 남한의 5%대에 불과하다. 통일 이후 남한의 기초생활보장제도를 가감 없이 북한 지역에 그대로 적용할 경우 북한 주민 거의 대부분이 제도 수급자가 된다. 이렇게 되면 북한 주민에 대한 재정 지출이 급증해 단기적인 '재정 절벽'이 올 가능성도 있다.[76]

통일에 대한 재정 절벽을 막기 위해선 통일비용을 마련해야 하다. 남북한 통일비용은 연구 주체와 조사 방법에 따라 제각각이다. 국회 예산정책처가 2015년 12월 발표한 보고서에선 통일 후 향후 50년간 통일비용을 최소 2,316조 원에서 최대 4,822조 원으로 추산했다. 최대치로 계산하면 한국의 국내총생산GDP의 3배에 이르는 금액이다.

금융위원회가 2014년 내놓은 보고서는 통일 이후 20년간 북한 경제를 재건하는 데 5,000억 달러약 586조 원의 통일비용이 필요한 것으로 추정했다. 통일비용 마련은 △ 통일기금 조성 △ 국공채 발행 및 차관 도입 △ 부가가치세 인상 등 다양한 방안이 거론되고 있다. 그러나 어느 것 하나 간단치 않은 상황이다. 이명박 정부에서 관 주도로 통일기금 조성 사업을 벌였지만 별다른 성과를 거두지 못했다.

금융위원회는 국책은행 등 정책금융기관이 채권발행 등을 통해 통일비용의 50

---

76. 동아일보, 2016년 6월 18일.

~60%인 2,500억~3,000억 달러를 조달하는 방안을 제시했다. 나머지는 국내외 민간투자 자금과 통일 후 북한의 자원 개발 이익 등으로 충당하는 방식이다. 하지만 정부 재정 건전성이 갈수록 악화되고 있는 상황에서 국공채를 발행하거나 차관을 도입하는 것 역시 한계가 있다.

일각에선 부가가치세 인상을 주장한다. 한국은 1977년 부가세를 도입한 이후 현재까지 10%의 단일 세율 체계를 유지하고 있다. 다만 부가세 인상은 저소득층에 더 큰 부담을 지우는 '역진성'을 지니고 있기 때문에 국민적 합의를 먼저 도출해야 한다. 통일비용을 줄이기 위해선 통일 전에 북한 경제가 개혁개방을 통해 어느 정도 궤도에 오르게 해야 할 필요가 있다.

국책연구기관들이 중심이 된 중장기전략위원회가 2015년 '4단계 남북 경협 추진안'을 발표했다. 추진안에 따르면 정부는 개성공단에 이어 북한 주요 도시에 경협 거점을 확보하고 궁극적으로 '평양-개성-남한 수도권'으로 이어지는 남북 경협벨트를 구축한다는 목표를 세웠다. 그러나 여전히 전문가들로부터 "현재 남북관계를 감안할 때 선언적 구호에 그칠 수 있다"는 평가를 듣고 있다.

한반도 통일을 위한 실사구시적 4단계 접근 전략이 요구된다. 즉 △ 남북생태협력: 평화지대 설치 △ 남북 경제협력: 정경분리 △ 남북 문화협력: 자유왕래 △ 남북정군협력: 군축회담 및 군비축소 등 4단계로 구분하여 접근할 필요가 있다. 그러나 현재 남북 간에는 불신이 극도에 달해 있고, 강대강으로 대립하고 있어 이의 시행에는 '담대한 용기'가 요구된다.

4. 통일의 미래혁신 주요 정책 과제

• 통일은 한반도의 '블루오션'이다. 통일이 이루어지면 당분간 재정 부담으로 어려움을 겪을 수 있겠지만 새로운 성장 동력이 될 것이다. 대규모 수요 확대, 투자 증가, 북한의 우수 노동력 흡수 등을 통해 새로운 미래를 만들어 갈 수 있

을 것이다. 남북 대립과 갈등이 아닌 화해와 협력의 한반도 시대를 열어 나가야 한다.

- 탈북자가 급증하고 있다. 탈북민 3만 명 시대다. 폭압적인 김정은 정권에서 벗어나 더 나은 삶의 길을 찾아 나선 것이다. 이제 철저한 통일 준비 체제를 갖추어야 한다. 탈북민 수용·관리 체제 정비는 물론 남한의 시장경제체제에 잘 적응할 수 있도록 해야 한다. 최소 10만 명에서 최대 100만 명까지 수용할 수 있는 정착촌 조성과 다양한 자활·자립 프로그램 개발이 시급하다.

  탈북민의 남한 사회 적응은 통일의 시금석이다. 탈북민들이 남한에 조속히 정착할 수 있도록 사회 통합, 국민 통합에 주력해야 한다. 남한과 북한의 이질성은 이해와 배려로 극복하고, 융합성의 장점을 살려 대한민국의 역동성을 키워나가야 한다. 남한이 탈북민을 수용하지 못하면 통일 후유증은 상상할 수 없이 커지게 된다.

  북한 이탈 주민의 남한 사회 정착은 매우 중요한 통일 준비 과제다. 일방적인 지원이나 방치형 무지원에서 벗어나야 한다. 탈북민의 사회 참여를 확대하고 고용 기회를 늘려나가야 한다. 적극적인 자립과 자활을 통해 통일 성공 모형을 만들어야 한다. 작은 통일이 국가 전체의 통일이 될 수 있도록 남북한 주민 간의 통합력을 높여 나가야 할 것이다.

- 대한민국이 진정한 남북통일을 꿈꾸고 있다면 압박과 제재를 뛰어넘는 통일 지향적 대안을 제시해야 한다. 북한핵 문제가 모든 것을 흡수하는 상황에서는 통일을 준비해 나갈 수 없다. 북한의 비핵화는 매우 중요한 의제이지만 제재와 압박만으로 모든 것을 차단해서는 안 된다. 북핵 문제는 정치·군사적으로 전략적 접근을 통해 해결해야 한다.

- 그러나 통일 문제는 생태적, 경제적, 문화적 평화 협력을 통해 평화 복합체적으로 통일의 길을 만들어 나가야 한다. 북한 문제의 해결은 북한 주민에게 달려 있다. 남한이 모든 것을 독주하려 해서는 안 된다. 북한 지도부와 북한 주

민과의 분리를 통해 통일을 추진해야 할 것이다. 그런 면에서 인도적, 민족적 교류와 협력은 계속되어야 한다. 북한 주민을 남북이 함께 사는 통일 국민이 되도록 하는 것이 중요하다.

Ⅳ 평화의 미래혁신

1. 세계 평화의 추진 원칙: 상생 평화와 공동 번영

국가는 현실주의적 측면에서 국제사회에서 자국의 지위를 강화하려고 한다. 또한, 때로는 다른 나라보다도 영향력이 큰 지위를 확보하려고 한다. 구체적으로 말하면 국가는 경제 발전, 정치 발전, 그리고 군사력의 확대를 통해 국제적 영향력을 강화하려고 한다.

국가의 이러한 현실주의적 속성 때문에 국제 정치에서는 늘 긴장이 존재한다. 때로는 패권이라는 지배적 지위를 확보하기 위한 대립과 경쟁이 나타난다. 경우에 따라선 대립과 경쟁의 단계를 뛰어넘어 전쟁으로까지 비화되기도 한다.

전통적으로 국가 목표는 질서, 안전, 생산, 통상이라는 역할 속에서 모색된다. 우선 국내적으로 질서의 유지라는 정치정책과 생산의 장려라는 경제정책을 추진한다. 그리고 대외적으로는 안전의 확보라는 평화정책과 통상의 촉진이라는 무역정책을 강구한다.[77]

물론 이러한 국가의 역할은 시대와 상황 또는 지도자나 국민들의 요구에 따라 달라질 수 있다. 이러한 측면에서 새로운 대한민국은 질서와 안전, 생산 등 이외에 다른 국가에는 없는 '평화통일'이라는 특별한 국가 목표를 설정하고 수행해야

---

77. 이원형, 『한국의 외교전략』, 12-19쪽.

한다.

그런데 국가는 국민들이 국가에 대하여 무엇을 기대하는가를 적극 고려해야 한다. 대부분의 국민은 우선적으로 국가를 통해 안정되고 풍요로운 삶을 영위하기를 희망한다. 나아가 자신의 국가가 그 지역에서나 세계적으로 경제 대국이 되기를 바라고, 경제 대국이 달성된 다음에는 정치 대국, 군사 대국을 지향하기를 기대한다.

대부분의 국가들은 국민의 요청에 의해서 경제 대국→정치 대국→군사 대국, 즉 '부국강병'을 지향하고 있다고 볼 수 있다. 그러나 부국강병론은 매우 현실적인 국가 목표이지만 인류의 지속 가능한 평화와 공영이라는 측면에서 한계가 있다.

모든 국가들이 부국강병책을 구사하면 국가 간의 협력보다는 경쟁이 확대되고 이로 인해 국제 질서가 갈등과 혼란에 빠지게 된다. 이것은 도리어 그 나라를 위기로 몰아갈 수 있는 핵심적 요인이 된다. 따라서 새로운 대한민국은 21세기에 기존의 패러다임을 바꾸어 새로운 국가 목표를 창출해야 할 것이다.

2. 21세기 세계 평화의 비전

◇ 평화 공영 국가의 실현

21세기에는 인권, 평화, 복지, 생명, 환경의 실현을 전제로 모든 인류가 더불어 사는 국제사회를 주도적으로 만들어 나갈 필요가 있다. 특정 국가나 특정 계층만을 위한 지구촌은 모두의 공멸을 가져올 수 있다. 그러므로 경제제일주의나 군사제일주의를 용인하지 말고 상생 평화와 공동 번영을 지향해 나가야 할 것이다.

새로운 대한민국은 인류의 지속 가능한 발전을 위해 국제평화협력에 중요한 역할을 해야 할 것이다. 대한민국은 21세기 인류의 새로운 비전을 제시하고, 동북아 지역과 국제사회의 평화 패러다임을 창출하여 평화 공영 국가의 새로운 전형을 창출해 나가야 한다.

대한민국이 일본이나 중국으로부터 위협받지 않고 평화 공영 국가로서의 위상을 확대해 나가려면 '평화의 힘'을 강화해 나가야 한다. 여기에 한국의 평화 미래 창조를 위한 치밀한 전략이 요구된다. 평화의 힘은 근본적으로 인류의 보편 가치인 자유, 인권, 상생과 공영을 추진하면서 형성된다.

즉 인류 공동의 가치이자 목표인 평화 공영 국가 건설을 인류의 새로운 비전으로 제시하고 실천함으로써 국제사회의 평화 창조 리더가 될 수 있다. 우리 한국은 구체적으로 한반도 통일의 실현과 동북아 평화 공동체의 구축 등을 통해 국제 평화에 기여하는 '신한반도 평화 시대'를 창출해 나가야 할 것이다.

◇ 한반도 비핵화 및 통일의 맞교환

1945년 분단 이후 한반도 상황에서 가장 결정적인 사건은 두 가지다. 하나는 1950년 6월의 한국전쟁이다. 다른 하나는 2006년 10월 9일의 북한의 첫 핵실험이다. 이 두 사건은 분리된 것이 아니라 상호 긴밀히 연결된 것이다. 조만간에 제3의 사건이 일어날 것으로 보인다. 그것은 한반도 통일이라는 '대사건'이다.

한반도 통일의 시작은 아이러니하게도 북한의 핵실험에 의해서 촉발됐다고 볼 수 있다. 북한의 핵실험은 분단의 고착화에서 한반도 통일의 촉진제로 작용했다고 볼 수 있다. 왜냐하면, 북한 핵 문제를 궁극적으로 해결하기 위해서는 다자 평화협력을 성공시켜야 하고, 그리고 여기에 참여하고 있는 모든 국가들이 원하던 원하지 않던 한반도의 항구적 상생 평화와 한반도 통일을 이끌어내야 하기 때문이다.

최근까지만 해도 미국과 중국 등 한반도 주변국들은 '통일 한국'의 등장에 대해서 부정적으로 생각했다. 그러나 이들 국가들은 북한의 핵실험 이후 한반도의 불안과 긴장은 자국의 안정에 커다란 영향을 끼칠 것을 우려하고 있다. 우리 한국으로서는 한반도의 비핵화와 평화 및 통일 한국과 교환할 수 있는 최대의 호기를 맞고 있다.

북한의 핵개발에 대해서 가장 불쾌하게 여긴 것은 중국이다. 중국의 학자, 정치인들은 핵을 가진 북한에 대해 노골적으로 비판한 것은 이를 반증한다. 중국은 '핵 도미노'에 의하여 대만의 핵무장과 두 개의 정부를 가장 우려해 왔다. 이 때문에 중국은 아직 표면적으로는 한국의 통일에 대해서 소극적인 입장이지만 한반도의 비핵화와 통일을 맞바꾸려는 전략을 갖고 있다.

미국과 일본, 러시아도 마찬가지이다. 이들 국가들은 북한이 핵을 폐기할 것을 기대하고 있고, 북한의 핵 폐기 대가로 중유와 에너지 등을 지원할 의사를 갖고 있다. 이러한 한반도 상황은 사상 처음으로 '북한 핵 폐기'라는 주변 강대국들의 공동의 목표와 이해관계를 갖게 되었다.

즉 한반도 주변국들은 북한의 비핵화와 한반도 통일이라는 목표에 대해서는 근본적인 합의를 했다고 볼 수 있다. 물론 어떤 식으로 통일이 돼야 하는지에 대해서는 의견이 다르다. 문제는 남과 북이 현실적으로 통일을 할 수 있는 여건을 갖추고 있느냐 하는 것이다. 한국은 북한 핵을 평화적으로 해결하고 한반도 통일의 건설과 함께 평화 공영 국가의 시대를 열어나가야 할 역사적 호기를 놓치지 말아야 할 것이다.

◇ 남북 평화체제 구축과 신한반도 평화 시대 창출

한반도 통일과 평화 공영 국가의 시대를 열기 위해서는 먼저 남북이 평화협력을 강화하고 이를 통해 지속 가능한 평화 체제를 구축해 나가야 한다. 한반도 평화 체제는 한반도와 그 주변에 항구적이고 지속 가능한 평화가 제도화된 상태와 그 구조를 말한다.[78]

---

78. 이남주, "미완의 한반도 평화체제와 2013년 체제". http://www.socialdesign.kr(검색일: 2012년 2월 7일)

한반도 평화 체제는 정전 상태의 종식, 무장 충돌 가능성의 방지, 당사자 간 우호관계의 수립에서 출발한다. 그리고 궁극적으로는 남과 북의 평화통일에 기여하고 동북아의 상생 평화와 공동 번영에 이바지한다. 그러므로 한반도 평화 체제 구축은 남과 북은 물론 동북아 평화 공영의 필수조건이 된다.

한반도 평화 체제 구축은 남과 북, 그리고 주변국들이 기존 합의를 준수 이행하는 것으로부터 시작돼야 한다. 남과 북은 먼저 당사자로서 7·4 남북공동성명1972년, 남북기본합의서1991년, 한반도 비핵화 공동선언1991년, 6·15 남북공동선언2000년, 10·4 남북정상선언2007년 등 남북 간에 기존에 합의한 사항들을 모두 준수해야 한다.

또한, 북미 공동꼬뮤니케2000년, 북일평양선언2002년, 9·19 공동성명2005년, 2·13 합의2007년, 10·3 합의2007년 등 한반도 평화와 직결되는 관련국들 사이에 맺은 합의서도 존중되어야 한다. 한반도 평화 체제는 기존에 합의한 사항들을 이행하여 한반도 평화를 제도화함으로써 본격적인 정착을 추진해야 할 것이다.

한반도에서 항구적이고 지속 가능한 평화의 정착은 불신과 대결주의를 극복하고 평화 패러다임을 구축함으로써 시작되어야 한다. 남북 간에 불신과 대결주의는 남북한 내부의 다양한 폭력, 한반도와 동북아에서의 군사적 긴장과 충돌 구조를 재생산해왔다.[79]

남북은 기존 합의사항 준수를 토대로 남북통일정부 형성과 남북국가연합의 틀을 구축해 나가야 할 것이다. 남북국가연합은 남북 간 상호 체제를 존중하며, 평화적인 협력 관계를 발전시켜 나갈 기본 틀이자 점진적인 통일로 가는 핵심적인 과제다. 남북국가연합을 제도화시키기 위해선 정상회담을 정례화하고 이를 통해 각종 현안을 해결해 나갈 필요가 있다.

---

79. 참여연대 평화군축센터, "시민이 제안하는 한반도 평화체제". 『참여연대 보고서』 제2011-22호, 9쪽.

특히 한반도 비핵화와 평화협정 체결은 매우 중요하다. 한반도 비핵화는 남북이 그리고 6자회담이 수차례 공약해온 가장 중대한 현안이며 이러한 원칙이 부정될 경우 한반도 평화 체제는 이루어지기 힘들다. 한반도 평화 체제가 형성되지 않고서는 한반도 비핵화도 요원하다는 점도 고려해 한반도 비핵화와 한반도 평화 체제를 동시적 과제로 해결해 나가야 할 것이다.

남과 북은 통일의 기반을 닦아나가는 데 있어서 평화협력사업을 정군적 문제와 관계없이 지속화시켜 나가는 것이 중요하다. 개성공단사업과 금강산 관광사업 등 남북 경제협력사업이 신뢰 구축과 상생 공영에 이바지할 수 있음을 재확인해야 할 것이다. 남과 북은 경제협력사업을 더욱 확대하여 '민족 경제의 균형적 발전'을 기하고, 한반도 경제평화권의 발전을 통해 신 한반도 평화 시대를 열어 나가야 할 것이다.

남한으로서는 당장 북한의 경제 현대화를 통해 남북 경제 공동체를 구축해야 할 당위성에 놓여 있다. 그렇다면 북한의 경제 현대화를 어떻게 실현하느냐가 관건이다. 무엇보다 북한이 개혁·개방을 해야 한다. 북한은 이를 통해 수출 경쟁력을 갖추고 국제 무역 체제에 편입하는 것이 필요하다.

북한의 빈곤과 경제난, 환경 파괴는 심각한 재앙이 될 수 있다. 북한의 각종 평화위협을 극복하고 남북의 상생 평화를 위해서는 실질적인 남북 평화협력만이 유일한 길이라는 것을 남북 모두가 깨달아야 한다. 특히 북한 지도부는 무엇보다 주민들이 건강하고 인간다운 삶을 살 수 있도록 개방 경제로 바꾸기 위한 정치적 결단을 내려야 할 것이다.

북한은 초기 단계에서 몇몇 지역의 산업공단만을 개방할 수 있을 것이다. 하지만 보다 광범한 무역을 위한 개혁, 그런 다음 투자를 받아들이기 위한 개혁도 해야 할 필요가 있다. 이렇게 되면 북한은 보다 시장 지향의 개방 경제가 될 수 있다. 중국과 베트남은 이런 방식으로 이미 성공했다. 중요한 것은 이런 개방정책을 취할 수 있는 북한 지도부의 정치적 결단이다.

우리가 외세에 의존하지 않고 남과 북이 상생 평화를 위해 우리 민족끼리 힘을 합쳐 평화 공영 국가를 건설하여 통일의 문을 여는 것은 매우 중요하다. 북한에 대한 이상주의적 견해, 그리고 현실로서의 북한에 대한 균형감각을 찾아야 할 것이다. 즉 우리는 북한에 대해서 보다 정확한 분석을 토대로 하여 평화 공영의 신 한반도 평화 시대를 열어나가야 할 것이다.

3. 평화의 미래혁신 방향

◇ 동북아 평화협력기구의 구성

한반도 및 동북아 지역은 경제적인 측면에서 부분적인 평화협력이 이루어지고 있다. 그러나 역사, 가치, 문화적인 측면에서는 강한 대립과 갈등 요인이 잠재되어 있다. 동북아 국가 간의 불신은 더욱 심화되고 있고, 이러한 불신의 심화는 군비 경쟁으로 이어지고 있다.

그러므로 남북은 평화 공영 국가를 지향하는 한반도 통일을 실현해 나가는 것이 중요하다. 또한, 이와 동시에 동북아의 '평화안보협력기구'를 구성하여 적극적인 군축을 추진할 필요가 있다. 이것이 남북이 상생 평화협력을 확대하고 주체적으로 남북통일과 동북아 평화를 만들어 나가는 길이다.

남과 북은 평화협력을 토대로 한반도 통일 환경 조성을 위한 공동 평화외교를 추진해 나가야 한다. 특히 남한은 한반도 평화 체제 구축 과정은 동북아 질서와 밀접하게 연관된 문제라는 사실에 유의하여, 남북한 당사국 외에 미국과 중국이 한반도 평화 체제 수립을 지지 및 지원하도록 대미, 대중 외교를 강화해 나가야 할 것이다.[80]

---

80. 참여연대 평화군축센터, "시민이 제안하는 한반도 평화체제". 『참여연대 보고서』 제2011-22호, 12-13쪽.

남과 북은 독일 통일의 배경에는 서독 정부의 미·소 양국과 주변국들에 대한 적극적이고 균형적인 통일외교가 있었음을 상기하고 그 경험을 적극 활용할 필요가 있다. 9·19 공동성명에서 합의한 바와 같이 한반도 평화 체제 수립과 동북아의 평화와 안정이 긴밀한 관계에 있다. 북한과 미국, 북한과 일본 사이의 적대 관계를 청산하고 외교관계를 정상화해야 한다.

남과 북은 또한 다자평화협력기구 구성의 추진과 군사동맹을 해체하고 평화동맹을 만들어 나가야 할 것이다. 남한은 미국, 중국, 일본, 러시아 등 주변 4개 국가들과의 균형적인 선린 외교를 추구하며 동북아 차원의 공존 공영을 향한 지역적 신뢰 기반을 조성할 필요가 있다.

특히 역내 국가를 대상으로 하는 군사동맹을 점진적으로 해체해 나가야 할 것이다. 한국, 미국, 일본의 3자 군사동맹 구축이 한반도와 동북아에 군사적 긴장을 심각하게 고조시키고 있다. 동북아 역내 국가들은 군사동맹을 해체하고 탈진영 구축을 통해 평화동맹을 실현해 나가는 것이 중요하다.

남과 북은 물론 동북아 국가들은 다자평화안보협력을 통해서 평화와 안보를 실현해 나가야 한다. 동북아 국가들은 다자평화협력의 진전에 따라 군사동맹을 점진적이고 단계적으로 해소해 나가야 할 것이다. 다자평화안보협력은 6자회담에서 한반도 평화 체제에 대한 논의와 함께 진전시켜 나갈 필요가 있다.

◇ 동북아 평화 공영 국가의 창출

한반도 문제는 동북아 냉전체제와 각국 정부 간의 군사적 대립, 역사·영토 갈등 등과 서로 긴밀히 연결되어 있다. 정도의 차이는 있지만 동북아의 많은 국가에서 시민사회가 발전하고 있어 국경과 협소한 국가 이익에 대한 이해를 넘어 이 지역의 평화 문제를 논의할 수 있는 조건이 성숙되고 있다.

동북아 평화와 밀접한 관계를 맺고 있는 국가들의 시민사회 간의 동북아 평화와 공존, 갈등 해결 방안을 논의하는 포럼을 형성하고, 나아가 연구단체, 자치단체, 의회 간 협력 등을 아우르는 다양한 행위자 간의 소통과 협력 체계를 구축해 나가야 할 것이다.

또한, 평화협력외교로의 전환과 평화외교노선의 강화가 이루어져야 한다. 상대방 국가와 시민들로부터 평화와 번영의 기회를 박탈하거나, 전통 규범과 민주주의를 왜곡하거나, 그들의 삶의 터전을 파괴하는 국제사회는 결코 평화가 지속 가능하지 않다. 그러므로 분쟁의 예방, 공정하고 호혜적인 교역, 지속 가능한 개발, 민주주의와 인권 존중에 기여하는 평화협력외교를 강화해 나가야 할 것이다.

그러나 현재 동북아 국가 간에는 몇 가지 중요한 과제가 놓여 있다. 가장 먼저 북·미 간의 최대 현안인 북핵 문제를 해결해야 하고, 양국 간의 국교가 수립되어야 한다. 북·미 양국은 2005년 6자회담에서 합의한 9·19 공동성명의 완성을 통해 한반도 비핵화를 실현해야 할 것이다.

그리고 한·일 간 및 북·일 간의 외교적 갈등도 해결해야 한다. 한국과 일본은 과거사 문제 등을 완전히 매듭지어야 한다. 위안부 문제가 어정쩡하게 미봉되었지만 일본 정부는 사태의 심각성을 인식하고 충분한 사과와 배상을 해야 한다. 이는 동북아의 상생 평화의 창출을 통한 평화 공영의 첫 출발이다. 일본의 진솔한 사죄는 동북아 평화의 시작을 알리는 신호등이 될 것이다.

4. 평화의 미래혁신 주요 정책 과제

- 한반도 평화의 대전제는 북핵 문제를 평화적으로 해결하는 것이다. 이를 위해서는 우선 북핵 동결을 목표로 한 '신新 페리 프로세스'를 추진해야 한다. 페리 프로세스는 1999년 당시 윌리엄 페리 대북조정관이 북한 조명록 제1부위원장과 만나 핵, 미사일 개발 중단과 대북 포용정책을 단계적으로 실시하데 실패할 경우 강경 정책을 사용하기로 한 북핵 정책이다.

- 북한의 잇단 핵실험 도발 이후 북핵 해법이 다양하게 쏟아지고 있다. 백가쟁

명식이다. 고도화되는 북한의 핵·미사일 능력이 미국 본토까지 위협이 될 수 있다는 위기감 때문으로 풀이된다. 북한의 도발에 대해 제재를 넘어 핵무장화, 선제타격 등 강경론이 확산되고 있다. 그러나 이와 반대로 대화와 교류협력, 직접 협상도 제시되고 있다.

현명한 방법은 제재 속에 대화를 모색하고, 이것이 진전이 되지 않을 땐 강력한 수단을 강구하는 것이다. 대화와 협상 없이 일방적인 몰아붙이기는 또 다른 재앙을 초래할 수 있다. 문제 해결을 위한 제재와 대화를 병행하는 것이 바람직할 것이다. 무엇이든지 해결의 적정 시간이 있다. 남한과 북한은 이를 실기해서는 안 될 것이다.

- 남한과 북한은 북핵 문제 해결과 함께 평화군축협상을 통해 병력 수를 획기적으로 감축해 나갈 필요가 있다. 남한은 국민개병제에서 국민모병제로 단계적으로 전환해야 한다.[81] 현역 사병을 최소화하고 하사관 및 장교 중심으로 전문군인 체계로 전면 혁신해야 한다. 군 비리를 뿌리 뽑고, 미래형 첨단 평화 강군으로 육성해 나가야 할 것이다. 조속히 자주국방 체계를 확립하여 통일과 통일 이후를 대비해 나가야 한다.

미래의 전쟁은 병력의 수로 좌우되지 않는다. 개인의 자발성에 기초한 모병제를 통해 작지만 강한 평화군을 유지하는 것이 핵심이다. 현대전이나 미래전은 가공할 위력을 갖춘 첨단무기가 동원된다. 평화를 왜 지켜야 하는지에 대한 동기부여와 강한 국가 수호 의지가 가장 큰 무기가 된다. 소수의 최정예 평화 강군을 만드는 것이 핵심이다.

---

81. 군 모병제 도입은 필수불가결하다. 언젠가 반드시 도입해야 할 과제로 시기의 선택만 남았다. 현재의 63만 명에 달하는 병력 규모를 계속 유지하는 것은 불가능하기 때문이다. 통계청에 따르면 2022년에는 징병대상이 2015년 33만 1,000명에 비해 약 10만 명이나 적은 23만 3,000명으로 급감하게 된다. 이에 따라 국민 모병제의 도입을 위한 준비를 서둘러야 한다. 소수정예의 적정 규모의 병력 수는 30만 명 내외다. 이데일리, 2016년 10월 10일.

- 미국 오바마 정부와 다른 트럼프 정부의 등장으로 한미 관계가 새로 정립되어야 할 것이다. 안보 불확실성 증가와 함께 군사비 확대가 커질 것으로 보인다. 트럼프는 한국 방어 의지를 밝혔지만 주한미군 방위비 분담금 인상, 미국산 무기 도입 압력 등이 거세질 것이다. 한국군의 체질을 바꾸고 전시작전권을 조기 이양받아 자주국방의 틀을 강화해 나가야 한다.

- 우리는 특히 북한이 핵무기 및 미사일 실험 등 잇단 도발과 위협에도 불구하고 평화통일을 지향하는 '평화 강군'을 육성해 나가야 한다. 방산 비리 등 군내부 비리 근절과 군 구조 개편·복무 환경 개선 등 국방 개혁을 지속적으로 추진하여 국방을 전면 재정비해 나가야 할 것이다.

PART

4

4차 산업혁명시대,
미래와 국가 미래전략

미래와 미래전략 방안

I 미래의 개념과 미래사회 변동 예측

1. 미래의 개념

"미래는 이미 와 있다. 단지 널리 퍼져 있지 않을 뿐이다."

미국의 공상과학 소설가인 윌리엄 깁슨^{William Gibson}[1]이 1993년에 한 말이다. 사실 미래는 이미 우리 곁에 있다. 매일매일 미래의 삶과 관련된 제품들이 미디어를 장식하고 있다. 일부는 당장 사용할 수 있는 것이고, 일부는 머지않은 장래에 쓸 수 있는 것들이다. 그래서 미래는 '현재의 머리카락'이라고 할 수 있다.

'미래'라는 말은 한국인들이 매우 좋아하는 단어 중 하나다. 미래 병원, 미래 부동산, 미래 식당 등등 한국인들은 상호 작명 시 미래라는 단어를 즐겨 붙이는 경우가 많다. 여기에는 미래의 어느 시점에 좋은 일이 일어날 것이라는 큰 기대가 반영되어 있다. 즉 한국인들의 미래관은 비교적 낙관적이다.

그렇다면 미래라는 말의 개념을 어떻게 정의해야 할까? 보통 사전에서는 미래

---

1. 윌리엄 깁슨(William Gibson)은 과학소설가로 1982년 그의 데뷔작인 『뉴로맨서(Neuromancer)』에서 '사이버스페이스(cyberspace)' 등과 같은 미래 용어를 도입하여 유명해졌다. 그는 아직 잘 알려지지 않은 1990년대 이전에 현재 전 세계적으로 퍼져 있는 네트워크 공간을 잘 묘사했다. 특히 『뉴로맨서』에서 쓰인 많은 용어들이 그 이후 인터넷 등에서 널리 쓰이게 되었다.

未來: future의 개념을 '앞으로 올 때', '아직 오지 않은 때'를 지칭한다. 발화 순간이나 일정한 기준 시간보다 나중에 오는 행동, 상태 따위를 나타내는 시제를 말한다.[2] 즉 미래란 말하는 시점보다 동작이나 상태가 일어난 시점이 앞선 시제이다.

미래는 현재의 시간으로부터 '그 이후'를 말한다. 현재 이전의 시간까지를 과거라고 한다면, 크게 과거와 현재, 그리고 미래가 구분된다. 그러나 과거 현재 미래의 구분은 단절적인 것이 아니라 연속선상에서 이해되어야 할 것이다. 즉 미래는 곧 현재가 되고, 현재는 곧 과거가 되기 때문이다.

미래는 현재보다 더 중요하다. 흔히 혹자들은 지금, 현재가 가장 중요하다고 말한다. 과연 그럴까? 오늘, 지금 행복하려면 어떻게 해야 할까? 열매를 거둠과 동시에 씨를 뿌려야 한다. 열매는 땀의 보상이다. 그래서 열매를 거두는 순간은 가장 행복하다. 더구나 그 열매의 맛과 향을 느낀다면 더 행복할 것이다.

그러나 그 열매는 어디에서 온 것인가? 지금 내가 씨를 뿌리고 비료를 주며 가꾸었기 때문이다. 열매는 거저 주어지는 것이 아니다. 씨가 현재라던 열매는 미래다. 미래의 달콤한 열매를 기대한다면 지금 땀 흘려 씨를 뿌려야 한다. 그러므로 우리는 더 나은 미래를 꿈꾼다면 오늘의 고통을 인내하고 땀을 흘리며 살아가야 한다.

미래에 대한 관심이 고조되고 미래학의 수요가 커지면서 미래학자의 역할은 점점 커지고 있다. 미래학자는 아마도 미래에 가장 인기 있는 직종이 될 것이다. 미래는 누구도 가보지 않은 길이다. 과거 역사나 현재의 상태는 이미 주어진 것이지만 적어도 미래는 누구도 알 수 없다는 점에서 공평하다.

누가 성공할지, 어느 나라가 미래의 최강대국이 될지는 아무도 모른다. 바꾸어 말하자면 미래를 어떻게 준비하고 창조하느냐에 따라 누구든지 성공할 수 있고, 어떤 나라도 강대국으로 부상할 수 있다. 미래가 신이나 절대자에 의해 주어진 것

---

2. http://krdic.naver.com/detail.nhn?docid=14724000. (검색일: 2016년 6월 10일)

이고, 바꿀 수 없는 숙명 같은 것이라면 미래학은 아무런 의미가 없을 것이다.

세계미래회의 웹사이트http://www.wfs.org의 문구가 흥미롭다. "미래는 우연히 일어나는 것이 아니다. 사람들의 활동을 통해 오늘 창조해 나가는 것이다." 미래는 이처럼 준비와 창조를 통해서 바꿀 수 있다는 점에서 무한한 가능성이다. 미래에 대한 관심은 더 나은 미래에 대한 갈망이다. 미래예측과 미래학 연구의 활성화에 한국의 미래가 달려 있다고 해도 틀린 말은 아닐 것이다.

특히 '보이지 않는 미래'를 현재에 있는 것으로 마음에 품고 살아가는 것이 더 중요하다. 우리는 왜 공부하고, 왜 일해야 하는가? 그것은 당연히 더 나은 미래를 만들기 위해서다.

기독교인을 비롯하여 모든 종교인이 기도하거나 염원하는 대상은 모두 미래의 행복이다. 모든 고통이 없어지고, 더 나은 삶이 소망하는 대로 이루어지는 것이 미래의 꿈인 것이다. 우리가 미래의 희망이 없다면 아무 일도 하지 못할 것이다. 스피노자는 "나는 내일 지구가 멸망하더라도 한 그루의 사과나무를 심겠다"라고 말했다. 이것은 미래 희망 때문이다.

성경에 등장하는 '노아Noah'는 탁월한 미래인이다. 그는 인류의 '또 다른 구원'이라는 미래 비전을 갖고 홍수에 대비하여 배를 만들기 시작했다. 노아는 미래 비전의 실현 전략으로 '방주'를 만들었다. 노아가 얼마나 오랫동안 방주를 만들었는지는 성경에 기록되어 있지 않다. 그러나 방주의 크기를 볼 때 상당한 시간이 걸렸을 것이다.

방주의 길이는 축구장보다 길다. 높이는 7층 건물 정도 된다. 그런데 노아는 당시 특별한 장비 없이 '망치 하나'로 배를 만들었다. 비 한 방울 오지 않는 날씨에 미래의 어느 시점에 반드시 홍수가 발생할 것이라는 확신을 갖고 수십 년 동안 매일 망치질을 했다. 사람들은 노아가 미쳤다고 말했다. 그러나 마침내 대홍수가 일어나고 노아는 '방주의 대창조'를 통해 무수한 생명들을 구했다.

어찌 보면 우리 미래인들은 지금 노아처럼 새로운 방주를 준비해야 할 것이다.

미래인에게 가장 중요한 것은 '아직 오지 않은 미래를 현재의 것으로 품을 수가 있는 사람이 되는 것'이다. '꿈은 반드시 현실이 될 것이다'라는 확신을 갖고 구체적인 활동으로 정진하여야 한다.

2. 미래사회 변동 예측

미래학이 정확한 미래상을 제시하려면 '미래사회 변동'을 충분히 고려해야 한다. 가령 특정한 미래 시점에 X란 사건이 반드시 일어날 것이라고 주장할 때, 그런 미래예측을 뒷받침하는 자료를 어떻게 골라냈고, 왜 그런 식으로 해석하는지 이론적 배경까지 설명해야 한다.[3]

따라서 미래 전문가들은 먼저 사회변동 이론에 대한 기본 인식이 있어야 한다. 이론적 근거 없이 경험이나 직관으로만 미래를 이야기하는 것은 상상이거나 추론 또는 미신이다. 따라서 미래학자들은 체계적인 이론을 활용해 논리적인 미래예측을 해야 한다.

미래사회 변동에서 선택할 수 있는 이론들은 많다. 인간의 능력보다 한계를 강조하는 이론, 환경이 인간을 만든다는 이론, 혹은 인간이 원하는 것은 무엇이든 할 수 있다는 이론, 반대로 인간은 무기력하다고 주장하는 이론도 있다. 그중 과학기술이 사회와 환경을 변화시킨다는 주장이 핵심 이론이다.

기술이란 '인류가 일을 하는 모든 방식'을 말한다. 이 정의는 '사람'을 강조하며, '무엇을'만이 아닌 '어떻게'에 초점을 맞추고 있다. 기술은 가치 중립적이지도 않고, 통제할 수 없는 것도 아니다. 오히려 인류는 기술을 통해 서로 소통하며 더욱 인간답게 되었고, 더 나아가 자신의 정체성을 끊임없이 되묻고 변형시켜 왔다.

사회의 발전을 위해 필요하고 적절한 미래를 내다보자면 과학기술을 변화시키

---

3. 미래사회 변동 이론은 인터넷 글을 인용함.

는 요인이 무엇인지 분석해야 한다. 이런 과정은 마셜 맥루언Mashall McLuhan의 "우리가 도구를 만들어 내지만 그 후엔 도구가 우리를 만든다"라는 명언에서 잘 드러난다. '우리'가 도구를 만드는 주체이지만, 그 '도구'는 우리의 사회 환경을 예기치 못하는 방식으로 돌연변이 시키는 것이다.

기술은 물리적·생물적·사회적 기술로 나눌 수 있다. 펜·컴퓨터·비행기가 물리적 기술이라면, 음식을 먹고 자손을 낳고 땀을 흘리며 체온을 조절하는 것은 생물적 기술이다. 가족·학교·직장·자본주의 등 집단과 제도는 사회적 기술이다.

사회 변화와 충돌은 물리적 기술이 생물적 기술이나 사회적 기술을 위협하거나 대체할 때 전형적으로 발생한다. 예컨대 생명공학BT의 발전으로 성적 접촉 없이도 아이를 가질 수 있게 된다. 첨단 정보기술IT이 나오면서 학교나 도서관이 가상공간으로 대체된다.

현대인은 지난 수백 년간 서구문명의 확산으로 모든 분야에서 새로운 기술 개발을 적극 장려하는 세상에서 살게 됐다. 새로운 기술들이 개발되고 널리 퍼지면서 인류의 진화 속도는 점점 더 가속화하는 중이다. 하지만 불행하게도 이런 기술은 인간의 행위와 신념·제도만 바꿔놓은 게 아니다.

인류가 오랫동안 생존의 기반으로 의존해 왔던 순수한 자연은 대부분 사라지고, 인공적인 환경으로 대체되고 있다. 기술에 탐닉하다 보니, 인류는 역사상 처음으로 생존이 불확실한 상태에 놓인 것이다. 인류가 계속 생존하기 위해서는 진화를 조절해야 하는 책임을 져야 한다. 신기한 새 장난감에 푹 빠진 어린아이처럼 기술에만 탐닉하는 것에서 멈춰야 한다. 과연 우리가 할 수 있을까? 이것이 인류가 직면한 최대 과제다.

1. 전략의 개념

21세기는 전략시대다. 불멸의 명장 이순신 장군을 비롯하여 『손자병법』의 손무, 『삼국지』의 제갈공명, 중국 통일의 아버지 마오쩌둥, 베트남의 전쟁영웅 보응우옌잡 등은 모두 공통점이 있다. 바로 세계사적인 승리를 거둔 '전략의 대가들'이라는 점이다. 이들은 바로 다양한 전략을 변화무쌍하게 활용할 수 있었던 멀티 플레이어들이었다.

그렇다면 '전략戰略:strategy'이란 무엇인가? 전략이란 기본적으로 군사적 개념이다. 사전적으로는 '전쟁에서 승리하기 위해 여러 전투를 계획·조직·수행하는 책략'으로 정의된다.[4] 즉 전쟁의 승리를 위해 가용한 모든 전쟁 수단들을 설정된 목표에 집중시키는 방법이나 책략을 의미한다.

전략은 기본적으로 전쟁과 관련된 것, 전쟁의 준비 그리고 전쟁의 수행과 관련이 있다. 협의의 전략은 전쟁 지휘술이자 작전을 전개하고 지휘하는 것이다. 전술은 개별 전투에서 부대를 다루는 기술이다. 이는 오케스트라와 그것을 구성하는 개별 악기가 다른 것과 마찬가지다.

전략의 개념은 동양과 서양의 어원 모두 군사용어에서 비롯되었다. 그 뿌리는 군사학이다. 동양에서의 전략은 한자에서 유추할 수 있다. 즉 전략의 한자는 싸울 '전戰'과 지략 '략略' 자를 쓴다. 이는 군사학에서 전략은 싸우는 지략 또는 싸움에서 이기기 위한 책략 정도로 해석할 수 있다.

서양에서는 고대 그리스 아테네에서 부족단체를 지휘했던 장군을 'Stratego'라

---

4. 두산백과. http://terms.naver.com/entry.nhn?docId=1139480&cid=40942&categoryId=31738 (검색일: 2016년 1월 11일)

고 불렀다. 그리고 이들이 구사하는 용병술을 'Strategia 將帥術:장군의 술책'라고 말했다. 현재의 전략은 이 말에서 유래되었다. 이 용어는 원래 군사적인 개념으로 18세기 말까지 단순히 '전쟁에서 적을 속이는 술책' 또는 '전쟁을 계획하고 지도하는 술책'이라는 뜻으로 정의되었다.

그러나 19세기 이후 전쟁의 규모가 커지고 복잡해져 감에 따라 전쟁 수행에 비군사적 요인이 큰 비중을 차지하게 되었다. 게다가 그것은 군사적인 요인과 따로 떼어 놓고 생각할 수 없게 되자 전략이라는 용어도 본래의 군사적인 뜻의 한계를 넘어 확대하여 사용하게 되었다.

전략은 제2차 세계대전 종료 후 1950~1960년대에 이르러 군사학의 영역에서 다양한 분야로 그 개념이 확장되었다. 다시 말하면 전략은 넓은 의미로 정치, 경제 등의 사회적 활동을 하는 데 있어서 목표를 세우고 달성하기 위한 책략 또는 방책을 의미한다.

즉 전략은 본질적으로 동적인 것이기 때문에 전술이 복잡해지고 다양화됨에 따라 그 개념도 점차 변화되었다. 예를 들면 나폴레옹이 생각했던 전략적인 문제가 그 본질에 있어서 오늘날 개념으로는 전술적일 수가 있다.

현대에 와서 전략의 개념은 포괄적으로 응용된다. 시대의 변천에 따라 무기기술이 발전되었듯이 전략의 개념도 발전되었다. 또한, 전략은 현대에 와서는 군사적 개념을 벗어나 비군사적 분야 등 전 방위적으로 응용되고 있다. 즉 전략은 개인은 물론, 기업, 국가 등 생존과 발전이라는 측면에서 필수화되었다.

현대에서의 전략은 개인에게 있어서는 개인전략, 기업에게 있어서는 기업전략, 국가에게 있어서는 국가전략 등으로 매우 광범위하게 확장되어 사용되었다. 이는 현대사회가 개인이나 기업, 국가 간의 경쟁이 치열해지면서 생존과 번영을 위한 전략이 중요시된 결과이다.

전략은 적용되는 차원에 따라 대전략大戰略 · 단위전략單位戰略 · 부문전략部門戰略으로 크게 나눌 수 있다. 대전략은 적용 단위의 본질적인 비전과 목표를 달성하기 위한 전략이다. 단위전략은 국가전략, 기업전략, 개인전략 등 단위별로 추구하는 구체적이고 실질적인 목표를 실현하기 위한 전략이다. 부분전략은 군사전략, 미래전략 등 특정화된 부분의 전략을 지칭한다.

전략은 기본적으로 미래 목표를 세우고, 그것을 달성하기 위한 계획을 수립하는 것이다. 그렇다면 일류 전략가들은 어떻게 전략을 세우는가? 먼저 앞을 내다보고 현재를 되짚어 본다. 미래의 특정 시점에 자신이나 기업, 국가가 어떤 위치에 있어야 하는지에 대한 목표를 세우기 위해 '앞을 내다본다.' 그런 뒤 이를 실현하려면 어떤 조처들을 취해야 할지를 파악하기 위해 '현재를 되짚어 본다.'[5]

변화의 속도가 빠른 현대에 있어서 미래를 정확히 예측하고 원하는 미래를 창조하는 데 역점을 두는 일은 중요하다. 미래전략은 변화가 폭풍처럼 발생하는 상황이라면 더욱 필수적이다. 생존과 번영에 직결되기 때문이다. 일류 전략가들은 매일 하늘을 보고, 땅을 보고, 그리고 사람을 본다. 이에 따라 전략을 수정하거나 보완하며 승리를 만들어 나간다.

전략가들은 미래 비전을 세우고 이를 현실화시킬 전략을 개발하고 실행한다. 미래를 내다보는 능력이 있다고 해서 그 자체로는 전략가라고 할 수 없다. 전략가가 되려면 원하는 목표에 도달하는 방법을 찾아내 이를 현실화해야 한다. 전략가는 이 과정에서 필요한 모든 자원을 모으고, 이를 매우 유효하게 활용한다.

특히 전략적 네트워크를 구축하여 다양한 아이디어를 수렴하고 창의력을 발휘하여 목표 달성의 최적화를 만들어 내야 한다. 늘 현재의 위치를 파악하고 다른 사람이나 기업, 국가들의 움직임과 대응책을 조사한 뒤 전체를 아우르는 핵심적 방향을 제시해야 한다. 또한, 환경 변화에 주목하고 이에 따라 비전과 계획을 유연하게 조정해 나가야 한다.

전략에서 가장 중요한 것은 개인이나 기업, 국가가 어디로 가야 하는지를 결정

---

5. 데이비드 요피·마이클 쿠스마노 지음, 홍승현 옮김. 『전략의 원칙』, (서울: 흐름출판, 2016), 55-56쪽.

하는 일보다 그곳에 도달하는 '최적의 방법'을 찾아내는 일이 더 중요하다. 따라서 전략가는 앞을 내다보며 미래 비전을 제시하고 이를 추진해 나가면서 현재를 되짚어 보고 조정해 나가야 한다.

2. 대전략

전략의 최상위 개념이 대전략大戰略:Grand Strategy 이다. 대전략이란 "국가의 궁극적인 중장기 목표를 달성하기 위하여 정치적 · 경제적 · 사회적 · 심리적 · 지리적 · 기술적 · 군사적 제반 국력을 모두 통합하고 조정하여 가장 효과적으로 사용하는 방책"을 의미한다.[6]

국제정치학자인 골드스타인Avery Goldstein 은 대전략을 "한 나라가 국가 이익을 확보하기 위해 사용하는 정치적, 군사적, 경제적 수단의 특징적 조합"이라 정의했다.[7] 그에 따르면 대전략은 한 국가의 군사, 외교안보, 대외 경제정책의 산술적 조합을 의미하는 것이 아니라, 개별 정책을 관통하는 하나의 종합적 전략 구상이자 국가 전체의 미래 비전이다.[8]

대전략의 개념을 보다 잘 이해하기 위해선 그 역사적 맥락을 살펴볼 필요가 있다. 대전략은 물론 '전략strategy '에서 파생, 확장된 말이다. 전략의 어원인 그리스어 'stratos'는 원래 '장수의 통솔 · 지휘 기술'을 뜻하는 말이었다. 이에 따라 전략의 초기 개념은 "전장에서 승리하기 위해 군대를 교묘하게 지휘하는 기술"이라고 표현했다.

---

6. 두산백과. http://terms.naver.com/entry.nhn?docId=1221500&cid=40942&categoryId=31738. (검색일: 2016년 9월 4일).

7. Avery Goldstein, Rising to the Challenge: China's Grand Strategy and International Security. (Stanford University Press, 2005), p.17. 재인용.

8. 이충형, 「중국 국가 대전략 연구」, 서울대학교 대학원 정치학석사학위 논문(2015.8), 9쪽.

1648년 웨스트팔리아Westphalia[9] 조약 이후 근대국가 체제가 형성되기 시작했다. 개별 국가의 주권과 국익national interest 이란 개념이 성립됐으며, 국가가 국제사회의 기본 행위 주체로 등장했다. 국제사회에서 각국의 주권은 형식상 평등했다. 그러나 실제론 약육강식의 법칙이 작용했기 때문에 나라마다 모든 자원과 수단을 동원하여 타국과의 권력power 관계에서 우위를 차지하려 했다.

국제사회는 기본적으로 '힘'으로 움직인다. 국가 생존과 발전을 위해 어떠한 외교전략을 펼치느냐가 가장 중요한 수단이 됐다. 이로 인해 전략이라는 말이 군사적 차원에서 국가 차원으로 확대되었다. 18세기 말 산업혁명이 본격화되자 제국주의를 앞세운 강대국 간 경쟁이 더욱 치열해졌다. 국제 체제의 단위로서 국가는 '생존'의 위협과 투쟁해야 하는 극단적 긴장이 조성됐다.

결국은 이것이 도화선이 되어 제1차 세계대전이 발발했다. 세계대전에서 활약한 독일 장군 루덴도르프Erich Ludendorff 는 1935년 국가 '총력전total war '이란 전략적 개념을 내놨다. 그는 "총력전은 군대만의 문제가 아니라 전쟁에 참가하는 모든 사람의 생활, 정신과 직결돼 있다"라고 했다.[10] 현대적 국가 대전략 개념의 중요성을 시사한 것이다.

1943년 미국 군사전략가 에드워드 얼Edward M. Earle 이 '대전략'이란 용어를 최초로 사용했다.[11] 그후 1954년 영국 전략가 바실 하트Basil Liddell Hart 는 더욱 정교한 대전략 이론을 내놨다. 그는 "가장 높은 단계의 전략은 한 국가의 군사, 경제, 정치, 외교, 사상 등 자원을 통제해 근본적 정치 목표를 달성하는 것"이라 정의했다.[12]

대전략은 '국력' 개념과 '안보' 개념의 변화에 따라 보다 확대되고 정교화되었

---

9. Westfalen(베스트팔렌)은 독일의 북서부에 있는 옛 프로이센의 주(州) 명칭이다. 영어식 이름은 웨스트팔리아(Westphalia)이다.

10. Erich Ludendorff 저, 戴耀先 역, 『總體戰』, (北京 : 解放軍出版社, 2005), p.5. 재인용.

11. Edward Mead Earle, ed., Makers of Modern Strategy : Military Thought from Machiavelli to Hitler (New Jersey : Princeton University Press,1943) 참고.

12. B.H. Liddell Hart, Strategy (New York : Plume Press, 1991) , pp.334~335 재인용.

다. 냉전 후반기에 당시 상황을 반영해 '포괄안보comprehensive security'의 개념이 등장했다. 그리고 국가안보에서 국민안보, 인간안보의 개념도 등장하였다. 이로 인해 대전략의 성격도 변화되었다. 한 나라의 힘, 즉 국력의 범주에 전통적 군사력 외에 경제, 자원, 국민의 사기 등 비군사 부문까지 모두 포함시킨 것이다.

동양에서 사용한 전략 혹은 대전략의 개념은 서양과 다소 차이가 있다. 중국 고대에 전략은 '전戰'과 '략略'이 합쳐진 말로, '전'이 전투·전쟁을 지칭했다면 '략'은 책략·모획謀劃의 의미로 쓰였다. 서양에서는 주로 군사 영역에 국한해 '전략'을 지칭했다면 동양에서는 군사 외에 외교·정치의 책략까지 포괄하는 개념으로 사용하였다.[13]

현대적 의미의 대전략은 국가의 목적을 달성하기 위해 국가의 모든 자원을 총동원해 통합, 조정하는 방책이다. 이는 국가의 대외전략과 대내전략을 모두 포괄하는 개념이다. 군사, 정치, 사회, 경제와 국민 사기 등 제반 영역이 통일적으로 고려된 최고의 국정 종합전략이다.

국가의 대전략은 반드시 '생존'과 '번영'이라 두 개의 전략을 포괄해야 한다. 국가의 생존에는 전통적 국가안보 외에 국민안보, 인간안보가 중요시된다. 나아가 국가의 더 나은 미래 번영을 위해서는 생태환경 보호, 공평 경제 성장, 사회정의 실현, 국민 행복 증진 등 국민이 소망하는 시대정신을 구현하여 인류의 평화 공영을 추진해 나가야 할 것이다.

일반적으로 전략은 단기적 '전쟁의 승리'에 맞춰져 있다. 그러나 대전략은 전쟁의 승리를 초월하여 전후에 오는 평화 시기의 중장기 목표까지 종합적으로 고려해야 한다. 대전략은 단순히 각종 자원과 도구를 결합하는 것만이 아니라 장래의 평화 상태에 피해가 미치지 않도록, 안전보장과 지속적인 번영을 위하여 자원과

---

13. 이충형 (2015), 10쪽.

도구의 동원과 통합법을 강구해야 한다.

대전략은 국가의 본질적 전략이다. 모든 전략의 최우선적 개념이다. 대전략은 국력을 총결집시켜서 국가의 모든 자원을 통제하고 운용하여 목표를 달성하고자 하는 핵심적 방책이다. 여기에는 군사력이 포함되며, 국가의 사활적 이익vital interests을 효율적으로 달성하는 것이다. 그러므로 대전략은 국가에 있어서 생존과 번영을 위한 최고의 핵심 전략이다.

국가에 있어서 생존 및 번영이라는 대전략에 따른다면, 군사력은 부분의 문제일 뿐이다. 이를 포함하여 경제, 정치, 외교, 문화 등 다른 모든 자원들을 효율적으로 동원하여 국가 목표를 달성하고자 하는 전략이다. 국가 대전략은 국가의 모든 유형, 무형의 자원이 총동원된다. 대전략의 궁극적 목표는 평화와 공영에 있다.

저명한 군사사가이자 이론가인 리델 하트는 "대전략을 한 국가의 모든 자원 혹은 일군의 국가들의 모든 자원을 조정, 관리하는 것이다"라고 정의했다. 그리고 "이는 전쟁에서의 정치적 목적 달성을 위한 것이다. 그 목적은 기초적 정책에 의해 정의된다"라고 덧붙였다.[14]

그러나 리델 하트는 후에 이러한 정의를 수정했다. 즉 "대전략은 정치적 목적을 가지며, 단지 전쟁 목표 달성을 위해 제한되지 않는다. 그리고 전략은 군사적 승리의 달성과 관련 있다. 반면에, 대전략은 더 장기적인 관점에 따른 것으로, 평화를 달성하는 문제와 관련 있다. 혹은 대전략은 장기적으로 평화를 달성하려는 노력과 관련이 있다"라고 표현했다.[15]

결국은 국가에 있어서 대전략은 생존과 번영으로 요약되며, 그 궁극적 목표는 인류의 '평화 공영'에 있다고 할 수 있다. 대전략은 전쟁을 하지 않고 승리하는 것

14. B.H. Liddell Hart, 'Fundamentals of Strategy and Grand Strategy', in his Strategy, 2nd ed. (New York: Faber & Faber, 1967)
15. William C. Martel, Grand Strategy in Theory and Practice: The Need for an Effective American Foreign Policy, Cambridge University Press (January 12, 2015), pp.26-27.

이며, 불가하다면 전쟁에서 반드시 승리하여 지속 가능한 평화를 통해 더 나은 미래의 공영을 실현하는 것이다. 대전략은 평화 공영을 달성하기 위한 실현 계획인 것이다.

대전략은 기본적으로 국가를 전제로 하는 것이다. 그러나 이를 개인이나 기업의 경우에도 적용할 수 있을 것이다. 개인이나 기업도 국가와 마찬가지로 생존과 더 나은 미래 발전을 목표로 활동하기 때문이다. 개인과 기업은 중장기적 비전과 목표 달성을 위해서는 모든 자원의 총력화와 전략적 접근이 필수적이다.

이에 따라 개인이나 기업은 소명이나 창립 정신을 실현하기 위해 대전략을 제시하고 이를 전략적으로 실현해 나가야 할 것이다. 특히 이들은 국가 공동체 안에서 공존, 공생, 공영해야 하기 때문에 전략적 긴밀화가 요구된다. 개인과 기업, 국가가 서로 다른 생존과 발전 목표가 있다면 전략의 충돌화가 일어난다. 이를 극복하기 위해선 개인과 기업, 국가가 선순환적 구조를 형성하여 모두의 핵심 가치인 평화 공영을 지향해 나가야 할 것이다.

Ⅲ 국가전략, 개인전략, 기업전략

1. 국가전략

국가전략國家戰略: National Strategy 이란 국가 목표를 달성하기 위하여 국가의 모든 힘, 국력을 종합적으로 발전시키고 그것들을 효과적으로 운용하는 방책을 말한다.[16] 즉 국가 목표를 달성하기 위하여 전시와 평시를 막론하고 군사력과 함께 국가의

---

16. 두산백과 사전. http://terms.naver.com/entry.nhn?docId=1066725&cid=40942&categoryId=31645(검색일: 2014년 11월 26일).

정치, 경제, 심리적 힘 등 국력의 모든 수단을 개발하고 운용 및 조정하는 기술과 과학, 국내외 정세에 유효하게 대처하기 위한 모든 노력을 지칭한다.

대전략과 유사하게 사용되는 국가전략이란 용어는 "전쟁과 평화 시에 국가 목표를 달성하기 위하여 국가가 가지고 있는 제반 국력을 군사력과 함께 사용하는 기술 및 과학"이라고 정의할 수 있다. 여기에는 지리적 위치와 정신적 태도, 정책적 의지 등과 같은 국가의 힘도 사용될 것이다. 오늘날 이러한 국가전략의 개념은 국가의 총체적 활동으로 확대되고 있다.

전통적 의미로 국가전략은 국가가 전쟁 목적을 달성하기 위하여 전시·평시를 통하여 정치·경제·기술·심리 등의 모든 힘을 군사력과 함께 종합적으로 발전시키고 효과적으로 운용하는 방책이다. 현대적 의미로 국가전략은 국가적 차원에서는 국가 목표를 달성하기 위해 정치, 사회, 경제, 군사 등 통합된 모든 전력을 운용하는 방법을 뜻한다.

국가전략은 국내외의 환경 변화 등에 따라 적절히 수정될 수 있다. 그러나 기본적으로 국가의 궁극적 목표를 지향한다는 점에서 불변적이라고 할 수 있다. 국가전략과 군사전략은 개념적으로는 명백히 구분된다. 그러나 실태 면에서는 양자를 구분하기 어려운 경우가 많다. 군사전략은 국가의 군사적 목표를 수행하기 위하여 군사적 수단을 적용하는 전술을 의미한다.

군사전략은 군사력을 직접 또는 간접으로 사용하여 국가전략을 실행하는 수단이므로 국가전략의 일부분이라고 말할 수 있다. 전쟁의 목적은 국가의 목표를 달성하는 데 있으므로 군사전략은 이 목표로 지향되어야 하며, 모든 군사작전은 국가 목표와 전략에 따라야 한다. 국가전략은 군사적 요소 외에 비군사적 요소가 중시되면서 국가 목표의 효과적 달성을 위한 종합적인 방책이 된다.

2. 개인전략

사람은 누구나 크건 작건 꿈을 갖고 살아간다. 그 꿈을 이루기 위해선 전략적 접근이 필요하다. 이것을 '개인전략個人戰略: Personal Strategy'이라고 한다. 다시 말하면 개인이 자신의 꿈을 실현하기 위해 자신의 모든 능력을 조정, 확대, 통제하는 방책을 말한다. 성공한 삶을 위해서는 개인전략을 수립하여 효과적으로 대응해 나가는 것이 필수적이다.

과거에 개인들은 주어진 환경에 순응하며 살아가야 했다. 그러나 사회가 개방화, 세계화되면서 누구나 자신의 꿈을 실현할 수 있는 세상이 되었다. 이로 인해 많은 사람은 목표를 세우고 이를 달성하기 위해 치열하게 노력하고 있다. 개인들은 자신의 건강, 행복, 명예, 권력, 재물 등 다양한 꿈과 목표를 갖고 있다. 이러한 목표를 보다 효율적으로 달성하기 위해서는 전략이 동원되어야 한다.

개인전략은 목표를 효과적으로 달성하기 위한 전략을 말한다. 그러므로 개인전략에서 가장 중요한 것은 목표 설정과 달성 전략이다. 일반적으로 목표란 어떤 일을 성취完成하려고 하거나 어떤 지점까지 도달하기 위한 대상을 의미한다. 목표를 달성하기 위해서는 강력한 욕구를 갖고 전략적으로 행동해야 한다.

그러나 모든 일이 행동한다고 하여 반드시 성취되는 것이 아니다. 여기에는 목표와 전략과의 함수관계가 있다. 즉 어떠한 목표를 설정하고, 어떻게 전략을 수립하여 행동하느냐 하는 것이다. 합리적 목표 설정도 중요하지만 효율적 전략을 수립하는 것이 더 중요하다. 목표의 달성은 전략에 좌우되기 때문이다.

전략은 성공의 '지름길'을 찾는 것이다. 국가와 기업은 물론 개인도 그의 목표를 달성하기 위해서는 철저히 전략적이어야 한다. 현대는 개인전략의 시대다. 개인전략은 성공의 철칙으로 또 다른 자신을 연출한다. 개인전략이 성공전략이 되기 위해서는 자신의 능력, 가용할 수 있는 자원, 현실화할 수 있는 의지 등이 주된 변수가 된다.

개인전략을 수립할 때는 비전과 목표를 설정하고 이를 달성하기 위해 모든 환경분석, 조직분석, 자신분석, 상대분석 등이 필수적이다. 나를 알고 상대를 알아야 성공의 가능성이 높다. 전략적 접근을 통해 꿈을 성취하고 더 나은 삶을 만드는 것은 모든 사람이 원하는 것이다. 전략이 미래인 시대에 우리는 살고 있다.

3. 기업전략

21세기 들어 기업의 환경이 급변하고 있다. 이에 따라 기업전략의 중요성이 더욱 커지고 있다. 기업의 성패는 경영층이 추구하는 기업전략에 좌우된다. 세계적인 명문 기업이었던 미국의 필름 명가 '코닥'이나 일본의 반도체 제조사 '엘피다'는 미래의 도전을 극복하지 못하고 경영 위기를 맞았다. 성장은 물론 위기와 재건 모든 것이 기업전략의 결과다. 기업의 미래는 전략에 달려 있는 것이다.

기업은 단순한 생존이 그 목적이 아니다. 기업은 최소 투자로 최대 이익을 창출하여 성장하는 것이 기본이다. 그러므로 기업경영은 곧 전략이라고 할 수 있다. 기업의 모든 것이 최적화된 전략으로 일관되어야 한다. 기업경영의 성패는 무엇보다 그 기업이 어떤 전략을 추구했느냐에 달려 있다고 할 수 있다. 기업의 탁월한 목표 구상과 창조적인 전략이 기업 성공의 핵심이다.

'기업전략企業戰略: Corporate Strategy'은 기업이 설정한 비전과 목표를 달성하기 위하여 기업의 모든 자원을 효율적으로 조직, 운영, 활동하는 방책을 말한다. 기업전략은 기업의 생존은 물론 성장과 발전에 직접적인 영향을 미친다. 그러므로 기업이 더 나은 미래를 개척하기 위해서는 전략기구를 설치하여 전략 경영을 해야 할 것이다.

기업은 먼저 존재 이유를 구체적으로 밝힌 경영 철학이 있어야 한다. 이를 바탕으로 비전과 목표를 설정하고 이를 달성하기 위한 전략을 수립해야 한다. 개인전략과 마찬가지로 기업전략도 기업의 목표 달성과 추진 전략은 긴밀한 함수관계를 갖는다. 그러므로 목표의 적정 범위 설정과 실현 가능한 전략이 병행되어야 한다.

기업전략은 기업의 경영 비전과 목표로부터 도출해 내야 한다. 기업전략을 세울 때는 기업의 장점과 독특한 능력 등 모든 가용 자원을 적극 활용할 필요가 있다. 그리고 목표와 전략은 모두 실현 가능한 것이어야 한다. 기업전략은 전략을 실행할 기업 구성원들과 함께 수립하고 함께 추진해야 성공을 담보하게 된다.

기업전략은 기업의 더 나은 미래 성장을 위한 총체적이고 포괄적인 접근 전략이다. 이에 따라 기업전략은 먼저 고객과 경쟁사, 시장 등 외부 환경 요인과 기업 자체에 관한 내부 환경 요인의 현재 상태를 검토하고 미래를 예측하고 대응하는 것이 가장 중요하다.

기업전략은 나아가 기업 비전과 목표를 실현할 수 있는 경영정책, 제도, 자원 등을 효율적으로 조율, 조정해야 한다. 또한, 창의적인 방법으로 새롭고 효과적인 역할을 설정하는 일도 필요하다. 기업전략의 핵심은 경영이므로 경영인의 창조 리더십이 적극적으로 뒷받침되어야 한다.

기업전략은 경쟁 우위를 획득, 유지하여 기업을 성장시키는 방책이다. 기업전략은 경쟁자와 차별화된 독특한 경영활동을 통해 새로운 성공적 비즈니스 모델을 창조하는 것이다. 기업전략은 이러한 경쟁 우위를 창출하기 위해 효과적인 방안을 선택해 성장을 창출해 내는 것을 말한다.

기업은 내부 자원 및 역량에 대한 분석과 외부 환경의 변화와 도전에 대한 분석을 기반으로 전략을 수립하고 기업의 지속 가능한 성장을 구축해 나가야 한다. 즉 기업은 SWOT 분석[17]을 통해 내부 요인과 외부 환경을 분석하여 내부적 강점과 약점, 외부적 기회와 위협을 파악하여 위기를 최소화하고 성장해 나갈 수 있는 경영전략을 강구해 나갈 필요가 있다.

기업이 변화무상한 환경 속에서 지속 가능한 성장을 위한 경영을 하려면 어떠

---

17. SWOT 분석은 기업이 처한 강점(Strength)과 약점(Weakness), 기회(Opportunity)와 위협(Threat)을 토대로 경영전략을 수립하는 방법이다.

한 전략이 필요할까? 가장 중요한 것은 선택과 집중을 통한 내부의 핵심 역량 강화다. 결국 창의적 전략으로 기회를 만들고, 성공으로 구축하는 것이 관건이다. 성공에 이르는 전략은 무수히 많다. 조직, 제품, 영업, 서비스, 브랜드 등 끊임없는 전략화가 요구된다.

Ⅳ 미래전략

미래전략未來戰略:Future Strategy은 기본적으로 더 나은 미래에 대한 목표를 세우고, 그것을 달성하기 위한 계획을 수립하는 것이다. 일반적으로 전략은 단기적인 목표를 효율적으로 달성하기 위한 방책을 말한다. 이에 비해 미래전략은 개인이나 기업, 국가의 중장기적인 미래 목표를 달성하기 위한 방책을 뜻한다.

미래전략은 정책 결정자들이 현재 정책을 수립하여 미래에 성공할 수 있도록 돕는 능력을 증가시켜 준다. 미래전략가들은 미래에 일어날 수 있는 일에 대해 미리 경고를 하고 위험을 사전에 예방할 수 있는 역할을 하기 때문이다. 비록 미래 예측이 틀렸음이 밝혀지더라도 꽤나 유용한 방책이었음을 알게 해준다.

예를 들면 1970년대의 '성장 한계설 Limits to Growth'은 맬더스의 인구 폭발론Malthus catastrophic vision에 대응하고 유용한 대안을 제공하게 해주었다. 맬더스의 인구 폭발론은 최소한 현재에 이 예측은 틀린 것으로 판명되었다. 그러나 인구 문제에 대한 경각심을 불러일으키는 데에는 크게 기여했다.

전략 방위 구상Strategic Defense Initiative에 대한 미국과 소련의 장기적인 경제 영향력에 대한 예견 또한 맞지 않는 것으로 판명되었지만 미래를 대비하는 데에는 유용했다. 소련의 정책 입안자들은 경쟁하는 것이 지나치게 경제적인 부담이 크다는 것을 깨달았기 때문이다.

나아가 미래전략은 사회의 필요성을 충족시키는데 시너지 효과를 준다. 벅민스터 풀러R. Buckminster Fuller는 '적은 것으로 더 많이 하기'를 예측했다. 이는 기술발전으로 지구촌은 먹을 것과 입을 것, 그리고 주택을 효율적으로 활용할 수 있게 되어 가능해졌기 때문이다.

미래전략에 있어서 중요한 두 요소는 '미래'와 '전략'이다. 더 나은 미래의 비전을 제시하고 그것을 현실화할 수 있는 전략을 세우는 것이다. 어떻게 보면 '비전' 제시는 쉽다. 문제는 어떻게 그것을 현실화하느냐 하는 것이다. 미래 비전을 현실화하는 방책이 바로 미래전략이다.

미래전략의 수립에서 중요한 것은 한계와 우선순위를 정하는 것이다. 목표의 범위, 즉 무엇을 이룰 것인지 그리고 훨씬 중요하게는 무엇을 하지 않을 것인지를 정하는 전략을 세워야 한다.[18] 목표 범위를 구체화하고 명확히 정하는 것은 자원을 지혜롭게 배분하고 필요 없는 부분에 투자하여 낭비하는 것을 방지하기 위한 필수적 요소다.

미래전략의 가치는 정확성을 예견하는 것 못지않게 미래를 기획하는 것과 새로운 가능성을 고려할 수 있도록 마음의 문을 여는 것, 그리고 정책 의제를 바꾸는데 효용성에 있다. 즉 미래전략의 핵심 목적은 미래를 정확하게 예측하는 것보다는 더 나은 미래를 창조할 수 있도록 최적의 방안을 강구하는 데에 있다.

미래전략의 수립에서 유의해야 할 것은 수요자의 소망이나 욕구를 예측하는 일이다. 어떤 사업이나 정책을 시작해 성공하려면 수요자의 욕구를 이해하고 그들에게 제공하는 가치를 향상시키기 위해 날마다 노력해야 한다. 그리고 수요자들이 현재 무엇을 원하는지를 넘어 그들이 무엇을 원하게 될지를 예상하여야 한다.

미래전략을 효율적으로 수립하기 위해서는 역량을 시대적 상황에 맞춰야 하며, 전략적 변곡점을 예측하여야 한다. 그리고 변화에 대처하며 원하는 목표 실현에

---

18. 데이비드 요피·마이클 쿠수바노 지음(2016), 71쪽.

끝까지 집중하여야 한다. 미래전략가에게 가장 중요한 것은 미래 비전을 '내일의 현실'로 바꿀 방법을 찾는 것이다. 이것은 역량의 축적과 강화를 의미한다. 역량은 미래전략을 현실화시킬 수 있는 힘을 말한다.

개인이나 기업, 국가의 역량 강화를 위해서는 어떻게 해야 할까? 먼저 새로운 미래전략에 부합하도록 자기 혁신을 해야 한다. 또한, 주변 상황을 파악하고 경쟁자의 움직임을 예측하고 대응하여야 한다. 환경 변화를 예측하고 대응할 수 있는 능력을 갖추지 않으면 악몽이 될 수 있다. 미래전략가는 환경 변화를 예측하고 대비하여야 한다.

미래전략은 늘 새로워야 한다. 늘 똑같은 전략은 통하지 않음을 명심해야 한다. 미래전략가는 늘 변화를 이끌고 그 방향이 옳다고 확신한다면 지금 행동해야 한다. 다시 말하면 오직 비전 실현이라는 한 곳만 바라보고 나아가야 하며, 그 비전을 실현하기 위해 미래전략을 수립하고 그것을 현실화하기 위해 모든 역량을 강화해야 한다.

미래는 불확실성의 시대다. 문제가 매일매일 폭발하는 문제 폭발의 시대다. 앞을 가로막는 장애물들은 끊임없이 생겨나고, 그 장애물을 뛰어넘는 일은 점점 더 어렵고 복잡해진다. 막막함과 답답함이 매일같이 교차한다. 이렇게 복잡한 현실에서 어떻게 더 나은 미래에 대한 돌파구를 찾아야 할까?

스페인 속담에 "앞을 보지 않는 사람은 뒤처지게 된다"라는 말이 있다. 세상이 어디로 가는지를 정확히 보고 적절한 대응책을 강구하라는 것이다. 전략은 개인을 물론 기업, 국가에 있어서 생존을 위한 도구로, 전쟁 승리의 원천으로, 정치적 혁명의 수단으로 그리고 수익 창출을 위한 경영 방법으로 다양하게 발전해왔다. 개인이나 기업, 국가가 미래 성공을 위해서는 미래전략에 승부를 걸어야 한다.

미래전략의 목적과 적용

Ⅰ 미래전략의 목적

세상은 전략에 의해 움직인다. 우리가 꿈꾸는 미래도 결국은 전략에 따라 결정된다. 미래전략은 미래를 준비하고 꿈과 비전을 이루게 하는 핵심 방책이다. 미래전략은 모든 개인이나 기업, 국가에게 생존과 번영을 담보한다는 측면에서 매우 중요하다. 미래전략을 통해 모두가 다 함께 잘 사는 공동 번영의 미래를 만들어 나가야 할 것이다.

송병락 서울대 명예교수는 그는 저서 『전략의 신神』에서 8대 전략을 제시했다.[19] 8대 '전략×전략'은 '정正의 전략×기奇의 전략', '전승 전략×총력 전략', '양의 전략×음의 전략', '상생 전략×상극 전략' 등이다. 이들 8대 전략은 상반된 전략 카드를 통해 상대가 상황을 예측하지 못하게 함으로써 내가 원하는 것을 얻는 일종의 '융합 전략'이다.

이를테면, 상대가 약할 때에는 정공법인 '정의 전략'으로 맞서고, 상대가 강할 때에는 변칙 전략인 '기의 전략'을 활용함으로써 상대를 제압하는 것이다. 또한, 상대의 전략을 모방하다가도 상대 전략의 허약점를 공격해 가차 없이 상대를 제압

---

19. 송병락 지음. 『전략의 신』, (서울 : 샘앤파커스, 2015) 참고.

한다. 전략은 모든 방법을 강구하여 뜻을 이루는 도구다.

삼성은 어떠한 경우에도 돈을 버는 필승전략을 구사하고 있다. 즉 삼성은 경쟁사 애플의 '아이폰'에 '갤럭시S'라는 '힘과 힘의 대결'로 맞선다. 이와 함께 아이폰 생산에 필수적인 반도체를 공급함으로써 자사 스마트폰이 잘 팔려도, 아이폰이 잘 팔려도 이익이 남는 구조를 만들었다. 여기서 삼성이 '갤럭시S'를 통해 정공법으로 맞서는 것이 '정공 전략'이고, 부품 공급을 통해 이익을 남기는 것은 '변칙 전략'이다.

전쟁은 또 어떤가? 멀리 갈 것도 없이 한국전쟁 당시 인천상륙작전이 성공할 수 있었던 것도 낙동강 전선에 집중해 있던 상대의 허를 공략함으로써 전세를 일거에 바꿔 놓을 수 있었다. 맥아더 장군이 5,000분의 1의 가능성을 성공시킨 비결은 무엇일까? 송 교수는 "이 모든 것들이 기와 정, 융합과 독창, 양과 음의 전략, 허와 실 등을 융합적으로 활용했기에 가능했던 것들이다"라고 설명한다.

흔히 전략을 말할 때 많은 사람은 단순히 '백전백승의 기술'로 오해하곤 한다. 그러나 전략은 져야 할 때 잘 지고, 이기더라도 피해가 클 때 피하는 법을 이해하며, 궁극적인 승리를 이끌어내는 기술이다. 직장 상사와 백전백승하는 사람은 직장을 잃는다. 배우자와 백전백승하는 사람은 가정을 잃는 법이다.

진정한 전략의 목적은 모두가 다 함께 잘 사는 것, 즉 상생 평화와 공동 번영이다. 상대방에게 50의 피해를 주고 나는 49의 피해를 받는 식의 백전백승은 이기더라도 상처뿐인 승리다. 국가 간의 전쟁에서는 설령 백전백승을 하더라도 그 과정에서 수많은 병사가 죽어 나가며, 경제적 손실도 막대하다. 그러므로 싸우지 않고 승리를 이끄는 것, 상대나 자신에게 피해를 주지 않고 오히려 모두가 기쁘게 승리하는 것이 최고의 전략이다.

미래전략의 수립 방법

1. 분석을 통한 전략 수립

미래전략의 수립에서 가장 먼저 해야 할 일은 관찰을 통한 '분석'이다. 전략의 대가인 손자는 '지피지기知彼知己면 백전불태百戰不殆'라고 했다. 즉 상대를 알고 나를 알면 백번을 싸워도 위태롭지 않다는 뜻이다. 이는 상대편과 나의 약점과 강점 등을 철저히 분석하여 승산이 있을 때에만 싸우면 반드시 이길 수 있다는 말이다.

다시 말하면 전략 수립에 있어서 상대와 나, 환경 등의 정확한 분석이 승패를 좌우한다는 의미다. 그러므로 전략이 목표 달성을 위한 방책이라면 이를 위해서는 먼저 정확한 분석을 해야 한다. 분석의 대상은 개인과 기업, 국가의 상황에 따라 다르다. 그러나 대체로 외부 환경, 내부 구조, 자체 역량, 상대 역량, 기후 천시 등 다양한 변수를 모두 정교하게 분석해야 한다.

분석分析: Analysis은 전략을 수립하는 데 있어서 반드시 선행해야 할 핵심적 요소다. 분석이란 사전적으로 '얽혀 있거나 복잡한 것을 풀어서 개별적인 요소나 성질로 나누는 것'을 말한다. 철학에서는 복잡한 현상이나 대상 또는 개념을 단순한 구성 요소로 분해하는 일을 의미한다.

일반적으로 분석 방법은 크게 두 가지가 이용된다. 하나는 SWOT 분석이다. SWOT 분석의 첫 번째 단계는 바로 대내외 환경을 분석, 요인을 추출하는 것이다.[20] SW는 강점Strength과 약점Weakness을 의미하며 개인이나 조직 내에 존재하는 요인이다. 그리고 OT는 기회Opportunity와 위협Threat을 뜻하며 외부에 존재하는 요인이다.

---

20. 최승호(2010), 『전략기획 에센스』, 서울: 새로운 제안, 32-35쪽.

SWOT 분석이 성공전략 수립에 효율적이려면 대내외의 강점과 약점, 기회와 위협 등 4가지 대내외의 영역에 대한 명확한 요인 분석이 이루어져야 한다. SWOT 분석에서 SW 요인은 내부적인 영역으로 어느 정도 통제와 보완, 강화가 가능하다. 그러나 OT 요인은 외부적인 영역에 있는 변수들로 사실상 통제하기가 쉽지 않다.

SWOT 분석의 두 번째 단계는 전략 비교분석이다. SW 요인과 OT 요인을 교차해서 만드는 4가지의 기본 전략을 수립하여 비교분석하는 것이다. 4가지의 기본 전략은 △ SO전략: 내부 강점을 기회로 활용하는 전략공격 △ ST전략: 내부 강점으로 위협을 극복하는 전략우회 △ WO전략: 기회를 활용해 약점을 극복하는 전략만회 △ WT전략: 약점과 위협을 동시에 극복하는 전략방어 등이다.

SWOT 분석의 최종 단계는 전략의 선택과 행동을 하는 것이다. SWOT 분석에서 도출되는 4가지의 전략에 대해 각각 실현 가능성 및 위험risk 등을 고려해 최종 방안을 선택해야 한다. 이때 4가지 전략을 특정한 기준을 가지고 평가한 후 하나를 취사선택하거나 혼용 또는 모두 기각하는 등 최적의 성공전략을 선택하여 행동에 옮겨야 한다.

이상의 내용을 요약하면 SWOT 분석전략은 Strength강점, Weakness약점, Opportunities기회, Threats위협의 4가지 요인을 추출하여 요인별 분석을 통해 전략을 세우는 방법론이다. SWOT 분석은 1960~70년대 미국 스탠포드대학에서 연구 프로젝트를 진행했던 경영 컨설턴트 알버트 험프리Albert Humphrey가 고안한 전략개발 도구다. SWOT 분석은 방법론적으로 간결하고 응용 범위가 넓은 일반화된 분석 기법으로 여러 분야에서 널리 사용되고 있다.

SWOT 분석전략에서 중요한 것은 하나의 전략을 선택했다고 해서 나머지 전략을 버리는 것은 아니다. 자원은 한정되어 있고 유한하다. 우리의 내·외부 상황 또한 정체되어 있는 것이 아니라 끊임없이 변화한다. 그러므로 '전체 목표와의 적합성', '전략의 실행 가능성', '경쟁자와의 차별성', '전략의 상대적 중요성' 등을 종합적으로 고려해야 한다.

　SWOT 분석과 함께 다양한 변수와 요소를 고려하여 하나의 핵심 전략을 선정하고, 실행하며 꾸준한 모니터링을 해야 한다. 나아가 상황이 변화하면 그 상황에서의 최적화된 전략을 핵심 전략으로 수정해야 한다. 이것이 SWOT 분석을 통해 나오는 전략 활동이다.

　전략분석의 또 다른 방법은 SAMD가 있다. SAMD는 Strategic Analysis Model Diagram의 머리글자로 '전략분석 모델 다이어그램'을 뜻한다. SAMD는 전략수립을 위한 대내외 환경 분석단계에서 주로 다루는 거시환경분석, 현장분석, 자기분석, 상대분석, 기후·천시 등 5가지 영역 간의 관계와 구조를 도식화한 것이다.

　SAMD는 주로 기업이 전략을 수립하는 데 이용되나 개인이나 국가의 경우에도 응용할 수 있을 것이다. 기업의 경우 제품을 생산하고 시장에서 잘 판매해야 성장할 수 있다. 그러므로 사장을 둘러싼 산업 환경, 산업 구조 등 거시환경분석과 거시경제분석, 기술환경분석, 정책·규제환경 등을 종합적으로 분석해 전략을 수립해야 한다.

2. 비교를 통한 전략 수립

　미래전략의 수립에서 분석 다음으로 중요한 것은 비교다. 비교比較: Comparison 란 '둘 이상의 사물을 견주어 서로 간의 유사점, 차이점, 일반 법칙 따위를 고찰하는 일'을 말한다. 즉 둘 또는 그 이상의 사물이나 현상을 견주어 서로 간의 유사점과 공통점, 차이점 등을 밝히는 일을 뜻한다.

　비교는 분석의 결과로 나타난 구성 요소 간 어떤 것이 더 나은 것인지를 판단하는 핵심 과정이다. 비교에 있어서 유의해야 할 것은 비교 대상의 정확한 실태를 파악하는 것이다. 비교 대상을 잘못 파악하면 치명적 오류에 직면할 수 있다. 미래전략은 다양한 대안들을 비교하고 선택하는 것이다. 미래전략의 성공 여부는 정교한 비교에서 좌우된다.

가령 미래전략 수행의 이동수단으로 오토바이와 자전거가 있다. 이 중 하나를 선택하기 위해서는 철저한 상호 비교가 필요하다. 전략 수립은 어떻게 보면 분석과 비교, 선택의 과정이다. 즉 전략은 목적 설정, 정교한 분석과 비교, 상황과 환경에 맞는 선택, 그리고 결과 예측 등을 종합적으로 고찰한 후 수립되어야 한다.

일반적으로 오토바이와 자전거를 분석 – 비교해 보면 많은 공통점과 차이점을 발견하게 된다. 둘 다 이동을 위한 교통수단이다. 또한, 둘 다 땅 위에서 타는 것이고 바퀴가 두 개라는 공통점이 있다. 반면 오토바이는 연료가 있어야 움직이고, 자전거는 연료 없이 움직인다는 차이점이 있다. 그리고 오토바이는 소리가 크고, 자전거는 소리가 거의 없다.

오토바이와 자전거 중 무엇을 선택할 것인지는 목적과 상황에 따라 다르다. 사람에 따라 어떤 사람은 오토바이를 사고, 어떤 사람은 자전거를 이용한다. 서로 목적과 처지가 다르기 때문이다. 어떻든 무엇을 선택하기 전에 충분한 분석과 비교를 한 후 종합적인 검토 후에 전략적 결정을 해야 할 것이다.

비교는 성공적인 전략을 수립하기 위한 하나의 방법이다. 현상을 보다 체계적으로 분석하고 이해하며 예측하고자 하는 전략 수립의 방법이다. 나아가 비교는 분석 혹은 방법의 중요성을 감안할 때 전략 수립의 한 분야라기보다는 '전략 바로 그것'이라고도 할 수 있다.

따라서 비교는 보다 광범위한 전략 수립의 활동에서 다양하게 사용된다. 비교는 다른 전략 수립의 하위 분야들보다 광범위한 분석 영역과 다양한 분석 대상들을 포함한다는 점에서 그 특징이 있다. 이러한 측면에서 비교는 곧 비교 전략이 되며 이와 상호 교환될 수 있는 용어로 비교 분석, 비교 방법 등이 있다.

비교 분석comparative analysis은 전략의 수립에서든지 전략적 활동에 있어서 중요한 부분이기 때문에 전략 수립의 핵심적인 위치를 차지한다. 비교 방법comparative method은 흔히 비교 분석과 동의어로 사용된다. 비교는 현상이나 상황 분석의 핵심이고 또한 비교가 과학적 탐구나 전략적 선택에 있어서 창의성의 기초를 형성한다.

비교전략에서 '비교한다to compare'는 의미는 어떠한 현상이나 현상의 군群을 보다 더 잘 이해하고, 설명하고, 예측하기 위하여 그들 사이의 유사점과 상이점을 찾아내는 것이다. 우리가 비교하는 이유는 우연한 관찰의 형태로부터 구별되는 전략적, 과학적 탐구의 관찰이기 때문이다.

비교의 목적은 크게 실증주의적 방법으로 현상과 상황을 분석, 서술, 설명, 예측하려는 것이다. 무엇보다도 비교전략은 비교 대상이 되는 개체 내지는 체제 간의 유사성similarities과 상이성differences을 찾아내어 이를 전략화하려는 것을 그 목적으로 한다.

비교는 전략 수립의 핵심적 요소이다. 비교는 학문과 과학에서도 중요한 기능을 한다. 이에 따라 비교정치, 비교문학, 비교언어 등 다양한 방면에서 비교분석이나 비교 방법이 활용된다. 특히 비교전략은 판매, 선거, 캠페인, 설득, 광고 등 실제 생활에서도 폭넓게 사용될 수 있다.

3. 융합을 통한 전략 수립

미래전략의 수립에 있어서 또한 중요한 것이 '융합'이다. 융합融合: Convergence, Fusion은 사전에서 '다른 종류의 것이 녹아서 서로 구별이 없게 하나로 합하여지거나 그렇게 만듦 또는 그런 일'이라고 규정하고 있다. 인문, 과학, 기술 등 서로 다른 것들을 결합하고 통합할 뿐만 아니라 더 나아가 응용함으로써 새로운 분야를 창출하는 과정을 통칭하여 융합이라고 한다.[21]

인문학과 과학기술은 수백 년 동안 독자적으로 발전되어 왔다. 그러나 최근 인

---

21. 조준동(2015), 『창의융합 프로젝트 아이디어북』, 한빛아카데미(주) 참조.

문학과 과학기술이 만나면서 인간의 삶은 더욱 다양해지고 있다. 인간의 삶의 질을 높이려는 노력과 이윤을 추구하려는 경제성의 논리까지 결합하여 인문학과 과학기술이 활발하게 융합되고 있다. 이러한 추세는 앞으로 더욱 확산될 전망이다.

융합은 일반적으로 '하나로 합친다' 또는 '경계가 없어지면서 사실상 하나가 된다'는 포괄적 의미를 갖고 있다. 이종 제품 간, 비즈니스 모델 간, 산업 간 결합 또는 융합의 의미로 주로 사용되기도 한다. 휴대전화에 카메라, MP3, DMB 등의 기능이 덧붙여지는 것은 '디지털 컨버전스'의 한 예로 볼 수 있다.

이처럼 현대사회는 융합사회가 되어가고 있다. 정치, 문화, 기술, 금융, 국가 안보와 생태의 전통적인 경계가 모두 사라지고 있다. 이제 타 분야를 언급하지 않고 특정 분야를 설명하는 건 사실상 불가능하다. 또한, 전 분야를 아우르지 않고는 한 분야를 온전히 설명할 수 없을 것이다. 소위 초융합 사회가 된 것이다.

"새는 알에서 나오기 위해 투쟁한다. 알은 세계다." 헤르만 헤세의 작품 『데미안』에 나오는 구절이다. 새로운 세상으로 나아가기 위해서는 알이라는 틀을 깨고 나와야 하는 것처럼, 융합을 통해 기존의 틀을 깨고 새로운 시각으로 새로운 세상을 열어나가야 한다. 융합은 바로 기존의 틀을 깨고 상상과 창조를 통해 전혀 새로운 것을 만들어 내는 것이다.

특히 4차 산업혁명시대를 맞아 융합은 새로운 미래전략의 키워드로 떠오르고 있다. 첨단기술의 발전을 통해 축적된 혁신은 다른 분야와의 창의융합을 통해서 새로운 가치를 창출하고 있다. 창의융합이 이제는 개인은 물론 기업, 국가의 생존과 공영의 핵심 미래전략이 되고 있는 것이다.

융합전략은 과학과 기술, 산업뿐만이 아니라 교육, 정치, 문화, 군사 등 전 방위적으로 활용된다. 이로 인해 미래사회는 융합전략을 갖춘 인물이 중요시된다. 융합형 인재란 '인문학적 상상력과 과학기술적 창조력을 갖춰 새로운 지식을 창조하고 다양한 지식을 융합해 문제를 창의적으로 해결하여 새로운 가치를 창출하는 사람'을 말한다.

융합전략의 대가는 역사 속에서 찾아볼 수 있다. 콜럼버스Columbus와 이순신, 지동설을 주장한 코페르니쿠스Copernicus, 상대성이론은 창안한 아인슈타인Albert Einstein, 비디오 예술가 백남준 등은 모두 융합전략가들이다. 이들은 모두 개별적이고 단편적으로 보이는 기존 지식들을 서로 연결하고 창의적인 질문을 통해 생각의 융합으로 특별한 전략을 창안한 사람들이다.

아인슈타인은 이렇게 말했다. "천재는 1%의 재능과 99%의 노력이다. 나는 똑똑한 것이 아니라 단지 문제를 더 오래 연구할 뿐이다. 나에게는 특별한 재능은 없다. 단지 호기심이 많았을 뿐이다. 질문을 멈추지 않는 것이 가장 중요하다. 스스로 생각하고 자발적으로 행동하고 문제를 해결할 수 있도록 인간을 기르는 것이 제대로 된 교육이다." 시대를 바꾼 명언들이다.

Ⅲ. 미래전략의 이해와 적용

1. 창조전략 세종대왕

"정치란 누가 더 높은 자리를 갖는가, 누가 더 큰 권력을 갖는가가 아니라 어찌 공조하여 더 좋은 세상을 만드는가를 궁구하는 것이다." 지난 2008년 11월 16일 종영한 KBS 사극 「대왕세종」의 마지막 회 대사 가운데 하나다. 시청자들은 이 드라마를 통해서 무릇 국가의 태평성대를 위해서는 세종과 같이 백성을 온몸으로 사랑하는 국가 지도자가 있어야 한다는 것을 깨달았을 것이다.

세종대왕은 2009년 8월 1일 개장한 광화문 광장의 주인공으로 부활했다. 10월 9일 한글날 모습을 드러낸 세종대왕의 좌상坐像은 대한민국 정치·경제·사회의 중심지인 세종로 한복판에 자리함으로써 대한민국 최고 지도자의 상징이 되었다.

세종의 백성을 위한 창조적 국가 통치는 시대를 넘어 커다란 귀감이 되고 있다.

세종에 대한 관심은 최근 '국가 지도자 세종'에 집중되고 있다. 광복 이후 세종에 대한 논문과 저서 552건을 분석한 결과에 따르면 초기에는 어문과 한글 등에 관한 연구가 주를 이루었다. 그러던 것이 2000년 이후에는 세종의 국가 지도력에 대한 연구가 많아졌다. 업적 그 자체보다 국가를 융성하게 만든 국가미래전략에 대한 관심이 커진 것이다.

국가미래전략 지도자로서의 세종은 국민과 소통하며 신뢰를 쌓는 왕이었다. 세종은 들판을 지나갈 때는 일산日傘·왕가의 행차 때 받치던 큰 양산과 부채를 쓰지 않고 벼가 잘 되지 않은 곳에서는 반드시 말을 멈추어 농부에게 까닭을 물었다. 농사가 여의치 않은 사정을 듣고 마음이 아파 점심을 들지 않고 돌아오기도 했다고 한다.

'국가 지도자 세종'은 이처럼 소통을 중시하고 백성을 위해 헌신했던 인물이었다. 세종은 항상 백성을 하늘처럼 섬기고 백성과 동고동락하는 이상적 군주의 모범을 보였다. 세종은 현실과 이상을 완벽하게 조화시켰다. 정치인과 국가 지도자가 갖추어야 할 최고의 덕목을 몸소 실천한 국가미래전략의 창조적 지도자다.

특히 세종대왕은 온몸으로 위민정책을 실천했다. 세종은 "백성은 나라의 근본이다. 정치의 목적은 백성을 기쁘게 하는 데 있다. 백성의 생활을 풍족하게 하여 나라의 근본을 튼튼히 하는 것이 나라 다스리는 급선무다."라고 역설했다.[22] 세종대왕만큼 백성에 대한 사랑을 실천한 왕도 없을 것이다.

세종은 나랏일을 결정할 때 '사회적 약자'들이 그 결정을 어떻게 받아들일지를 먼저 고민했다. "하늘이 만물에게 차별 없이 혜택을 베풀 듯 국왕도 모든 신민에게 고루 은택을 주어야 한다"고 생각했다. 심지어 외로운 노인과 버려진 아이들이 그 결정으로 인해 겪게 될지도 모르는 아픔까지도 먼저 생각하고 대책을 마련

22. 박현모, "세종이 실천한 친서민정책". 동아일보, 2009년 8월 31일

하게 했다.

세종은 나아가 국가 공동체의 이익을 위해 꼭 필요한 정책은 절대로 포기하지 않았다. 세종은 재위 중반기에 4군6진을 개척할 때 "조선의 땅은 단 한 뼘의 땅이라도 포기할 수 없다"는 원칙을 세워 당시의 떠도는 말浮言을 물리쳤고 결국 압록강과 두만강을 우리의 변경으로 만들었다.

백성들 중 일부는 자신의 팔을 자르거나 자살하는 등 격렬히 저항하면서 북방이주를 거부하기도 했다. 그러나 세종은 결론이 정해지면 그 정책이 왜 중요한지, 지금 추진하지 않으면 조만간 어떤 어려움에 부닥치게 되는지를 '상세하고 명확하게 일깨워가는' 일을 정성스럽게 해나갔다.

세종은 한글 창제를 비롯하여 과학 발전, 문화 창달, 민주 정치, 인간 경영 등 훌륭한 업적을 남겼다. 세종이 이처럼 놀라운 업적을 이루어낼 수 있었던 것은 백성을 하늘처럼 떠받들었기 때문이다. 정치의 진리는 '위민헌신'을 온몸으로 실천함으로써 증명하는 것이다. 정치인은 모름지기 세종의 위민헌신을 본받아야 할 것이다. 한국 역사에서 최고의 창조적 국가미래전략을 갖춘 인물이 '세종대왕'이다.

2. 변칙전략 칭기즈칸

몽골의 칭기즈칸Genghis Khan, 본명: 테무진, 鐵木眞은 인류 역사상 최고의 정복자다. 미국의 유력 일간지 워싱턴 포스트는 1995년 12월 지난 1000년간 인류에 가장 커다란 영향을 끼친 인물로 칭기즈칸을 선정했다. "칭기즈칸은 사람과 과학의 교류를 통해 지구를 좁게 만들고 세계를 뒤흔들어 근본적인 변화가 생기게 만들었다"라고 선정 이유를 밝혔다.

칭기즈칸은 강력한 리더십, 불굴의 의지, 진취적 기상으로 천하를 평정했다. 칭기즈칸은 당시 동으로는 일본, 서로는 폴란드까지 정벌했다. 100만 명의 병력으로 세계 인구 3분의 1인 1억 명을 지배했다. 유럽인들은 무시무시한 몽골군을 지옥이란 뜻의 '타르타투스'라고 불렀다. 우는 아이들도 '칭기즈칸이 온다'고 하면 울음을 딱 그쳤다고 한다. 어떻게 이것이 가능했을까?

칭기즈칸의 군대는 정벌전에서 매번 승리했다. 그 승리의 핵심은 스피드, 즉 '속도'였다. 칭기즈칸은 속도의 힘으로 승리했고, 세계의 3분의 1을 정복했다. 몽골군은 지구력 강한 몽골 말과 보급부대를 두지 않는 '간편함'으로 속도를 높였다. 또한, 고도로 조직화된 부대 편재를 통해 몽골군의 기동력을 세계 최강으로 만들었다.

칭기즈칸이 이끈 몽골군은 병사 1명이 말 8마리를 끌고 다니며 1시간마다 바꿔 탔다. 폴란드를 공격할 때는 눈 덮인 지역 300㎞를 3일 만에 돌파했다. 또 스피드를 높이기 위해 군용식량인 '보르츠육포와 마른 젖 덩어리'를 개발하여 휴대했다. 매년 가을에 소를 잡아 3개월 이상 바싹 말려 가루로 빻으면 소 1마리가 3㎏ 정도 된다.

바로 이 소고기 육포가 칭기즈칸의 세계 정복을 위한 중요한 에너지원이 되었다. 육포는 휴대가 간편하고, 오래 두고 먹을 수 있으면서도 단백질을 보충해 주는 중요한 식량이었다. 말 위에서 식사하고, 말 위에서 잠자며, 신속한 기동력으로 세계를 제패할 수 있었다.

칭기즈칸은 보르츠를 소의 오줌보에 넣어 병사 1명이 두 개씩, 즉 소 두 마리를 휴대식량으로 갖고 다니도록 했다. 최장 1년간의 간편한 비상식량을 확보하고 전쟁에 임한 것이다. 칭기즈칸의 이러한 변칙적 속도전은 연전연승의 원천이 되었다. 이처럼 속도는 승리의 매우 중요한 수단이다. 승리하기 위해서는 남보다 빨리 행동해야 한다. 스피드로 승리의 역사를 쓴 것이다.

그러나 스피드가 모든 것을 결정하지는 않는다. 칭기즈칸은 여기에 다양한 전략과 전술을 동원했다. 즉 포로들을 통해 익힌 공성攻城 전술과 무기, 굳은 충성심과 규율, 적에게 불안과 공포를 불러일으키는 선전전, 적이 제대로 대응하기 전에 전격적으로 기습하는 전술, 적의 영토 전역에 걸쳐 작전을 펼쳐 혼란을 일으키는 전술 등으로 몽골군은 위세를 떨쳤다.

몽골군은 서구와 인도를 제외한 유라시아 대륙의 대부분을 점령하여 대제국을 건설했다. 인류 역사에 나타났던 나라 중에 제일 큰 제국이다. 칭기즈칸과 그 후손들이 이러한 세계 제국을 불과 70여 년만에 건설했다. 몽골 제국은 동·서 교류의 새로운 장을 열었고, 유라시아 세계는 하나로 통합되었다.

몽골제국은 세계를 하나의 네트워크로 연결했다. 현대 세계가 하나의 인터넷으로 연결되어 있듯이 몽골제국도 '도로망'과 '역참제'로 유라시아 전 지역을 잇는 거대한 네트워크를 만들었다. 도로에는 약 40km마다 역참이 설치되어 말·식량·숙소를 제공했다. 무려 1,500개 정도가 있었다고 한다.

심지어 사람이 살지 않는 초원이나 사막에까지 설치했다. 교통로를 왕래하는 관리, 사절에게는 특별한 통행증이 발급되었다. 관리들은 말을 바꿔 타면서 하루에 450km를 달릴 수 있었다. 게다가 "황금 덩어리를 머리에 이고 걸어도 안전하다"고 할 정도여서 상인이 빈번하게 왕래했다. 몽골은 진정한 세계 제국을 건설한 것이다.

"우리는 똑같이 희생하고 똑같이 부를 나누어 갖는다. 나는 사치를 싫어하고 절제를 존중한다. 나의 소명이 중요했기에 나에게 주어진 의무도 무거웠다. 나와 나의 부하들은 늘 원칙에서 일치를 보며 서로에 대한 애정으로 굳게 결합되어 있다. 내가 사라진 뒤에도 세상에는 위대한 이름이 남게 될 것이다. 세상에는 왕들이 많이 있다. 그들은 내 이야기를 할 것이다!"

칭기즈칸의 무엇이 세계를 바꾼 인물로 만들었는가? 칭기즈칸은 경청을 통해 지혜와 리더십, 미래전략을 찾아냈다. 칭기즈칸은 변칙전략으로 무에서 유를 창조했다. 칭기즈칸은 다음과 같은 유명한 어록을 남겼다. "집안이 나쁘다고 탓하지 말라. 나는 아홉 살 때 아버지를 잃고 마을에서 쫓겨났다./ 가난하다고 말하지 말라. 나는 들쥐를 잡아먹으며 연명했고, 목숨을 건 전쟁이 내 직업이고 내 일이었다.

배운 게 없다고, 힘이 없다고 탓하지 말라. 나는 내 이름도 쓸 줄 몰랐으나 남의 말에 귀 기울이면서 현명해지는 법을 배웠다. / 너무 막막하다고, 그래서 포기해야겠다고 말하지 말라. 나는 목에 칼을 쓰고도 탈출했고, 뺨에 화살을 맞고 죽었다 살아나기도 했다. / 적은 밖에 있는 것이 아니라 내 안에 있었다. 나는 내게 거추장스러운 것은 깡그리 쓸어버렸다. 나를 극복하는 그 순간 나는 칭기즈칸이 되었다."

3. 융합전략 손자

세계 최고의 전략가는 누구일까? 이론적으로는 『손자병법』을 쓴 손무孫武일 것이다. 손무는 춘추시대 오나라왕 합려闔閭를 섬기던 명장이다. 손자는 그를 높여 부르는 호칭이다. 손자는 걸출한 군사가였던 할아버지와 고위관리직을 지낸 아버지로부터 병학을 전수받은 후 『손자병법』을 썼다.

현재 전해지는 것은 13편이다. 이것은 당초의 것이 아니고, 삼국시대 위의 조조曹操가 82편 중에서 번잡한 것은 삭제하고 핵심만을 추려 13편 2책으로 만들었다고 한다. 13편의 편명은 계計 · 작전作戰 · 모공謀攻 · 군형軍形 · 병세兵勢 · 허실虛實 · 군쟁軍爭 · 구변九變 · 행군行軍 · 지형地形 · 구지九地 · 화공火攻 · 용간用間으로 되어 있다.

『손자병법』은 국책國策의 결정, 장군의 선임을 비롯하여 작전 · 전투 전반에 걸쳐 격조 높은 문장으로 간결하게 서술됐다. 항상 주동적 위치를 점하여 싸우지 않고 승리하는 것을 강조했다. 또 사상적인 뒷받침도 언급하고 있어 병서로서는 모순을 느낄 만큼 비호전적인 것이 특징이다.

예로부터 '전략의 성전聖典'으로서 많은 무장들의 필독서였다. 나아가 국가경영 전략의 요지와 인사의 성패 등에도 비범한 견해를 보이고 있어 개인과 기업, 국가 문제 전반에 적용되는 전략서라고 할 수 있다. 한국에서도 예로부터 많은 무신들이 이를 지침으로 삼았고, 조선시대에는 역관 초시의 교재로 삼기도 하였다.

『손자병법』은 싸우지 않고 이기거나, 싸우고 이겨야 할 경우에는 상대에게도 피해를 최소로 하라는 것이 핵심 개념이다. 남을 알고 자신을 알면 백번 싸워도 위태롭지 않다. 전쟁하여 이기는 것보다 전쟁하지 않고 이기는 것이 중요하다. 최상책은 적의 전략을 꺾는 것이고, 상책은 외교로 적을 굴복시키는 것이며, 하책은 군대를 격파하는 것이고, 최하책은 적의 성을 공격하는 것이다.[23]

『손자병법』의 시계 편에서 손자는 "전쟁을 시작하기 전에 가장 중요한 일은 계책과 계산을 통해 얻어진 승산이 얼마나 되는가 하는 것이다. 승리할 조건을 갖추어야 승리할 수 있다. 승산이 많으면 승리할 것이요, 승산이 적으면 패배할 것이다. 하물며 승산이 없다면 어떻게 되겠는가? 나는 이것으로써 승부를 미리 예견할 수 있다"라고 밝혔다.

리델 하트는 『손자병법』에 대해 이렇게 얘기했다. "『손자병법』은 병법에 관한 인류 최초의 저서다. 아직까지 그 어떤 병서도 깊이나 범위에 있어서 이를 능가하지 못했다. 과거 모든 군사 사상가들 중 손자에 비교할 수 있는 사람은 클라우제비츠뿐이다. 그는 손자보다 2,000년 이상의 세월이 흐른 다음에 전쟁론을 썼지만 그의 이론은 손자보다 더 낡고 시대에 더 뒤떨어진다."

헨리 키신저 역시 그의 저서 『중국 이야기』에서 세계 최고의 전략서로 『손자병법』을 꼽았다. 그는 "미국이 과거 중국의 국공 내전부터 한국전쟁, 베트남전쟁에 이르기까지 아시아와의 전쟁에서 좌절감을 맛본 것은 『손자병법』을 잘 몰랐기 때문"이라고 고백하기도 했다.

---

23. 송병락 지음, 『전략의 신』(2015).

1. 역사를 바꾼 전략가

인류 역사는 전략의 역사다. 모든 것이 전략의 결과다. 역사상 수많은 전략가들이 명멸했다. 불가능한 싸움에서 승리하기도 했고, 어이없는 전략으로 패하기도 했다. 개인이나 기업, 국가는 모두 전략에 따라 흥망성쇠를 이어왔다. 역사 속에 등장했던 영웅들을 보면 전략이 생사는 물론 모든 것을 결정하게 됨을 알게 된다.

위대한 전략도 적의 더 위대한 전략을 만나면 패하게 된다. 역사를 바꾼 전략은 수없이 많다. 전략의 대결에서 승리와 패배가 뒤바뀌면서 역사가 무수히 바뀌는 것이다. 역사상 영웅은 필승의 전략으로 뜻을 펼쳤다. 그러나 더 강한 전략가를 만나면서 패자로 기록된 영웅들도 많다. 역사를 바꾼 몇몇 대전략가들을 만나본다.

먼저 현대 중국의 역사를 개척한 인물은 마오쩌둥毛澤東이다. 그는 장제스蔣介石와의 전략 대결에서 승리하여 중국의 현대 역사를 바꿔 놓았다. 마오쩌둥은 장제스와 중국 대륙을 차지하기 위해 전쟁을 했고 마침내 승리했다. 장제스는 미국의 적극적인 지원을 받았지만 패한 후 대만으로 도망갔다.

장제스는 일본 육군사관학교에서 공부했고, 부하 엘리트들도 일본에서 많이 유학했다. 그들은 일본의 군사전략을 많이 사용했다. 반면 마오쩌둥의 전략은 독창적이었다. 그리고 마오쩌둥 군대는 장제스 군대의 특성을 잘 알고 있었다. 누가 승리할 수 있는 전략을 갖추었는가?

장제스 군대는 도시 점령 전략을 중시해서 병력을 많은 도시에 분산했다. 그러나 마오쩌둥 군대는 게릴라 전략을 채택해서 병력을 필요할 때 집중했다. 그럼으로써 국민의 대다수인 농민을 우군으로 만드는 데 성공했다. 마오쩌둥의 전략이

장제스를 제압한 것이다.

고대 중국의 한나라를 건국한 유방은 역시 대전략가다. 그는 서민 출신이었다. 치밀하고 대담하며 포용적인 전략으로 뜻을 이뤘다. 유방의 원대한 꿈은 천하통일의 대업을 이루는 것이었다. 그는 마침내 3명의 참모와 함께 한나라를 건국했다. 전략 참모 장량, 행동 참모 한신, 행정 참모 소화가 바로 그들이다.

유방은 황제가 되고 나서 이렇게 말했다. "나는 장량처럼 교묘한 책략을 쓸 줄 모른다. 또한, 한신처럼 군사를 이끌고 싸울 줄도 모른다. 그리고 소화처럼 행정을 살피고 군량을 제때 보급할 줄 모른다. 하지만 나는 이 세 사람을 모두 기용할 줄 안다." 유방은 탁월한 용병술을 갖춘 최고의 전략가였다.

반면 유방에게 패한 항우는 단 한 사람 범증조차 제대로 기용하지 못했다. 항우는 결국 '역사적 패자'로 기록되었다. 유방과 항우를 통해 리더의 자세와 전략의 중요함을 깨달을 수 있다. 역사는 늘 우리에게 성공과 승리의 교훈을 준다. 역사를 통해 배울 수 있어야 더 나은 미래를 창조할 수 있다.

2016년 노벨생리의학상 수상자인 오스미 요시노리大隅良典 일본 됴쿄공업대 명예교수는 40년간 효모 연구의 외길을 걸어왔다. 그의 연구 인생이 결코 순탄치만은 않았다. 다른 연구자들에 비해 아주 늦은 편이었다. 그러나 그는 한 우물을 파며 마침내 뜻을 이뤘다. 오스미는 "아무도 하지 않는 분야를 개척해라. 남들과 다른 것을 해라. 자신이 흥미 있는 것에 인생을 걸고 도전하라"고 인생 성공전략을 밝혔다.

어떤 사람이 인생에서 성공할 것인가? 결국은 개인의 미래전략에 좌우된다. 성공한 사람들은 대부분 아무도 나서지 않을 때 용기 있게 먼저 나선 사람들이다. 나이나 환경 등은 장애가 될 수 없다. 강하고 담대하게 나아가면 된다. 아무리 힘들어도 포기하지 않으면 반드시 성공하게 된다. 이것은 확실한 진리다.

2. 전략보다 더 중요한 전략가

미국의 하버드대학교 신시아 몽고메리 교수는 『당신은 전략가입니까』라는 저서를 펴냈다. 그는 이 책에서 "전략을 가르치는 것이 아니라 '전략가'가 될 수 있도록 돕기 위해서 이 글을 썼다"라고 밝혔다. 사실 '전략'보다는 '전략가'가 더 막중하다. 전략은 전략가가 생산해 낸 일회적 산물이기 때문이다.

그렇다면 우리는 왜 미래전략가가 되어야 하는가? 3가지 이유가 있다. 첫째는 전략 그 자체가 매우 중요하기 때문이다. 전략은 개인이나 기업, 국가의 운명에 심오한 영향을 미친다. 둘째는 전략은 곧 실행이기 때문이다. 이에 따라 개인과 조직의 성패가 좌우된다. 셋째는 전략은 미래를 결정하기 때문이다. 전략의 결과에 따라 모두의 미래 운명이 결정된다.

그런데 우리는 전략이라고 하면 어떤 고정된 형태라고 생각하는 경향이 있다. 하지만 시대는 급변한다. 급변하는 시대에 전략은 목적이나 해결책이 아니다. 한 순간의 성공이 아닌 지속 가능한 경쟁 우위를 지켜나가기 위해서는 매번 그 상황에 맞는 전략을 구상해야 한다. 그래서 일회적인 전략보다는 지속적인 전략을 만들어 내는 '전략가'가 중요하다.

전략가는 끊임없이 변화를 주시하며 확인하고 평가하고, 결정하고, 조치를 강구하는 일을 반복해야 한다. 이런 일을 지속적으로 수행하며 리더십을 펼칠 전략가가 있어야 한다. 세계를 좌우하는 개인이나 기업이라 할지라도 전략적 판단에 따라 그의 미래가 결정된다. 전략가는 바로 모든 것을 바꿔 놓는 '운명'이 된다.

세상은 매순간 결정을 요구한다. 이를 결정하는 전략가가 누구냐에 따라 개인의 운명은 물론 기업, 국가의 미래도 좌우된다. 그러므로 성공적인 삶을 영위하기 위해서는 스스로가 뛰어난 전략가가 되도록 해야 한다. 남에게 모든 것을 맡길 수는 없다. 스스로 운명을 개척하는 뛰어난 전략가가 되어야 한다. 인류의 미래는 꿈을 갖고 도전하는 사람들 간의 전략에 따라 귀결될 것이다.

그렇다면 뛰어난 전략가가 되기 위해서는 어떻게 해야 하는가? 먼저 항상 깨어 있어야 한다. 끊임없이 의문을 제기하고 왜 그런지 이유와 방법을 생각해 내야 한다. 발상의 전환이 중요하다. 카르타고의 명장 한니발 Hannibal 은 코끼리 부대를 앞세우고 눈 덮인 알프스산을 넘어 로마를 공격하여 승리했다. 남이 가지 않은 곳에 승리의 길이 있다.

전략가는 세상에서 쓸 수 있는 모든 것을 동원할 수 있어야 한다. 승리를 위한 또 다른 전략은 무수히 많다. 모든 것이 승리 전략의 도구가 될 수 있다. 감사, 배려, 겸손도 승리 전략의 중요한 요소다. 이들은 특별한 지불 없이 사람을 움직일 수 있는 강력한 무기들이다. 항상 감사하고 나눔과 배려를 할 줄 알아야 뜻을 이룬다.

카네기연구소가 조사한 결과 성공한 전략가들은 '3가지 방문'을 잘했다고 한다. 첫째는 타인에게 칭찬하고 위로하며 용기를 주는 '입'의 방문이다. 둘째는 따뜻한 격려를 전달하는 '손'의 방문이다. 셋째는 상대가 어려울 때 자주 찾아가는 '발'의 방문이다.

진정한 전략가가 되어 늘 승리하기 위해서는 겸손해야 한다. 인생은 선택에 따라 달라진다. 내가 선택하는 경우도 있지만 남이 나를 선택하는 경우도 많다. 남이 나를 선택하게 하려면 반드시 겸손해야 한다. 사람들은 겸손한 사람을 좋아하기 때문이다. 모두가 합력하여 선을 이루는 평화 공영 전략을 갖추는 것도 필요하다.

3. 유능한 전략가 되기 위한 비법

우리가 유능한 전략가이자 성공한 지도자가 되고자 한다면 어떻게 해야 하는가? 먼저 전략의 대가들로부터 성공 비법을 터득할 필요가 있다. 모방과 선행 학습은 더 나은 미래 창조의 기본 전제가 된다. 여기서 중요한 것은 '전략의 거인'들도 처음부터 뛰어난 사람들이 아니었다.는 점이다.

즉 전략의 비법은 후천적으로 터득한 것임을 명심해야 한다. 전략의 대가들은 지속적인 노력과 인내, 무수한 시행착오를 거쳐 최고의 정상에 올랐다. 그들은 남다른 집중력과 열정을 갖고 뛰어난 실행력을 지닌 조직으로 성장시켰다. 우리의 목표는 이들처럼 위대한 전략가가 되어 가정이나 기업, 국가를 더 강한 조직으로 만드는 것이다. 그렇다면 어떻게 해야 하는가?

가장 확실한 대답은 우리 모두가 대전략가가 되는 것이다. 역사에 등장한 전략의 대가들 중 조직의 리더로서 불완전한 사람들도 많았다. 그런데 이들이 어떻게 최고의 전략가가 되었는가? 전략의 대가들이 보여준 공통점은 자신의 부족한 부분을 다른 사람들로부터 적극적으로 습득했다는 것이다. 즉 자기를 분석하고 부족한 것을 채워 '완성체'로 만든 것이다.

우리도 이젠 이들처럼 행동하여 누구나 뛰어난 전략가가 되어야 한다. 전략의 대가들은 그들의 시대에 역사를 창조했다. 우리나 다음 세대들은 이를 바탕으로 더 나은 미래를 창조해야 한다. 이를 위해서는 늘 새로운 미래전략을 개발해야 한다. 이것은 숙명이다. 다시 말하면 우리는 전략의 대가들로부터 전략의 비법을 터득해 새로운 미래전략을 수립해야 한다.

과거에 성공한 전략이 현재, 그리고 미래에 성공을 가져다준다는 철칙은 없다. 환경은 늘 변화한다. 새로운 장애물도 등장한다. 주력 분야가 맹점 또는 핵심 장벽이 될 수도 있다. 이에 따라 유목민처럼 새로운 것들을 만들어 내거나 새로운 장소로 이동하는 것을 두려워해서는 안 된다. 과거는 그저 과거인 것이다.

이제 우리 모두는 뛰어난 전략가가 되어야 한다. 역사와 시대의 변방이 아닌 주류로 참여하여 변화와 혁신을 이끌어내야 한다. 이를 통해 불확실한 미래에서 기업과 국가의 더 큰 발전을 창조해야 한다. 뒤에서 원망하거나 불만을 늘어놓는 불평자가 아니라 시대에 앞장서서 역사를 만드는 창조자가 되어야 한다. 이것은 우리 모두의 중대한 '사명'이다

그리고 더 중요한 것은 우리 자신을 전략의 '마지막 정점'으로 만들지 말아야

한다는 점이다. 우리의 후계자들을 널리 육성하여 더 큰 미래를 만들도록 해야 한다. 몽골 대제국을 건설한 칭기즈칸은 어떠했는가? 그는 분명 자신의 시대에 절정을 만들었다. 그러나 그는 유능한 후계자들을 만들지 못했다. 결국, 자신도 죽고 몽골도 붕괴되었다.

우리 모두는 진정한 전략의 대가가 되어야 한다. 그리고 기업과 국가의 지속 가능한 발전을 위해 조직의 후계를 미리 준비해야 한다. 이를 통해 조직의 부족한 점을 보완하고 더 큰 발전을 이룩하게 해야 한다.[24] 그리고 미래 환경에 더 적합한 새로운 비전을 제시하고 이끌게 해야 한다.

우리는 아직 상상조차 못한 세계를 꿈꾸며, 이에 필요한 능력을 갖춘 사람을 발굴하여 조직을 지속적으로 성장시켜야 할 의무가 있다. 이를 명심해야 한다. 우리의 미래가 더 이상 존재하지 않는 것은 상상하기 어렵다. 그러나 우리 인류의 미래는 반드시 최후가 있을 것이다. 그럼에도 불구하고 우리는 모든 전략을 총동원하여 더 나은 미래 공영을 창조해 나가야 할 것이다.

24. 데이비 요피·마이클 쿠스마노 지음 (2016), 365-376쪽.

미래전략과 국가미래전략기구

I ▶ 정부와 미래전략

    현대 국가의 정부는 대부분 200~300년 전에 설립됐다. 18세기 말 서유럽과 북미 국가들은 농업사회를 기반으로 한 철학·우주론·가치관을 건국 이념과 정부 조직의 기본 틀로 활용했다. 그후 기업과 가족·종교, 기타 다른 조직체들은 시대의 변화에 맞춰 변화해왔다. 하지만 정부조직은 아직도 크게 바뀌지 않았다.

    다른 것은 다 변하는데 정부는 왜 변화하지 않을까? 19세기 후반 산업혁명 이후 주요국들은 오직 하나의 미래를 위해 존재했다. 그것은 '경제성장'이었다. 정부의 핵심 목표는 성장을 거듭하는 국가와 경제를 따라잡을 국민을 양산해 내는 것이었다. 정부는 국가 번영이라는 이름으로 끊임없이 성장하고 풍성해지는 그런 세계를 꿈꿨다.

    1945년 해방 후 등장한 대한민국 정부 역시 제1의 목표가 '우리도 한번 잘 살아보자'였다. 경제성장 제일주의였다. 한국 정부는 경제성장을 지속하기 위해 앞서간 선진국들을 모방했다. 모방이 생각처럼 쉽지는 않았겠지만, 특별히 어려운 통찰력을 필요로 하는 것도 아니었다. 그저 끊임없이 변화를 정확하게 짚어내는 능력만 있으면 됐다.

    그러나 앞으로 닥칠 미래에 복잡한 문제를 해결하려면 과거와 단절된 새로운 정부가 필요하다. 1960년대에 들어 일부 학자는 사회적 변화의 속도가 빨라지는 것을 자각하기 시작했다. 그들은 정부가 미래를 예측하고 대비하는 기관을 설립할 필요가 있다는 점을 지적했다. 정부의 미래 준비와 변화를 강조한 것이다.

프랑스 현대 미래학의 선구자인 베르트랑 드 주브넬Bertrand de Jouvenel은 '예측공개토론위원회'란 공공기관을 창설하여 다방면의 전문가들에게 미래를 예측하고 공개토론을 하자고 제안했다. 또 노르웨이·이탈리아·헝가리·네덜란드·소련 출신의 미래학자들은 정부가 미래에 대한 관심을 가질 것을 촉구했다. 이들은 1965년 '인류 2000'이라는 연구조직을 만들었다. 이 조직은 세계미래학연맹WFSF의 모태가 되었다.

미국의 미래학자 앨빈 토플러Alvin Toffler는 「삶의 방식으로서의 미래」라는 글에서 "사회의 변화 속도가 너무 빨라 사람들은 더 이상 현재가 아닌 미래에 살게 될 것"이라고 주장했다. 그는 이 글을 토대로 1970년에 세계적 베스트셀러가 된 『미래 충격future shock』이란 책을 펴냈다. 토플러는 이 책에서 '미래 지향적 민주주의Anticipatory Democracy'라는 새로운 정부의 형태를 처음으로 제시했다.

이후 세계 몇몇 국가가 정부 조직 안에 미래를 연구하는 기관을 만들었다. 1970년대에 스웨덴은 총리실 산하에 미래사무국을 뒀다. 이 기관은 1980년대에 정부에서 떨어져 나와 민간 싱크탱크의 역할을 하게 됐다. 네덜란드에서는 정부정책과학위원회가 정부에 최첨단 미래 정보들을 제공했다. 1980년 뉴질랜드에서 국가미래위원회가 창설됐다.

영국은 산업혁신기술부 산하의 정부과학위원회에서 미래예측 프로그램을 운영한다. 싱가포르 정부는 미래예측을 바탕으로 여러 미래에 관한 연구를 통합하고 있다. 1993년 설립된 핀란드 의회의 미래상임위원회는 장기적인 문제점에 대한 정부의 제안을 평가하고 대안을 내놓는 활동을 벌이고 있다.

그럼에도 불구하고 각국 정부의 미래 대비 수준은 매우 미흡하다. 정부가 여전히 미래를 준비하지 않는다면 어떻게 될까? 아마도 불안한 미래를 맞이하게 될 것이다. 이 때문에 유엔은 21세기를 시작하면서 각국에 '국가미래전략기구'를 설립 · 운영하도록 권고했다. 정부의 미래예측은 경제 · 과학 · 기술 혹은 국방 · 안보뿐만 아니라 사회 · 문화 · 인권 등 보다 폭넓고 전반적인 문제를 다뤄야 한다.

그러나 2017년 현재도 대한민국 정부는 국가미래전략기구를 제대로 가동하지 않고 있다. 가장 먼저 변화해야 할 정부가 구태와 관료주의에 자기혁신을 하지 않고 있다. 개인이나 기업이 망하면 소수만 희생되면 된다. 그러나 정부가 제 기능을 하지 못하면 국가가 패망할 수 있다. 그러므로 정부는 미래를 전략적으로 치밀하게 준비해야 한다.

지금도 늦지 않았다. 대한민국은 정부 조직에 '대안적 미래예측과 바람직한 미래전략 수립'을 위한 국가미래전략기구를 설립해야 한다. 가능하면 정부 조직을 전면적으로 혁신하고, 재디자인하여 더 나은 미래를 주도적으로 창조해 나가도록 할 필요가 있다. 그러나 그럴 수 없다면 몇몇 효과적인 대안적 미래예측기구라도 설치해야 할 것이다.

Ⅱ   대한민국의 국가미래전략

대한민국은 총체적 위기에 빠져 있다. 이러한 위기가 구조화, 장기화된다면 어떻게 될 것인가? 다소 우울한 전망을 한다면 대한민국의 미래는 더 이상 존재하기 힘들 것이다. 그렇다면 지속 가능한 미래를 만들기 위해서는 어떻게 해야 하는가? 국가미래전략을 수립하고 이를 창조적으로 실행하는 것이 필수적이다. 그래서 지금 대한민국에서 가장 절박한 것이 국가미래전략이다.

21세기는 문제 폭발의 시대다. 대한민국은 물론 미국이나 중국 등 모든 나라에서도 문제가 폭발하고 있다. 그러므로 모든 나라들은 국가미래전략을 수립, 실행해 나가야 할 것이다. 일부 국가들은 이미 유엔의 권고에 따라 국가미래전략기구를 설치하여 운영하고 있다.

그러나 대한민국은 실질적인 국가미래전략기구를 운영하지 않고 있다. 이에 따라 국제미래학회는 대한민국의 미래를 전략적으로 준비하기 위해 2007년부터 대한민국의 국가미래전략기구를 설립하라고 권고해 왔다.[25] 그러나 여전히 정부와 국회, 기업은 시늉만 낼 뿐 실질적인 행동은 하지 않고 있다.

많은 사람이 대한민국은 지금 국가적 위기에 처해 있다고 말하고 있다. 빈부 양극화를 비롯하여 저출산·고령화 해결, 이념·지역 갈등 해소와 통합, 지속 가능한 경제성장, 자유복지국가의 추구, 에너지와 환경 문제, 민족 분단의 극복과 통일까지 우리가 해결해야 할 과제가 산적해 있다.

나아가 세계적 차원에서도 산적한 문제들이 폭발하고 있다. 물과 식량·에너지 부족에서, 질병·복지 문제, 자원 고갈, 지진, 기후 변화와 환경 문제, 테러와 폭력, 종교와 문화 충돌, 저성장과 자본주의 위기, 영토 분쟁과 군사주의, 국제 협력과 세계 평화 등 다양한 이슈들이 연이어 폭발하고 있다.

이와 같은 상황 속에서 개인은 물론 기업과 국가는 지속 가능한 생존과 발전을 하려면 어떻게 해야 하는가? 결국은 미래를 정확하게 예측하고 이에 따른 대응 체계를 마련하기 위해서는 '미래전략'을 조속히 수립해야 한다. 특히 국가가 국민의 생명과 재산을 보호하고 더 나은 미래를 창조하기 위해서 국가미래전략을 수립하는 것은 중요한 일이다.

---

25. 『세계의 국가미래전략 기구와 미래산업 예측』, 국제미래학회, 2007

대한민국은 지금 위기를 극복하고 도약하느냐 아니면 후퇴하느냐 하는 중대한 기로에 서 있다. 급변하는 국내외 환경과 도전 속에서 범국가적이고 중장기적 미래전략이 갈수록 중요해지고 있다. 즉 심화되고 있는 전 지구적 미래 위기와 시대 변화를 선도적으로 대응할 수 있는 대한민국 국가미래전략 수립이 가장 중요한 국가 과제로 인식해야 할 것이다.

가장 핵심적인 사항은 국가미래전략기구를 어떻게 설계하고 운영하는가에 달려 있다. 과학적인 미래학 연구를 바탕으로 대한민국의 지속 가능한 발전과 인류 공영에 기여하는 미래전략을 수립하고 실행해 나가는 일이 중요하다. 국가미래전략기구를 설치하여 미래의 위기를 새로운 기회로 창조해 나가는 지혜가 요구된다.

과거와 현재는 이미 지나쳐왔거나 처해 있는 부분이므로 인간의 힘으로는 바꿀 수 없다. 변화의 가능성이 있는 부분은 오직 미래뿐이다. 그렇기 때문에 인간은 미래에 대해 근본적으로 관심을 가질 수밖에 없다. 다가올 미래를 어떻게 준비하고 대응하느냐에 따라 '오늘'이 달라진다. 국가는 오늘의 국민 행복을 만드는 것에 역점을 두어야 한다.

일부의 미래 전문가들은 '세상은 이렇게 바뀔 것이다'라고 예측하는 데 주안점을 둔다. 그러나 이것은 허탈하고 공허하다. 때로는 참담하고 곤혹스럽기까지 하다. 미래예측 그 자체가 우리들에게 뭔가 얻어지는 것이 없기 때문이다. 오히려 기대보다는 위협이 될 수도 있다. 국가는 바로 국민들이 함께 꿈꾸는 미래가 현실이 되도록 모든 여건을 조성할 필요가 있다. 이를 위해서는 반드시 국가 목표와 미래전략을 수립하고 실행해 나가야 할 것이다.

그렇다면 보다 구체적으로 우리가 꿈꾸는 미래를 창조하려면 어떻게 해야 할까? 먼저 우리가 꿈꾸는 미래상을 설정해야 할 것이다. 이것은 미래사회의 변화와 예측을 전제로 해야 한다. 미래사회와 동떨어진 미래상은 의미가 없다. 우리가 꿈꾸는 미래상은 현재보다 더 나은 미래여야 한다. 즉 현재의 문제들이 해결되어 더 행복하고 삶의 질이 개선된 사회여야 한다.

우리가 원하는 미래를 창조하기를 위해서는 전략적 접근이 필수적이다. 이것이 미래전략이다. 미래전략을 세우기 위해서는 미래를 예측하고 해결 과제를 정하고, 이에 대한 효율적인 해결 방안을 모색하는 과정이 필요하다. 이 과정에서 다양한 시각차와 견해차가 나타날 수 있다. 꿈꾸는 미래상이 다르고, 미래예측 방법도 다르기 때문이다.

하지만 개인이나 기업 경영자 나아가 국가 지도자들은 필수적으로 이러한 문제들을 정면으로 부딪쳐야 한다. 그리고 최적의 상황을 만들어 나가야 한다. 여기에 미래전략은 성공적인 해법을 안내하게 될 것이다. 그러므로 미래전략은 위기와 기회가 공존하는 미래시대에 생존은 물론 번영을 이끄는 보물지도와 승리의 나침반이 될 것이다.

물론 우리는 개인과 기업을 뛰어넘어 대한민국이라는 국가 공동체에서 살아간다. 그러므로 미래전략은 개인이나 기업보다는 '국가'와 '국민'을 염두에 두어야 한다. 이러한 차원에서 '대한민국 미래전략'은 대한민국이라는 국가 공동체가 지향해야 할 국가 비전과 목표, 이를 실현하기 위한 정교한 미래전략이 체계적으로 강구되어야 할 것이다.

따라서 국가미래전략은 '더 큰 대한민국의 미래 창조'라는 대전제에서 접근되어야 한다. 정파나 개인의 사사로운 이해관계를 초월하여 미래와 평화의 시각으로 보아야 한다. 오직 대한민국의 생존과 더 나은 미래 창조라는 절체절명의 국가적 과제를 해결하기 위해서는 국민적 지혜와 역량이 총동원되어야 한다.

Ⅲ 국가미래전략기구의 설치와 역할

1. 기본 방향

미래에 대한 불확실성이 점점 고조되고 있다. 국내외에서 미래예측에 대한 관심도 커지고 있다. 특히 국가 차원의 변화와 도전에 대비하여 미래예측 및 미래전략을 위한 움직임이 구체화되고 있다. 미국이나 영국 등 선진국들은 크게 앞서고 있지만 우리 대한민국은 이제 겨우 중요성을 인식하고 있는 수준이다.

명실상부한 선진 일류국가의 실현을 위해서는 국가성장전략과 병행하여 미래사회 예측에 기초한 통합적인 국가미래전략이 필요하다. 지속 가능한 발전을 위한 '이노베이션innovation' 국가전략을 수립해야 한다. 국가의 새로운 혁신과 진화를 위한 국가미래전략이 절실한 상황이다.

국가미래전략은 세계적 관점에서 개방형으로 추진하는 것이 바람직하다. 인류의 평화 증진, 친환경 녹색 성장, 글로벌 과제 해결 등 세계적 관점에서 국가전략을 설계해야 세계 시장 선점과 국가 브랜드 확립에 유리하다. 대한민국의 미래는 변방인 한반도에 머무르는 것이 아니다. 통일을 통해 유라시안을 거쳐 세계의 중심으로 뻗어 나가야 하는 것이다.

가장 중요한 국가미래전략의 출발은 사람, 즉 인재 양성, 인재 혁신이다. 10~20년 후의 미래사회 인재의 모습과 요건을 먼저 설정해야 한다. 그러고 나서 더 나은 미래 창조라는 관점에서 인재 혁신 실행전략을 과감히 수립하여 지속적으로 실천해 나가야 한다. 국가미래전략 수립 시 일반 국민의 관점을 고려하여 국민적 공감대도 형성해야 할 것이다.

국가미래전략 수립은 국민 역량을 총집결하고 총동원하는 대역사이다. 그러므로 국가 미래설계를 위한 전문가 네트워크를 본격 운영해야 할 것이다. 분야별로 분산된 미래전략 전문기관·전문가들을 연계·통합한 전문가 네트워킹 체제 확립 및 국가미래전략 지원 시스템을 조기 구축하는 것도 필요하다.

더 나은 대한민국의 미래를 향해 나가기 위해서는 보다 정교한 국가미래전략을 수립하고 치밀하게 대응해 나가야 한다. 이를 위해서는 총체적인 발상의 전환과 새로운 국정 운영 시스템의 정비가 필요하다. 분야와 영역을 초월하여 미래 전문가들이 모여 창조와 융·복합적으로 국가의 지속 가능한 발전 전략을 강구해야 할 시점이다.

먼저 체계적인 미래예측과 이에 근거한 국가 차원의 전략적 대응이 중요하다. 이를 토대로 본격적으로 미래를 준비해 나가야 할 것이다. 등불 없이 어둠을 향해 나아가는 것은 현명하지 못하다. 국가미래전략기구는 바로 더 큰 대한민국의 미래를 만들어 나가는 '구국의 등불'이 되어야 할 것이다.

다가오는 미래사회는 지식과 정보가 지배하는 사회로 변화될 것이다. 그러므로 '지식 정보 기반 인프라 구축'을 국가미래의 핵심 전략으로 설정할 필요가 있다. 급속한 사회·기술·글로벌 환경 변화에 따른 불확실성을 감소시키고 국가 경쟁력을 향상시켜 나가야 할 것이다.

즉 정보화를 넘어 지식화를 매개로 미래와 국가전략을 연계시켜 국가 경쟁력을 높이고 국민의 삶의 질 향상을 도모해야 한다. 이를 위해서는 △ 미래 지향적인 선진 국정운영 체계 수립 △ 국가 미래를 위한 국민 총역량 강화 △ 미래 기반 지식정보 인프라 구축 등이 필수적이다.

특히 미래 사회의 모습이 어떻게 될 것인가에 대해서는 세계 트렌드를 분석해 보아야 한다. 현재 나타나고 있는 세계적인 패러다임 변화를 예측하고, 메가 트렌드 분석과 미래 트렌드에 대한 기술 변화 예보 등을 통해 국가적 대응책을 마련해야 할 것이다.

21세기 한국형 국가미래전략를 수립하기 위해서는 창의력과 상상력을 키워나가야 할 것이다. 이를 토대로 사회적 자본과 IT를 융합하여 글로벌 지식경제사회를 선도하는 선진국으로 도약해야 한다. 국가 위기관리를 강화하기 위해서는 기후변화와 국제 환경 변화에 따른 위기관리 패러다임의 변화와 법제도·조직 체계 정비, 국민생활 위기 영역 신설 등의 다양한 위기관리 전략들을 강구해야 할 것이다.

그러나 현재 대한민국은 국가의 중장기 미래전략을 준비하는 주체가 없다. 저성장과 고령화, 양극화 심화, 수출 감소 등 국가 위기 경고음이 요란하고, 이대로는 미래가 없다는 걸 알지만 어느 누구도 국가의 중장기 비전과 목표, 미래전략을 얘기하지 않는다. 국회는 물론 정부도, 중앙은행도, 국책연구기관도, 민간 연구소도 마찬가지다. '쓴소리'를 해야 하는 학자들도 입을 다물고 있다.

미국, 영국 등 세계 주요국은 미래 생존 전략 마련에 국가적 역량을 쏟고 있지만 대한민국은 미래 준비에 손을 놓고 있다. 국가 구조 개혁을 위한 각종 과제는 관심 밖으로 사라진 지 오래다. 대권과 정치적 논쟁에 매몰돼 대한민국호號가 어디로 가고 있는지 누구도 관심을 두지 않는다.[26]

정부는 장기 미래전략을 방치하다시피 하고 있다. 더구나 국가전략을 뒷받침하는 다른 한 축인 국책연구기관과 민간 연구소들도 갈수록 위축되고 있다. 산업혁신 클러스터 등 참신한 국가 의제를 던지던 민간 두뇌들도 침묵하고 있다. 구조조정과 국책은행 자본 확충 등 굵직한 현안이 터져도 논쟁은커녕 침묵으로 일관한다.

과거 한국의 발전을 이끈 힘은 정부의 장기 비전과 전략, 민간의 창의적 아이디어, 국회의 법적·제도적 뒷받침이 이루어진 데서 나왔다. 정부와 민간의 중장기 미래전략 수립 기능을 복원하고, 이를 뒷받침할 국가 차원의 한국형 미래전략기구를 세우는 등 조속한 대안 마련이 절실하다.

---

26. 한국경제, 2016년 8월 21일.

2. 국가전략기구 운영 기조

대한민국은 국가의 미래를 예측하고 장기 비전을 제시할 국가미래전략기구가 간헐적으로 설치되어 왔다. 정부 차원의 최초의 공식적인 국가미래전략기구는 노태우 대통령이 대통령 자문기구로 발족시킨 '21세기위원회'다. '21세기위원회'는 1989년 출범해 1994년까지 5년 동안 활동하면서 미래연구를 활성화시켰고 정부의 한 부처가 다룰 수 없는 문제를 종합적으로 다루려고 노력했다.[27]

'21세기위원회'는 그 후 대통령이 바뀌면서 명칭과 성격도 다소 달라졌다. 김대중-노무현 정부 때는 '정책기획위원회', 이명박 정부 때는 '미래기획위원회'로 변신하였다. 정부가 중점 추진하는 장기 미래전략 과제는 세계화, 정보화, 벤처기업 육성, 복지 증진, 녹색 성장 등으로 정부별로 특성화됐다. 다만 이 과정에서 뒤의 정부는 앞 정부 정책과 차별화라는 명목으로 무시하는 경향을 보였다.

정부 차원과 달리 국회 차원에서도 미래전략기구를 설치하기도 했다. 실제로 제 16~18대 2001~2009년 국회에서 여야 합의로 '미래전략 특별위원회'가 설치, 운영되기도 했다. 그러나 이 위원회는 법안이나 예산을 심의할 권한이 없어서 커다란 성과 없이 종료되었다.

다시 수년이 흐른 2014년 2월 새누리당 황우여 대표는 국회 본회의 교섭단체 대표연설에서 "주요 국가정책을 논의할 초당적 '국가미래전략기구'를 국회 내에 설치하자"고 제안했다. 이에 따라 여야 중진 의원들은 그해 2월 통일 헌법을 비롯한 국가적 어젠다를 다룰 초당적 협의기구 설치를 추진하기로 합의했다. 그러나 유감스럽게도 정식 발족되지 못했다.

다행히 20대 국회에서 정세균 국회의장의 촉진으로 '국회미래연구원법'이 통과되어 2018년 '국회미래연구원'이 개원되었다. 정파를 넘어서 국가적인 차원의 미

---

27. 오세정, "국가미래전략기구가 성공하려면". 중앙시평. 중앙일보, 2014년 2월 27일.

래 연구가 이루어져야 할 것이다.

국가미래전략기구는 정부와 국회 차원에서 모두 정권을 초월한 초당적인 독립기구로 실질적인 권한이 있어야 성공할 수 있다. 물론 이 기구가 초당적 독립기구로 실질적인 권한을 갖게 되어도 여야의 극한 대립이 잦은 우리나라의 풍토상 얼마나 효율적으로 운영될 것인가에 대한 의문은 남게 된다.

국가의 장기 비전 연구는 정권이나 정부, 정파에서 자유로워야 한다. 물론 정권마다 중점 추진하고자 하는 과제는 다를 수 있으나, 미래 전망이나 환경 변화 예측, 그리고 그에 따른 국가미래전략 등은 정권과 관계없이 객관적이어야 하기 때문이다.

어떻든 국가미래전략기구는 정부와 국회가 동시에 설치되어 서로 협력과 보완적 관계를 유지하며 시너지 효과를 극대화할 필요가 있다. 대한민국은 현재 국가 및 가계 부채 문제, 저출산 고령화 문제 등 국가 미래 현안이 산적해 있다. 오늘의 정책이 후일 차세대의 부담으로 돌아올 가능성이 크다. 통일을 비롯한 국가의 장기적 미래를 예측하고 그 맥락에서 오늘의 정책을 살펴보는 것이 필요하다.

3. 설립과 역할

대한민국의 산적한 중장기 국가 과제를 해결하기 위해서는 어떻게 해야 할까? 이를 위해서는 여야를 떠나 초당적 협력으로 정부 내에 국가미래전략기구를 설치해야 한다. 산적한 국가적 미래 과제를 해결하기 위해서는 범국가적 국가미래전략기구가 필수적이다. 각종 국가적 난제들을 해결하려면 여야 협력과 사회적 합의가 있어야 한다. 국론을 통일하고 갈등 비용을 줄여야 국가 위기를 조기에 극복할 수 있다.

더 큰 대한민국을 위해선 최소한 10~20년을 내다봐야 하여 당면한 국가적 난제들을 해결하려면 정당과 정권을 넘어서서 중장기적으로 일관성 있게 정책을 추진할 수 있어야 한다. 대한민국의 중장기 국가 과제는 빈부 양극화 해소, 일자리 창출과 실업 극복, 한국형 생산적 복지 구축, 남북통일 및 동북아 다자 평화 등 무수히 산적해 있다.

국가미래전략기구의 핵심 운영 기조는 범국가적, 범국민적, 범정파적 독립기구여야 한다. 시대와 지역, 이념, 정당 등을 모두 초월하여 일관성 있게 중장기적 비전과 미션을 갖고 국가미래전략을 수립하고 통제, 조정해 나가야 한다. 이러한 대원칙하에서 몇 가지 설립 방향을 공유할 필요가 있다.

첫째, 국가미래전략기구는 대한민국의 혁신과 재편, 새로운 도약을 위한 종합적인 국가 미래 사령탑이 되도록 하여야 한다. 이를 위해서는 영국의 미래전략청과 같이 국가 최고지도자인 대통령 직속으로 설립하는 것이 바람직하다. 범정부 차원에서 중장기적 관점의 체계적인 미래전략을 수립해야 하기 때문이다. 권위적 기구가 아닌 소통과 협력의 자발적 연합기구가 되어야 할 것이다.

둘째, 국가미래전략기구는 단순한 자문기구가 아니라 전략적 실행을 위한 국가 미래기획기구가 되도록 하여야 한다. 영국과 미국의 미래전략기구처럼 국정 최고 책임자와 의사결정자들에게 책임 있고 신뢰성 있는 자문 분석이 가능한 국정 두뇌로서 역할을 수행할 필요가 있다. 국가미래를 위한 핵심적 전략기구로서 인하우스 싱크탱크와 외부 싱크탱크를 서로 연계시켜 협력할 수 있도록 해야 한다.

셋째, 국가미래전략기구는 미래기본법 제정 등 지속 가능한 국가 미래를 위해 입법적, 정책적, 제도적 역할을 수행할 수 있도록 하여야 한다. 핀란드의 미래상임위원회와 같이 미래 환경 변화를 고려한 입법 활동을 강화할 필요가 있다. 정부의 미래전략기구의 설치뿐만 아니라 국회 내 미래전략을 분석하고 준비할 수 있는 기구의 설립은 상호 보완적 관계를 통하여 시너지 효과를 낼 수 있는 중요한 미래 국정설계가 될 것이다.

넷째, 국가미래전략기구에서 미래예측에 기반을 둔 중장기 정책연구 기능을 강화하고 미래를 준비하는 기획과 정책 조정, 국가 자원관리, 미래 국가 위기대처

기능을 수행할 수 있도록 하여야 한다. 미래예측 방법론을 바탕으로 기존 전문 분야의 지식을 새로운 차원으로 융합하여 상승시키는 학술적, 정책적 활동을 펼쳐 나가야 한다. 미래를 향한 '지식인 연대'로서 대한민국이 당면한 문제를 연구하고 미래 비전에 바탕을 둔 정책수립과 집행이 이루어지는 '미래 창조 플랫폼'이 되어야 할 것이다.

끝으로, 국가미래전략기구는 정부와 공공단체뿐만 아니라 기업과 개인의 미래 전략을 모니터링하고 평가와 감사를 통해 대안적 미래를 제시할 수 있는 기구가 될 수 있도록 하여야 한다. 미국의 감사원GAO은 미래 지향적 평가와 감사를 수행하고 있다. 이처럼 대한민국의 국가미래전략기구도 더 나은 미래를 위한 국가 전체의 미래전략의 핵심 총괄 기구가 되도록 하는 것이 중요하다.

국가미래전략기구는 '더 나은 대안적 미래를 창조'하는 시대의 나침반이요, 어둠을 밝히는 등대여야 한다. 미래예측을 바탕으로 국가미래전략을 제시할 수 있는 미래 개척의 기수가 되어야 할 것이다. 이를 위해서는 국가 총역량을 점검하고 모든 분야에서 활동하고 있는 지식인 네트워크 형성이 중요하다. 대한민국이 '더 나은 미래'를 창조할 수 있는 국가 혁신 체제 기획과 제안, 실행에 중심 역할을 해 나가야 할 것이다.

4. 사명과 미션

세계 각국은 살아남기 위해서 급변하는 미래사회의 변화를 예측하고 대응 전략을 모색하기 위해 국가미래전략기구를 설치하여 운영하고 있다. 이 기구는 우선 지속 가능한 국가 미래를 위해서 다양한 형식의 '국가미래보고서'를 발간하고 있다.

각국의 국가미래전략기구들은 국가 미래 유망산업 발굴 및 중장기 정책을 개발한다. 그리고 미래사회의 과학기술, 경제, 문화, 환경 등에 대한 변화 방향과 정확한 이행 속도, 추이 등을 추적한다. 이와 함께 변화를 주도하는 요인들과 요소들을 분석한 후 가장 합리적이고 과학적인 미래 대응 전략을 도출한다.

각국의 미래전략기구들은 이들 내용 중에서 장기적인 관점에서 미래전략 정책에 신중하게 반영해야 할 내용들을 주요 사업과제로 설정하고 추진한다. 특히 첨단과학기술의 발달, 지구촌의 빈부 격차, 여성과 아동의 권리 찾기, 저출산·고령화 문제 해결, 물과 에너지 부족, 환경오염, 통일과 평화 등 국가 미래 주요 정책과제의 대안 및 미래전략을 제시한다.[28]

유엔 밀레니엄 프로젝트에서 적용하는 국가미래지수에 포함된 변수들은 20여 가지가 넘는다. △ 영아 사망률_{신생아 1000명당 사망자} △ 식량 가용률_{저소득 국가 1인당 소비 칼로리} △ 1인당 국민총생산 △ 구매력 평가_{1995년 불변 가격, 달러} △ 안전한 물을 사용할 수 있는 가구비율_{가장 인구가 많은 15개국} 등이다.

이 외에 △ 대기중 월 평균 이산화탄소 농도_{ppm} △ 연간 인구 증가_{100만 명} △ 실업률_{세계} △ 문해율_{중-저소득 국가 15세 이상 인구 백분율} △ 연간 에이즈 사망률_{100만 명} △ 평균 수명_{나이} △ 무력 충돌 회수_{연간 최소 1000명 이상 사망} △ 개발도상국의 부채 및 국민 총생산 비율_{백분율} △ 삼림률_{100만 헥타르} 등이다.

국가미래전략기구는 이들 이슈를 핵심 국가 어젠더로 선정하고 주요한 국가미래전략 사업화를 통해 해결해 나가야 할 것이다. 미래사회는 창의와 융·복합, 다변화의 사회이다. 과학기술뿐만 아니라 정치, 경제, 문화 등 사회 전반을 아우르는 미래예측 및 변화에 따른 정책적, 제도적, 입법적 과제를 수행하여 미래사회에 대응해 나가야 할 것이다.

특히 국가미래전략 사업을 선정, 집중 관리할 수 있도록 하여야 한다. 인공지능, 빅데이터, 드론, 바이오, 신재생 에너지, 사물인터넷, 로봇 등 미래 산업 육성과 활성화 과제도 수행해 나갈 필요가 있다. 미래형 인재 양성을 위해 미래교육을 제시하고 국가 경쟁력 강화와 모두가 꿈꾸는 미래사회 건설의 토대를 구축하는 것도

---

28. 박영숙(2008) 외, 18-19쪽.

중요하다.

결과적으로 국가미래전략기구는 국민 모두가 행복한 평화 공영 세상이 되도록 국가 체제 개조와 교육 혁신, 산업 재편 등을 위한 플랫폼의 역할을 수행하며 다양한 활동을 전개해 나가야 할 것이다. 나아가 국가미래전략기구는 정부뿐만이 아니라 국회와 기업, 학회, 시민사회 등과도 네트워크를 통해 정책과 입법과제 등도 대안을 제시해야 할 것이다.

국가미래전략기구의 주요 사업 및 활동은 다음과 같다. 첫째는 미래정책의 의제 개발이다. 과학, 기술, 산업, 농업, 문화 등 전 산업 미래예측 및 파급 효과, 발전 전략 연구 및 대안 제시 등이 있어야 한다. 단순한 정책 대안을 넘어 구체적 실행 로드맵까지 모델화할 필요가 있다. 특히 국가미래 차원에서 국가전략사업을 선택과 집중을 통해 특화해 나가야 할 것이다.

둘째는 미래교육의 의제 개발이다. 모든 것은 사람이 한다. 미래산업 변화에 따라 국가 경쟁력을 강화하여 국력을 극대화하기 위해선 미래 창의 인재가 가장 중요하다. 학제를 개편하고 평생 맞춤형 교육을 도입하여 국민 역량을 강화해 나가야 할 것이다. 미래는 대부분 로봇으로 대체될 것이기 때문에 행복 중심 사회를 위한 특별 전략 개발이 시급하다.

셋째는 미래입법의 의제 개발이다. 법치국가의 근간은 입법이다. 미래변화에 따라 법적 체계도 대폭 손질이 불가피하다. 법이 미래의 장애물이 되어서는 안 된다. 미래기본법 제정을 통해 국가 전반을 미래변화의 대응과 창조적 역량을 강화할 수 있도록 하여야 한다. 헌법에서부터 개별법까지 전면적인 검토와 개폐가 있어야 한다. 또한, 미래형 산업에 맞는 법제화도 구비되어야 한다.

넷째, 공공 영역의 의제 개발이다. 국가기구와 지방자치단체 등 공공기구도 개폐 및 통폐합, 조정이 필요하다. 정부의 기구 구성도 조정해야 한다. 현행 지방자치단체도 적정 규모로 재편해야 할 것이다. 대학 구조조정 등 학제 개편도 불가피하다. 선거제도와 공무원 문제도 보완해야 한다. 국가의 중장기 비전과 국가 목표를 설정하고 미래전략을 제시하는 것도 중요하다. 국가미래정책의 기획, 정책조정, 국가 자원관리, 국가 위기관리 대응 등의 기능을 수행해 나가야 할 것이다.

Ⅳ 주요국의 국가미래전략기구와 활동

미래의 변화와 도전은 개인과 기업 차원은 물론 국가 차원에서도 명운이 달린 일이다. 이에 따라 미래가 어떻게 변화할 것인지를 예측하고 전략적인 대비를 하는 것은 매우 중요하다. 그래서 각국 정부들은 미래에 대한 예측을 하고 그 예측에 따른 중장기 국가미래전략을 수립하여 추진하고 있다.

전 세계 미래 관련 기구로 구성된 '세계미래연구기구협의회'가 국가미래보고서 혹은 국가미래예측을 할 때 반드시 한 국가의 미래예측이 아닌 지구촌의 미래예측을 제시하지 않으면 안 된다는 규칙을 내세웠다. 미래는 더 이상 한 국가만이 해결할 수 있는 일이 하나도 없기 때문이다. 이는 국가미래전략의 대전제로 각국의 동향 등 지구촌의 변화를 반드시 고려해야 한다는 것을 명확히 한 것이다.

국가미래전략의 수립은 지구적 차원에서 국가 성장 동력, 인구 변화, 환경, 에너지, 빈부 격차, 첨단과학기술, 교육, 교통 등의 미래예측을 토대로 해야 한다. 이러한 이슈들은 이제 더 이상 한 국가가 혼자 해결하거나 한 국가의 자료만을 제시하였을 경우 미래예측이 아니라는 것이다. 지구촌이 '하나oneness'로 통합되어 가기 때문이다.

미국, 영국 등 세계 30여 개국은 유엔의 권고에 따라 국가미래전략기구를 설치, 운영하며 국가미래전략을 수립하여 더 나은 미래를 모색하고 있다. 그러나 많은 경우는 유명무실하다. 중장기 국가 미래 청사진 없이 근시안적 단기 현안에 매몰되고 있다. 각국이 경제난과 다양한 문제의 폭발로 미래를 제대로 대응하지 못하고 있다. 결국, 미래를 준비하지 못하는 국가는 더 큰 도전에 직면할 것이다.

미래 대응에 가장 앞서가는 나라가 세계 최강 미국이다. 미국은 '세계의 통치자'로 자임하고 세계 변화와 대응을 주도하고 있다. 최근에 와서는 엄청난 국방비 지출로 재정적자가 크게 늘어나면서 새로운 국가미래전략을 강구하고 있다. 영국을 비롯하여 중국, 일본 등도 세계 강국답게 국가미래전략을 모색하고 있다. 미국 등 주요국의 국가미래전략기구와 활동을 간략히 살펴본다.

1. 미국의 국가미래전략기구와 활동

미국의 대표적인 국가미래전략기구는 '국가정보위원회National Intelligence Council: NIC'다. 이 기구는 핵심적 미래정보 싱크탱크로 미국의 주요 국가미래전략을 수립하고 있다. 미국 국가정보위원회는 미국 정부가 미래를 준비하기 위하여 향후 15~20년간에 세계가 어떻게 변화할 것인가에 대한 예측서를 보고서 형식으로 발행한다.

미국 국가정보위원회는 미국 정부의 국가미래전략 수립의 실질적 중심 기관이다. 미국 16개 정보기관들의 최고 수장인 국가정보국Director of National Intelligence 의 보좌 기구로서 대통령과 정책 입안자들에게 세계 경영에 관련된 중장기 전략과 외교정책에 관련된 정보를 제공한다.

특히 미국 대선이 열리는 4년마다 한 번씩 정기보고서 형식으로 「글로벌 트렌드」를 발간한다. 이 보고서는 미래예측과 미국의 국가미래전략을 담은 것으로 그 해의 대통령 당선자에게 보고되어 새 정부의 세계 전략을 짜는데 기초자료는 활용된다. 어느 정도까지 반영되는 지는 대통령마다 다소 차이가 있지만 중요한 미래전략자료로 검토되고 있다.

미국 국가정보위원회는 2005년 1월 미래예측 리포트인 「글로벌 트렌드 2020」을 발간했다. 이 리포트는 2003년 11월에 25개의 미래연구기관들의 미래전략가들이 모여서 기초를 잡았다. 「2020」리포트는 지구촌 권력 변화와 각 분야의 사회 변화를 예측했다.

미국 국가정보위원회는 이 보고서를 통해 지금까지의 지구촌 문화가 서양으로 갔지만 2020년부터는 동양으로 치닫는다고 전망했다. 또한, 아시아의 부상과 함께 서양이 아닌 동양 문화가 정착되며, 2020년에는 북한의 위기, 중국과 대만의 갈등위기가 전면 부상한다고 예측했다.

미국 국가정보위원회는 「글로벌 트렌드 2020」에 이어 2009년 「글로벌 트렌드 2025」, 2013년 「글로벌 트렌드 2030」을 잇달아 펴냈다. 「글로벌 트렌드 2030」은 16개 정보기관에서 제공한 각종 정보뿐만 아니라 미국 전역의 다양한 학계와 전문가는 물론, 해외 참여의 기회를 확대하여 전 세계 20여 개국 전문가들을 통해 보고서 초안을 논의하는 등 수많은 회의를 거쳐 정확성을 높였다.

이 보고서는 개인들의 권한이 확대되고 권력은 점점 분산될 것이라고 예측했다. 또한, 젊은 국가는 점점 사라지고 국가들이 노령화되어 정부의 권한은 점점 약화될 것이라고 전망했다. 이러한 트렌드에서 미국의 역할이 어떠한 궤도를 그릴지도 예측했다. 이를 통해 앞으로 전개될 미국의 진로와 이것이 거시적인 국제관계의 변화에 어떤 영향을 끼칠지에 대해 기술했다.

2. 중국의 국가미래전략기구와 활동

중국은 국가 비전과 목표를 달성하기 위해 정치, 경제, 문화, 외교 등 다양한 국가미래전략을 수립하여 추진하고 있다. 중국은 공식적인 미래전략기구를 설치, 운영하고 있지는 않다. 그러나 '국가발전개혁위원회' 등 다양한 기구에서 미래예측과 미래연구를 활발히 진행하고 있다. 중국은 미래전략이 국가 홍망과 직결된 것을 알고 국가적 차원에서 역량을 집중하고 있다. 중국은 매우 전략적인 국가다.

중국의 국가발전개혁위원회는 2015년 3월 외교부, 상무부와 공동으로 '육상 실크로드 경제 벨트와 21세기 해상 실크로드의 비전 및 행동'이라는 세부 실행 계획을 발표했다. 시진핑 주석이 제시한 중국의 꿈을 이루기 위해 '일대일로一帶一路, 육상 및 해상 실크로드'라는 전략을 구체화한 것이다. 이는 아시아와 유럽·아프리카를 잇는 육상과 해상 실크로드를 따라 인프라 개발과 무역 증대를 통해 신성장 동력을 발굴한다는 전략이다.[29]

일대일로 전략 구상의 의도는 크게 세 가지다. 첫째는 4조 달러에 이르는 외환 보유액을 적절히 활용하여 주변국들의 인프라 개발 수요를 충족시킨다. 둘째는 무역을 통해 철강과 시멘트를 비롯한 중국의 과잉 생산 문제를 해결한다. 셋째는 60개국이 넘는 실크로드 주변국들과 손잡고 전 세계적 영향력을 확대해 나간다. 이는 중국이 2010년 GDP 규모가 세계 2위가 된 이래 자신감을 갖고 과거와는 완전히 다른 차원의 새로운 국가미래전략 구상을 밝힌 것이다.

중국은 나아가 중단기 외교 목표로 아시아의 평화와 안정을 내세우고 있다. 2013년 10월 중국 지도부는 대규모의 '주변국 외교 공작 좌담회'를 개최했다. 참석자들은 주변국 외교가 중국 외교의 첫 번째 과제임을 명확히 하고, "중국의 꿈을 좀 더 나은 삶을 바라는 주변국 국민의 염원 및 지역 발전의 장밋빛 희망과 접목시켜 주변국에 '운명 공동체'라는 인식을 심어 줘야 한다"고 결의했다.

그러나 중국의 대외정책 전략의 초점은 '핵심 이익의 수호'에 두고 있다. 시진핑 국가주석은 2014년 3월 전인대 인민해방군 대표단 전체회의에서 "우리는 평화를 희망하지만 어떤 시기 어떤 상황에서도 절대 국가의 정당한 권익을 포기하지 않을 것이며, 절대 국가의 핵심이익을 희생하지 않을 것"이라고 밝혔다.

중국의 핵심 이익은 무엇인가?[30] 첫째는 중국의 기본 국가 체제와 국가안보를 보존하는 것이다. 둘째는 주권 및 영토를 보전하는 것이다. 셋째는 중국의 경제사

---

29. 이태환, "시진핑 정부의 일대일로 전략과 한중 협력". http://csf.kiep.go.kr/expertColr (검색일: 2016년 9월 12일).
30. 배기찬 (2016).

회를 지속적으로 발전시켜 나가는 것이다. 다분히 부국강병을 목표로 국가주의를 투사하고 있다.

중국은 국력의 신장과 함께 '핵심 이익의 범위'를 확대해 왔다. 초기에는 주로 주권 및 영토 문제에 국한되었던 것이 확대되어 이제는 주권과 영토 이외에 안보, 발전 이익, 안정, 평화 발전 등 보다 포괄적이고 때로는 모호한 개념까지 포함시키고 있다. 이 중에서 '주권 및 영토 보전'은 중국을 둘러싼 동아시아 전체에 강력한 영향을 미치고 있다.

점점 커지고 있는 중국의 힘이 주변국에게 어떠한 영향을 미칠지 면밀한 분석과 대응이 요구되고 있다. 특히 이웃나라인 대한민국의 국가 미래 운명이 달린 만큼 중국의 미래연구를 강화할 필요가 있다. 한반도 평화와 통일, 지속 가능한 성장 등은 중국이 핵심적 변수가 되기 때문이다. 더구나 미국과 중국의 갈등과 대립이 예상되는 가운데 이에 대한 대한민국의 전략이 더욱 중요해 지고 있다.

3. 일본의 국가미래전략기구와 활동

일본은 대내적 국가 목표로 '아름다운 국가 만들기'를 제시하고 적극 추진하고 있다. 아베 총리는 2006년 9월 취임과 동시에 일본의 국가 비전과 목표로 '아름다운 국가 만들기'로 제시했다. 그리고 이를 추진할 국가미래전략기구로 내각부에 '이노베이션혁신 전략회의'를 설치하였다. 혁신 전략회의는 2025년까지 단순한 기술혁신뿐만 아니라 국가사회 시스템, 제도를 포함한 총제적인 대혁신을 추진할 예정이다.

일본은 21세기를 맞이하여 인구 감소 시대에 돌입했다. 지구적 차원에서도 환경과 에너지 문제 등이 나타나고 있다. 이 같은 상황에서 일본 정부는 지속적인 성장을 통해 풍요롭고 안전한 생활을 누리며 인류의 과제 해결에 공헌하기 위해서는 국가 대혁신이 필요하다고 인식한 것이다.

일본 정부는 국가의 지속적인 성장 열쇠가 '미래 지향적 혁신'에 있다고 확신하고 있다. 이에 따라 국가 혁신 장기 미래전략을 수립하여 추진 중이다. 과거에 경험하지 못한 변화의 시대에 대응하는 최고의 전략은 새로운 사고에 입각한 혁신으로 보고 범국가적 차원에서 촉진하고 있다.

국가혁신의 기본 전략으로서 기술 혁신과 사회 혁신의 일체화, 일반 국민 및 수요관점, 세계적 관점의 개방형 혁신을 강조하고 있다. 300여 전문가들이 참여한 포괄적 미래사회 예측조사 등을 통해 바람직한 미래사회 모습을 설정하고 과학적 데이터에 기초하여 추진하고 있다.

그러나 일본의 미래는 여전히 우울한 면이 있다. 일본은 65세 이상 인구가 전체의 약 30%를 차지한다. 전 세계적으로 일찍이 경험해 보지 못한 심각한 저출산·고령화사회다. 인구 감소로 국력은 급속이 약화되고 있고, 사회보장제도는 붕괴 위기다. 설상가상 대지진의 위험에 원전 사고까지 더해져 국민들은 불안의 늪에 빠져 있다. 일본은 인공지능AI과 로봇을 통한 고령화사회 극복을 목표로 '일본 재흥 전략 2016'을 추진 중이다.

2020년 일본의 예상 인구는 1억 2,410만 명이다. 2010년과 비교하면 약 396만 명이나 감소한 수치다. 당연히 소비 인구는 줄어들게 되고 일본 국내 경제 규모는 축소된다. 점점 국부를 잃어가는 일본, 국가재정은 악화돼 결국 고령자들에게 지급되는 연금을 줄일 수밖에 없다. 또 재정 파탄도 나타날 우려도 커지고 있다. 과연 '일본 침몰'이 현실화 될 것인가?

4. 영국의 국가미래전략기구와 활동

영국은 2002년에 총리실 산하에 '국가미래전략청 The Strategy Unit'을 설립했다. 정부정책 평가 및 혁신국, 정부장기전략국, 국가운영 및 정책연구센터를 통합하여 발족했다. 국가의 주요 정책에 대한 장기 발전전략 수립, 고난도 사회 이슈 해결

방안 수립, 정부 각 부처와 전략적 사고 및 정책 수립, 혁신 작업에 주도적 역할을 한다.

국가미래전략청은 히스 정부에 의해 1971년 중앙 정책 전략실Central Policy Review Staff로 탄생되어 영국 중앙정부의 전략적 기관의 역할을 시작하였다. 총리나 장관급 인사들이 직면한 문제들의 대안을 마련할 때 미래예측을 통해 중앙정부의 전반적인 전략을 만들기 위해 설립되었다. 1980년대 총리실 산하의 미래전략 기능이 대처 정부 시절에 효율성전략실 the Efficiency Unit로 개편되었다.

국가미래전략청은 국가전략 및 미래 비전에 대한 다양한 보고서를 작성하여 총리에게 직접 보고한다. 미래전략 수립에 관한 실태분석, 실행, 운영 등을 통해 국민의 삶 만족도를 조사하고 향상시킨다. 특히 정치, 경제, 사회, 첨단과학 등 모든 분야의 미래전략에 대한 다양한 보고서를 제출한다.

국가미래전략청의 목표는 크게 세 가지다. 첫째는 영국이 직면하고 있는 주요 전략적 기회와 도전에 영국 정부 각 부처의 소통을 통해 미래예측을 통한 통합적인 전략을 만드는 것이다. 둘째는 그 전략을 효과적으로 개발하고 각 부처나 기관 기구들이 미래전략 능력을 갖추도록 업무를 관리하는 것이다. 끝으로, 총리 및 장차관들에게 미래전략적인 조언과 지원을 제공하는 것이다.

국가미래전략청은 총리실에 기반을 두고 운영된다. 정부 각 부처의 실·국장들이 각종 위원회 위원으로 참여한다. 국가미래전략은 각 부처 단위로 전달되고 실행할 수 있도록 지원된다. 미래예측을 통한 국가미래전략은 총리에게 직접 보고된다. 총리는 국가미래전략을 최종 결정한다. 이러한 운영체계는 영국이 매우 전략적인 국가임을 의미한다.

최근 국가미래전략청이 진행해온 중요한 프로젝트들의 핵심 주제는 공공 서비스 개혁과 경제의 미래전략 등 두 가지이다. 이를 수행하기 위한 세부 프로젝트로 △ 고용 △ 저출산과 고령화 대책 △ 국가보건 △ 경찰 개혁 △ 청소년 보호 △ 외교정책 개혁 △ 사회 빈곤퇴치 등 일곱 가지를 진행했다.

영국의 국가미래전략청은 2002년부터 120개 보고서를 출판, 국내 및 외교정책 등 전 방위에 걸쳐 미래전략을 포함한 정책을 개발, 시행하고 있다. 국가미래전략청의 프로젝트는 대부분 3~4개월 걸려서 보고서로 출판된다. 미래전략 프로젝트는 미래학자, 미래예측전문가, 각 분야의 최고 전문가들이 위원회를 만들어서 2~4명의 국가미래전략청의 직원과 팀을 만들어 진행한다.

국가미래전략청의 전략들은 각 부처에서 이미 피부에 와 닿는다는 피드백을 받고 있다. 성과가 높은 프로젝트들은 △ 공공 서비스 개혁 △ 아동복지 개혁 △ 교육개혁 △ 영국 정부의 효율성 강화 △ 부처, 부서 및 기타 기구 기관의 조직개편 등이다. 주로 국가 개혁과 정부의 효율성을 높이는 프로젝트를 추진하고 있다.

영국의 국가미래전략청은 몇 가지 역점을 두고 활동하고 있다. 첫째는 미래예측 foresight 에 역점을 둔다. 둘째는 현재의 상황 분석 analysis 과 전략 개발에 역점을 둔다. 셋째는 창의성 creativity 에 역점을 둔다. 넷째는 부처 벽 허물기 cross - departmentalism 에 역점을 둔다.

국가미래전략청의 성공 여부는 인재 발굴과 채용의 폭과 유연성이다. 정부청사에서 공공기관 분야 경험자와 민간 분야 전문가들을 반드시 섞어서 채용한다. 또 각 정부조직으로부터 차출된 정부 공무원들도 배치된다. 이때 공무원들은 자신의 부처로 돌아가기 전 몇 년간의 계약을 통해서 뽑는다.

특히 공공 및 민간 부문 직원의 균형을 잡기 위해 최선을 다한다. 민간 부문에서 최고의 미래예측 싱크탱크와 NGO의 전문가를 채용한다. 그리고 각 프로젝트마다 인원 배치가 균형 잡히도록 조정한다. 프로젝트가 결정되면 프로젝트 팀에서 직원을 모집한다. 영국의 국가미래전략청은 이처럼 혁신적 운영을 통해 더 큰 영국의 미래를 모색하고 있다.

PART

5

4차 산업혁명시대,
개인·기업·국가 미래전략 응용과 실전

개인의 미래 성공전략 응용과 실전

I 개인의 생존 조건과 전략

1. 개인의 생존 조건

"뜻을 이루려면 목숨을 걸어야 한다."

역사적으로 성공한 사람들의 삶은 단순하지 않았다. 이들은 공통점이 있다. 모두가 목숨을 걸고 행동한 것이다. 이순신 장군도, 안중근 의사도 국가를 위해 목숨을 걸었다. 예수와 부처도 모든 것을 버리고 '절정'에 도달했다. 삶은 이렇게 간단하지 않다. 자기의 가장 고귀한 것을 버려야 꿈을 이룬다.

다중지능 이론을 창안한 하워드 가드너Howard Gardner 박사는 세계적으로 성공한 사람들의 특성을 연구했다. 그리고 그 결과를 한마디로 이렇게 정리했다. "목숨을 걸었다." 이것이 생존의 비결이자 성공의 비밀 통로다. 대충은 없다. '이 정도면 됐다'고 하는 순간 주목받는 삶이 되지 못한다.

독종이 되어야 한다. 독하지 못하면 생존하기 힘들다. 이것은 자연의 법칙이기도 하다.[1] 사자도 사냥에 성공해야 살아남는다. 실패하면 굶어죽는다. 풀은 독종

---

1. 서광원, 『사자도 굶어 죽는다』, (서울: 위즈덤하우스, 2008), 12쪽.

이다. 바위틈에서도 생명을 키운다. 심지어 열사의 땅 사막에서도 풀은 자란다. 비가 오지 않는 동안은 숨죽이고 있다. 비가 일순간 쏟아지면 모두가 싹을 틔우고 생명을 노래한다. 장관이다. 찬미다.

삶은 무엇인가? 밥이다. 동물이든 식물이든 밥이 있어야 산다. 특히 사람의 삶도 '밥'에서 출발함을 명심해야 한다. 소설 『칼의 노래』로 필명을 날린 김훈 작가는 '아들에게 보내는 편지'에서 이렇게 적었다. "아들아, 사내의 삶은 쉽지 않다. 돈과 밥의 두려움을 마땅히 알라! 돈과 밥 앞에서 주접떨지 마라!"

"사내의 삶이란 돈을 벌어오는 것이다. 알겠느냐? 혼돈해서는 안 된다. 밥이 목구멍을 넘어갈 때 느껴지는 그 매끄러운 촉감, 이것이 바로 삶인 것이다. 이것이 인류의 기초며 사유의 토대다. 돈과 밥의 지엄함을 알라. 그러니 돈을 벌어라!"[2] 이 편지의 핵심은 무엇인가? 먹고사는 문제, 즉 생존의 문제를 절대 얕보지 말라는 경고다.

그러나 우리 인간은 동물이나 식물과 달라야 한다. 인간의 삶은 생존, 그 자체에 머물러서는 안 된다. 생존의 이유는 끝없는 도전을 통해 더 큰 미래를 창조하는 데 있다. 이것이 동물과 다른 인간의 숙명이다. 인간의 위대성은 바로 새로운 창조에 있다. 인간의 창조는 지속 가능한 생존을 통해 '존재의 의미'를 실현하는 것이다.

모든 생명은 지속 가능한 생존과 함께 참된 존재를 위한 미래전략을 수립해야 한다. 그리고 더 가치 있는 미래를 창조해야 한다. 그것도 그냥 창조하는 것이 아니다. 철저히 수천 년간 선조로부터 계승 발전시켜온 최적의 생존전략으로 더 큰 미래를 창조해야 한다. 미래전략이 실패하면 파멸이다. 경우에 따라선 멸종이 될 수도 있다. 치열하게 목숨 걸고 더 큰 미래를 창조해야 하는 것이다.

---

2. 김훈의 편지글을 필자의 어투로 다소 수정했다. 원문은 김훈, 『너는 어느 쪽이냐고 묻는 말들에 대하여』, (서울: 생각의 나무, 2002) 참고.

2. 개인의 생존전략

다람쥐의 겨울 준비를 보면 정말 눈물이 난다. 단풍잎은 다람쥐에겐 비상 신호등이다. 숲속의 나뭇잎이 하나둘 붉게 물들기 시작하면 비상이 걸린다. 다람쥐들은 이때부터 △ 관찰 및 탐색하여 △ 목표를 설정, 파악하고 △ 목표물에 구체적으로 접근한다. 그리고 나서 △ 부지런히 목표를 공략하고 △ 성공의 열매들을 비축하며 겨울을 준비한다.

다람쥐의 입은 특수하게 되어 있다. 도토리나 상수리, 밤 등을 한 번에 여러 개를 입안에 넣어 운반할 수 있다. 그리고 집 주변 여러 곳에 비밀 식량 창고를 만들어 보관한다. 다른 적의 침입에 대비하여 은밀하게 만든다. 그리고 긴 겨울에 대비하여 충분히 비축한다. 그래서 다람쥐의 가을은 거의 비상상황이다.

비단 다람쥐만이 아니다. 물론 사자나 호랑이도 이같이 행동한다. 『사자도 굶어 죽는다』라는 책에서도 서광원 저자는 부자, 성공한 기업가들도 모두 이와 유사하게 행동한다고 강조한다. 엄밀하게 분류하면 모든 생명체의 먹이 획득 방법은 5단계의 과정, 즉 △ 관찰, △ 목표 설정, △ 목표물 접근, △ 사냥, △ 마무리와 새로운 접근으로 이루어져 있다.

다시 말하면 모든 생명은 생존의 5대 전략에 따라 행동한다는 것이다. 첫째 관찰: 잘 관찰하면서 패턴을 추출한다. 둘째 목표 설정: 목표를 명확하고 구체적으로 설정한다. 셋째 목표물 접근: 사냥감이 눈치채지 못하게 최대한 가까이 접근한다, 넷째 사냥: 전광석화처럼 사냥한다. 다섯째 마무리와 새로운 시작: 마무리 및 다음 사냥을 준비한다.[3]

미래예측에서 특히 주목해야 할 5대 전략 포인트가 있다.[4] 첫째는 '개연성 있는

---

3. 서광원, 『사자도 굶어 죽는다』, (서울: 위즈덤하우스, 2008) 참고.
4. 이 책은 미래를 바라보는 대표적인 목적과 관점을 5가지 프리즘(안경)으로 정리한 것이다. 사실 과거에는 미래를 전망할 때 거시 환경 변동(푸른 안경), 기회(초록 안경), 비전(노란 안경), 리스크(붉은 안경) 등을 뭉뚱그리고 섞어서 분석하였기에 매우 혼란스러웠다. 그런데 이 책은 이를 5가지로 세분화하고, 순서를 잡고, 각각의 연구 방법론을 매뉴얼화(체크리스트)하였다.

미래'에 주목하는 것이다. 자신의 의도와 상관없이 존재하는 '미래의 환경 변화' 또는 '거시 변동'을 집중적으로 분석하는 것이다. 예를 들어 대양을 항해하려는 선장이라면 출항에 앞서 바다의 상태, 날씨, 조류 등 거시적 환경 변화를 주목해야 한다.

둘째는 '미래에 활용할 수 있는 기회'에 주목하는 것이다. 자신의 의지로 '구축할 수 있는 미래'_{붙잡을 수 있는 미래}를 주목하여 분석하고 대응하는 것이다. 대양을 항해하려는 선장이라면 항해 중 만나게 될 풍요로운 섬과 신대륙의 발견 같은 것이다.

셋째는 앞의 방법으로 분석한 미래와 자신의 처지, 조건, 소망 등을 종합하여, 선택과 집중을 통해서 '원하는 미래_{창조하고자 하는 미래}'에 주목하는 것이다. 이는 미래 비전을 구상할 때 즐겨 사용하는 방법으로 중요한 접근 전략이다.

넷째는 '미래에 발생 가능한 돌발 상황과 리스크'에 주목하는 것이다. 우리가 비관적 전망 시 혹은 가상 시나리오 정립 시에 즐겨 사용하는 접근법이다. 지금 남북통일 논의에서 거론되는 '북한의 중국 동북 4성화' 가설도 이러한 접근법으로 본 미래다.

끝으로 미래 비전을 실현하기 위해 필요한 행동에 주목하는 것이다. 사람들은 보통 미래예측과 관련하여 낙관적 시각이나 비관적 시각으로 미래를 전망한다. 그리고 자신의 소망과 의지를 결합하여 비전과 목표, 전략을 체계적으로 수립한다. 여기서 중요한 것은 개연성 있는 미래예측 시나리오 몇 개를 써서 각각의 경우에 대한 미래전략을 수립하여 접근하는 것이다.

1. 내공 강화 전략

한 개인이 기업과 국가, 나아가 세계를 위해서 큰일을 하려면 무엇보다 '내공'이 강해야 한다. 내공이 강하려면 늘 유연해야 한다. 고집을 부리면 모두가 망한다. 인간사에는 대부분 절대 선이나 절대 악이 없다. 아무리 자기가 옳다고 생각해도 상대방에 대해 배려하고 기다릴 줄 아는 역량을 길러야 한다. 그리고 자기가 하는 행동이 어떤 결과를 낳을지를 생각하면서 행동해야 한다.

"나는 할 수 있다! 나는 할 수 있다!"

내공을 강화하기 위해선 어떻게 해야 할까? 자신을 끊임없이 단련시키는 길이 최고의 방책이다. '할 수 있다 I can do it!'를 반복하며 자신감을 끌어올려야 한다. 자신감은 기적을 낳는 힘이다. 세상사는 쉬운 일이 하나도 없다. 이 세상에 태어나는 일도 사실은 1억 대 1의 치열한 경쟁을 뚫고 기적을 만든 것이다.

세계적 승자들은 공통점이 있다. 모두가 강한 내공, 강한 정신력을 갖고 있다는 점이다. 사람들은 모두 약하다. 그러나 내공을 통해 엄청난 강자로 자신을 단련, 변화시킨다. 영웅들은 끝없는 단련을 통해서 기적을 만든다. 기적은 간절한 기도와 뜨거운 염원, 강한 정신력의 결정체다.

올림픽은 기적의 현장이다. 2016년 8월 브라질 리우데자네이루에서 열린 리우 올림픽도 수많은 기적의 인물들이 등장했다. 무수한 경쟁자들을 따돌리고 승리를 획득한 3인의 사례를 들어본다. 이들은 모두 '자기'를 이기고 세계 1위가 되었다. 모두가 강인한 정신력으로 위기를 극복하고 정상에 등극했다.

먼저 한국 남자 펜싱대표팀의 '막내' 박상영21살이다. 그는 에페 개인전 결승에서 세계 3위의 '베테랑' 임레 게자41살에 2라운드까지 9-13으로 뒤지고 있었다. 2

라운드가 끝나고 쉬는 시간이 1분간 주어졌다. 방상영은 의자에 앉아 '할 수 있다'는 말을 수없이 반복하며 자기암시를 걸었다. 그리고 마지막 3라운드에서 4점 차를 극복하고 15-14로 대역전극 펼쳤다.

박상영은 "나는 할 수 있다, 나는 할 수 있다"라는 굳은 다짐을 하며 마지막 라운드에 올랐다. 경기를 시청하던 많은 사람은 이미 '불가능하다'고 판단했다. 그러나 그는 절대 포기하지 않고 다시 시작했다. 전략을 바꾸고 차분하게 한 점, 한 점 만회하며 동점을 이뤘다. 그리고 종료 직전, 한 점을 더 추가해 금메달을 목에 걸었다. 영웅의 탄생과 기적은 이렇게 만들어졌다.

한국 여자 골프의 박인비도 기적을 만든 리우올림픽의 영웅이다. 그는 엄지 인대 부상으로 모두가 출전을 만류했다. 골프에서 엄지손의 역할은 막중하다. 그러나 그는 '나는 해야 한다'는 책임감과 '나는 할 수 있다'는 자신감으로 도전했다. 경기 중 중간중간에 어려움이 있었다. 그러나 승리에 대한 강한 집념으로 흔들림 없이 진군했다. 박인비의 금메달은 자신과의 싸움에서 이긴 승리의 상징이다.

모든 것은 스스로 결정하고 행동해야 한다. 박인비는 한때 부상을 탓하며 현실에 안주하려 했다. 하지만 그는 한계를 뛰어넘기 위해 도전에 나섰다. 달라진 상황에 맞게 몸을 변화시켜 재무장했다. 그리고 연습, 또 연습했다. 세계 1위였지만 도전자처럼 스윙을 수없이 반복했다. 피눈물 나는 연습과 훈련으로 자신을 세계 최강자를 만든 것이다.

100m 세계 신기록9초58 보유자인 자메이카의 우사인 볼트Usain Bolt도 신화를 창조한 인물이다.[5] 그는 역경을 극복하고 올림픽 3연패의 위업을 달성했다. 그의 일대기를 다룬 영화 「나는 볼트다I AM BOLT」가 2016년 11월 공개되었다. 볼트는 시사회장에서 "사람들은 내가 육상을 하면서 스트레스를 받지 않았을 거라고 생각할 것

---

5. 우사인 볼트는 2017년 8월 영국 런던 올림픽스타디움에서 열린 2017 세계육상선수권대회 트랙 남자 100m 결승에서 3위(9초95)로 골인, 마지막 경기를 장식했다.

이다. 그러나 이 영화를 보면 심적 고통이 얼마나 컸는지를 알게 될 것이다"라고 털어났다.

볼트는 사실 육상하기 매우 힘든 신체적 조건을 선천적으로 가졌다. 그래서 그는 매 경기에 임할 때마다 엄청난 중압감에 시달린다. 출전을 포기할까도 수없이 생각한다. 그럼에도 불구하고 그는 리우올림픽에서 단거리 3관왕이 되었다. 더구나 100m를 10여 년간 세계 1인자로 군림했다. 그는 이 비결에 대해 "오로지 승리만을 생각한다"고 밝혔다.

성공한 사람, 정상에 선 사람들은 특별한 무엇이 있다. 두려움을 이겼다는 점이다. 인간은 누구나 두려움을 갖고 있다. 심지어 불안이나 공포에 억눌리기도 한다. 그러나 두려움과 긴장, 부정적 생각은 일을 실패하게 만든다는 것을 명심해야 한다. 성공하고 싶으면 성공한 모습을 반복해서 상상하며 현실화된 것처럼 행동해야 한다. 그리고 '할 수 있다'는 긍정의 힘으로 자신감을 극대화해야 한다. 이것이 승리의 핵심 전략이다.

온갖 역경을 극복하고 성공한 삶은 감동 그 자체다. 많은 사람에게 커다란 희망과 용기를 준다. 역경을 이긴 성공은 시공을 초월하여 위대하다. 성공을 이끄는 위대한 저력은 바로 자기 혁신, 자기 혁명을 통한 내공의 완성에서 나온다. 내공은 '할 수 있다'는 자신감과 용기 있는 도전에서 형성된다. 두려워하지 않고 목표를 향해 정진하는 것이다. 장애는 핑계에 불과하다. 명궁수는 활과 바람을 탓하지 않는다.

2. 세계를 바꾸는 전략

2016년 브라질 리우올림픽에서 스포츠경기가 아닌 아주 색다른 행사가 열렸다. 그것은 IOC 선수위원 4명을 뽑는 선거였다.[6] 탁구 금메달리스트인 유승민은 당초

---

6. IOC 선수위원은 임기 8년으로 올림픽 개최지 선정 투표 및 선수 교육, 도핑 방지 등 일반 위원과 같은 활동을 한다. 대한민국의 IOC 위원은 이건희 삼성전자 회장과 문대성 선수위원이 있다. 문대성 위원은 리우올림픽 폐막과 함께 임기가 끝났다. 유승민 위원은 이날부터 8년의 임기가 시작된다.

유력 후보군이 아니었다. 세계 무대에서 '무명'인 그가 선거에서 승리한 전략은 무엇이었을까? 그것은 '진심'이었다. 유승민은 '진심은 통한다'고 믿고 발로 뛰었다.[7]

유승민은 승리에 대한 확신감으로 출정했다. 배낭에는 유일한 홍보 수단인 자기소개 책자를 넣었다. "굿 럭행운을빌어요!" 만나는 선수들마다 미소를 지으며 홍보지를 나눠주며 한 표를 부탁했다. 셀카도 열심히 찍었다. 25일간 선수들이 있는 곳이면 어디든 찾아가 인사를 했다.

유승민은 나홀로 선수촌에 입성하여 마지막 날까지 발이 부르트도록 뛰었다. 그는 '원모어One More 정신'으로 무장했다. 남들보다 1분, 1시간, 1일, 1년을 더 노력하면 뭐든지 이룰 수 있다고 생각했다. 매일 오전 7시부터 오후 9시까지 하루 14시간 10~25km를 강행군하며 거리 유세를 했다.

그 결과 후보 23명 중 2위를 차지했다. 처음엔 선수들이 "저 사람이 누구냐?"는 반응을 보였다. 그러나 나중엔 "정말 열심이다!"라는 감탄으로 바뀌었다. 타국 선수들이 하나둘 그를 보며 "너를 뽑겠다."라고 했다. 심지어 처음에는 본체만체하더니 나중엔 먼저 다가와 인사까지 했다. 그는 어느새 선수들 사이에서 '유명인'이 되었다. 낯선 세계 무대에서도 진심은 통했다. '무명의 반란'에 성공한 것이다.

무명이었던 유승민의 유쾌한 반란은 무엇을 의미하는가? 이것은 누구나 꿈을 꾸고 행동하면 현실이 될 수 있다는 것을 뜻한다. 유승민처럼 개개인이 꿈을 이루기 위해서는 역량을 강화해야 한다. 어떻게 하면 개인의 역량을 극대화할 수 있을까? 여러 가지 법칙이 있다.

대표적인 소망을 이루는 법칙이 있다. 바로 꿈의 법칙, 생각의 법칙, 말의 법칙을 총동원하는 것이다. 꿈은 꾸는 대로 이루어진다. 생각은 생각하는 대로 현실이 된다. 말은 말하는 대로 된다. 이것은 이미 과학과 실험으로 증명됐고, 그리고 많

---

7. 조선일보, 2016년 8월 20일.

은 사람이 경험한 것이다. 전혀 의심의 여지가 없다.

먼저 꿈의 법칙이다. 꿈은 시련을 초월한다. 어린아이에게 가장 필요한 것은 무엇일까? 훌륭한 인격이나 환경, 삶의 조건이 아닌 바로 '꿈'이다. 한 사람의 미래를 결정하는 것은 어떤 가정과 환경에서 성장하느냐가 아니라 어떤 꿈을 가지고 있느냐이다. 꿈은 모든 역경과 어려움을 뛰어넘게 하는 힘이 있다.

성경의 인물 아브라함은 75세에 하나님의 부르심을 받고 100세에 아들을 낳았다. 모세는 80세에 부름을 받고 이스라엘 민족을 이집트에서 구원했다. 어디 이들 뿐인가? 칸트는 74세에 최고의 철학서를 세상에 내놓았다. 미켈란젤로는 87세에 그의 가장 위대한 작품 「천지창조」를 완성했다. 또 버나드 쇼는 69세에 노벨상을 받았다.

이처럼 뜻을 이루는 데는 나이가 문제가 되지 않는다. 비전이 있었기 때문이다. 인생 성공의 조건은 끝없이 도전하는 것이다. 인생은 죽을 때까지 도전을 멈추지 않는 것이다. 도전하는 사람에게는 나이가 문제 되지 않는다. 안 된다고 탓하지 말고, 늦었다고 핑계대지 말고 매일매일 도전하는 것, 이것이 짧은 인생을 길게 사는 비결이다.

꿈을 품은 자에게만 미래가 있다. 꿈이 없는 백성은 망한다고 성경은 말한다. 내가 오늘 무엇을 소유했고, 어떤 위치에 있느냐가 중요하지 않다. 내가 지금 어떤 꿈을 갖고 있느냐가 중요하다. 꿈은 미래를 창조하는 핵심 재료다. 꿈은 꿈꾸는 자를 위대하게 만든다. 꿈은 당신을 지금의 모습 그대로 내버려 두지 않는다. 5년, 10년, 20년이 지난 후 놀라운 변화와 성장을 하게 만든다.

꿈을 가진 사람은 목표를 설정하며 분명한 인생의 방향을 가지고 있다. 모험하는 생을 살기 때문에 그 인생이 흥미진진하다. 언제나 위대한 사람의 위대한 성취는 한 사람의 가슴속에 있던 꿈에서 시작되었다. 작은 상상력이 꿈을 움직이게 한다. "로마도 보아야 하리라!" 모두가 큰 꿈을 갖고 성공과 승리의 삶을 창조해야 할 것이다.

둘째는 생각의 법칙이다. 생각의 법칙은 모든 것이 생각한 대로 이루어진다는 사실이다. 그 예를 들어본다. 우리가 알고 있는 어떤 상식이나 믿음은 우리의 마음뿐만 아니라 몸까지도 다스린다. 모든 것은 생각하기에 달려 있다. 행복과 불행, 성공과 실패도 생각에 따라 결정된다. 그러므로 절대 긍정의 생각으로 임하면 반드시 좋은 결과가 나타난다.

프랑스의 황제 나폴레옹은 유럽을 제패했지만 "내 생애 행복한 날은 6일밖에 없었다"라고 고백했다. 반면 앞을 볼 수 없었던 시각장애인 헬렌 켈러는 "내 생애 행복하지 않은 날이 단 하루도 없었다"라고 털어놨다. 어떤 삶이 더 강하고 위대한가? 생각이 성공과 실패, 행복과 불행을 결정함을 명심해야 할 것이다.

셋째는 말의 법칙이다. '말이 씨가 된다'는 속담이 있다. 늘 말하던 것이 마침내 사실대로 되었을 때를 이르는 말이다. 실제로 말이 씨가 되어 사실대로 되는 경우가 많다. 그러므로 말을 어떻게 하느냐에 따라서 미래의 운명이 결정된다. 늘 소망이나 꿈을 말로써 주문하고 이를 행동으로 실천하면 현실이 된다.

하나님도 말로써 천지를 창조했다. 말이 있어야 존재한다. 그래서 말을 '존재의 집'이라고도 한다. 말은 특별한 힘을 지니고 있다. 과학적으로도 입증된 사실이다. 꿈을 말로써 표현하고 "이미 다 이루어졌다"고 반복하면 놀랍게도 말이 현실이 되는 것이다.

다른 사람의 말과 행동을 정교하게 따라 하면 자신의 두뇌를 그 사람과 유사한 상태로 만들 수 있다. 예를 들어 자신감이 부족한 사람에게 카리스마 넘치는 인물을 흉내 내도록 연습시켜 자신감을 북돋아 주는 식이다. 이러한 과정에서 두뇌를 조종하는 컨트롤러라고 보는 것이 바로 '말'이다. 말은 우리의 생리작용과 밀접하게 연결되어 있기 때문이다.

당신이 원하는 모든 것을 지금 떠올려 보라. 취업 합격 통지, 내집 마련 실현, 수많은 사람의 박수 등 이 모든 것이 실제로 다 이루어졌다고 상상해 보라. 그리고 모든 것을 이룬 바로 그 사람처럼 꿈을 꾸고, 생각하고, 말하고, 숨 쉬어보라.

어떤가? 몸이 새털처럼 가뿐해지지 않는가! 절대 긍정의 말은 놀라운 기적을 만든다.

3. 역량 극대화 전략

우리는 장애물이 없어지면 행복할 것으로 믿는다. 그러나 장애물이 없어지면 장애를 극복하려던 의욕도 함께 없어지게 된다. 오리는 알껍떼기를 깨는 고통의 과정을 겪어야만 살아갈 힘을 얻는다. 그러나 누군가 알을 깨는 것을 도와주면 그 오리는 몇 시간 못 가서 죽는다. 우리의 삶도 그렇다. 시련이 있어야 윤기가 나고 생동감이 있게 된다.

자연의 질서도 고통이 있어야 생명을 얻을 수 있음을 가르친다. 남태평양 사모아섬은 바다거북들의 산란 장소로 유명하다. 봄이면 바다거북들이 해변으로 올라와 모래 구덩이를 파고 알을 낳고 깨어난 새끼들이 바다를 향해 새까맣게 기어가는 모습은 장관을 이룬다.

한번은 해양학자들이 산란기 바다거북에게 진통제를 주사해 보았다. 거북은 고통 없이 알을 낳았다. 하지만 거북은 제가 낳은 알을 모조리 먹어 치워 버렸다. 과학자들은 고통 없이 낳은 알이라, 모성 본능이 일어나지 않았을 것으로 추측했다.

우리가 사는 세상이 만약 밝은 대낮만 계속 된다면, 사람들은 며칠 못 가서 다 쓰러지고 말 것이다. 누구나 어둠을 싫어하지만 어둠이 있기에 우리는 살아 갈 수 있다. 낮도 밤도 모두 삶의 일부인 것이다. 다들 좋은 일만 가득하기를 기대한다. 그러나 어둠이 있어야 빛이 더욱 빛나듯 역경이 있어야 삶은 더욱 풍요로워진다.

거북은 장수의 상징 동물이다. 거북은 초조함을 모른다. 소나기가 쏟아지면 머리를 몸 안으로 집어넣는다. 햇볕이 따가우면 그늘에서 잠시 쉬어간다. 거북처럼 유순하고 여유로워야 장수한다. 장수하고 싶으면 거북처럼 생각하고 행동하면 된다. 그러나 맹수는 단명한다.

사람도 마찬가지다. 화를 잘 내고 성급한 사람들 중 장수하는 사람은 거의 없다. 독일의 한 탄광에서 갱도가 무너져 광부들이 갱내에 갇혔다. 외부와 연락이 차단된 상태에서 1주일 만에 구조되었다. 그런데 사망자가 단 한 사람 있었다. 바로 시계를 찬 광부였다. 불안과 초조가 그를 숨지게 한 것이다.

겨울이 지나면 새 봄이 온다고 굳게 믿으면서 추운 한겨울을 견디어 내야 한다. 사람의 삶에 어찌 좋은 일만 있겠는가? 오히려 언짢고 궂은 일이 더 많을지도 모른다. 행복한 순간을 슬기롭게 다스리는 것이 미덕이라면, 불우하고 불행한 때를 잘 이겨내는 인내는 지혜라고 할 수 있다.

낙관적이고 희망적인 의지를 가지고 살아야 한다. 비관과 절망이 죽음에 이르는 병이라면, 낙관과 희망은 생명의 비결이다. 결코, 두려워하지 말아야 한다. 기죽지 말아야 한다. 어느 상황이든 능동적으로 대처하는 지혜의 삶을 만들어야 한다. 담대하게 전진해야 한다. 그것이 승리와 축복의 길이다.

"항상 기뻐하라. 쉬지 말고 기도하라. 범사에 감사하라" 데살로니가 전서 5:16⊠18 . 어떻게 살 것인가? 개인에게 있어 가장 중요한 질문이다. 나는 이 질문에 대한 최고의 대답은 성경 속의 이 구절이라고 생각한다. 자신이 기독교인이든 아니든 이 말을 기둥 삼아 살아간다면 건강하고 행복하게 살아갈 수 있을 것이다. 이 말은 사람뿐만이 아니라 삼라만상의 모두에 해당한다.

Ⅲ 개인의 직업, 성공, 행복 전략 🔍

1. 개인의 직업 전략

미래는 생존의 시대다. 개인이나 기업은 물론 국가도 첫째는 생존이다. 개인적 차원에서 최고의 생존전략은 직업, 즉 '일자리'를 갖는 것이다. 먹고 살고 꿈을 이루기 위한 최소한의 조건이 바로 일자리다. 미래는 수 없는 일자리가 사라지고 새로운 일자리가 생긴다. 그렇다면 10년 후, 20년 후 유망한 직업은 무엇일까?

'마이크로소프트 서피스'와 미래 연구소The Future Laboratory 연구진은 2016년 8월 '10년 뒤 등장할 10대 직업' 보고서를 발표했다.[8] 이 보고서는 가상현실VR 공간 디자이너와 인공지능AI, 기술윤리 변호사, 우주여행 가이드, 디지털 문화 논평가, 지구 환경 재생 전문가, 지속 가능한 에너지 개발자 등이 10년 후 급변하는 세상에서 주목할 미래 직업들이라고 소개했다.

직업 보고서는 대학 재학생의 65%는 지금은 존재하지 않는 직업을 가질 것이라고 전망했다. 또한, 로봇이 인력을 대체할 것이라는 두려움이 있지만 기술 발전과 환경 변화로 새로운 영역에서 일자리가 늘어날 가능성도 주목해야 한다고 지적했다.

특히 이 직업 보고서는 미래 유망직업으로 '가상현실 공간 디자이너'를 첫손에 꼽았다. 가상현실 공간 디자이너는 미래 인간들의 일과 교육에 활용되는 가상현실 공간을 디자인하고 적절한 환경을 만들어 내는 역할을 한다.

2020년까지 가상현실 기술의 시장 규모는 400억 달러약 44조 원에 이를 것으로 전망된다. 앞으로 수많은 사람이 가상현실 환경에서 일하고 교육을 받게 될 것이다.

---

8. 연합뉴스, 2016년 8월 9일.

직장에서의 회의나 갤러리 전시 등에서 가상현실을 본격적으로 활용하는 시대가 얼마 남지 않았다.

AI 인공지능 기술이 인간의 영역에 빠른 속도로 침투하면서 '기술윤리 변호사'도 주목받을 전망이다. AI가 활용되는 영역에서 도덕적·윤리적 자문을 하거나 로봇과 인간 사이의 중재자 필요성이 커짐에 따라 기술윤리 변호사의 역할이 중요해질 것으로 보인다.

'프리랜서 바이오 해커'는 인간 질병 치료에 도움을 줄 직업으로 꼽힌다. 프리랜서 바이오 해커는 유전자 편집에 사용되는 크리스퍼CRISPR 유전자가위 기술의 소프트웨어 플랫폼을 활용한다. 또한, 보고서는 사물인터넷IoT 시대를 맞아 '사물인터넷 자료 분석가'도 유망한 직업으로 꼽았다. 생활 속에서 인터넷으로 연결된 사물들을 더 의미 있고 유용하게 활용할 수 있도록 도움을 주는 역할을 한다.

민간업체들의 우주 개발 경쟁이 과열되는 가운데 우주여행을 안전하고 즐겁게 만들 '우주여행 가이드'도 유망 직종으로 꼽힌다. 뇌신경과학을 이용해 기억력 향상에 도움을 줄 '개인 콘텐츠 큐레이터'와 생명공학 기술을 활용한 '인간 신체 디자이너' 역시 미래에 떠오를 직업군이다.

좋은 일자리는 개인 행복의 필수 조건이다. 미래 행복을 위해서는 일자리 변화를 예측하고 전략적으로 준비해야 한다. 특히 100세 시대를 맞아 인생 3모작을 대비하여 특화된 기술 3가지를 평생교육을 통해 확보하는 것이 중요하다. 준비하는 자만이 더 행복한 미래를 창조할 수 있다.

2. 개인의 성공 전략

성공은 모두의 꿈이다. 그러나 누구는 성공하고 누구는 실패한다. 그 이유가 무엇일까? 성공한 사람들의 비법을 터득함으로써 성공의 길을 찾아볼 필요가 있다. 먼저 세계적 성공학의 대가인 브라이언 트레이시Brian Tracy는 목표를 성공시키기 위한 7가지 전략을 제시했다.

첫째, 내가 원하는 것이 무엇인지 분명하고 구체적으로 생각하라. 나에게는 한계가 없다고 믿고 생각하는 연습을 하라. 둘째, 목표를 정했다면 그것을 종이에 써라. 그리고 그 목표들을 수치화시켜라. 목표를 적음으로써 목표를 이루는데 필요한 아이디어와 사람, 모든 자원들이 당신 주변으로 모이게 될 것이다.

셋째, 기한을 정하라. 당장 이루기 힘든 목표라면 작게 쪼개어 작게 쪼개진 목표에 각기 다른 기한을 정하라. 넷째, 목록을 만들어라. 목표를 이루기 위해 당신이 해야만 하는 모든 일들을 적어라. 목표를 이루기 위해 당신이 할 수 있는 일을 세밀하게 적어 보면, 목표를 이룰 가능성 또한 함께 높아진다.

다섯째, 목록에 대한 구체적인 추진 계획을 짜라. 일의 중요도와 진행될 순서에 맞추어 목록을 체계화시켜라. 여섯째, 목록에 적어 놓은 계획이 무엇이든 행동하라. 행동하지 않는다면 아무 일도 일어나지 않는다. 끝으로, 목표의 성취를 위한 행동을 매일 하라. 가장 단순하지만 가장 강력한 힘을 지닌 성공의 법칙은 우선 시작하고 포기하지 않고 계속 밀고 나아가는 것이다.

트레이시가 제시한 7가지 성공 전략은 매우 탁월한 지침이다. 문제는 많은 사람이 이를 대충 보고 던져 버린다는 점이다. 생존법칙으로 여기고 밥을 먹듯이 매일매일 실천해야 할 과제다. 성공한 사람에게는 반드시 그 이유가 있다. 트레이시의 조언도 성공을 위한 길을 가는데 좋은 나침반이 될 것이다.

특히 성공 전략의 최고 권위자인 스티븐 코비가 쓴 『성공하는 사람들의 7가지 습관』은 세계적 명저로 꼽힌다. 이 책은 전 세계에서 38개 국어로 번역되어 1,500만 부 이상 판매되었다. '20세기에 가장 큰 영향을 끼친 비즈니스 서적'이라고 평가된다. 이 책에서 밝힌 7가지 성공 습관을 무엇일까?

코비가 제시한 7가지 성공전략은 다음과 같다. △ 습관 1: 자신의 삶을 주도하라 △ 습관 2: 끝을 생각하며 시작하라 △ 습관 3: 소중한 것을 먼저 하라 △ 습관 4: 윈－윈을 생각하라 △ 습관 5: 먼저 이해하고 다음에 이해시켜라 △ 습관 6: 시너지를 내라 △ 습관 7: 끊임없이 쇄신하라 등이다. 우리는 이들 중 상당수는 이미 들어본 것들이다. 문제는 이를 자기의 것으로 어떻게 만드느냐 하는 점이다.

성공하는 사람들은 무엇이 중요한지를 인식하고 판단하여 행동하는 사람이다. 아무리 가치 있고, 소중한 것을 주어도 그것을 모르면 의미가 없다. 개나 돼지 앞의 진주가 되는 것이다. 인생에서 성공하기 위해서는 갈급함, 간절함, 절박함 등이 있어야 한다. 목표를 세우고 모든 것을 던져야 뜻이 이루어진다.

사람은 누구에게나 엄청난 능력이 내재되어 있다. 이것을 어떻게 끌어내느냐가 관건이다. 본인의 노력, 가족의 성원, 주변의 환경 등 모든 것이 어우러져야 가능하다. 그러나 자신의 삶의 태도와 의지, 능력 극대화가 가장 중요하다. 나이나 피부, 집안 등 그 무엇도 장애물이 되지 않는다. 장애물은 오직 자신의 나약한 마음뿐이다.

"높이 나는 새의 태도를 보아야 한다. 높이 나는 새는 몸을 가볍게 하기 위하여 많은 것을 버린다. 심지어 가슴속은 물론 뼛속까지도 비워야 한다. 무심히 하늘을 나는 새 한 마리가 가르치는 이야기이다." 신영복 선생의 글 중에서 "새는 알을 깨고 나온다. 알은 세계다. 태어나려는 자는 한 세계를 파괴해야 한다." 헤르만 헤세의 『데미안』 중에서

그래도 힘들면 기도와 명상, 묵언수행도 큰 힘이 될 것이다. 나는 개인적으로 하나님을 가슴에 품고 사는 신앙인이다. 내가 어려울 때 기도는 큰 힘이 된다. 성경의 말씀도 위로와 용기가 된다. 사람은 영적 존재다. 몸과 육신을 뛰어넘는 초인적인 힘을 이끌어내야 한다. 여기에 이르는 길이 기도와 묵상이다.

자신이 동원할 수 있는 모든 것을 통해 역량을 극대화하고 전략화하여 선한 세상, 다 함께 행복한 평화 공영 세상을 창조해야 한다. 이것이 진정한 성공이다. 성공은 모두의 권리이고 동시에 신성한 의무다. 성공은 결코 재물이나 지위에 있지 않다. 오직 모두가 힘을 합하여 더 나은 미래를 준비하고 창조하는 것이다.

3. 개인의 행복 전략

사람은 다른 동물과 달리 4개의 보물을 갖고 있다. 그것은 인성, 지성, 창의성, 영성이다. 사람마다 정도의 차이는 있지만, 이 4개의 보물을 어떻게 개발하고 활용하느냐에 따라 행복이 좌우된다. 미래는 사람과의 경쟁보다는 초지능 로봇과 경쟁하게 될 것이다. 이에 따라 이들 4개의 보물을 잘 활용해야 할 것이다.

인성은 나를 사랑하고, 남을 이해하며, 함께 더 나은 미래를 만들어 가는 태도다. 지성은 자연과 사회의 역사와 현상, 인과 등을 분별하는 기능이다. 창의성은 변화와 혁신으로 새로운 것을 만들어 내는 의지다. 영성은 초자연적 깨달음을 통해 인간의 완전한 자유와 해탈의 경지에 도달하는 정신이다.

인간의 원초적 본질은 영성을 통해 참 자유를 얻는 것이다. 성경은 하나님이 생명이요, 진리라고 선언하고 있다. 즉 기독교적으로 하나님을 통해서만 참 자유를 얻을 수 있다. 불교적으로도 참된 득도를 통해 해탈의 경지에 이를 수 있다. 공자도 아침에 도를 깨달으면 저녁에 죽어도 좋다朝聞道면 夕死라도 可矣라!고 말했다.

인간은 기본적으로 영적 존재다. 동물이나 식물과는 차원이 다르다. 그러나 많은 사람은 그저 탐욕적, 본능적 삶에 허우적거리다 생을 마감한다. 이러한 삶은 허무하고 또 허무하다. 그저 '먼지' 같은 삶이다. 흔적도 없이 사라지는 그러한 인생이다. 인간이 만물의 영장인 이유는 본능적 삶에서 벗어나 사랑을 통해 평화를 창조하는 데 있다.

불교에서는 인간의 윤회설을 이야기하고 있다. 끊임없이 생명의 순환이 이루어진다는 것이다. 선한 삶을 살면 후손들이 복을 받고 내세의 삶도 더 나을 것이라고 말한다. 인과응보다. 성경에서도 '뿌린 대로 거둔다'고 강조하고 있다. 어떻게 보면 종교에서 말하는 행복한 삶, 꿈을 이루는 삶은 뿌린 대로 거두는 삶일 것이다.

즉 행복과 불행, 성공과 실패, 천국과 지옥 등 모든 것은 자기가 만드는 것이다. 그러므로 행복한 삶, 성공한 인생, 천국의 영생 등은 모두가 자신이 생각과 말로 뿌리고, 키우는 것이다. 한 사람의 삶에는 온 우주가 작용한다. 그가 행복과 성공을 꿈꾸면 우주 전체가 그 꿈이 현실이 되도록 움직인다. 하나님도 누구나 기도와 간구로 구하면 응답한다고 약속했다.

사람은 대개 울면서 태어나고, 고통 속에서 죽어간다. 태어나는 것은 어찌할 수 없다. 그러나 죽을 때까지의 모든 시간은 하나님이 나에게 준 보물이다. 모든 사람들에게 하루 24시간, 1년 365일을 공평하게 주었다. 이 소중한 시간들을 어떻게 사용하느냐에 따라 죽음의 빛깔은 달라진다. 큰 꿈을 갖고 위대한 생각과 말로 뿌리고 가꾼다면 반드시 '위대한 인생'이 될 것이다.

특히 삶에서 가장 중요한 것은 자기의 삶을 완전히 주도하는 것이다. 이 세상의 모든 것들은 나를 위해 존재하는 것이다. 그러므로 자신과 주변과 좋은 관계를 맺고 삶을 주도해 나가야 한다. 참된 자유의 삶이 되기 위해서는 철저히 자기 주도적 삶을 창조해야 한다. 이를 위해서는 인성은 물론, 지성과 창의성, 그리고 영성을 심화시켜 나가야 한다.

내가 어디에 있든지, 신분이 무엇이든지 간에 늘 당당하자. 어떤 상황에서도 절대 주눅 들지 말아야 한다. 구차하게 변명하거나 구걸하지 말라. 늘 자신을 강하고 담대하게 단련시켜야 한다. 쇠는 불이라는 역경에서 담금질 되어야 더욱 단단해 진다. 인간 자신도 역경을 거쳐야 강한 내공을 터득한다. 고난과 고통을 두려워 말라.

담대하게 도전하라. 두려워 말고 앞으로 전진하라. 삶을 주도하라. 모든 시간을 지배하라. 이것이 자신의 삶을 행복하고 성공하게 만드는 비결이다. 그러나 준비하지 않고, 실력을 갖추지 않고, 주변 여건을 만들어 놓지 않고 행하면 실패한다. 무모하다. 어리석다. 이것은 비극도 아니다. 오히려 아주 추한 삶이다.

삶은 어찌 보면 관계다. 먼저 자기와의 관계다. 나를 사랑해야 한다. 강한 자기애를 가져야 한다. 나를 사랑하지 않고는 그 무엇도 사랑할 수 없다. 이를 위해서는 12개의 내공을 쌓아야 한다. 긍정, 당당, 도전, 리더, 기도, 회개, 혁신, 여유, 인내, 주도, 자존, 책임 등을 하나하나 마스터해야 한다.

둘째는 타인과의 관계다. 나는 홀로 살 수 없다. 작게는 가족, 학교나 직장 동료 등 수많은 관계와 관계 속에서 살아간다. 행복하고 성공하려면 모든 사람과 좋은 관계를 만들어 나가야 한다. 이를 위해서도 12개의 내공을 쌓아야 한다. 경청, 관용, 배려, 예의, 위로, 유머, 이해, 존중, 칭찬, 협동, 효도, 친절 등의 태도를 견지해야 한다.

셋째는 공존의 관계다. 함께하는 모든 것과 더 나은 미래를 창조해야 한다. 모두가 다 함께 잘 사는 평화 공영의 세상을 만들기 위해 모든 것과 함께 해야 한다. 이를 위해서는 12개의 내공을 쌓아야 한다. 감사, 공존, 공평, 나눔, 사랑, 생명, 소통, 용서, 자연, 진심, 평화, 화해 등을 추구해야 한다.

우리는 그냥 빈손으로 왔다가 빈손으로 떠나가는 나그네가 아니다. 더구나 '트러블 메이커'가 되어 세상을 혼탁하고 더럽게 해서는 절대 안 된다. 우리가 이 땅에 온 목적은 무엇인가? 우리는 사랑을 실천함으로써 참된 평화 세상을 만들기 위해 이 땅에 왔다. 이것은 우리의 숙명이며 미션이다. 축복과 은총이 가득한 영원한 삶을 을 위한 길이다.

우리는 세상을 바꾸기 위해 대한민국, 여기에 왔다. 세상을 바꾸려면 먼저 자기 자신을 바꿔야 한다. 자기 혁신, 자기 혁명으로 내공을 극대화시켜 자기완성을 이루어 내야 한다. 그렇지 않으면 세상에 휩쓸려 간다. 삶을 주도하는 것이 아니라 한평생 노예처럼 비참하게 끌려다닌다. 돈과 명예, 권력이라는 세속적 허망함을 넘어 영원한 생명을 향해 정진해야 한다. 영원히 승리하는 삶을 살아야 할 것이다.

1. 개인의 미래창조 전략 도구

"무엇이든 다르게 생각하라!"

개인이 더 큰 미래를 창조하기 위해서는 어떻게 해야 할까? 창의적 미래전략으로 목표를 달성해야 한다. 이를 위해서는 먼저 남과 차별화해야 한다. 즉 다르게 생각하여 접근하는 것이다. 차별화된 생각이 남과 다른 미래를 창조할 수 있다. 전략의 어머니는 생각, 사고, 창의, 상상 등이다. 이들은 모두 최고의 미래창조 전략개발 도구들이다.

"생각의 틀을 깨라!" 미래전략은 창의적인 생각에서 나온다. 창의적인 생각을 하려면 생각의 틀을 깨야 한다. 독창적이고 창의적인 생각은 기존의 사고와 생각을 깨야 태어난다. 미래전략의 핵심은 창의적 문제해결에 있다. 국가적으로 이 문제에 가장 큰 관심을 갖고 있는 나라 중 하나가 러시아다.

러시아는 러시아어 'Teoriya Resheniya Izobretatelskikh Zadach'의 머리글자만 딴 트리즈TRIZ, 즉 창의적 문제해결 이론TIPS: Theory of Inventive Problem Solving 기법을 개발하여 개인은 물론 기업과 국가의 지속 가능한 경쟁력을 강화하고 있다. 트리즈는 1940년대 옛 소련의 과학자 겐리히 알츠슐러Genrich Altshuller가 개발한 '창의적 문제해결을 위한 이론'이다. 문제의 원인뿐 아니라 문제의 해법까지 제시해 주는 과학적인 접근 전략이다.[9]

트리즈는 특히 40가지 발명 원리와 76가지 표준 해결책 등 특유의 트리즈 기법을 제품개발 과정에 적용함으로써 제품의 진화 과정을 미리 예측할 수 있다. 이로

---

9. 김효준, 『생각의 창의성』, (수원: 도서출판 지혜, 2006) 참고.

인해 미래 시장을 선점할 수 있는 차세대 제품개발이 가능하다. 40가지 발명 원리 중 몇 가지만 열거한다. 즉 분할, 추출, 비대칭, 통합, 다용도, 포개기, 사전조치, 사전 예방조치, 역방향, 초과나 부족, 복사, 이이제이, 피드백 등이다.

트리즈 활용 전략의 결론은 새로운 것의 창조다. 창조는 창의와 도전의 결합체다. 모순을 해결하고 혁신을 통해 더 나은 미래의 어떤 것을 창조하는 것이다. 가장 밑바탕에는 창조적, 창의적 사고가 자리 잡고 있다. 이는 '생각이 모든 것이 뿌리다'라는 것을 강조하고 있다. 결국, 어떻게 생각하여 목표를 달성하느냐가 미래 전략의 핵심이 된다.

2. 개인이 원하는 것을 획득하는 협상전략

"어떻게 원하는 것을 얻는가?"

이 물음은 세계적 협상 전문가인 스튜어트 다이아몬드 Stuart Diamond 교수가 펴낸 책의 제목이다. 다이아몬드 교수는 그의 모교인 와튼스쿨에서 협상 코스를 강의하고 있으며, 13년 연속 최고 인기 강의로 선정되었다. 그는 이 책을 통해 '누구나 원하는 것을 얻을 수 있다'는 강한 메시지를 주고 있다.[10]

즉 다이아몬드 교수는 "설득의 힘은 논리보다는 감성과 공감에서 나온다"라고 강조한다. 상대방의 감정을 무시하고 논리나 힘으로 밀어붙여서는 원하는 것을 얻기 힘들다. 이른바 논리나 이성보다는 감성적 접근이 상대방을 설득하는데 유리하다는 것이다. 그러므로 상대방을 이해하고 배려, 공감, 존중하며 좋은 인간관계를 형성해야 한다.

원하는 것을 얻고자 하는 것, 꿈을 성취하고자 하는 것은 인간의 본능적인 욕망이다. 소망이나 꿈은 대부분 '좋은 관계'를 통해서 이루어진다. 사람은 늘 관계 속

---

10. 스튜어트 다이아몬드, 『어떻게 원하는 것을 얻는가』, (파주: 8.0, 2012), 4-5쪽.

에서 살아간다. 관계가 없는 삶은 존재하지 않는다. 수많은 관계와 관계 사이에서 개인이 원하는 것을 획득하기 위해서는 뛰어난 '협상전략'이 요구된다.

다이아몬드 교수는 그의 저서에서 원하는 것을 얻는 협상전략을 몇 가지 소개했다. △ 첫째, 목표 달성에 집중해라: 오직 단 한 가지 얻고자 하는 목표 달성에 집중해야 한다. 다른 부차적인 것에 절대 신경 써서는 안 된다. △ 둘째, 상대가 생각하는 머릿속 그림을 그려라: 상대의 생각, 감성, 욕구를 파악하고 신뢰를 확보해야 한다. 강압적인 수단을 쓰지 않고 상대방이 자발적으로 손을 내밀도록 만들어야 한다.

△ 셋째, 상대의 감정을 읽으며 대응하라: 사람들은 늘 이성적이지 않다. 아이러니하게도 사람들은 감정에 따라 비이성적인 태도를 취하는 경우가 많다. 상대의 감정을 공감하면서 이성적 판단을 할 수 있도록 유도해야 한다. △ 넷째, 점진적으로 접근하여 목표를 달성하라: 한꺼번에 너무 많은 것을 요구하면 실패하기 쉽다. 성급한 말과 행동은 상대방의 마음을 멀어지게 한다. 상대방과의 간격을 천천히 좁혀야 한다.

△ 다섯째, 서로 주고받으며 공생을 모색하라: 사람들은 저마다 다른 가치 기준을 갖고 있다. 서로 주고받으며 더 많은 기회를 만들어 내야 한다. △ 여섯째, 상대방을 철저히 분석하여 접근하라: 상대방의 성향, 태도, 가치, 종교 등을 알면 원하는 것을 보다 쉽게 얻을 수 있다. △ 일곱째, 절대 거짓말을 하지 말라: 거짓말은 상대방이 알게 될 것이고, 결국 이로 인해 장기적으로 큰 손해를 보게 된다.

△ 여덟째, 의사소통에 만전을 기하라: 대부분의 협상 실패는 부실한 의사소통에서 기인한다. 무조건 상대방의 입장에서 생각하여 숨겨진 걸림돌을 찾아야 한다. 상대방이 왜 그렇게 말하는지 원인을 파악하고 포기하지 말고 집요하게 접근해야 한다. △ 아홉째, 서로에 대한 차이를 인정하고 접근하라: 차이에 대한 질문을 두려워하지 말아야 한다. 차이를 인정하고 서로 윈윈할 수 있는 길을 모색해야 한다.

끝으로 가장 중요한 것은 원하는 것을 얻기 위한 모든 것을 목록으로 만들어 접근하라. 목표에 따른 모든 전략과 도구를 정리한 자신만의 목록을 만들어 구체적인 행동에 돌입해야 한다. 철저한 준비 없이 목표 달성은 쉽지 않다. 성공을 위해서는 그에 상응하는 대가를 반드시 지불해야 한다. 절대 공짜는 없다.

3. 원하는 것을 성취하기 위한 5단계 실행전략

◇ 1단계: 상대방의 닫힌 마음 열기

"요즘 어떻게 지내십니까?"

다이아몬드 교수는 원하는 것을 얻기 위한 협상을 시작할 때 보통 이 같은 질문을 던진다. 이 질문 속에는 네 가지의 협상 도구가 포함되어 있다.[11] 즉 첫째는 형식적인 것을 탈피하고 관계를 형성하는 데 도움을 준다. 둘째는 상대의 상태를 살필 수 있다. 셋째는 상대에 대한 관심이 크다는 인식을 심어준다. 그리고 무엇보다 편안한 분위기를 조성한다.

첫 대화는 양측의 공감대를 넓히는 데 있다. 부정적인 결과를 막고 긍정적인 결과를 만들어 내는 대화법을 갖고 있어야 한다. 이를 위해서는 사람의 심리 파악에 주력해야 한다. 상대를 통해 원하는 것을 얻기 위해서는 먼저 상대의 심리를 정확하게 파악할 필요가 있다. 상대의 마음을 얻으면 사실상 협상은 성공한 것이다. 상대에게 구체적인 칭찬을 통해 대화의 문을 여는 것이 좋다.

특히 대인관계에서 중요한 것은 신뢰 구축이다. 상대방으로부터 신뢰 확보가 성공적인 협상의 시작이다. 솔직하고 진실하게 접근하는 것이 중요하다. 다소 공격적인 접근을 한 경우에는 "실수로 부적절한 말을 하거든 편안하게 지적해 주시면 고맙겠습니다"라고 양해를 구하는 것도 좋다. 협상전략의 첫 단계에서 중요한

---

11. 스튜어트 다이아몬드(2012), 24-27쪽.

것은 서로 마음을 열고 신뢰 확보를 통해 깊이 있는 대화로 진전시키는 것이다.

◇ 2단계: 구체적인 목표 설정과 유연성 확보

다이아몬드 교수는 협상의 본론에 들어가면 구체적인 목표 달성에 집중해야 한다고 강조한다. △ 나의 목표는 무엇인가? △ 상대방은 이에 대해 어떻게 생각하는가? △ 설득에 필요한 전략과 도구는 무엇인가? 모든 협상은 다르고 상황도 언제나 다르다. 따라서 상황마다 이 세 가지 질문에 대한 답을 찾아야 한다. 그때그때 상황에 맞게 목록을 작성하고 이에 필요한 전략과 도구를 만들어 내야 한다.

특히 목표 달성을 위한 전략과 도구 개발에 집중해야 한다. 협상의 목적은 다른데 있는 것이 아니다. 오직 목표의 신속 정확한 달성에 있음을 명심해야 한다. 일을 시작하기 전에 목표를 적고 계속 상기해 보아야 한다. 목표는 반드시 구체적이어야 한다. 뚜렷한 목표 없이 일에 임하는 것은 목적지를 정하지 않고 차를 몰고 가는 것과 같다.

나의 목표를 달성하려면 모든 사람의 도움이 필요하다. 즉 모든 사람에게 그 이익이나 혜택이 돌아가야 한다. 내가 원하는 것을 얻기 위해서는 상대방도 합리적인 수준에서 원하는 것을 얻게 해주어야 한다. 상대방이 손해를 보았다고 생각하면 그 협상은 실패한 것이다. 어떤 경우든 모두가 만족할 수 있도록 해야 할 것이다. 이것이 전략의 최종 목표가 되어야 한다.

경쟁보다 협력이 더 좋은 결과를 만들어 낸다. 참여자들이 적극적으로 협조하면 전체의 파이가 커져 결국에는 각 개인의 몫이 확대된다. 한 연구결과에 따르면 협조적 환경에서 일하는 사람들이 경쟁적 환경에서 일하는 사람들보다 더 나은 성과를 만들어 내는 경우가 거의 90%에 달했다. 1994년 노벨상 수상자이자 영화 「뷰티풀 마인드」의 주인공으로 유명한 존 내시John Nash는 이를 수학적으로 증명하기도 했다.

목표를 달성하기 위해서는 세 가지의 조건이 충족되어야 한다. 즉 의지Will와 권력Power, 그리고 기술Skill이 있어야 한다. 의지는 강해야 한다. 그러나 권력은 넘쳐도 안 되고 모자라도 안 된다. 여기에 적절한 기술에 개입되어야 한다. 남성보다 여성이, 어른보다 아이가, 강대국보다 약소국이 때론 협상을 더 잘한다. 권력을 남용하지 말고 매우 세심하게 써야 함을 주의해야 한다.

◇ 3단계: 연습, 연습 그리고 끈기

모든 이론은 그저 이론이다. 이론이 삶의 힘이 되기 위해서는 창조적 해석과 응용, 그리고 끈기 있는 연습이 필요하다. 결국은 자기만의 독특한 성공전략을 마련하여 지니고 다녀야 한다. 무수한 도전을 통해 미래전략의 지혜를 깨닫고 어떤 상황에서도 활용할 수 있는 승리의 도구로 만들어야 한다.

뛰어난 전략가는 태어나는 것이 아니라 만들어지는 것이다. 실력은 무수한 연습에서 나온다. 땀과 눈물에 비례한다. 자신감을 갖고 최고의 전략가가 되기 위한 연습을 해야 한다. 어떠한 경우에도 포기해서는 안 된다. 치열하게 전략 도구를 발굴해야 한다.

목표를 세우고 더 나은 미래를 달성하기 위한 미래전략 목록을 만들어야 한다. 또한, 이를 적극 활용하고 전략 수립과 이행 과정에 나타난 문제점을 파악하여 꾸준히 개선해 나가야 한다. 전략을 보완하는 일을 자주, 지속적으로 행해야 한다. 최고의 전략가가 되려면 끊임없는 연습과 함께 끈기를 가져야 한다. 그리하여 어떠한 상대, 어떠한 상황에서도 성공할 수 있어야 할 것이다.

◇ 4단계: 서로가 이익이 되는 상생공영의 접근

다이아몬드 교수는 『어떻게 원하는 것을 얻는가』에서 지혜로운 접근전략을 강조하고 있다.[12] 즉 전략의 최종 목표는 일방적 승리가 아니다. 서로 상생공영할 수

---

12. 스튜어트 다이아몬드(2012), 36-39쪽.

있어야 한다. 이러한 측면에서 과감한 시도는 상대방을 불안하게 하여 원하는 것을 얻기 어렵게 한다. 협상을 할 때에는 너무 멀리, 너무 빠르게 나아가지 말아야 한다.

특히 양측의 견해차가 큰 경우에 어떠한 전략으로 접근해야 하는가? 점진적 접근 전략이 최상책이다. 점진적 접근 전략은 상대방에게 판단할 여지를 주고, 단계별로 검증을 거치기 때문에 협상의 진전에 큰 도움이 된다. 즉 상대방의 입장을 배려하여 차분하게 접근하여 윈윈할 수 있도록 해야 한다. 욕심을 내지 않고 조금씩 성공의 탑을 쌓아야 한다. 이것이 궁극적으로 엄청난 성공을 가져오게 할 것이다.

인생의 무대에는 홈런은 없다. 한 걸음, 한 걸음 꾸준히 나아가는 것이다. '아래층의 천장은 위층의 바닥이다'라는 것을 명심해야 한다. 성공과 실패의 차이는 무엇인가? 그것은 백지 한 장 차이다. 미세한 것이 미래 운명을 결정한다. 전략의 성패에서도 사소하고 미세한 것이 큰 영향을 미친다. 절대 교만하거나 오만하여 방심해서는 안 된다.

특히 '질문'이 전략의 승패를 결정하기도 한다. 예를 들어본다. 어느 은행 지점장이 창구직원에게 "지금 나에게 올 수 있느냐?"고 물었다. 이 질문에 대해 두 가지 답이 있을 수 있다. "지금 손님이 있어서 못 들어가는데요!"와 "지금 손님이 계시니 가시면 들어가겠습니다"이다. 누가 더 성공할 것인가? 당연히 지점장은 후자의 직원을 먼저 생각할 것이다. 전자의 직원은 거만하고 무례하게 보이고 후자의 직원은 고객과 상사 모두를 기쁘게 한다.

전략은 승부가 아니다. 모두가 승리하는 것이다. 서로에게 유익을 가져다주는 상생 방책이다. 서로 필요한 것을 주고받으며 모두가 승리하는 것이다. 이것이 최고의 미래전략이다. 따라서 미래전략을 잘 수립하게 되면 인생에서 수많은 즐거움이 뒤따를 것이다. 구체적으로 자신감이 늘어나고 문제해결 능력이 크게 향상된다. 나아가 더 큰 성공뿐만 아니라 마음의 평화, 세상의 평화까지 얻을 수 있다.

모두의 축복이다.

◇ 5단계: 진인사 대천명-"하늘의 도움을 기다려라"

전략은 사람이 할 수 있는 모든 일을 다 하는 것이다. 또한, 자기가 갖고 있는 모든 자원을 총동원하는 것이다. 그럼에도 불구하고 성공하기 힘든 경우가 있다. 이 때는 어떻게 해야 하는가? 결국은 하늘에 의지하는 수밖에 없을 것이다. 다시 말하면 하늘의 도움을 간구하는 것도 승리전략을 만드는데 매우 중요하다.

하늘의 도움이란 무엇인가? 날씨, 기온, 바람 등 기상이변으로 도움을 받는 것이다. 사람의 힘으로는 해결할 수 없는 일을 해내는 것이다. 기도의 힘은 때때로 놀라운 일을 성취하게 한다. '하늘은 스스로 돕는 자는 돕는다'고 했다. 자기가 할 수 있는 일에 최선을 다할 때 하늘이 도와 일을 성취시키기도 한다. 그러므로 뜻을 세우고 성공하고 싶으면 겸손한 자세로 하늘의 도움을 강력히 간구하는 것도 필요하다.

4. 가난해도 행복하게 살아가는 특별전략

개인적 차원에서 생존을 위해선 일자리가 가장 중요하다. 철저한 미래 생존전략을 갖추어야 한다. 개인별 적어도 3개 이상의 자격이나 능력을 확보해야 한다. 미래는 특별히 나만의 비기가 없으면 살아남기 힘들다. 남들보다 더 뛰어나기보다는 남과 전혀 다른 나만의 것을 갖고 있어야 생존하고 성공한다. 내가 하고 싶은 것, 그리고 내가 잘 할 수 있는 일을 찾아 목숨을 걸고 정상을 향해 나아가야 한다.

미래는 개인 간 빈부격차가 더 확대될 것이다. 세계인구는 꾸준히 증가할 것이다. 무한정 증가하는 것이 아니고 어느 시점에 정점에 이를 것이다. 그 시기가 2050년경으로 예측된다. 일자리 잡기는 더욱 힘들어진다. 임금도 넉넉하게 받기

어려울 것이다. 인구의 30% 정도는 집, 음식, 건강, 안전 등의 문제로 시달릴 것이다.[13]

국가가 빈곤을 해결하기 위해서 어느 정도 노력하겠지만 최종적인 것은 개인의 책임이다. 스스로 생존전략을 수립해야 한다. 혼자보다는 네트워크를 구축하여 함께 공생하는 것이 중요하다. 협동조합이나 사회적 기업, 공유적 기업 등을 통해 일자리, 소득, 가치를 창출해야 한다.

향후 수십 년 동안은 임금 상승이 쉽지 않을 것이다. 경제적 성공자가 되길 희망한다면 특별한 미래전략을 마련할 필요가 있다. 특히 청년세대나 가난한 세대에게는 분명 '더 나은 미래'가 되기 힘들 것이다. 정말 부자가 되기를 소망한다면 매우 뛰어난 창의력과 추진력을 갖춰야 한다. 대부분의 사람은 더욱 가난해 질 것이다.

그렇다면 무엇을 해야 하는가? 가난해도 행복하게 살아가는 방법을 터득해야 할 것이다. 소득을 통한 소비로 행복을 추구하는 시대는 끝났다. 적게 벌고 더 행복하게 살아가는 법을 터득해야 한다. 행복은 물질적 풍요가 아니다. 기본 소득을 목표로 일하고 삶의 행복을 찾는 데 치중해야 한다. 함께 나누고 베풀며 행복을 찾는 '가치적 행복'의 시대를 새로 만들어 나가야 한다.

성공한 인생은 소비보다 더 중요한 것들이 많다는 사실을 깨달아야 한다. 우리 중에 상당수는 소득 1%를 올리기 위해서 노력하다 좌절에 빠질 수 있다. 그것은 불행한 일이다. 오히려 행복 1%를 올리기 위해서 대안적 미래전략을 수립하고 행동하는 것이 더 나을 것이다.

행복하고 싶다면 평생 즐길 거리를 만들어야 한다. 인생은 긴 여정이다. 무슨 일을 하든지 즐기면서 하는 것이 최고다. 물론 때에 따라서는 일과 즐김을 구분해야

---

13. 요르겐 랜더스 (2012), 462쪽.

할 것이다. 일을 하는 동안 스트레스가 쌓이면 적당히 해소해야 한다. 스트레스를 해소하고 삶을 즐기려면 적당한 취미생활이 있어야 한다.

가령 운동을 한다면 축구나 배드민턴, 골프 등을 생각할 수 있다. 자신에 맞는 종목을 택하여 가능하면 젊어서부터 즐기는 것이 좋다. 젊어서 기본기를 다져 놓으면 나이를 먹어서도 충분히 즐길 수 있다. 나이 먹어서 새로 시작하기는 정말 쉽지 않다. 몇 곱의 노력이 더 필요하다.

이제는 성공이 결코 물질이나 재산의 많고 적음에 두지 말아야 한다. 우리가 동경하고 꿈꾸는 삶은 함께 기쁨과 고통을 나누는 것이어야 한다. 절대 행복의 패러다임을 새로운 가치로 전환할 때다. 이웃과 함께 빈곤을 극복하고 지구 온난화에 맞서며 정의롭게 살아가는 것도 큰 의미가 있다. 한 가지 사례를 살펴보자.

"2011년 어느 날이다. 여성 버스 운전기사가 버스를 운행하며 산길을 넘고 있었다. 이때 차를 타고 있던 양아치 3명이 기사한테 달려들어 성희롱을 하였다. 승객들은 모두 모른 척하고 있었다. 한 중년 남자가 벌떡 일어나 양아치들을 말리다가 심하게 얻어맞았다.

양아치들은 급기야 버스를 세우고 여성 기사를 숲속으로 끌고 들어가서 번갈아 성폭행했다. 한참 뒤 양아치 3명과 여성 기사가 버스로 다시 돌아왔다. 여성 기사는 아까 양아치를 제지했던 중년 남자한테 다짜고짜 내리라고 하였다. 중년 남자가 황당해 하면서, "아까 난 도와주려고 하지 않았느냐?"라고 했다.

그러자 기사가 소리를 지르면서 "당신이 내릴 때까지 출발 안 한다!"고 단호히 말했다. 중년 남자가 안 내리고 버티니까 승객들이 그를 강제로 끌어내리고 짐도 던져버렸다. 그러자 버스가 출발했다. 여성 기사는 커브 길에서 속도를 가속해서 그대로 낭떠러지로 추락하였다.

'전원 사망!'

중년 남자는 아픈 몸을 이끌고 시골 산길을 터벅터벅 걸어 가다가 자동차 사고 현장을 목격했다. 교통을 통제하는 경찰관이 "버스가 낭떠러지에 떨어져 승객이 모두 사망했다"고 말했다. 멀리 사고가 난 낭떠러지를 바라보니 자신이 타고 왔던 그 버스였다.

그 여성 운전기사는 오직 살만한 가치가 있던, 유일하게 양아치들의 악행을 제지했던 그 중년남자를 일부러 버스에서 내리게 해서 죽음을 면하게 했다. 그리고 양아치들과 모른 척 외면했던 승객들을 모두 죽음으로 데리고 갔다."

이 이야기는 중국에서 일어났던 실화라고 한다. 「버스44」라는 10여 분짜리 단편영화로도 제작되었다.[14] 정의와 이웃의 고통에 '나 몰라라' 방조하고 있던 승객들이 중년의 아저씨를 버스 밖으로 쫓아낼 때는 모두 적극적이었다고 한다. 이 이야기는 무엇을 말하는가? 우리 모두는 정의와 진실을 외면하는 '버스 안의 방조자'는 아닐까 반문해 본다.

우리는 어떻게 살 것인가? 끝없이 묻고 또 물어야 한다. 그리하여 미래 세대들과 대한민국의 미래를 위해 용기 있는 '파수꾼'이 되어야 한다. 더 이상 비겁한 '침묵의 방조자'가 되어서는 안 된다. 우리의 미래가 어느 기업이나 국가의 정책에 의해 더 암울한 상황에 빠질 수 있다. 우리는 이러한 일을 외면하거나 방조해서는 안 된다. 가난해도 스스로의 꿈과 행복한 미래를 당당히 만들어 나가야 할 것이다.

---

14. 이 글의 내용과 영화의 내용은 다소 다르다. 영화에서는 2인조 강도가 차를 세운 후 승객들의 돈을 갈취하고 여성 운전기사를 성폭행한 후 달아난다. 영화보다는 이 글이 더 극적이다. 영화에서는 강도들은 달아나지만 이 글에서는 사망하게 된다.

기업의 미래 성공전략 응용과 실전

I 기업의 미래 도전과 혁신

1. 몰락 기업의 경고

"야후가 몰락했다."

1990년대 '닷컴 시대'를 연 야후Yahoo가 창업 22년 만에 사실상 최후를 맞이했다고 중앙일보가 크게 보도했다.[15] 야후는 2016년 7월 인터넷 부문e메일·쇼핑·뉴스 등과 보유 부동산을 미국 최대 통신회사인 버라이즌에 매각된 것이다. 매각 금액은 48억 달러약 5조 3,000억 원로 야후의 황금기였던 2000년에 기록한 시가총액의 4%에 불과했다.

야후는 1995년 3월 창립 이후 한때 인터넷이라는 신세계의 상징이었다. 야후는 다국적 인터넷 포털사이트 기업으로 검색 서비스는 물론 무료 이메일과 뉴스 등 각종 정보를 한곳에 모아 제공해 인터넷 1세대에게 큰 인기를 끌었다. 2000년을 전후하여 시가총액 142조 원으로 인터넷 포털시장에서 최강자로 군림하기도 했다.

---

15. 중앙일보, 2016년 8월 4일.

그러나 2000년대 중반부터 구글, 페이스북의 등장으로 내리막길을 걷기 시작했다. 야후는 2012년 구글 출신인 머리사 메이어를 최고경영자CEO로 영입해 4년간 개혁을 통해 부활을 시도했지만 결국 실패로 끝났다. 버라이즌은 2016년 44억 달러에 인수한 AOL아메리카온라인 내 자회사로 야후를 최종 편입했다.

웹 1.0 시대를 이끌었던 야후를 무너뜨린 변곡점은 새로운 강자 구글의 출현이었다. 1998년 혜성처럼 나타난 구글이 독자적인 기술력으로 검색 사이트 1위에 올라선 것이다. 혁신적인 기술로 무장한 구글은 소비자가 원하는 정보를 야후의 검색엔진보다 더 빠르고 정확하게 찾아 줬다. 소비자들은 구글에 매료됐다.

그러나 야후는 서비스 유료화와 번잡한 광고, 일방적으로 제공하는 문어발식 콘텐츠로 소비자들로부터 냉혹하게 외면을 받았다. 야후는 한국에까지 진출하여 큰 인기를 누렸었다. 그런데 2012년 10월 한국에서도 네이버, 다음 등 토종 검색업체와의 경쟁에서 밀려 사이트를 폐쇄하고 철수하는 수모를 겪었다.

야후는 포털시장이 PC에서 모바일로 이동하는 흐름을 제대로 따라가지 못했다. 후발주자 페이스북이 이끈 소셜 네트워크 서비스SNS 시장에서도 명함을 내밀지 못했다. 3개월이 멀다 하고 새로운 플랫폼과 서비스를 제공해야 하는 인터넷 생태계에서 제대로 변신하는데 실패했다. '선택과 집중' 없이 모든 서비스를 제공하는 포털의 한계가 드러난 것이다.

야후는 완전 매각되면 회사 명칭도 바뀌고 투자 회사로 전환된다. 사실상 안락사의 절차에 들어간 것이다. 거래가 완료되는 2017년 이후 야후는 야후재팬약 312억 달러과 알리바바 지분약 83억 달러 일부와 특허권만 소유한 회사로 남게 된다.

야후의 출발은 1994년 4월 미국 스탠퍼드대학교의 박사과정에 재학중이었던 대만계 미국인 제리 양Jerry Yang과 데이비드 파일로David Filo가 개발한 디렉토리 검색 서비스에서 시작되었다. 이들은 웹사이트를 주제별로 분류할 수 있는 소프트웨어를 개발하여 데이터베이스를 만들고 그것을 웹페이지로 만들었다.

그런데 두 사람이 만든 웹페이지가 점차 인기가 높아갔다. 마침내 1995년 사업의 성공 가능성을 확인하고 벤처 캐피탈 Sequoia Capital 의 100만 달러의 투자를 받아 본격적인 인터넷 서비스 사업체로 출범하게 되었다. 그리고 1996년 4월 미국 주식시장에 기업을 공개했다. 주식 발행액은 약 8억 5,000만 달러를 기록했으며 거래 첫날 154%의 주가 폭등이 일어났다.

'야후!'라는 이름은 'Yet Another Hierarchical Officious Oracle 모든 정보를 분야별로 친절하게 전해주는 안내자'이라는 의미도 있다. 그러나 양과 파일로는 그들 자신이 스위프트의 소설 『걸리버 여행기』에 등장하는 인간과 비슷한 야만적인 종족야후이라고 생각했기 때문에 '야후'라고 이름을 붙인 것이라고 밝혔다.

『걸리버 여행기』에서 나오는 야후는 야생 생활을 하는 원숭이와 닮았다. 언제나 네 발로 걸으며 머리, 가슴, 등, 정강이에 더부룩한 털이 있다. 큰 특징은 어리석고 야만적인 행동을 한다는 점이다. 이 때문에 '지적인 말들'에게 가축처럼 길러지며 경멸당하는 것도 있다.[16] 결국, 야후는 이름처럼 인터넷 세상에서 새로운 강자의 출현으로 멸시당하고 사라졌다. 아이러니가 아닐 수 없다.

그렇다면 야후 몰락이 한국 기업들에게 주는 교훈은 무엇인가? 그것은 '변하지 않으면 살아남지 못한다'는 진리다. 야후만이 아니다. 블랙베리, 노키아, 모토로라 등 IT업계의 최강자들이 급변하는 시장 트렌드에 적응하지 못해 추락한 사례로 기억되고 있다. 기존의 틀을 파괴하는 혁신에서 한 걸음만 머뭇거려도 곧바로 도태된다.

물론 변화한다고 다 성공하는 것은 아니다. 침몰하던 야후의 부활을 이끌 것으로 기대를 모은 최고경영자 메이어는 '잘못된 개혁'을 했다는 딱지가 붙게 되었다. 그는 '1주일에 130시간도 일할 수 있다'라던 워커홀릭일에 미친 듯 빠진 사람이었지만 결국 4년간의 개혁이 실패로 끝났다. 왜 실패했을까?

---

16. 구사노 다쿠미 지음, 송현아 옮김, 『환상동물사전』, (서울: 도서출판 들녘, 2001) 인용.

전문가들은 메이어의 리더십이 세 가지의 함정에 빠졌다고 지적한다.[17] 즉 첫째로 장기 전략 면에서 '정체성 혼란', 둘째로 내부 통합 면에서 '직원 불신', 셋째로 업무 추진 면에서 '과대 포장'이다. 실패에는 반드시 그 이유가 있다. 메이어는 줄기찬 개혁에도 불구하고 그 방향과 속도가 잘못돼 실패했다.

메이어의 개혁 실패 원인은 무엇인가? 먼저 "선택과 집중을 통해 본업을 찾아 충실하라"는 충고를 듣지 않았다. 또한, 로고 변경과 재택근무 폐지 등 일방통행식 결정을 보였다. 이와 함께 야후의 정체성과 안 맞는 화려한 성과주의에 치중했다. 결국, 야후의 개혁 실험은 실패했고, 끝내 몰락했다.

기업의 생존과 번영의 비결은 오직 '정도 혁신'뿐이다. 성공가도를 달리던 글로벌 기업들도 한순간에 몰락할 수 있다. 한 치 앞을 내다보기 힘든 혼돈의 시대에 가장 확실한 생존 대안은 정도 혁신뿐이다. 기존의 상식과 습관, 관행을 파괴하고 창조적으로 혁신하여 더 나은 미래를 열어나가야 한다. 위기는 또 다른 기회다. 모든 기업이 지금의 어려움을 새로운 성장의 기회로 만들어야 할 것이다.

2. 한국 기업의 미래 도전

기업의 경영 환경이 대내외적으로 어려워지고 있다. 적색 신호등이 켜진지 오래다. 한국 기업들이 느끼는 위기의식도 날로 높아지고 있다. 대기업 총수들이 직접 임직원들에게 위기의식을 불어넣으면서 변화와 혁신을 강조하고 있다. 지금 변하지 않으면 생존할 수 없다는 절박감이 묻어나고 있다.

우리 한국 기업들의 위기는 어디에서 온 것일까? 지난 20여 년간 눈에 띄는 신산업 및 신사업을 개발하지 못한 상태에서 글로벌 경제의 저성장과 중국의 급부상이라는 두 가지의 대형 암초를 만난데 기인한다. 주력 산업의 경쟁력이 예전만

---

17. 조선일보, 2016년 8월 20일.

못한 상황에서 선진국은 물론 신흥국 경제가 저성장 기조로 접어들면서 성장 한계에 직면한 것이다.[18]

이에 따라 한국 기업들은 위기를 기회로 만들기 위해 담대한 변화와 혁신을 추구하고 있다. 삼성그룹을 비롯하여 현대자동차그룹, SK그룹 등 대기업들은 대대적인 혁신과 사업 구조조정을 추진하고 있다. 나아가 기업의 미래전략적 차원에서 신사업에 대한 투자를 한층 강화하며 더 나은 미래 창조에 나섰다.

삼성은 정보기술IT · 금융 등 위주로 사업을 재편하는 동시에 혁신성을 강화하기 위해 기업 문화 개선에 나섰다. 또 사물인터넷IoT과 스마트홈 등 기존에 강점을 지닌 분야를 집중 육성하고 바이오 사업을 신성장 동력으로 집중 육성하고 있다. 삼성은 선택과 집중 전략으로 지속적인 성장을 모색하고 있다.

정몽구 현대자동차그룹 회장은 2016년 7월 열린 해외법인장 회의에서 "끊임없는 혁신만이 불확실성의 시대에도 생존할 수 있는 방법이다. 시장 변화를 먼저 이끄는 기업이 돼야 한다"고 강조했다. 현대차그룹은 전기자동차와 수소연료전지차 등 친환경차와 자율주행 기술이 탑재된 스마트카 개발에 연구 역량을 집중하며 미래 자동차 시장의 주도권을 놓치지 않겠다는 전략을 강구하고 있다.

최태원 SK그룹 회장도 "지금의 경영 환경에서 변화하지 않는 기업은 서든 데스sudden death·갑작스런 사망 할 수 있다"며 "혹독한 대가를 치르지 않으려면 미래를 위해 사업 · 조직 · 문화 등 기존의 틀을 모두 깨야 한다"고 말했다. SK는 주력 사업인 에너지 · 화학과 정보통신, 반도체 분야를 강화하기 위해 글로벌 파트너십을 확대하는 한편 미래 먹거리인 바이오 · 신약과 전기차 배터리 분야에도 투자를 늘려나가고 있다.

최근 작고한 구본무 LG그룹 회장도 생전에 "변화 속에서는 항상 기회가 수반된다"며 "사업에 미치는 단기적 영향뿐 아니라 중장기적 영향까지 면밀히 분석해

---

18. 서울경제, 2016년 8월 1일.

대응해달라"고 주문했다. LG 역시 자동차 부품 사업을 신성장 동력으로 삼아 속속 성과를 내고 있다. 롯데는 온·오프라인과 모바일 등 여러 유통 채널을 하나로 묶은 '옴니채널' 전략을 통해 시너지를 극대화하고 있다.

포스코는 비주력 사업을 구조조정하고 철강 분야에 역량을 집중하는 한편 친환경 공법을 해외에 수출해 글로벌 철강 시장의 변화에 대응하고 있다. 또한, GS와 한화는 각각 액화천연가스LNG와 태양광 등 친환경 에너지 분야에서 새로운 미래 금맥을 찾아 나섰다.

이처럼 4차 산업혁명이 본격화되면서 한국 기업들은 기존 제조업에 정보통신기술ICT을 융합해 인공지능AI과 로봇 등 분야에서 새로운 산업을 발굴하고 제조업 경쟁력을 높이려고 변화와 혁신을 본격화하고 있다. 한국 기업의 새로운 도전이 기업 발전과 국가 도약으로 이어지려면 정교한 기업의 미래전략을 수립하여 과감하게 추진해 나가야 할 것이다.

무엇보다도 한국 기업의 발전은 국회와 정부의 강력한 뒷받침이 중요하다. 국제경쟁력을 갖추기까지 시간이 걸리는 신산업에 진출하는 기업들에게 금융 지원을 늘리고 대체 에너지 분야 등은 정부 조달 정책을 통해 수요를 보장해서 성장에 도움을 줘야 할 것이다.

선진국에 비해 뒤처진 부품 소재 기술을 키우려면 개별 기업 차원이 아니라 대기업 간, 대·중소기업 간의 협업도 더욱 확대되어야 한다. 기업들이 기초 원천 기술을 빠른 시일 내 개발할 수 있도록 정부와 정치권이 더 강력한 정책적 지원을 해줘야 한다는 절박한 목소리도 나오고 있다.

저성장의 늪에 빠진 한국 기업들이 지속 가능한 성장을 하려면 어떻게 해야 할까? 인공지능AI, 가상현실VR 등 신기술의 발달과 저출산·고령화 등 인구구조의 변화에 맞서 기업들이 생존하기 위해서는 환경과 트렌드 변화 등을 분석하고 더 나은 미래를 위한 혁신적 대안을 만들어야 한다. "모든 것을 다시 상상하고 재설정해라!" 이것이 기업의 더 나은 미래를 여는 핵심 전략이다.

3. 기업의 미래 변화

기업의 미래 변화를 이끄는 것은 무엇일까? 그것은 기업 스스로가 창출하는 과학기술이다. 이 과학기술로 새로 부상하는 기업이 있는 반면 하루아침에 몰락하는 기업도 있다. 기업이 주도하는 미래는 어떻게 될 것인가? 결코, 장밋빛 미래가 아니다. 일부 인류사회에 긍정적인 면도 있겠지만 종국에는 인류를 위협할 수도 있다. 양날의 칼인 셈이다.

과학기술의 진화는 소비자를 착시 효과로 유혹한다. 사람들에게 편리해진 현재와 더불어 장밋빛 미래를 제시하고 있기 때문이다. 하지만 일부 용기 있는 미래학자들은 과학기술의 발전에서 기인한 참담한 비극과 어두운 미래를 언급하기도 한다. 과학기술의 발전이 인류의 '뒤통수'를 노리고 있다는 것이다.

미국 컴퓨터 과학자 재런 레이니어는 가상현실VR이라는 용어를 처음 고안하고 온라인 '아바타분신'를 최초로 개발했다. 레이니어는 그의 저서 『미래는 누구의 것인가』에서 정보 경제의 역설을 지적했다.[19] 즉 과학기술의 미래에 대해 개인이나 기업은 특히 경계해야 한다는 것이다.

온라인을 통해 제공된 공짜 서비스들은 과거 유사한 서비스를 유료로 제공하던 산업을 몰락하게 했다. 그리고 많은 사람의 일자리를 잃게 했다. 소비자들을 '공짜의 덫'에 걸리게 한 후 다른 기업을 파산하게 한 것이다. 그러므로 우리의 미래가 어떻게 될 것인가를 면밀히 추적하고 미래전략을 수립해야 할 것이다.

대표적인 희생 기업이 사진회사 '코닥'이다. 이 기업은 전성기에 14만 명을 고용했다. 기업 가치가 280억 달러였다. 그러나 이 기업은 파산했다. 이제 사진의 대명사는 인스타그램이 됐다. 2012년 인스타그램이 페이스북에 인수될 당시 기업 가치는 10억 달러, 직원은 364명이었다. 산술적으로 과거 14만 명이 창출하던 가

---

19. 동아일보, 2016년 7월 16일.

치를 364명이 만드는 격이 되었다.

자율주행차가 본격적으로 상용화된다면 어떻게 될까? 수많은 운수회사가 문을 닫아야 할 것이다. 나아가 운전을 직업으로 삼는 사람들도 일자리를 잃게 된다. 어디 이것뿐인가? 기업이 미래를 제대로 준비하지 않는다면 소수의 몇 사람에 의해 도산하고 그 직원들이 실직으로 내몰리게 된다. 이러한 미래가 축복인가, 아니면 재앙인가?

구글, 페이스북, 인스타그램 등은 극소수만 막대한 부를 얻는 시장을 만들어 지배하고 있다. 이들 기업의 성공이 인류의 축복을 가져올까, 아니면 인류의 종말을 가져올까? 아직 아무도 모른다. 그러나 레이니어는 "결국 경제를 붕괴시킬 것"이라고 암울한 전망을 한다.

그리고 미국 연방수사국FBI 상임 미래학자인 마크 굿맨도 그의 저서 『누가 우리의 미래를 훔치는가』에서 "미래는 모든 것이 연결되면서 모두가 위험해지고, 우리는 아주 쉬운 먹잇감이 된다"며 세상에 절대 공짜는 없다고 경고하고 있다. 즉 그는 "페이스북, 트위터 등은 사람들이 '공짜의 덫'에 빠져 일상을 공개하도록 유도하고 공개된 정보를 팔아 사람들을 위험에 빠뜨려 막대한 이익을 얻고 있다"고 고발한다.

그는 나아가 "해커, 핵티비스트해킹을 정치 수단으로 삼는 행동주의자, 테러 조직 등 사이버 공간의 불법 행위 주체들이 포털 사이트 구글에도 검색되지 않지만 데이터 규모는 300배에 달하는 '딥 웹'에서 해킹 기술 정보를 공유하며 범죄를 저지르고 있다"고 말한다. 결국은 우리가 즐겨 사용하는 구글이나 페이스북이 '미래의 범죄'에 연루될 수 있다는 이야기다.

다시 말하면 우리가 온라인에서 흘리고 있는 무의미한 정보조차 범죄의 표적이 될 수 있다. 앞으로 사물인터넷IoT, 로보틱스, 인공지능, 유전공학 등 현실과 가상이 연결될수록 '얼리 어답터'인 사이버 범죄 집단들이 기존과 차원이 다른 사람의 생명도 직접 위협할 수 있는 심각한 인간 안보 문제를 유발할 것이라고 예측한다.

따라서 과학기술의 발전이 모두에게 고른 혜택이 되도록 하는 것이 가장 중요하다. 레이니어는 "공짜로 정보를 제공해 온 사용자들에게도 정보 수집에 대한 대가를 지불할 때 승자 독식 구조로 잘못 설계된 정보 경제도 바로잡힐 수 있다"고 말한다. 굿맨은 "정부, 학계, 민간, 시민사회가 다층적으로 역량을 모아 사이버 위협을 방지해야 한다"고 말한다.

결국은 과학기술의 미래가 인류의 지속 가능한 평화, 인간해방과 행복, 공평과 정의 사회가 되려면 부의 균등한 재분배, 사이버 폭력 예방 등의 새로운 제도들을 도입해야 한다. 정보혁명 이후 여러 현상을 통찰력 있게 파악하여 인류의 각종 위협을 방지하고 더 나은 미래가 되도록 보완해 나가는 것이 중요하다.

미래를 선점하고 주도하려면 먼저 파괴적 혁신을 통해 새로운 가치를 창조하고, 새로운 문화를 형성해야 한다. 혁신은 단순히 몇 가지의 아이디어로 조직이나 제품을 개편하는 것이 아니다. 완전히 머리끝에서 발끝까지 바꾸어 절대 가치를 창조하고 이를 제품화하는 것이다. 대한민국 기업의 미래는 가치와 조직, 제품의 혁신에 달려 있다.

Ⅱ 기업의 위기 극복 전략 🔍

1. 구조혁신 전략

기업들이 늘 성장만 하는 것은 아니다. 때에 따라서는 큰 위기에 직면한다. 위기의 늪에 빠진 기업의 최대 회생전략은 '구조혁신'이다.[20] 단순한 구조조정으로는

---

20. 여기서는 기업의 단순한 임시방편적 위기를 모면하기 위한 '구조조정'이라는 말 대신에 위기의 원인을 본질적으로 혁신하여 도약의 기회를 만드는 '구조혁신'이라는 말로 대체하여 사용한다.

도약할 수 없다. 구조조정의 위기를 더 큰 성장의 기회로 만드는 구조혁신전략이
필요하다. 성공적인 기업 구조혁신을 하려면 어떻게 해야 하는가? 새로운 도약을
위한 기업 구조혁신 전략의 몇몇 성공 사례를 언론에 보도된 내용을 중심으로 살
펴본다.[21]

◇ 기업주의 자기희생으로 재기한 '웅진그룹'

웅진그룹은 구조혁신으로 법정관리 위기를 극복하고 재기했다. 웅진그룹은 지
난 2012년 9월 계열사인 극동건설의 채무 보증과 태양광 사업의 불황으로 기업회
생절차법정관리에 들어갔다. 그 웅진그룹이 2016년 7월 법정관리 채무를 당초 계획
보다 6년이나 앞당겨 변제했다. 더 나아가 웅진북클럽과 화장품 릴리에뜨 등 신
사업으로 제2의 성장 시대를 모색하고 있다.

웅진그룹이 법정관리 위기를 빠르게 극복하고 재도약을 할 수 있는 배경은 무
엇이었을까? 그것은 기업주의 '진정성의 승리'에 있었다. 윤석금 웅진그룹 회장
은 구조혁신의 대원칙으로 투자자와 채권자들 그리고 직원들의 피해를 최소화하
는 것이었다. 그는 여느 기업주들과 달리 회사를 둘러싼 이해관계자들에 대한 선
제적 배려를 하며 문제를 해결해 나갔다.

실제로 윤석금 회장은 먼저 자기희생, 자기 책임의 솔선수범을 보였다. 계열사
였던 서울저축은행의 도산을 막기 위해 개인 자산을 모두 출연했고 자녀들의 보
유 주식까지 팔았다. 심지어 법정관리 당시에도 꾸준히 성장하고 있었던 주력 계
열사들도 과감하게 매각했다. 이를 통해 채권자들의 피해를 줄이고 신뢰를 확보
했다.

직원들에 대한 '섬김의 자세'도 위기 극복의 한 요인이 되었다. 법정관리 과정
에서 웅진은 기업용 소프트웨어 사업을 주력 사업으로 설정했다. 법정관리 신청

---

21. 서울경제, 2016년 7월 14일.

을 하면 대체로 난파선을 탈출하듯이 직원들이 대탈출한다. 업계 평균 퇴직률이 16.9%에 이른다. 그러나 웅진은 1년간 직원들의 퇴직률은 15.8%에 불과했다. 법정관리 중에도 직원들은 회사에 대한 희망을 갖고 있었다.

웅진그룹의 직원들은 윤 회장의 섬김과 희생, 솔선수범으로 다시 뭉치게 되었다고 밝혔다. 운전기사가 실수로 뜨거운 커피를 윤 회장에게 쏟았는데 오히려 운전기사에게 '너무 놀랐지?'라고 물어보며 부하 직원을 보듬었다는 일화도 있다. 이러한 윤 회장의 겸손한 자세가 위기 상황에서도 능력 있는 직원들의 이직을 막고 재기의 힘을 만들었다. 결국, 기업의 위기 원인도, 또한 극복의 힘도 리더에게 크게 좌우되는 것이다.

◇ 노사 간 상생 화합으로 위기 극복한 '수산중공업'

수산중공업도 구조혁신으로 위기를 기회로 만들었다. 수산중공업은 유압 브레이커_{암반 분쇄기}를 생산하는 중견기업이다. 이 기업은 2008년 키코_{환 헤지 파생금융상품} 사태로 위기에 놓여 있었다. 무려 200억 원에 달하는 막대한 손실을 입었기 때문이다. 회사 존폐가 위태로운 지경까지 내몰렸다. 그러나 기업주가 앞장서 노조와 고통을 분담하며 직원들을 거리로 내몰지 않았다.

기업주 정석현 회장은 막다른 궁지에 몰린 회사가 회생할 수 있는 방법은 노동조합의 협력과 지원뿐이라고 판단했다. 그래서 그는 '노사 화합을 통한 공생'을 위기 극복의 중요 전략으로 인식했다. 노조와 함께 허심탄회하게 대화하며 고통 분담을 호소하고 문제를 하나하나 풀어나갔다.

키코 피해 사실이 알려지면서 위기의 강풍이 몰아닥쳤다. 재고량이 2개월에서 6개월치로 늘어났다. 흑자부도를 걱정해야 할 상황이었다. 정 회장은 노조위원장과 간부들을 만났다. 솔직한 대화가 필요했다. 정 회장은 "회사 경비를 줄이기 위해 2개월간 공장 가동을 멈추자"고 제안했다. 대신 노조에 "절대 인력 감축은 하지 않겠다"고 약속했다.

경영주가 솔직한 대화로 노조를 붙들고 설득했다. 노조는 회사의 절박한 사정을 직원들에게 알리고 '우선 회사를 살리자'고 호소했다. 직원들이 '회사 살리기'에 적극 동참했다. 퇴직금을 정산해 출자했다. 죽어가던 자금 사정에 숨통이 트였다. 상장 폐지 위기도 모면할 수 있었다. 결국, 회사는 부도 직전에서 긴 어둠의 터널을 벗어났다.

수산중공업은 노사 화합으로 위기를 극복했다. 2016년 현재 생산 제품의 65% 가량을 중국·중동·동남아 등 국외에 수출하고 있다. 유압 브레이커를 국산화해 국내 시장 점유율 1위, 세계 시장 점유율 5위를 기록하고 있다. 수산중공업은 위기를 통해 전사적인 역량을 재결집하여 국내를 넘어 세계적 기업으로 발돋움하고 있다.[22]

◇ 구조혁신의 성공 모델을 만든 '현대상선'

현대상선은 위기를 극복하기 위한 구조혁신의 새로운 성공 모델을 만들었다. 현대상선은 위기를 극복하고 2016년 7월 채권단의 출자 전환을 통해 부채비율 400% 이하의 '클린 컴퍼니'로 새 출발을 했다. 현대상선의 구조혁신은 '혈세'와 같은 국책은행의 추가 자금이 한 푼도 들어가지 않았다는 점에서 새로운 성공 사례로 꼽힌다.[23]

비슷한 시기 STX조선해양은 4조 5,000억 원을 지원받고도 기업회생절차^{법정관리}에 들어갔다. 또한, 대우조선해양은 4조 2,000억 원을 지원받기로 했다. 반면 현대상선은 용선료 조정 협상을 통한 '채무 삭감'과 대주주와 사채권자의 고통 분담, 해운 동맹 가입과 출자전환을 통한 구조조정을 성공시켰다. 새로운 '현대상선식 구조혁신의 모델'로 주목을 받았다.

현대상선은 구조혁신 4대 원칙을 세우고 모두 성공했다. 첫째는 '모두가 철저히

---

22. 서울경제, 2016년 7월 14일.
23. 동아일보, 2016년 7월 18일.

고통을 분담해야 한다'는 원칙이다. 현대상선 구조혁신 과정에서 주주와 경영진, 채권단 등이 책임과 고통을 철저히 분담했다. 먼저 현정은 현대그룹 회장과 모친 김문희 용문학원 이사장은 2016년 2월 총 300억 원의 사재를 내놓았다.

과거와 달리 사채권자의 비중이 커진 최근 기업 상황에서 참고할 만한 선례도 만들었다. 사채권자들은 회사채의 50%를 출자전환하고 잔여 채무액을 2년 거치, 3년 분할 상환하는 데 동의했다. 배를 빌려준 선주들도 출자전환을 통해 고통 분담에 참여했다.

둘째는 '자금은 반드시 자체로 조달해야 한다'는 원칙이다. 현대상선은 '돈 되는 것은 다 팔아' 스스로 자금을 조달했다. 현대상선은 2013년 12월 채권단에 3조 3,000억 원대 자구안을 제출한 이후 2015년 말까지 3조 5,822억 원을 조달했다. 목표액의 8.6%를 초과하는 금액이었다. 2016년에도 사정이 나아지지 않자 1조 5,200억 원을 추가로 조달했다.

특히 현대그룹의 '캐시 카우Cash Cow: 현금창출사업'였던 현대증권 등 금융 3사를 2016년 5월 1조 2,500억 원에 매각한 것이 터닝 포인트가 됐다. 이들 금융사의 매각으로 8,000억 원 이상의 현금이 현대상선에 유입됐다. 용선료만 깎아준다면 회사가 자체 유동성을 통해 생존할 수 있다는 '지속 가능성'을 증명한 것이 선주를 설득한 결정적 계기가 됐다.

셋째는 '치밀한 전략으로 모든 협상에 성공해야 한다'는 원칙이다. 글로벌 해운업계는 현대상선의 용선료 조정이 4개월 만에 끝난 것을 이례적으로 평가한다. 용선료 조정의 유일한 선례인 이스라엘 짐ZIM의 협상은 2014년부터 1년 이상 걸렸다. 협상 과정에서 정부와 채권단은 강경한 입장으로 선주들을 압박한 것이 어느 정도 통했다.

금융위원회는 "2016년 5월 중순까지 용선료 협상이 완료되지 않으면 채권단은 법정관리밖에 선택할 수 없다"며 압박 수위를 높였다. 채권단은 현대증권 매각 자금이 용선료를 갚는 데 쓰이지 않을 것이라는 점을 강조하며 용선료를 약 21%

깎는 데 성공했다.

끝으로, 남은 과제는 '경쟁력을 확보하여 완전 경영 정상화를 해야 한다'는 원칙이다. 현대상선은 최근 세계 1, 2위 해운선사의 동맹체인 '2M' 얼라이언스 가입에 성공하며 향후 영업 기반을 확보했다. 이제는 전략 경영으로 경쟁력을 회복하여 구조혁신을 종결해야 한다. 그간 법정관리에 대한 우려로 화물을 맡기지 않았던 화주들을 다시 끌어와야 한다.

또 사업 전망이 밝은 분야에 대한 비중을 확대해 항로를 다변화해야 한다. 매출의 62%가 유럽 및 북미 항로에서 나오고 있다는 점을 전략으로 고려해야 한다. 사업 범위를 호주, 남미, 아프리카 등으로 확대해 유럽 및 북미 항로의 시황 변동 위험을 줄여야 한다. 새로운 미래는 또 다른 도전의 시작이다. 경험이 도약의 힘이되어야 할 것이다.

◇ 뿌리 사업까지 처분하며 혁신하는 미국 GE

미국의 대표적인 제조업체인 제너럴 일렉트릭GE의 뿌리는 발명왕 토머스 에디슨1847~1931이 만든 백열전구다. 에디슨은 이 회사의 공동창업자다. 에디슨에게 백열전구는 '99%의 땀과 1%의 영감'의 결정체였다.[24] 에디슨은 백열전구의 상용화와 대중화를 위해 쏟은 노력은 정말 눈물겹다.

에디슨은 탄소 필라멘트가 빛을 내는 전구에 최적이란 사실을 발견할 때까지 무려 6,000개가 넘는 물질을 실험했다. 스스로 "수천 번의 실패가 아니다. 전구 발명을 위한 수천 번의 단계일 뿐이다"라고 말하곤 했다. 에디슨이 1931년 숨졌을 때 전국의 미국인들은 전깃불을 깜박거려 위대한 발명왕을 추모했다.

GE는 에디슨의 혼이 담긴 백열전구 사업을 시작했다. 그러나 2017년 4월 '프로메테우스의 불' 이후 인류가 발명한 '두 번째 불'이라는 칭송을 받던 이 백열전구

---

24. 동아일보, 2017년 4월 7일.

제조의 스위치는 영원히 내리려 한다고 발표했다. 즉 가정용 전구사업을 매각하기로 한 것이다. GE의 모태가 가정용 전기였는데 이를 매각한다는 것은 대전환을 의미한다.

GE는 사실상 지난 2015년부터 사업 재편을 본격적으로 추진했다. 이 과정에서 경쟁력이 없는 사업을 차례로 매각해 왔다. GE는 핵심 사업으로 발전기 터빈, 항공기 엔진, 의료보건장비, 기관차 등에 집중하고 있다. 1892년에 설립된 GE가 100년 넘게 건재한 이유는 시대의 변화에 맞춰서, 때로는 시대를 앞서서 끊임없이 '혁신'해 왔기 때문이다.

GE가 창업자 에디슨의 전구사업 매각도 생존을 위한 구조혁신의 일환이다. 실제로 이 회사는 다우존스산업 평균지수의 30대 대기업 중 유일하게 100년이 넘었다. 이 지수는 기업 실적이 부진하면 30대 명단에서 제외하는 데 GE는 1907년 이래 굳건히 자리를 지켜왔다. 생존과 성장을 위한 끊임없는 변신과 구조혁신을 통해 명성을 유지하고 있는 것이다.

GE처럼 혁신과 변신을 거듭하며 정상을 지켜 가고 있는 기업들은 많다. 대표적인 기업들은 미국 IBM과 글로벌 선두 화학기업 듀폰이다. IBM은 2005년 PC사업을 중국 레노버에 매각하는 등 하드웨어 중심에서 부가가치가 큰 소프트웨어 중심으로 사업을 재편했다. 듀폰은 자신들의 '뿌리'와도 같았던 섬유와 화학 사업을 정리한 뒤 종자, 효소 등 차세대 농생명공학 사업에 집중 투자하고 있다.

이처럼 세계적 기업들은 시대 변화에 맞춰 과감히 '자기 혁신'을 통해 생존을 이어가고 있다. 심지어 뿌리 사업마저 매각하는 등 주력사업을 전환하여 지속 가능한 성장을 모색하고 있다. 그러나 국내 기업들은 사업 전환을 시도한 사례를 거의 찾아보기 힘들다. 1990년대 음료 사업을 중단하고 중공업회사로 거듭난 두산이나 2014, 2015년 화학 계열사를 매각한 삼성 정도만 있을 뿐이다.

특히 우리 한국 기업들은 스스로 시대 변화에 맞춰 변신하지 못하고 떠밀려 구조조정을 해야 하는 상황을 맞았다. 대한민국의 기업들이 생존과 성장을 이어가기 위해선 보다 유연하게 주력사업을 과감하게 전환해야 한다. 그러나 국내 기업들은 노동시장의 지나친 경직성과 새로운 산업을 시도하기 힘든 규제 문제 등도 있다. 어떻든 한국 기업들이 살아남기 위해선 전략적으로 구조혁신에 성공해야 할 것이다.

2. 성공 기업의 특징

개인이나 기업의 첫째 조건은 생존이다. 그러나 단순한 생존은 의미가 없다. 더 나은 성장과 미래 가치 창출이 전제되어야 생존의 의미가 있는 것이다. 그러므로 기업이 위기에 직면했을 때 재기를 전제로 한 생존 대책을 강구해야 한다. 다시 말하면 '도약을 위한 후퇴'를 하는 것이다.

기업이 위기에 직면했을 때 재무 건전화를 위해 인력 구조조정은 불가피하지만 신중해야 한다. 경영주는 먼저 자기희생의 솔선수범을 보여야 한다. 그리고 노사 합의로 고통을 분담하고 퇴사자를 최소화해야 한다. 회사가 새로운 경쟁력을 갖고 재기하려면 핵심 인력들이 실력을 발휘해야 하기 때문이다.

사람이 재산이고 기업의 미래다. 기업주는 직원들의 사기를 북돋우고 비전을 제시해야 한다. 기업이 어려울수록 사람을 존중해야 기업의 미래가 열린다. 평소에 직원들에게 비전을 제시하고 신뢰 관계를 쌓아두는 것이 위기를 극복할 수 있는 원동력이 된다.

구조혁신을 통한 기업의 재기는 사실 말처럼 쉬운 게 아니다. 원인과 산업 주기, 경영진의 대응 등에 따라 해법이 각각 다르다. 이 때문에 구조혁신의 성공을 위한 일반적인 정답을 찾기는 어렵다. 학계와 업계 전문가들은 성공적인 구조혁신 요소로 사람 중시, 경영진의 반성과 희생, 합리적 의사결정 구조, 본질적인 경쟁력 회복 등을 꼽고 있다.[25]

---

25. 서울경제, 2016년 7월 14일.

기업들은 대체로 경영이 어려워지면 우선 인력 감축을 통해 구조조정하려고 한다. 실제로 인력 구조조정을 통해 재기에 성공한 사례는 극히 드물다. 설령 재기하였다 하여도 다시 어려움에 직면할 것이다. 기업이 살아나도 사람들이 떠나가면 재기할 수 있는 동력이 사라지기 때문이다. '사람 중시'의 경영철학이 뿌리가 깊어야 한다.

　인력 구조조정이 시작되면 대체로 유능한 인재들이 먼저 떠난다. 그리고 남아있는 직원들 역시 불안하며 이직을 고민하게 된다. 이 때문에 근로자의 헌신적인 노력을 기대하기 어렵다. 결국은 경쟁력이 약화되어 또 다시 어려움을 겪게 될 것이다. 기업주는 직원을 가족처럼 여기고 동고동락하며 신뢰감을 심어줘야 한다.

　기업이 위기에 직면하게 되는 경우는 대부분 경영자의 미래전략 부재에서 온다. 소비자의 소비 성향, 트렌드의 변화, 기후 변화, 정책이나 제도 변경 등을 예측하지 못하고 대응전략이 없기 때문이다. 경영인은 끊임없이 미래전략을 궁구하고 혁신하며 미래를 선점해 나가야 한다.

　기업은 무엇보다도 시스템과 매뉴얼에 의한 전략적 의사결정 구조를 갖춰 놓아야 한다. 기업이 어려움을 겪는 경우는 환경 변화에 제대로 대응하지 못하기 때문이다. 즉 의제를 제대로 설정하지 못하거나 의사결정에 실패하기 때문이다. 기업주의 독단적인 의사결정 구조는 경영 실패를 가져올 확률이 높다.

　경영자의 잘못된 투자 의사결정으로 기업이 구조조정에 들어가는 경우가 의외로 많다. 경영자의 잘못된 판단을 바로잡아야 기업이 바로 설 수 있다. 기업이 재기하려면 위기 원인을 명확히 분석하고 그에 맞는 해법을 찾아야 한다. 무조건 새로운 사업을 추진하기보다는 잘할 수 있는 분야에서 본질적인 경쟁력을 강화시켜 나가는 것이 가장 중요하다.

1. 기업의 미래 창조에 성공한 미래전략가

현대 기업의 역사를 보면 늘 시대를 이끈 선구자들이 있었다. 스티브 잡스Steve Jobs나 빌 게이츠Bill Gates처럼 새로운 길을 열기 위해서 상상을 초월하는 도전을 했다. 그 과정에서 무수한 실패를 반복했다. 때로는 목숨의 위협을 받으며 새로운 신화를 창조했다. 이들은 절대로 실패를 두려워해서는 성공할 수 없다는 것을 온몸으로 보여줬다. 기업의 세계적 성공을 이끈 몇몇 미래전략가들을 소개한다.

◇ 애플 창업자 스티브 잡스

기업의 미래 창조에 성공한 대표적 미래전략가는 스티브 잡스Steve Jobs; 1955.2 – 2011.10다. 그는 미국의 기업가이며 애플사의 공동창업자다. 한때 매킨토시 컴퓨터를 선보이고 성공을 거두었다. 그러나 경영 부진 등 내부 사정으로 애플을 떠나고 넥스트사를 세웠다. 애플이 이를 인수하면서 다시 복귀했다. 애플 최고경영자로 활동하며 아이폰, 아이패드를 출시하여 IT 업계에 새바람을 일으키며 '전설'이 되었다.[26]

잡스는 출생이 불운했다. 1955년 2월 24일 미국 샌프란시스코에서 태어나자마자 버려져 입양되었다. 양부모는 기독교 신앙을 가진 농부였다. 잡스가 세 살 되던 해 그의 가족은 사우스 샌프란시스코의 산업단지에 들어선 주택가로 이주하였다. 잡스는 주변 전자회사에 다니는 사람들과 어울리며 성장하였다.

잡스는 학창시절 자신이 입양되었다는 사실을 알게 되었고, 당시 미국 히피문화

---

26. 두산백과 등 참조. http://people.search.naver.com (2016년 11월 4일).

에 흠뻑 빠지기도 했다. 잡스는 오리건주 포틀랜드에 있는 리드대학교에 입학하였다. 그리고 한때 빠졌던 마약을 중단하고 새로운 이상을 찾아 동양철학을 공부했다. 하지만 1년 만에 학교를 그만두었다.

잡스는 사업적인 수완과 마케팅 감각이 뛰어났다. 그는 천부적인 전자 엔지니어였던 워즈니악과 각각의 장점을 합쳐 1976년 컴퓨터를 제조하는 애플Apple사를 공동창업을 하였다. 초기엔 영세한 업체로서 사업 여건이 불리했다.

잡스는 직원들에게 자신이 믿는 비전을 열정적으로 설득하며 어려운 환경을 극복해 나갔다. 마침내 애플사가 만든 퍼스널컴퓨터는 시장에서 큰 반응을 보이며 판매에 성공했다. 그는 억만장자가 되어 미국에서 최고 부자 대열에 합류했다.

그러나 모든 것이 순탄하지만은 않았다. 1985년 1월 애플사 공동창업자였던 스티브 워즈니악Steve Wozniak과 함께 백악관에 초빙되어 레이건 대통령이 수여하는 국가기술훈장을 받았다. 그러나 얼마 되지 않아 워즈니악은 내부 문제로 회사를 떠나고 말았다. 그리고 잡스도 현실성 없는 망상가이자 회사를 도탄에 빠뜨린 인사로 지목되어 1985년 5월 쫓겨나야 했다.

잡스는 그후 넥스트사를 설립하고 재기를 노렸다. 그런데 애플은 적자에 허덕이며 새로운 운영 체계를 필요로 했다. 애플이 1996년 넥스트사를 인수하여 잡스는 11년 만에 복귀하였다. 애플 최고경영자가 된 잡스는 4억 달러 흑자를 내는 데 큰 공을 세웠다.

잡스는 인터넷과 접목한 새로운 제품 개발에 눈을 돌렸다. 특히 2007년 발표한 '아이폰'은 통신업계 전반을 뒤흔들어 놓았고 문화적인 파급 효과도 지대했다. 또한, 2010년 '아이패드'라는 태블릿 컴퓨터를 발표하여 IT의 혁명적 변화를 이끌었다.

잡스는 기업가에서 세상을 바꾸는 인물이 되었다. 그는 IT업계에 큰 획을 그은 인물로 평가되며 성공가도를 달렸다. 그러나 이번엔 건강 문제에 시달려야 했다. 2004년 췌장암 수술을 받았다. 2011년 8월 24일 병세 악화로 애플 CEO직을 사임

했다. 사임 후 두 달이 채 지나지 않은 10월 5일 향년 56세에 사망했다.

잡스의 기업 성공전략은 무엇이었을까? 잡스는 17세 때부터 매일 아침 거울을 보며 스스로에게 물었다. "만일 오늘이 내 인생의 마지막 날이라면 지금 하려는 일을 할 것인가?" 잡스는 대학교에 들어갔지만 공부에 별 흥미를 느끼지 못하고 한 학기 만에 학교를 그만두었다.

잡스는 그 후 좋아하는 것을 찾아서 공부하고, 사과 농장에 머물며 히피 공동체 생활을 했다. 그리고 인도 히말라야를 여행하는 등 하고 싶은 일을 찾아 무엇이든 시도했다. 그러다가 어느 날 동네 선배 워즈니악과 함께 집 차고에 '애플'이라는 작은 회사를 차렸다. 그리고 매일 오늘이 삶의 마지막 날인 것처럼 자신이 찾은 '일'에 집중했다.

잡스는 '가장 중요한 것은 용기를 갖는 것이다'라며 '실패를 두려워 말라'고 강조했다. 그는 "깨지고 상처받는 것을 겁내선 안 된다. 전화를 걸 때건, 사업을 시작할 때건 상관없이 실패를 두려워한다면 멀리 나아가지 못한다"며 끝없는 도전 정신을 중시했다.

잡스는 '다르게 생각하라Think Different'고 설파하고 실천했다. 끊임없이 혁신하기 위해 그는 다르게 생각했다. 그 결과 놀라운 혁신적 제품을 잇달아 만들어냈다. 또한, '항상 갈망하라. 간절하게 원하고 도전하라'고 강조했다. 잡스는 자신이 정말 하고 싶은 일, 가장 잘할 수 있는 일에 모든 것을 던졌다. 이것이 스티브 잡스가 IT의 전설이 된 비결이다.

◇ **마이크로 소프트 창업자 빌 게이츠**

마이크로소프트MS 공동창업자인 빌 게이츠Bill Gates; 1955.10~ 는 2017년 8월 현재 세계 최고 부자이다. 경제전문지 '포천'은 게이츠의 순자산은 블룸버그 억만장자 지표 기준 처음으로 900억 달러약 100조 5,000억 원를 넘었다고 발표했다.[27] 게이츠가

---

27. 한국경제, 2016년 8월 23일.

보유하고 있는 주식 가치가 오른 덕분이다.

게이츠의 재산 900억 달러는 미국 국내총생산GDP의 0.5%에 해당한다. 세계 63위인 우크라이나 경제 규모보다 높다. 한 사람 명의의 '곳간' 규모가 100조 원을 돌파한 건 21세기 이후 최초다. 이는 2위인 스페인의 아만시오 오르테가 자라ZARA 회장보다 135억 달러15조 원이나 더 많은 액수다. '포브스'가 세계 억만장자 순위를 매긴 1987년부터 29년 간 게이츠는 17차례나 세계 최대부자에 등극했다.

게이츠는 세계 최고 부자이지만 '기부왕'으로도 알려졌다. 게이츠는 자신과 아내 이름을 따 만든 '빌&멜린다 게이츠재단'을 2000년에 설립했다. 그는 이 재단을 통해 90억 달러약 10조 2,000억 원의 기부금을 아프리카 보건의료 증진을 위해 내놓았다. 그리고 질병 퇴치 등을 위해 아프리카에 5년간 50억 달러약 5조 7,000억 원를 추가로 내놓겠다고 약속했다.[28]

게이츠는 2016년 7월 '만델라 데이' 기념 강연에서 "아프리카 대륙은 인구 통계학적으로 가장 젊은 대륙이다. 오는 2050년쯤에는 전 세계 어린이의 40%가 아프리카 대륙에 살고 있을 것"이라며 가장 젊은 대륙 아프리카에서 질병 퇴치가 중요하다고 강조했다. 그는 지금까지 300억 달러 이상을 세계에 기부했다. 세계 최고 부자인 빌 게이츠의 '명언'이 있다. 그가 성공한 이유가 잘 나타나 있다.

"태어나서 가난한 건 당신의 잘못이 아니지만, 죽을 때도 가난한 건 당신의 잘못이다. 화목하지 않은 가정에서 태어난 건 죄가 아니지만, 당신의 가정이 화목하지 않은 건 당신의 잘못이다. 실수는 누구나 한 번쯤 아니 여러 번, 수백, 수천 번할 수 있다. 그러나 같은 실수를 반복하면 그건 못난 사람이다.

인생은 등산과도 같다. 정상에 올라서야 먼 산 아래 아름다운 풍경이 보이듯, 노력 없이는 정상에 오를 수 없다. 때론, 노력해도 안 되는 게 있다지만 노력조차 안 해보고 정상에 오를 수 없다고 말하는 사람은 인생의 실패자이다.

---

28. 연합뉴스, 2016년 7월 18일.

가는 말을 곱게 했다고 오는 말도 곱기를 바라지 말라. 다른 사람이 나를 이해해 주길 바라지도 말라. 항상 먼저 다가가고 먼저 배려하고 먼저 이해하라. 주는 만큼 받아야 된다고 생각하지 말라. 아낌없이 주는 나무가 되라.

시작도 하기 전에 결과를 생각하지 말라. 다른 사람이 나를 어떻게 보는지 생각하지 말라. 다른 사람을 평가하지도 말라. 모든 걸 내가 아니면 할 수 없다는 생각은 버려라. 나 없인 못 산다는 생각 또한 버려라. 내가 사라져도 이 세상은 잘 돌아간다."

◇ 페이스북 창업자 마크 저커버그

페이스북의 창업자인 마크 저커버그Mark Elliot Zuckerberg;1984.5 – 는 "빠르게 움직이고 주변의 틀을 깨라"고 강조했다. 그리고 페이스북 등 새 플랫폼을 개척했다. 그는 2004년 친구들과 함께 하버드대 학생들끼리 연락처를 공유하고 인맥을 관리하는 서비스인 페이스북을 만들었고, 미국 전역 대학으로 가입 대상을 확대시켰다.

페이스북 이용자는 2016년 9월 현재 전 세계적으로 17억 9,000만 명을 넘어섰다. 세계 최대의 소셜 네트워크 서비스SNS로 성장했다. 페이스북의 기업 가치도 기하급수적으로 증가했다. 이 덕분에 저커버그의 재산은 창사 8년 만인 2012년 현재 추정 시가총액 1,000억 달러에 달하고 있다. 그는 260억 달러의 재산을 보유해 세계 전체 부자 순위에서도 8위를 기록했다.

저커버그는 시사주간지 '타임'이 2010년 12월 '올해의 인물'로 선정하기도 했다. 1927년 대서양을 최초로 무착륙 횡단 비행한 찰스 린드버그Charles Lindbergh 이래 최연소이다. 또한, 2010년 대중 잡지인 『배니티 페어』는 그를 '정보화 시대에 가장 영향력 있는 인물' 1위로 꼽았다.

저커버그는 "무언가를 개선하기 위한 목적에서라면 그것을 깨뜨리는 것도 괜찮다고 생각한다"고 강조했다. 그는 또한 "가장 큰 리스크는 어떤 리스크도 취하지 않는 것이다. 실패할 것이 분명한 전략은 바로 리스크를 취하지 않는 것이다"라고 밝혔다.

"아침마다 어떤 옷을 입을지, 뭘 먹을지 고민하는 시간이 아깝다. 사소한 것들에 내 에너지를 소비하면 내가 할 일을 하지 않는 것처럼 느껴진다. 나는 최고의 제품과 서비스를 구축하고, 지역사회에 봉사하기 위한 최고의 방법을 찾기 위해 내 모든 에너지를 바치고 싶다." 저커버그의 아름다운 말이 빛난다.

2. 기업의 미래창조를 위한 미래전략 수립 원칙

기업의 미래창조를 위한 미래전략가로 대표적인 사람이 누굴까? 마이크로소프트사의 빌 게이츠와 애플사의 스티브 잡스를 꼽을 수 있을 것이다. 이들은 회사의 장단기 목표를 세우고 조직이 성공하도록 이끌었다. 또한, 놀랍도록 효과적으로 미래전략을 실행함으로써 회사가 장기간 지배적 위치에서 군림하도록 했다. 이들은 최고의 기업 미래전략가로 평가해도 손색이 없을 것이다.

데이비드 요피David B. Yoffie 미 하버드대 경영대학원 교수와 마이클 쿠스마노Michael A. Cusumano MIT 경영대학원 교수는 30년간 기업의 경영전략을 연구해 왔다. 두 사람은 게이츠와 잡스의 탁월한 경영전략을 심층 분석하여 『전략의 원칙』을 펴냈다. 이들은 이 책에서 게이츠와 잡스와 같이 더 큰 미래창조를 위한 '기업 미래전략가'가 되기 위한 5대 원칙을 제시했다.[29]

첫째는 먼저 미래를 내다보고 나서 현재 무엇을 해야 하는지를 되짚어 보아야 한다. 미래전략가는 세계에 대한 독특한 시각을 가져야 한다. 그리고 강력한 비전을 갖고 이 비전을 현실로 바꾸기 위해서 당장 무엇을 해야 하는지 알고 있어야 한다. 고객의 욕구를 예측하고, 경쟁자의 선택권을 제한해야 한다. 그리고 업계의 역할을 자신의 입맛에 맞도록 바꾸면서 아이디어를 전략과 행동으로 변화시켜야

---

29. 데이비드 요피·마이클 쿠스마노 지음 (2016), 48-51쪽.

한다.

둘째는 크게 베팅하되 회사의 존립을 위협해서는 안 된다. 무모하게 회사를 불필요한 위험에 빠뜨리지 않으면서도 대담한 행보를 취하라는 것이다. 게이츠와 잡스는 어마어마한 전략적 베팅을 했고, 그 과정에서 실수도 저질렀다. 그러나 베팅을 하더라도 그 시기를 잘 맞추고 분산·다양화함으로써 위험을 완화시켰다. 그러면서도 재기를 통해 다시 베팅함으로써 세계적 기업으로 발전시켰다.

셋째는 제품만 만들지 말고 플랫폼과 생태계를 구축해야 한다. 플랫폼 전략은 실제로 선택과 균형에 대한 새로운 접근이다. 다시 말해 개별 제품에만 몰입해서는 안 된다는 것이다. 파트너십을 강조해 모두를 위한 파이를 키우고 플랫폼을 선도하며 새로운 생태계를 구축하여 지속적인 지위를 확보하는 것이 중요하다. 위대한 제품은 그 자체로도 중요하지만 산업 플랫폼을 형성함으로써 이를 지배하는 것이 더 가치가 있다.

넷째는 유도와 스모처럼 지렛대 원리와 힘을 활용하여 목표를 공략해야 한다. 미래전략가는 언제 세상의 주목을 피해야 하는지, 언제 상대방과 협력해야 하는지를 파악해야 한다. 또한, 언제 경쟁자들의 강점을 포용하고 확장해야 하는지, 언제 자신의 힘을 휘둘러야 하는지를 판단해야 한다. 경쟁자의 강점을 약점으로 바꾸거나 경쟁사를 이기기 위해 압도적인 힘을 활용하기도 해야 한다.

끝으로 더 큰 미래창조를 위해서는 개인적 닻을 바탕으로 조직과 문화를 만들어야 한다. 개인적 특기, 장점을 바탕으로 기업 조직을 키워 나가야 한다. 더 나아가 자신과 함께하는 사람들과 자신이 영감을 주거나 창조하도록 도움을 준 문화, 시스템, 가치를 통해 자신의 약점을 인식하고 보완해 나가야 한다.

3. 기업의 미래창조를 위한 미래전략

◇ 싸우지 않고 이긴다. 대안시장, 틈새시장을 노려라.

『손자병법』에서는 '싸우지 않고 이기는 것'을 최고의 전략이라고 했다. 현대 자본주의 사회는 '대량생산-대량소비'의 사회다. 그러나 기업들의 대량생산은 여전하지만 대량소비는 크게 줄어들었다. 공급 과잉에 따른 가격 인하 경쟁으로 출혈이 심하다. 수익이 마이너스가 지속되고 있다. 어떻게 해야 하는가?

당분간은 감축해야 한다. 생존을 극대화하고 원점에서 미래전략을 수립해야 한다. 트렌드를 분석하고 새로운 대안시장, 틈새시장을 발굴하여 진출하는 방안도 검토해야 한다. 기업은 반드시 미래전략팀을 운용하고 생존 및 재기, 성장 전략을 수립해야 한다.

기업은 더 큰 미래창조를 위한 다양한 미래전략을 마련할 필요가 있다. 적어도 세 가지의 미래전략을 세워야 한다. 플랜 A전략은 경쟁에서 이기는 전략이다. 플랜 B전략은 경쟁을 피하고 새로운 대안시장, 틈새시장을 노리는 전략이다. 플랜 C는 발상을 전환하여 기존 사업을 바탕으로 융복합 사업 아이디어를 통해 새로운 미래전략 사업을 추진하는 것이다. 충분한 준비와 치밀한 검토 후에 선택해야 할 것이다.

◇ 트렌드를 파악하여 성공 기회를 만들어라.

세상은 급변하고 있다. 이는 위기이고 기회이다. 어느 경우든 흥하는 기업이 있고, 망하는 기업이 있다. 모든 경우에 성공하는 기회를 만들어야 한다. 이를 위해선 거대한 트렌드의 변화를 파악하고 지속적인 혁신을 통해 유연화를 유지해야 한다. 지금은 농촌 마을의 한옥식 주택보다는 유목 마을의 이동식 주택이 필요하다. 집은 유지하되, 그 내용은 시대의 흐름을 담아야 할 것이다.

대한민국의 시장은 개편되고 있다. 유아, 어린이 시장이 축소되고 노인 시장이 크게 확대되고 있다. 한국 사회의 급속한 고령화로 50세 이상 소비자가 유통시장의 매출을 좌우하는 새로운 큰손이 되고 있다. 이 때문에 이들을 겨냥한 효과적인 기업의 미래전략 수립이 필요하다. 특히 젊은 세대 못지않게 활발한 소비 문화를 창출할 이른바 '액티브 시니어'들에 대한 맞춤형 접근 전략이 중요해졌다.

한국은 2018년 노인 인구가 700만 명을 돌파하여 전체의 14%를 넘기는 고령사회에 진입한다. 2020년에는 시니어 소비시장이 125조 원에 이를 것으로 전망된다. 이들은 다양한 상품에 관심을 갖고 있고, 구매력도 있는 만큼 이에 대한 체계적인 분석과 접근 전략이 필요하다.

◇ 기업의 미래는 협상에 달려 있다. 최고의 협상 전략가를 키워라.

기업 협상의 성패는 사람의 마음을 읽는 데 있다. 사람의 마음이 언제, 어떻게 움직이는가를 파악해야 한다. 이성으로 접근하기보다는 감성으로 접근하는 것이 성공률이 높다. 협상전략은 동물적이고, 감성적이고, 비이성적으로 접근하는 기술이다. 그러므로 전략은 다채롭다. 모든 방식이 동원될 수 있기 때문이다.

기업의 비즈니스는 협상이다. 설득의 연속이다. '버럭' 화를 내는 것도 방법이다. 침묵도 영향을 미친다. 치사하다 싶을 만큼 소소한 것도 있다. '무조건적인 긍정적 존중'도 하나다. 분위기를 계속 띄워 상대가 "그래요, 맞아요"를 자백하게 하는 것도 필요하다. 절박한 설정을 위해 '최후통첩 공지'도 하고, '제안을 놓치면 손해'라는 기분이 들도록 몰고 가기도 해야 한다. 이기는 협상을 통해 기업의 미래를 열어나가야 한다.

1. 대한민국의 절박한 미래 먹거리

"대한민국은 앞으로 뭘 먹고 살아야 하는가?"

한국의 대표적인 기업 삼성이 있다. 삼성에 대해 호불호가 크다. 그러나 삼성만큼 한국을 먹여 살리는 기업은 없다. 삼성의 오늘을 만든 건 이건희 회장이다. 그는 꽤 오래전부터 '먹고 사는 일'을 강조해 왔다. 그는 2000년대 초 "잘 나간다고 자만하지 마라. 5~10년 뒤에 뭘 먹고 살 것인지를 생각하면 등에서 식은땀이 난다"고 말했다.

삼성그룹의 한 계열사 사장은 "당시 이 회장은 '미래에 뭘 먹고 살지 고민해 보라'고 사장들에게 숙제를 낸 적도 있다"고 했다. 이 숙제는 어제도, 오늘도, 그리고 내일도 필요한 것이다. 그러나 질문은 매번 같을 수 있지만 답은 달라야 한다. 세상이 빠르게 변하고 있기 때문이다.

이건희 회장은 또 2007년 초에는 "한국이 새로운 먹을거리를 찾지 못하면 부활하는 일본과 맹추격하는 중국 틈새에 끼여 도태될 것"이라고 경고했다. 이른바 '샌드위치론'이다. 이를 극복하기 위해서는 미래 먹거리, 즉 미래 성장 동력을 찾아야 한다는 것이다.

삼성은 현재 스마트폰에 주력하고 있다. 그러나 스마트폰의 시대가 언제까지 계속될지는 모른다. 이건희 회장의 우려대로 삼성은 스마트폰 이후의 미래를 서둘러 준비해야 한다. 그러나 유감스럽게도 스마트폰 이외에는 잘 보이지 않는다. 삼성의 먹구름은 단지 삼성만의 문제가 아니다. 대한민국의 위기로 직결된다.

최근 대한민국 대기업들의 총수는 이구동성으로 '미래'에 대해 이야기하고 있다. 모두가 한결같이 '미래 성장 동력'을 찾아야 한다고 강조하고 있다. 대기업들이 글로벌, 새로운 도약, 변화와 혁신, 창조적 혁신, 성장 동력 발굴 등을 강조한 지도 10년이 넘어서고 있다. 그러나 아직 뚜렷한 결실로 나타난 것은 없다. 오히려 수출과 내수라는 쌍끌이 어려움에 처하고 있다.

한국 기업의 경영 환경이 급변하고 있다. 세계의 제조업 환경은 기술이 아니라 소비자의 수요가 중심이 되고 있다. 소비자는 고정된 것이 아니라 늘 변화한다. 늘 기도하고 줄기도 한다. 찾아오기도 하고 떠나가기도 한다. 따라서 사람들의 생활이나 사회의 틀을 창조적 시각에서 새로 바라보는 눈이 필요하다.

즉 하나는 사회를 보는 시각의 한 축이 '의식주'의 재편이다. 또 다른 하나는 IoT를 활용해서 지역사회를 참신한 발상으로 새로 구축하는 것이다. 이것이 바로 4차 산업혁명의 핵심이다. 한국 기업이 4차 산업혁명을 선도하려면 어떻게 해야 하는가? 기업의 지속 가능한 미래 성장 전략이 절실하다. 저성장 시대 생존과 번영을 위한 기업의 미래전략을 적극 모색해야 할 것이다.

2. 지속 가능한 '리더 브랜드' 창출

기업을 이끄는 경영자들은 늘 치열한 경쟁 속에서 지속 가능한 미래 성장을 위해 불철주야 노력한다. 그리고 자사의 제품이나 기업의 브랜드를 1위로 만들려고 수많은 아이디어를 낸다. 그러나 세계 1위는 단 하나뿐이다. 많은 기업은 세계1위를 목표로 치열하게 도전하고 있다.

영국의 브랜드 컨설팅업체 잇빅피시Eatbigfish의 창립자인 애덤 모건은 『도전자의 전략』이란 저서에서 지속 가능한 성장을 위한 도전자 브랜드의 8가지 성공전략을 제시했다.[30] 이 중 도전자를 뛰어넘어 리더가 되기 위한 '리더 브랜드' 창출을 위한 주요한 전략 몇 가지를 소개한다.

첫째는 "직전의 과거와 결별하라"이다. 이는 성공한 기업이 과거의 성공 방정

---

30. 매일경제, 2017년 3월 10일.

식에서 벗어나 새로운 방식을 창출하기 위해 끊임없이 노력해야 한다는 의미다. 과거는 과거일 뿐이다. 영원한 승자는 없다. 그러므로 지속 가능한 미래 성장을 위한 리더 브랜드를 창출하기 위해서는 과거와 결별하고 또 다시 새로운 미래를 선점해야 한다.

둘째는 "등대와 같은 정체성을 구축하라"이다. 이는 등대처럼 브랜드가 소비자를 향해 '항해'하는 것이 아니라 소비자들이 브랜드를 향해 오도록 유도하는 전략을 구사하라는 것이다. 새로운 시각으로 구조나 틀, 콘텐츠를 색다르게 바꿔 소비자가 몰리게 하는 전략이다. 가령 돼지고기 판매점을 일류 식당처럼 꾸며 소비자를 끄는 것이다.

셋째는 "사고의 리더십을 장악하라"이다. 사고의 리더는 사람들의 입에 오르내리며 화제와 이슈를 이끄는 사람이다. 이를 위해선 기존의 관행을 과감히 깨뜨려야 한다. 발상을 전환하여 전혀 새로운 어떤 것을 제시하여 시장을 장악하는 것이다. 일반적으로 검은색은 기피 1호다. 영국의 탄산음료 탱고는 관행을 거부하고 검은색 포장을 선보여 주목을 받는 데 성공했다.

이들 외에도 리더 브랜드를 유지하기 위해선 △ 재평가의 상징을 창출하라, △ 핵심이 아닌 것을 희생하라, △ 과도하게 헌신하라, △ 광고와 홍보를 활용하라, △ 아이디어 중심으로 경영하라 등을 검토할 필요가 있다. 여기서 중요한 것은 선택과 집중, 재창조를 통해 최고의 브랜드를 유지해 나가는 것이다.

도전자 브랜드의 목표는 당연히 리더 브랜드가 되는 것이다. 그리고 리더 브랜드를 유지하기 위해선 늘 도전자의 브랜드처럼 생각하고 행동해야 한다. 리더 브랜드는 언제든지 도전자 브랜드에 의해 역전될 수 있음을 명심해야 한다. 모건은 "한국의 현대나 삼성은 도전자 브랜드에서 리더 브랜드가 되기 위해선 질적 성장과 함께 감성터치가 필요하다"고 조언한다.

3. 기업의 지속 가능한 성장을 위한 미래전략

대량 소비 시대는 사실상 끝났다. 소비가 줄어들고 시장은 축소될 것이다. 기업들이 만든 제품이 잘 팔리지 않게 될 것이다. 저소비, 저성장 시대다. 제조업의 시대는 막을 내리고 있다. 기업의 모든 것이 전면 새로 짜이고 있다. 기업은 어떻게 지속 가능한 성장을 위한 미래전략을 수립해야 하겠는가?

많은 기업이 생존전략 차원에서 신성장 동력 개발에 집중하고 있다. 대기업, 중기업, 소기업 각각의 새로운 미래전략을 마련해야 할 것이다. 그러나 미래는 터널 속을 지나는 것처럼 불안하다. 오직 미래전략만이 길을 밝히는 손전등의 역할을 할 것이다. 나침반과 지도처럼 꼭 구비해야 할 장비다.

기업들의 지속 가능한 성장을 위해서는 환경 변화를 미리 예측하고 대비해야 한다. 어떻게 보면 환경 변화는 개인은 물론 기업, 국가도 미래전략 수립의 최대 변수로 생각해야 할 것이다. 특히 환경 변화는 기업의 존망과 직결되는 것이다. 기업 내 미래전략기구를 설립하고, 이 기구는 환경 변화 대응에 역점을 두어야 한다.

기업의 환경 변화는 크게 3가지 유형으로 나타난다. 첫째는 자연적 환경 변화다. 이의 대표적인 것이 기후 변화와 이에 따른 제2차, 제3차 변화이다. 가령 한국의 평균 기온이 섭씨 2도가 올라가면 어떠한 변화가 생길까? 농산물의 재배 환경이 달라져 농업 변화가 오게 된다. 더위에 대비한 새로운 제품의 수요가 급증할 것이다. 소위 기후 마케팅은 기업의 미래와 직결된다.

둘째는 인구 변화, 정책 변화, 제도 변화 등 사회 변화다. 특히 한국의 인구는 당분간은 증가하겠지만, 2020년 이후부터는 감소하게 될 것이다. 또한, 영유아, 청소년, 청년, 장년, 노인층 등 계층 변화도 다양하게 나타날 것이다. 저출산·고령화로 인한 시장 수요가 다양하게 나타날 것이다. 기업들은 주 소비 계층의 변화를 분석하고 대응해 나가야 한다.

끝으로 인간의 욕구, 탐욕의 변화이다. 인간은 매우 탐욕적이다. 절제란 없다.

이미 신의 영역까지 침범하고 있다. 인간에 의해 경영되는 기업도 마찬가지다. 기업 스스로도 사회 공헌에 앞장서며 지속 가능한 가치 경영전략을 추구해야 할 것이다. 물론 기업의 생존을 위해서는 소비자의 트렌드 변화를 파악하고 선제적 대응을 통해 선점하는 것은 매우 중요하다.

향후 기업 환경은 예측과 상상을 뛰어넘게 변화할 것이다. 기후 변화, 인구 변화, 제도 변화, 탐욕 변화 등에 따라 기업 환경은 매우 달라질 것이다. 기업이 지속 가능한 성장을 위한 미래경영을 하려면 인류의 평화와 공영에 이바지하는 가치 전략을 강화해 나가야 할 것이다. 인간 중심, 사람 중심의 기업 미래전략이 강한 힘을 갖기 때문이다. 기업이 인류를 구하는 새로운 대안이 되어야 할 것이다.

국가의 미래 성공전략 응용과 실전

I 국민 대각성과 국가 재건국

1. 국민 대각성 운동의 절박성

"도대체 이게 나라냐!"

대한민국의 국민들이 2016년 11월 박근혜 당시 대통령의 국가 사유화와 헌법 파괴로 분노했다. 박근혜 대통령은 총체적으로 국가권력과 국가기관을 사적으로 동원해 국정을 문란하게 했다. 비선 실세인 '최순실'이란 판도라 상자가 열리면서 전 방위 국정농단과 부정·비리, 부패가 드러나 국민을 허탈하고 좌절하게 만들었다. '박근혜-최순실 게이트'로 국민들이 전국 각지에서 "하야하라"고 외친 것은 국가 주인으로서의 올바른 명령이었다.

그러나 보다 근원적인 문제가 있었다. 과연 난파 위기의 대한민국호를 살릴 수 있는 대안이 있었느냐 하는 점이었다. 일각에서 정치 지도자들이 국민 속으로 들어가서 목소리를 냈지만 그것은 가식이나 기만에 불과했다. 정치권은 그동안 말로만 국가와 국민을 위해 일한다고 했지 사실은 권력의 욕망에 빠져 있었다. 산적한 국정 현안이 있었지만 어느 것 하나 명쾌히 해결한 것이 없었다.

정치권은 끊임없이 주도권을 놓고 당파싸움만 일삼았다. 여야 독과점 정치 체제를 공고화하고, 빈부 양극화와 불평등을 확대시켜 왔다. 소수 기득권 체제를 옹

호하며, 부와 권력을 독점해 왔다. 국민의 고통은 외면하고 '그들만의 잔치'를 벌이며 희희낙락했다. 기존의 정치는 더 이상 국민의 희망이 되지 못한다. 오히려 심판과 퇴출의 대상이 되었다.

이제는 더 이상 미룰 수 없다. 대한민국의 혁명적 국가 대개조를 서둘러야 한다. 대한민국의 철학, 이념, 국가 목표 등 국가의 기본 틀을 혁명적으로 바꾸지 않으면 미래가 없다. 대한민국은 운전기사를 바꾸거나 바퀴를 몇 개 바꾼다고 정상 가동되지 않는다. 이름만 빼고 모든 것을 바꾸어 '재건국'해야 한다. 사실 이름까지 바꾸고 싶지만 이것은 통일 이후로 미루어야 할 것이다.

'국민 대각성 국가 재건국 운동'을 제안한다. 국민들의 회개와 대각성 없이는 모든 것이 모래성이다. 튼튼한 대한민국을 세우려면 국민 한 명 한 명이 새로 태어나야 한다. 나의 잘못이 무엇인지 철저히 깨닫고 자기 혁신, 자기 혁명을 해야 한다. 국가는 국민의 총화이다. 국민이 강해야 국가가 강해진다. 국민 개개인이 '대각성'을 통해 다시 태어나야 한다. 이것이 대한민국을 '재건국'하는 출발점이다.

2. 대한민국 국가 재건국의 방향과 내용

"지금은 변화의 때다! It is time to change!"

모두가 변화해야 생존한다. 개인은 물론 기업, 국가도 변화하지 않으면 '서든 데스 Sudden Death: 갑작스런 몰락'를 맞게 될 수 있다. 변화가 절실한 때다. 새로운 생존전략을 찾아내 행동에 나서야 한다. 냄비 속에 든 미꾸라지처럼 '슬로 데스 Slow Death: 인지하지 못하는 사이에 서서히 무너지는 현상'할 수 있다.

대한민국은 지금 '복합적 중병'에 걸렸다. 성장률은 긴급수혈로 겨우 2%대의 명맥을 유지하고 있다. 수출도 줄고 있고, 일자리는 사라지고 있다. 청년들은 절망에 빠졌다. 출산율은 세계 최저 수준이다. 국민소득도 '2만 달러의 함정'에 빠져 10년째 갇혀 있다. "늘어나는 것은 국가부채와 가계부채, 국민의 나이고령화뿐"이라는 자조도 있다.

이제 어떻게 해야 하는가? 혁명적 개조를 통한 '국가 재건국'만이 유일한 해결책이다. 한국 특유의 국민적 열정과 역동성을 만들어 내야 한다. 새롭게 성장할 국가 전략산업도 발굴하고 육성해야 한다. 한때 세계 시장을 이끌었던 조선과 해운처럼 한국을 대표하던 주력 산업들이 잇달아 몰락 위기에 처했다. 해법은 산업 개혁을 넘어 재건국 수준의 국가 구조 대개혁을 통해 효율성과 안정성을 높여 활력을 되찾는 것이다.

대한민국은 지금 총체적인 국가 혁신과 개조를 통한 재건국이 절박하다. 선장만 바꾼다고 전진하는 것은 아니다. 고장 난 대한민국호를 전면 개조해야 한다. 싸움만 하는 무능한 국회, 관료주의로 비효율적인 정부, 생산성 낮은 기업 문화, 창의성 없는 교육, 정의감 상실한 사법부, 이념 갈등의 수렁에 빠진 국민 등 모든 것을 바꿔야 한다.

그런데 대한민국의 정부와 국회, 기업, 노동자, 시민 등 모든 엔진들이 고장 났다. 국가 비전을 제시하고 국가전략을 수립해야 할 정부와 정치 지도자들이 무능력과 무기력 증세에 허덕이고 있다. 기업 구조조정 등 국정 현안들이 산적한데 정부는 수수방관하고 있다. 국가 미래전략 없이 당장의 책임 회피만 급급하고 있다.

해운산업은 절대 포기할 수 없는 핵심적 국익 사업이다. 그러나 너무 쉽게 포기하는 결정을 내렸다. 정부에게서 국가 비전과 국가전략을 찾아보기 힘들다. 정부는 그러면서 국회 탓, 정치 탓만 한다. 대한민국에 정부는 없다. 오직 세금만 빼앗아 가는 국세청만 있다는 소리도 들린다.

정치권도 '대권병'에 걸려 늘 대립과 갈등, 싸움으로 날을 새고 있다. 정치권은 산업개편, 경제개편, 교육개편 등 국가개혁을 주도해야 한다. 그런데 지지 세력의 포로가 되어 이들이 반대하는 개혁은 무조건 거부하고 있다. 다른 당 흠집 내기에만 몰두하고 있다. '네가 죽어야 내가 산다'는 상극 의식이 뿌리 깊다. 상생을 위한 협치는 말뿐이다.

기업도 변화와 성장전략이 잘 보이지 않는다. 표면적으로는 혁신, 도약, 미래 운운하고 있지만 한국 기업 특유의 역동성을 찾아보기 힘들다. 삼성전자나 현대자동차 같은 몇몇 글로벌 대기업들이 활약하고 있지만 착시현상이라는 지적도 있다. 지속 가능한 성장 동력 확보를 위한 과감한 연구와 투자를 확대하고 도약을 위한 미래전략이 요구된다.

기득권을 누리는 강성 노조도 국가 발전을 저해하고 있다. 이들에게는 국가 공동체와 국민은 그저 빛 좋은 허울뿐이다. 지나치게 무책임하고 탐욕적이라는 비판도 받는다. 매사를 정파적 이익에 따라 움직이고 사회 갈등을 부추긴다. 국가전체를 보는 균형적 시각을 상실했다. 자신의 일터를 사랑하고 '파이'를 키우는 헌신과 노력이 절실하다.

국민들도 이념에 함몰되어 있다. 밥과 일자리와 무관한 일에 참여하며 사회 갈등을 조장한다. 근거 없는 이야기들을 밤새 퍼 나르며 스스로를 위로하고 있다. 냉정하고 합리적이지 않고 충동적이다. 특정 정파에 줄을 서서 편 가르기를 하고 있다. 국가와 역사를 보지 못하고 '조작된 사실'에 흥분하고 있다.

대한민국이 현재와 같이 파편화된 나라라면 미래 희망은 없다. 더 고생을 해야 한다. 사회 각 부분이 자기들만 옳다고 여기며 '부분 이익'을 고집하고 있다. 국가와 미래를 보며 모두가 공생, 공영하는 길을 찾아야 한다. 먼저 정치권과 정부가 자기 혁명을 통해 산적한 문제해결에 리더십을 발휘해야 한다.

그리고 기득권 사회 구조부터 개혁해야 한다. 낙하산과 학연, 혈연, 지연 등 정실 인사가 작용하는 한 능력 중심 사회는 구호에 불과하다. 더 이상의 스펙 평가는 없어야 한다. 오직 객관적인 능력 평가만 적용되어야 한다. 입사에서부터 임금, 승진 등 모든 것이 투명하고 공정하게 평가되고 반영되어야 한다. 제대로 된 능력평가만이 대한민국의 미래를 밝게 한다.

실력 제일주의로 세계 정상을 유지하는 한국 양궁은 커다란 시사점을 준다. 한

국양궁은 2016년 8월 개최된 브라질 리우올림픽에서 사상 최초로 금메달 4개를 휩쓸었다. 남녀 단체전은 물론 개인전까지 금메달을 모두 석권했다. 한국 양궁이 강한 것은 철저한 실력 지상주의 때문이다.

양궁은 국가대표 선발전을 10차례 갖는다. 2~3차례 갖는 다른 종목과는 다르다. 특정 선수를 10차례나 봐주는 것은 사실상 불가능하다. 오직 실력으로만 국가 대표가 될 수 있는 것이다. 양궁 대표 선발은 기득권도 없다. 그동안 뛰어난 성적을 거둔 '스타'라 해도 예외가 없다.

모두가 '공평한 사선'에 서서 활을 쏴야 한다. 특혜와 부정이 개입할 여지를 주지 않는다. 누구도 불평하거나 불만을 가질 수 없다. 그래서 많은 체육 종목 중에서 양궁만큼은 실력 지상주의가 꽃을 피울 수 있었다. 매번 올림픽에서 금메달을 따는 것은 바로 실력주의의 결과다.

결국, 모든 것은 국가 지도자들의 자기 혁명에 달려 있다. 국가 지도자에게 가장 중요한 덕목은 전략적 창조 리더십이다. 국가 지도자는 국민들에게 비전을 제시하고 이를 앞장서 이끌고 나가야 한다. 정치인들이 정파적 이익이나 정권욕에 사로잡혀서는 안 된다. 모든 가치나 정책이 국가와 국민을 위한 것이어야 함을 깨달아야 한다.

대한민국도 '할 수 있다'는 정신으로 국민 통합을 이루어내어 더 큰 미래를 창조해 나가야 한다. 국가 지도자는 늘 국민과 함께 소통하며 힘을 모아내야 한다. 최고의 국가 지도자는 국민의 마음을 하나로 모으는 사람이다. 대한민국을 글로벌 강국으로 재도약시킬 새로운 지도자들이 절실하다.

1. 국책사업의 매뉴얼화

지난 2016년 6월 영남권 신공항 건설 결정을 앞두고 지방자치단체와 지역주민 간 갈등이 최고조에 달했다. 영남권 신공항 논란은 노무현 정부에서 시작하여 이명박, 박근혜 정부까지 거치게 되었다. 박근혜 정부는 10년간 끌어온 영남권 신공항 건설 대신에 김해공항을 확장하는 안을 최종 결정했다. 10년간 엄청난 국력을 낭비한 채 원 위치된 것이다.

이처럼 공항이나 고속철도 등 대규모 국책사업은 물론 이해관계가 첨예한 정책을 추진할 때마다 엄청난 소모적 갈등과 사회적 비용이 발생한다. 그렇다면 더 나은 미래를 창조하기 위해서는 국가개혁이나 국책사업이 필요한데 국력 낭비를 최소화하고 효율적으로 추진하려면 어떻게 해야 할까?[31]

먼저 정치권이나 정부, 자치단체는 일정 비용 이상이 드는 국책사업 등 공공 정책을 제시하려면 재정추계와 함께 타당성, 효율성, 지속성 조사를 병행하도록 제도화를 통해 의무화할 필요가 있다. 특히 대통령 선거나 광역 단체장 선거에서 후보자가 공약으로 제시하려면 이에 명확한 근거를 밝히도록 하여 공약이 남발되는 것을 차단해야 한다.

정부와 국회는 반드시 타당성과 효율성을 투명하게 검증하고 갈등을 선제적으로 관리할 수 있는 '국책사업 매뉴얼'을 확보해 놓아야 한다. 특히 중장기 미래예측을 바탕으로 종합적인 국가미래전략을 세워 추진해야 한다. 가령 김해 신공항이 성공하려면 계획 초기부터 국내외 여객 수요 전망과 국내 공항 간 역할 분담,

---

31. 이에 관한 내용은 동아일보, 서울신문 등 언론을 다수 인용하거나 참고하였다.

외국 항공사 유치, 화물 물동량 확보 등이 전제되어야 한다.

인천국제공항 건설의 성공 사례를 참고할 필요가 있다. 인천국제공항은 계획 단계부터 국제 여객 수요를 인천공항으로 몰아주는 '원 포트One Port' 정책을 펼쳤다. 그 결과 사업비를 자체 조달할 수 있는 발판을 구축했고, 여기에 뛰어난 입지 여건과 노선 배분 등 다양한 지원 정책도 뒷받침되었다. 이로 인해 명실상부한 아시아허브 공항으로 조기에 정착될 수 있었다.[32]

무안공항이나 양양공항처럼 충분한 미래예측 분석 없이 정치적으로 무리하게 추진하면 개점 휴업 상태가 되어 예산만 축내는 애물단지로 전락할 수 있다. 그러므로 김해 신공항이 영남권 관문 공항으로 성공하려면 중장기적 미래예측을 토대로 다양할 발전전략을 수립하여 추진해야 한다. 국내외 관광 수요 창출은 물론 다양한 여객 유치 및 항공화물 확보 전략을 마련해야 할 것이다.

2016년 7월 박근혜 정부의 '사드 배치 결정'도 엄청난 국론 분열과 갈등을 표출했다. 국민들이 폭염 속에서 생업을 포기한 채 "사드 배치 반대"를 외치며 백지화를 요구했다. 자세한 내막은 훗날 '사드 블랙박스'가 공개돼야 알 수 있을 것이다. 그러나 박근혜 정부가 국민과 함께 소통하지 않아 큰 혼란을 자초한 측면은 간과할 수 없다.

또한, 문재인 정부는 '탈원전'이란 대선 공약에 따라 2017년 6월 울산 울주군 신고리 원자력발전소 5, 6호기 건설 중단 여부를 '공론화위원회'를 구성하여 결정하겠다고 발표했다.[33] 즉 민간인 10명 이내로 공론화위원회를 구성하여 이들이 구성한 시민배심원단이 최대 3개월간 공론화 과정을 거쳐 결정하였다. 이는 국책사업에 대한 새로운 논의와 결정 기구를 도입한 것이다.

이에 대해 일각에서는 "국가산업 근간인 전력 수급 문제를 법적 대표성과 전문성이 없는 시민배심원단에 맡기는 것은 바람직하지 않다"며 잇따라 문제를 제기

---

32. 서울신문, 2016년 6월 24일.
33. 동아일보, 2017년 6월 28일.

했다. 정부는 '탈원전'과 함께 사회적 합의 방안을 밝힌 뒤 절차상 문제점과 공사 중단 영향 등을 충분히 검토하여 공론화 방안을 발표해야 했다. 국책사업은 혼란과 갈등을 최소화하고 국가 발전의 백년대계가 되어야 하기 때문이다.

따라서 모든 국책사업은 반드시 국민적 합의에 바탕을 둔 매뉴얼을 정하고 이에 따라 추진해야 한다. 국민과 함께 모든 정보를 공유하며 충분한 대화와 소통을 통해 결정해 나가야 할 것이다. 정부는 국책사업의 결정 발표에 앞서 가치와 필요성, 유해성 여부 등에 대해 치밀하고 논리적인 대국민 설득을 통해 국론을 결집시키는 작업을 선행해야 할 것이다.

특히 해당 지역 주민들의 민심을 달래는 다양한 보상책과 주민 안전, 환경을 보호하는 과학적이고 체계적인 정책 대응도 사전에 이루어져야 한다. 국민을 무시하고 무조건 공권력으로 밀어붙이는 시대는 지났다. 크건 작건 모든 국가정책은 세세한 매뉴얼을 기획, 주민 설명, 정책 결정, 집행, 평가, 보완 등의 절차를 거치도록 의무화를 해야 한다. 필요하면 '국책사업 추진법'을 제정할 필요도 있다.

진심은 통한다. 국가와 국민을 위한 일이라면 어느 누가 반대하겠는가? 설득하고 설득해야 한다. 불가피성을 호소하고 협력을 구해야 국민이 국가에 충성한다. 강한 국민이 강한 나라를 만든다. 이것은 만고불변의 진리다. 사사로움을 떠나 국가 공동체의 생존과 번영을 위해서는 희생이 불가피한 경우가 있다.

국가와 국민을 위해 희생하는 경우는 반드시 충분한 보상이 뒤따라야 한다. 누구는 희생만 하고, 누구는 혜택만 누리는 불공정, 불평등은 없어야 한다. 이렇게 해야만 '님비현상'을 극복할 수 있다. 특히 정치권과 지식인, 오피니언 리더들의 사회적 합의가 중요하다. 지도층의 갈등은 국론 분열을 확대한다. 특히 선동적인 언행은 자제해야 할 것이다.

대한민국 정부가 원하는 '국가의 미래'는 무엇일까? 또한, '국민의 미래'는 무엇일까? 오늘의 결정이 대한민국의 미래에 중대한 운명이 될 것이다. 역사는 시켜볼 것이다. 과연 미래전략적으로 최고의 결정을 했는지 말이다. 그리고 그에 대한 냉정한 평가와 응답이 주어질 것이다. 그것이 축복인지, 아니면 재앙인지를 ….

2. 국책사업의 관리기구와 원칙

◇ 국책사업의 관리기구

10년을 끌어온 영남권 신공항 문제가 '김해 신공항' 결정으로 일단락됐지만 많은 교훈을 주었다. 먼저 중장기간에 걸쳐 추진되는 국책사업 등 공공사업은 반드시 독립된 국가미래전략기구를 통해 감수와 통제를 받도록 규정할 필요가 있다. 미래예측에 대한 충분한 타당도 분석 없이 표심만 노리고 선심성 공약으로 추진하게 되면 엄청난 후유증이 발생하게 된다.

공공사업을 성공적으로 추진하기 위해서는 계획 · 선정 · 시행할 때는 다음의 사항을 적극 고려해야 한다. 즉 △ 충분한 미래예측 타당도 조사 △ 다양한 이해관계자 참여 및 논의 통해 갈등 발생 차단 △ 사전에 합의된 절차에 따라 입지 선정 등 사업 추진 △ 수익자 중심으로 비용과 혜택 함께 부담 등에 따라 추진해야 할 것이다.

특히 지역 이기주의로 국책사업을 '선물'로만 생각하고 밀어붙이게 되면 엄청난 사회적 갈등과 이로 인한 천문학적인 비용이 낭비된다. 따라서 공공사업을 추진할 때 정부나 지방자치단체는 국가 발전의 종합적인 미래전략 차원에서 냉정하게 접근해야 할 것이다.

◇ 국책사업의 원칙

국책사업을 추진하게 되면 반드시 수혜자가 있는 반면에 피해자가 발생하기도 한다. 이에 따라 국책사업의 수혜자에게는 적정의 수익 비용도 함께 부담할 필요가 있다. 또한, 피해자가 발생할 경우에는 적정의 보상을 해야 할 것이다. 나아가 사후 평가까지 실시하여 무분별한 개발과 예산 낭비를 막아내야 한다.

프랑스 국가공공토론위원회 (CNDP) 운영 절차	세계 주요국 갈등조정제도		
		제도	내용

프랑스 국가공공토론위원회 (CNDP) 운영 절차

CNDP 소집
(공공토론 진행 결정)
↓
CPDP(공공토론특별위원회) 구성(4개월)
↓
공공토론 자료 준비
(4개월)
↓
공공토론 진행
(4~6개월)
↓
CPDP 공공토론보고서 작성
(2개월)
↓
CNDP 평가보고서 작성·발표
↓
사업 계획 수정 및 보완

세계 주요국 갈등조정제도

	제도	내용
미국	행정분쟁해결법	대안적 분쟁해결(ADR) 제도
미국	협상에 의한 규칙제정법	정부기관이 이해당사자로 참여
미국	정부기관 간 ADR 실무그룹	ADR 활용한 행정명령
독일	행정절차제도	계획확정절차 규정, 정보 공개
독일	갈등중재인 제도	제3자 개입에 의한 분쟁 해결
독일	교통포럼	자치단체 차원 분쟁 해결
프랑스	국가계획위원회	협상에 의한 규칙 제정, 국가 장기정책 수립
프랑스	국가공공토론위원회 (CNDP)	정책 초안 마련 뒤 주민 참여
프랑스	민의조사	공공사업에 대한 의견 수렴
프랑스	계획계약	대형 개발사업 중앙-지방 사업비분담협약
프랑스	공화국조정처	조정 통한 공공 분쟁 해결
네덜란드	간척지모델	당사자 간 협상 통한 해결
네덜란드	국가개발보고서(PKB)	국가 주요 사업에 시민 참여 필수적 포함

ADR는 법원 외의 공정하고 중립적인 제3의 조정자가 분쟁을 해결하도록 하는 방안.

출처: 동아일보, 2016년 6월 24일

프랑스는 1980년대부터 국가와 지자체가 주요 국책사업을 추진할 때 사업비를 분담하는 '계획계약contracts de plan' 제도를 시행하고 있다. 항공 바이오 등의 '경쟁 거점 경쟁력 클러스터' 사업이 대표적이다. 2005~2007년 중앙정부가 4억 6,900만 유로약 6100억 원를 지원했고, 지자체가 2억 2,800만 유로약 3,000억 원를 부담했다.

100여 곳의 지자체가 신청했지만 프랑스 정부는 지역의 사업계획서를 철저히 심사해 30여 곳을 탈락시켰다. 1차 사업이 끝난 2008년에는 사후 평가를 통해 13곳에 대해 추가 지원을 줄이거나 중단했다. 프랑스는 이와 같은 절차를 통해 과당 경쟁을 막고 예산을 효율적으로 지출하고 있다.

우리 대한민국도 이를 모델로 2004년 '국가균형발전특별법' 20조에 '지역발전 투자협약'을 도입했다. 국가와 지자체 또는 지자체 간 사업을 공동으로 추진하기 위해 사업 내용 및 투자 분담 등이 포함된 협약을 맺을 수 있다고 규정하고 있지만 제대로 활용되지 않고 있다.

3. 국책사업의 성공전략

대형 국책사업을 성공적으로 추진한 국내외 사례가 많다.[34] 국책사업 추진 과정에서 갈등으로 인한 비용을 줄이기 위해선 다양한 성공 사례를 살펴보는 것도 중요하다. 국책사업은 대체로 상당한 국가 예산이 투입된다. 특히 국민의 혈세로 조성되는 만큼 효율적으로 추진되어야 한다.

프랑스는 2002년 샤를 드골 국제공항에 공항고속철도를 건설하는 계획을 둘러싸고 상당한 갈등을 겪었다. 지역주민과 환경단체 등의 반발로 사업이 무산될 위기에 놓인 것이다. 대안을 찾아내 사업을 살려낸 것은 프랑스의 갈등관리 전담기구인 '국가공공토론위원회CNDP'였다.

1997년 설립돼 2002년 독립기관으로 승격한 CNDP는 원자력발전, 고속도로, 철도, 항만, 공항, 댐 등 대규모 국책사업을 추진하는 과정에서 사회적 합의를 이끌어내기 위한 공공 토론 절차를 진행한다. CNDP는 2003년 1월 갈등 해결을 위한 개입을 결정하고 8월부터 넉 달간 23번의 공공 토론회를 열었다.

지역주민과 환경단체, 전문가, 사업 시행자가 모두 참여해 사업의 부작용을 해결하기 위한 다양한 대안을 논의했다. 논의 결과 사업을 백지화하기보다 논란이 된 일부 구간의 기존 철로를 손질해 사용하는 식의 대안을 찾아내 2005년부터 고속철도 사업을 추진하기로 했다. 이렇게 해서 갈등도 풀고 예산도 당초 6억 6,000만 유로약 8,600억 원에서 2억 유로약 2,600억 원로 줄일 수 있었다.

이밖에 네덜란드에서도 국가 도로사업, 토지이용, 주택건설 등과 같은 사업을 결정할 때 국가개발보고서PKB 작성을 의무화하고, 이 과정에서 시민들을 참여시

---

34. 이에 관한 내용은 동아일보 등 언론보도 내용을 인용하거나 참고했다.

키고 있다. 또한, 미국의 경우도 행정분쟁해결법 등을 통해 이해 당사자 간 의견을 조정하고 있다. 독일도 행정절차제도, 갈등중재인제도 등을 통해 국가 갈등을 관리하고 있다.

국내에도 국책사업을 성공적으로 추진한 사례가 있다. 2008년 경북도청 이전 후보지 선정은 투명한 입지 선정을 통해 갈등을 최소화한 사례로 꼽힌다. 2007년 5월 경북 23개 시군의 자치단체장과 의회 의장이 모여 "조례에서 정한 방법과 절차에 따라 공정하게 결정될 수 있도록 협력하고, 결과를 깨끗이 수용한다."고 합의한 뒤 입지 선정 절차를 진행했다.[35]

2008년 1월부터 주민설명회 등을 통해 일반적 입지 기준, 평가단 구성, 평가 방법, 가중치 등에 대해 합의하고 이전 후보지를 공모했다. 평가단은 23개 시군에서 1명씩 추천하고, 나머지 60명은 대구 경북과 연고가 없으면서 최근 2년간 지역의 용역 · 자문 활동을 한 적이 없는 전문가들로 구성했다.

2008년 6월 평가단은 현지 실사 등 종합 평가를 통해 최종적으로 안동 · 예천을 선정했다. 나머지 10개 시군은 이에 대해 잡음 없이 결과에 승복했다. 결국, 국책산업을 성공적으로 추진한 것이다. 이처럼 좋은 성공 사례를 제도화하고 이를 통해 국가 발전을 창출해야 한다. 따라서 국책사업에 대한 정교한 매뉴얼을 만들고 이를 시행하면서 현장에 맞게 지속적으로 수정 보완해 나가야 할 것이다.

---

35. 동아일보, 2016년 6월 24일.

1. 국가 브랜드의 역할

국가 브랜드brand는 국력을 상징한다. 국가 차원에서 지속 가능한 발전을 위해서는 국가 브랜딩 전략이 구축되어야 한다. 세계화로 인해 기업뿐만 아니라 국가 차원에서도 브랜딩 전략이 중요한 시대가 되었다. 특히 전 세계적으로 거센 '한류 열풍'을 강한 국가 경쟁력으로 결집하기 위해서는 효과적인 국가 브랜딩 전략이 필요하다.[36]

국가 브랜딩은 국가 브랜드의 이미지와 느낌, 정체성을 수용자의 마음속에 심어주는 과정이다. 국가 브랜드의 핵심적 역할은 국가 정체성을 강화하고 국민들의 자긍심을 고취시켜 국민적 통합을 이끌어내어 국력을 강화하는 데 있다. 이에 따라 '대한민국' 하면 연상되는 핵심 가치를 찾는 데서부터 브랜딩 작업을 시작해야 한다. 그렇다면 대한민국의 핵심 가치가 무엇일까?

문체부가 광복 70주년인 2015년 '한국다움 주요 키워드 공모전'을 실시해 소셜 빅데이터를 통해 분석한 결과 '창의', '열정', '화합'이 핵심 키워드로 선정됐다. 한국다움의 키워드를 전통과 현재, 미래 순서로 나눠 정리해 보면 전통은 한글, 현재는 열정, 미래는 통일로 요약된다.

대한민국의 핵심 가치로 '활력'과 '열정'을 꼽는 사람도 있다. 대한민국 하면 떠오르는 것은 열정, 스피드, 역동성 등이다. 그리고 이 모든 요소를 담을 수 있는 단어는 '속도'라 할 수 있다. 열정과 역동성, 그리고 속도가 한국의 오늘을 만든 힘이다. 그렇다면 대한민국의 미래는 어떻게 될 것인가?

---

36. 서울신문, 2016년 6월 17일.

한국의 대외적 위상은 매년 높아지고 있다. 그러나 국가 브랜드 지수는 여전히 낮은 수준에 머물러 있다. 2015년 한국의 세계 경제순위는 국내총생산GDP 11위를 기록했다. 반면, 국가 브랜드 지수NBI·National Brand Index는 50개 국가 중 27위에 그쳤다. 이젠 한국의 경제적 위상에 걸맞은 국가 브랜드를 정립해야 한다.

대한민국의 국가 브랜드는 저평가돼 있다기보다는 잠재력이 충분히 있다. 그리고 그 중심에 한류문화가 있다. 국외 진출 기업 최고경영자CEO 가운데 99.8%가 '한류의 덕을 봤다'고 응답하기도 했다. 한국의 문화자산을 적극적으로 알리고, 케이컬처K – Culture:한국문화와 정보통신기술ICT의 융합을 통해 국가 브랜드 강화 전략을 추진해 나가야 할 것이다.

2. 대한민국 국가 브랜드의 현황

"대한민국을 상징하는 키워드는 무엇일까?"

박근혜 정부는 2016년 7월 대한민국의 새 국가 브랜드로 '크리에이티브 코리아' 로고·CREATIVE KOREA를 확정, 발표했다.[37] 문화체육관광부는 당시 미래 지향적인 3대 핵심 가치인 창의, 열정, 화합을 집약한 'CREATIVE KOREA'를 공식 국가 브랜드로 선정했다고 밝혔다. 그러나 이 브랜드는 1년도 채 되지 않은 2017년 6월 29일 문재인 정부의 등장과 함께 공식 사망선고를 받았다.

국가 브랜드는 한 나라에 대한 호감도·신뢰도·인지도 등 유·무형의 가치를 총합한 대

---

37. 서울신문, 2016년 7월 5일.

외적 이미지를 가리킨다. 그동안 대한민국 국가 브랜드로는 김대중 정부 시절인 2002년 한·일 월드컵을 계기로 만든 '다이내믹 코리아'Dynamic Korea란 슬로건이 사용돼 왔다.

박근혜 정부의 국가 브랜드 로고는 태극기를 모티브로, 'CREATIVE'와 'KOREA'를 상하로 두고 건곤감리, 두 개의 세로 선을 양 끝에 배치하는 디자인이 채용됐다. 색상은 태극의 빨강과 파랑을 젊고 현대적인 감각으로 재해석했다. 기존의 관광 브랜드인 '이매진 유어 코리아'Imagine Your Korea도 새 국가 브랜드로 통합됐다.

한국무역협회가 지난 2012년 조사한 '한국 수출제품의 해외시장에서의 디스카운트 현황 조사'에 따르면 실제 가치보다 9.3% 할인돼 수출되고 있는 것으로 나타났다. 박근혜 정부는 이에 따라 그동안 낮은 국가 브랜드 파워로 인해 '코리아 디스카운트'가 지속적으로 발생하고 있다는 문제의식이 크게 작용하여 새 국가 브랜드를 발표한 것이다.

2002년 한·일 월드컵을 계기로 만든 'Dynamic Korea'다이나믹 코리아란 슬로건이 국가 브랜드로 쓰였지만 2009년 이후 이명박 정부에서는 폐기되다시피 해 7년 가까이 국가 브랜드가 부재한 상황이었다. 이로 인해 대한민국의 이미지를 높이고 '코리아 프리미엄'을 창출하기 위한 새로운 국가 브랜드의 필요성이 제기되었다.

국가 이미지로 스위스는 '정확성', 독일은 '기술', 미국은 '할리우드' 등 엔터테인먼트산업, 프랑스는 '문화대국', 이탈리아는 '디자인, 패션' 등이 곧바로 떠오르지만 한국은 딱히 떠오르는 이미지가 불분명한 게 현실이다.

박근혜 정부는 2015년 광복 70주년을 맞아 각

'크리에이티브 코리아' 포스터.

계 전문가로 이뤄진 국가 브랜드 개발 추진단을 구성, '대한민국의 DNA를 찾습니다' 등의 아이디어 공모를 두 차례 시행하고 빅데이터를 활용해 한국 이미지를 조사했다. 그 결과 대한민국의 핵심 가치로 '창의'Creativity, '열정'Passion, '화합'Harmony 3가지가 선정됐다.

'지역 분열', '국론 갈등' 등의 일부 부정적인 키워드도 있었지만 다수가 창의와 열정, 화합을 미래적 가치로 꼽았다. 새 국가 브랜드 슬로건으로는 '크리에이티브 코리아'와 '메이크 코리아' 등이 경합을 벌이다 최종적으로 창의력을 3대 핵심 가치를 총합하는 것으로 의견이 모아진 것으로 전해졌다.

그런데 '크리에이티브'는 여러 국가에서 국가 전략 브랜드로 쓰고 있어 표절 논란이 제기 되었다. 영국의 경우 2012년 런던올림픽을 계기로 'Great Britain'그레이트 브리튼를 국가 브랜드로 쓰고 있지만, 혁신 성장 전략으로는 '크리에이티브 브리튼'을 쓰고 있다.

프랑스는 관광 로고 디자인 '크리에이티브 프랑스'를 사용하고 있다. 중국은 '크리에이티드 인 차이나'를, 싱가포르는 '디자인드 인 싱가포르'를 도입해 쓰고 있다. 이처럼 전 세계적으로 창의력을 기반으로 한 국가 성장 전략들이 치열하게 경합하고 있다.

박근혜 정부의 '크리에이티브 코리아'는 결국 정부가 바뀌면서 사라졌다. 이같은 예측은 사실 발표 당시부터 제기된 것이었다.[38] 2001년 김대중DJ 정부 때 국가 브랜드로 정해졌던 '다이내믹 코리아Dynamic Korea'도 이명박 정부가 들어선 뒤 사실상 폐기됐다. 대한민국 국가 브랜드는 정부의 운명과 함께 명멸했다.

문재인 정부는 "박근혜 정부의 '크리에이티브 코리아' 국가 브랜드 슬로건이 외국 디자인 표절 의혹 등으로 국민적 공감과 신뢰를 얻지 못했고, 국가 이미지 제고라는 정책 효과를 기대하기 어렵다는 내·외부 평가 등을 고려해 내린 결정"이

---

38. 더구나 2016년 10월 박근혜-최순실 게이트가 밝혀지면서 국가 브랜드 작업도 개입된 것으로 나타나 사실상 용도 폐기되었다.

라고 설명했다.[39] 국가 브랜드를 진두지휘하여 만든 문화체육관광부는 정부가 바뀌었다고 손바닥을 뒤집은 것이다.

왜 이 같은 일이 반복되는가? 박근혜 정부 당시의 문체부는 "전통과 현대, 유·무형 자신이 담긴 핵심 가치를 모은 국가 브랜드다"라고 대대적으로 홍보했다. 그 문체부가 문재인 정부에선 "국민적 공감과 신뢰를 얻지 못했다"고 폐기를 선언했다. 그리고 "새 국가 브랜드 슬로건 개발은 검토하고 있지 않다"고 덧붙였다.

과연 우리는 정부를 초월하여 보다 생명력 있고 창의적인 대한민국 국가 브랜드를 만들 수는 없는 것일까? 국가 브랜드는 반드시 필요하다. 국민을 통합하고 대한민국 국가 이미지를 제고함으로써 대한민국의 국가 파워를 확대해 나갈 수 있기 때문이다.

3. 국가 브랜드의 각국 사례

한때 영국 하면 '신사', 독일 하면 '기술'이 떠올랐다. 이제 시대가 변했다. 영국은 2012년부터 '그레이트 브리튼' Great Britain 을 국가 브랜딩 슬로건으로 내걸었다. 독일은 대내적으로는 '당신이 독일입니다' Du bist Deutschland 캠페인을 진행해 자부심을 제고시키는 한편, 대외적으로는 '아이디어의 나라, 독일' Deutschland — Land der Ideen 캠페인을 통해 '첨단 기술의 나라'라는 이미지를 부각시키고 있다.

미국은 9·11 테러사건 이후 '아임 언 어메리칸' I'm an american 이라는 TV 광고 캠페인을 방영했다. 백인, 흑인, 아시아계, 무슬림 등 다양한 인종이 나와 '테러 사건이 있었지만 나는 미국인이다'고 전해 감동을 연출했다. 이 캠페인은 당시 대내외적으로는 굉장히 성공한 캠페인이었지만, 최근에 잇따른 총기 테러사건이 일어나면서 퇴색되었다.

---

39. 한겨레신문, 2017년 6월 30일.

외국 국가 브랜딩의 성공 사례로 싱가포르가 대표적이다. 싱가포르는 '당신의 싱가포르', '싱가포르의 친구들'과 같이 누구나 들어도 쉽게 알 만한 도시 브랜드를 선정해 대내외적으로 소통하고 있다. 또한, 노르웨이는 인구는 500만 명뿐이지만 국제적 영향력은 규모에 비해 훨씬 크다. 그 비결은 노벨상 이미지를 '선택과 집중'을 통해 부각시켰기 때문이다.

4. 대한민국의 미래 국가 브랜드

국가 브랜딩 구축은 '정부 주도형'이 아닌 '국민 참여형' 형식으로 만들어 나가는 것이 효과적이다. 서울신문이 2016년 6월 5일간 페이스북에서 '당신이 꿈꾸는 대한민국은?'이라는 주제로 조사를 진행한 결과 △ 가족이 행복할 수 있는 나라 △ 치안이 안정된 나라 △ 꿈을 꿀 수 있는 나라 △ 열정이 넘치는 나라 △부정부패 없는 나라 등이 주요 답변으로 제시됐다.[40]

대한민국은 대내적으로 평화와 남북관계, 경제성장 및 배분, 사회 통합이라는 3가지 범주 안에서 국가미래 브랜드를 검토해야 한다. 대외적으로는 평화 통일을 위한 노력, ICT 창조경제, 대중문화, 케이팝 등이 반영돼야 할 것이다. 또 "프랑스의 에펠탑, 미국의 자유여신상처럼 한국을 상징하는 조형물을 만들어 남산이나 여의도, 용산가족공원 등에 설치하면 효과가 클 것이다.

국가 브랜드는 매우 중요하다. 그 이유는 국외에서 대한민국이라는 브랜드를 보고 우리 국민이나 기업의 제품을 평가하기 때문이다. 따라서 국가 브랜드의 파급 효과를 극대화하기 위해서는 단순히 단기적인 캠페인에 그치는 것이 아니라, 장기적으로 국가 경쟁력을 키우는 방향으로 국가 브랜딩 사업이 추진돼야 한다.

특히 정부가 바뀌어도 지속 가능한 국가 브랜드를 만들어야 한다. 슬로건만 내

---

40. 서울신문, 2016년 6월 17일.

걸었을 경우 '말의 잔치'로 공허하게 끝날 가능성이 크다. 실제로 피부로 체감할 수 있는 국가 브랜드를 만들어야 할 것이다. 이에 따라 중장기적 차원에서 국가 브랜드를 수립할 필요성이 있다.

김대중 정부 시절엔 '다이나믹 코리아'라는 국가 브랜드가 있었으나 공백 기간이 길어지면서 관심도가 떨어졌다. 이명박 정부 시절엔 녹색 성장을 통해 어느 정도 '그린 코리아'라는 브랜드가 형성될 뻔했으나 결국 흐지부지됐다. 정부가 아닌 국가 차원에서 장기화할 국가 브랜드 전략을 끌고 나가야 한다. 어느 정부에서 끊기는 것이 아니라 우리의 자산으로 축적될 수 있는 국가 브랜드를 만들어야 할 것이다.

Ⅳ 국가 성공의 미래전략

1. 국가 성공의 조건

◇ 좋은 국가란 무엇인가?

좋은 국가란 무엇인가? 국가를 잘 운영하는 것이다. 춘추전국시대다. 공자의 제자인 자공이 "나라를 어떻게 다스려야 합니까?" 하고 물었다. 공자가 대답했다. "첫째는 백성들이 먹고사는 데 애로가 없어야 한다足食. 둘째는 국방을 튼튼히 해야 한다足兵. 셋째는 군주는 백성의 신뢰를 얻어야 한다民信. 이 세 가지가 가장 중요하다."

공자가 말한 국가 경영의 3대 성공 조건 중 첫째는 국민들의 먹고사는 문제를 해결하는 것이다. 모름지기 국가 지도자는 이에 모든 역량을 집중해야 한다. 행복한 국가, 성공한 국가는 국민의 먹고사는 문제를 해결하는 나라다. 일부의 특권층만 잘 먹고 잘 사는 것이 아니다. 국민 모두가 다 함께 잘 사는 나라다.

영화 「웰컴투 동막골」에 명대사가 있다. 동막골에 들어온 북한군 장교가 촌장에게 물었다. "거, 기리니까니, 고함 한 번 디르지 않고, 부락민들을 휘어잡을 수 있는, 거, 위대한 영도력의 비결이 뭐요?" 이 멋쩍은 질문을 받은 촌장의 대답이 가히 촌철살인이다. "뭐를 마이 멕여야지, 뭐!"
41

출처: 서울경제, 2016년 9월 29일

국민의 먹고사는 문제를 해결하기 위해서는 국가 경쟁력이 강화되어야 한다. 세계경제포럼WEF이 2016년 9월 발표한 국가 경쟁력 순위에서 대한민국은 평가 대상 138개국 중 26위를 기록했다. 2007년 역대 최고인 11위까지 올랐지만 점차 순위가 떨어졌다. 2014년 이후 3년째 역대 최저인 26위에 머물고 있다.42

국가 경쟁력 하락의 주된 요인은 두드러지게 낮은 노동 부문의 경쟁력이다. 노사 간 협력이 세계 최악이다. 138개국 중 거의 꼴찌 수준인 135위를 기록했다. 노사 간 대립과 반목이 극심하다 보니 노사관계가 세계 최저 수준이라는 국제적 평가가 나온 것이다.

그렇다고 하여 다른 분야라고 뛰어난 것은 아니다. 3위에 오른 '거시경제', 10위를 기록한 '국가 인프라' 등이 다소 위안이 된다. 세계 4강 평화 공영 국가가 되기 위해선 갈 길이 너무 멀다. 국가 전반의 구조개혁이 절실한 상황이다. 능률성과

41. 서광원 지음(2008), 17쪽.
42. 조선일보, 2016년 9월 29일.

효율성이 강화되어야 한다.

노동시장의 비효율성은 빈부 격차를 확대하고 사회 불안을 야기한다. 기득권 지키기 위한 귀족 노조들의 집단 이기주의적 파업도 문제다. 투쟁과 파업 중심의 시대착오적 노동운동이 전환될 필요가 있다. 노동 생산성을 올리고, 비정규직과의 차별을 철폐하는 데 앞장서야 한다. 기업주도 노동자를 진정한 파트너로 여기고 공동 경영에 나서야 한다.

기업의 변화에 앞서 국가, 즉 공공기관의 변화가 더 절실하다. 국민은 고통과 신음으로 어려움을 겪는데 공직자들은 땀을 흘리지 않는다. 오히려 변화와 개혁을 거부하고 '철밥통'을 지키려 한다. 공무원들은 웃고 있는데 국민들은 피눈물을 흘리고 있다. 국가의 주인이 누구인가? 강한 국가, 위대한 국가가 되려면 국민이 행복해야 한다.

국가란 무엇인가? 복잡하게 또는 거창하게 말할 필요가 없다. '모든 국민이 행복한 집'이어야 한다. 국가 지도자는 국민 행복의 첫째 조건인 먹고사는 문제, 민생을 해결해야 한다. 역사 이래 모든 국민이 국가에 대해 요구하고 있는 핵심은 생존과 번영 문제를 해결하라는 것이었다. 시공을 초월하여 민생과 경제가 핵심 이슈가 되는 것은 전 세계적 현상이다.

◇ 국가의 생존과 번영 조건

국가가 생존하고 번영하기 위해서는 어떻게 해야 하는가? 국민의 총역량을 극대화하는 것이 가장 중요하다. 국가는 국민의 총역량을 전략적으로 재배치하여 국가의 비전과 목표를 실현해 나가야 한다. 대한민국의 국가 비전은 지속 가능한 평화를 구축하여 평화 공영 국가를 실현하는 것이다.

대한민국은 먼저 생존 조건을 확실해 해 놓아야 한다. 이를 위해서는 국가미래 전략 사업을 발굴, 육성해야 한다. 정부는 2016년 8월 과학기술전략회의를 열고 9대 국가전략 프로젝트를 선정하였다. 즉 △ 인공지능 △ 가상현실·증강현실 △

자율 주행차 △ 경량 소재 △ 스마트시티이상 성장 동력 확보 5대 과제 △ 정밀 의료 △ 바이오 신약 △ 탄소 자원화 △ 초미세먼지이상 삶의 질 향상 4개 과제 등이다.

이들 국가전략 프로젝트는 정부가 나름대로 고심하여 선정한 것이다. 그러나 대한민국이 세계 1위의 경쟁력을 갖추고 실현할 수 있는 것인지 면밀한 검토가 요구된다. 또한, 이들 외에도 새로 추가해야 할 분야가 없는지도 충분한 분석이 필요하다. 가령 농어업 분야로 스마트팜농업, 스마트 양식어업 등은 식량 안보 차원에서 매우 중요하다.

또한, 기후 변화는 인간을 포함하여 모든 것들의 존재 양식을 바꾸어 놓는다. 이에 따라 대한민국의 기후가 이미 아열대로 변화된 만큼 나무의 수종을 불가피하게 바꿔야 할 것이다. 대한민국은 산림이 국토의 대부분을 차지하고 있다. 이제는 '식목 혁명'을 단행할 필요가 있다. 산을 그대로 방치할 것이 아니라 다양한 삶의 공간으로 재창조해야 한다.

식목 혁명은 엄청난 일자리 창출 및 미래의 국가 자원으로 연결되도록 하는 것이 관건이다. 나무들은 열매와 과일을 생산하고 목재로도 공급되게 해야 할 것이다. 생물 다양성을 통해 신약 자원도 확대해야 한다. 호랑이, 곰, 늑대, 여우 등 한국형 동물들이 인간과 공존하며 서식할 수 있도록 해야 한다.

대한민국의 미래는 토지에서 농업, 바다에서 어업, 산림에서 임업을 기본으로 하데 이를 창조적으로 융복합하여 미래의 새로운 성장 동력을 발굴해 나가야 한다. 물 부족에 대비하여 하천관리나 빗물관리 등의 체계도 재정비할 필요가 있다. 에너지도 신재생 에너지 비율을 획기적으로 높여야 한다. 가뭄, 폭우, 지진 등 각종 재난으로부터 국가와 국민을 안전하게 보호할 장치를 확보해야 할 것이다.

나아가 남북통일을 통해 한반도 시대를 열고 이를 발판으로 코-유라시아를 열어 나가야 한다. 대한민국이 한반도의 통일을 하지 않고는 더 나은 미래를 열 수 없다. 분단으로 인한 비용과 고통은 상상하기 힘들다. 민족적 비원을 최대한 빨리 종식시켜야 한다. 통일은 대한민국 번영의 필수 관문이다.

대한민국의 생존과 번영의 미래는 결국 사람에 달려 있다. 교육혁명이 동반되어야 한다. 기초교육을 강화하고 이를 바탕으로 실용 학문을 키워나가야 한다. 국민 모두에게 공정한 기회가 보장되도록 해야 한다. 부정과 부패를 일소하고 차별 없는 공정한 사회가 되어야 한다. 이것이 대한민국이 평화 공영 국가를 선도하며 세계 4강 국가를 실현하는 길이 될 것이다.

2. 성공한 국가와 실패한 국가

한 나라의 국민 행복은 국가 지도자에 따라 결정된다. 그가 세상을 어떻게 보고 국가를 어떻게 개조하느냐에 따라 흥망이 좌우되기 때문이다. 위기의 국가를 세계 최강국으로 만든 사례가 있다. 바로 영국 여왕 엘리자베스Elizabeth 1세1533~1603년가 그 주인공이다. 1558년 엘리자베스 여왕이 즉위했을 때 영국은 심각한 경제위기에 놓여 있었다. 그가 어떻게 위기를 극복하고 대영제국의 기반을 확립할 수 있게 되었을까?

엘리자베스 여왕의 어머니 앤 볼린은 딸을 낳았다는 이유로 아버지 헨리 8세로부터 냉대를 받다 형장의 이슬로 생을 마감했다. 헨리 8세와 결혼한 지 3년 만에 처형된 것이다. 아버지의 뒤를 이은 언니 메리 여왕은 '피를 부르는 메리'라는 별명답게 잔인했다. 언니가 런던탑에 갇혀 놓아 어린 시절 고독하게 보내야 했다. 그런데 잔인했던 언니가 죽자 드디어 기회가 찾아왔다. 영국 여왕에 오른 것이다.

엘리자베스 여왕은 어느 날 그가 총애하던 월터 롤리 경에게 이렇게 물었다. "우리 영국이 어떻게 해야 경제위기에서 벗어나 번영을 누릴 수 있나요?" 그러자 롤리 경이 답했다. "바다를 지배하는 자가 세계를 지배할 수 있습니다. 스페인은 바다를 지배함으로써 세계를 지배하고 있습니다."

엘리자베스 여왕은 롤리 경의 말에 동감하고 박수를 쳤다. 그리고 "바다와 해운을 장악하여 경제위기에서 벗어나 국가 번영을 누리겠다"는 영국의 새 국가 비전을 제시했다. 엘리자베스 여왕은 말로 그치지 않았다. 즉각 행동에 나섰다. 영국 해군을 최강군으로 만들기 위해 대대적으로 국가 구조를 개혁하고 통 크게 지원했다.

심지어 당대 가장 유명한 해적이었던 프랜시스 드레이크Francis Drake를 영국 해군의 사령관으로 임명했다. 신하들이 "해적 출신은 안 된다"고 극구 반대했다. 그러나 엘리자베스 여왕은 "영국 해군의 막강함을 위해서는 그가 절대 필요하다"고 설득했다. 이렇게 해서 영국 해군은 더욱 강대해져 갔다.

엘리자베스 여왕이 영국 해군에 큰 공을 들였던 이유는 무엇이었을까? 그것은 당시 유럽 최고의 강대국인 스페인을 꺾어야만 바다와 해운을 장악할 수 있었기 때문이었다. 엘리자베스 여왕은 스페인의 해상 장악권을 빼앗아 와야 영국의 시대를 만들 수 있다고 판단한 것이다.

스페인은 일찍이 콜럼버스를 후원해 아메리카를 발견하고 식민지를 건설했다. 아메리카 대륙에서 채굴되는 막대한 은을 바탕으로 경제 대국으로 부상했다. 또 단 한 번도 패배한 적이 없는 '무적함대아르마다'를 바탕으로 지중해와 대서양의 해운업을 장악하고 있었다.

엘리자베스 여왕의 지원으로 영국의 해군과 해운업이 점점 강성해졌다. 이에 위협을 느낀 스페인의 왕 펠리페 2세가 무적함대에 영국을 공격하도록 지시했다. 영국 함대와 스페인 무적함대는 1588년 7월 프랑스의 칼레 연안에서 만났다. 이 해전에서 영국 함대는 엘리자베스 여왕의 지원과 해적 출신 드레이크 사령관의 뛰어난 전략에 힘입어 승리를 거두었다. 이 전투가 세계 3대 해전 중 하나로 꼽히는 '칼레 해전'이다.

영국은 당대 유럽 최강인 스페인 무적함대를 상대로 승리를 거두자 국가의 위상이 국제적으로 크게 올라갔다. 영국인들은 이를 계기로 스스로의 힘과 운명에 대한 자신감을 갖게 되었다. 나아가 대양 진출과 더불어 펼쳐질 위대한 영국의 미래에 대한 꿈과 희망을 키워나가게 되었다.

특히 영국인들은 자신들이 거둔 큰 승리가 실제 전투를 통한 것이라기보다는 그들이 하나님의 선택을 받은 민족이라는 일종의 '선민의식'이 싹트기 시작했다. 그뿐만 아니라 전 국민이 일치단결하여 스페인의 침략을 물리친 공동의 경험을 통해 국민의 일체감과 공동체 의식이 고양되었다. 국민의 애국심도 한층 더 뚜렷해지고 공고해졌다.

영국은 국민의 단합된 힘으로 이후 지중해와 대서양의 해운을 완전히 장악하고 놀라운 성장을 거듭했다. 동인도회사를 통해 아시아로 진출하면서 스페인이 독점하던 향신료 무역을 주도해 막대한 부를 벌어들였다. 영국은 마침내 최강 해군력과 해운업에 힘입어 전 세계에 식민지를 건설하고 '해가 지지 않는 나라' 대영제국의 깃발을 곳곳에 휘날리게 된다.

영국은 400여 년이 지난 21세기 현재도 강국의 틀을 유지하고 있다. 바로 엘리자베스 여왕의 놀라운 결단과 국가 구조 개조 때문이었다. 이처럼 한 나라의 지도자는 국민의 행복을 좌우할 뿐만 아니라 국가의 흥망까지 좌우한다. 우리는 역사에서 명멸한 수많은 나라를 보아 왔다. 국가 지도자들은 '위민애국'의 실천이 국가의 절대적 성공 조건이라는 것을 깨달아야 한다.

반면 국가 지도자의 실정으로 몰락한 나라들도 많다. 대표적인 나라가 중국의 명나라다. 영국이 해운 장악을 통한 대제국을 건설한 것과 극명하게 대비된다. 명나라의 세계 탐험과 대원정은 서양보다 거의 1세기나 앞섰다. 서양문명이 뱃길을 통해 처음 동양문명에 도달한 것은 1497년이었다. 포르투갈의 탐험가 바스쿠 다가마가 아프리카 최남단을 지나 인도 캘리컷에 도착한 것이 이때였다.

그런데 명나라는 이보다 90여 년 앞서 인도양 항로를 발견하고 아라비아의 메카와 아프리카 케냐 해안까지 도달했다. 명나라 황실의 환관이자 탐험가인 무슬림 출신 정화鄭和:1371?~1435년가 이끈 대함대였다.[43] 명 황제 영락제가 1405년 "명나

43. 서울신문, 2016년 6월 17일.

라의 부강함을 세계 각지에 알리고 세계의 진귀한 물건을 찾아오라"고 명령한 것이다.

황제의 명령을 받은 정화는 당시에 실로 어마어마한 함대를 꾸렸다. 정화가 이끈 원정대의 규모는 대항해 시대를 열었던 유럽의 원정대보다 훨씬 컸다. 콜럼버스의 함대는 겨우 범선 3척에 선원 120여 명이었다. 그러나 정화의 원정대는 무려 62척에 2만 7,800명을 태웠다. 또 정화가 탔던 함선의 크기는 콜럼버스가 탔던 산타마리아호보다 30배나 컸다. 상상을 초월한 장엄한 규모다.

정화는 28년간 총 7차례의 원정을 통해 동남아시아와 인도, 아라비아반도와 동아프리카 해안으로 항해했다. 30여 개의 나라와 새롭게 외교관계를 맺었다. 세계 각지의 보물은 물론 아프리카에 사는 기린까지 중국에 가져왔다. 서양보다 뛰어난 항해 기술을 자랑했던 명나라는 1424년에 황제 영락제가 죽고 난 뒤 이를 계승, 발전시키지 못하고 오히려 배척했다.

정화와 같은 환관들이 해운과 해양 원정을 통해 세력을 키우는 것을 두려워한 문신들이 견제에 나선 것이다. 해양 원정은 완전히 중단되었고, 정화의 함선들은 모두 분해되어 버렸다. 심지어 정화의 원정대가 쓴 항해일지와 보고서도 모두 불태워 없앴다. 설상가상으로 왜구들이 바다와 해안가에서 침탈하자 해상 무역을 금지까지 시켰다. 결국, 명의 침몰이 시작된 것이다.

영국 지도자들은 해운을 중시하고 바다를 장악하여 영국을 세계 최강국으로 건설했다. 반면 중국 지도자들은 세계 최고의 해운 제국이 될 수 있었던 것을 작은 권력에 탐하여 스스로 자멸의 길을 걸었다. 더구나 중국의 명나라는 망하고, 그 뒤를 이은 청나라는 1842년 8월 영국과의 해전 아편전쟁: 역사상 가장 부도덕한 전쟁 에서 처참하게 패하여 홍콩을 넘겨주는 등 굴욕을 당해야 했다.

국가 지도자들이 국가 비전과 목표, 그리고 국가전략을 어떻게 설정하고 추진해야 하는지 중요한 교훈을 준다. 중국이 만약 세계 최고의 조선술과 해군력을 유지, 발전시켰다면 이후 동서양의 역사는 새롭게 기록되었을 것이다. 역사에는 가정이 없다. 그러나 역사는 되풀이된다. 이제라도 대한민국이 일치단결하여 놀라운 국가 비전과 전략을 수립하고 추진하면 '위대한 코리아 시대'를 창조할 수 있을 것이다.

3. 현대 국가의 자살

1975년 2월이다. 일본 월간 종합잡지 『문예춘추文藝春秋』에 한 편의 논문이 실렸다. 제목은 '일본의 자살自殺'이었다.[44] 다소 충격적이고 의미심장했다. 이 논문은 일본의 각 분야별 최고 석학들이 공동 집필한 문건이었다. 이 논문으로 인해 일본 사회가 한동안 술렁거렸다.

필자들은 동서고금의 국가와 문명을 분석했다. 그리고 '모든 국가는 외적이 아닌 내부 요인 때문에 스스로 붕괴한다'는 결론을 내렸다. 국가의 붕괴는 '타살他殺'이 아니다. 국가 내부 요인에 의한 자진 붕괴, 즉 '자살'인 것이다. 조선의 망국사도 그러했고, 일제의 침몰도 그러했다.

그렇다면 일본의 현자들이 수많은 나라의 명멸의 역사에서 찾아낸 '국가 자살'의 내부 요인은 무엇이었을까? 그것은 바로 '국민의 이기주의'와 '정치의 포퓰리즘大衆迎合'이었다. 국민이 작은 이익만 추종하고 정치 엘리트가 대중에 영합할 때 그 나라는 쇠망한다는 것이다. 로마제국의 멸망이 대표적이다.

로마제국의 쇠락 원인은 '빵과 서커스'로 요약된다. 로마가 수백 년간 번영을 구가하면서 로마 시민은 국가共同體에 대한 책임과 의무를 잊고 '도덕적 유민遊民'으로 변질됐다. 훌륭했던 로마 시민들이 후기로 가면서 어느 때부터인가 일을 하지 않았다. 오히려 대지주와 정치인들에게 몰려가 '빵을 달라'고 요구했다. 정치인들은 환심을 사려고 공짜로 빵을 나누어 주었다.

---

44. 박정훈 칼럼의 내용을 전면 인용하여 재구성했다. 박정훈 칼럼, "빵과 서커스"의 자살 코스. 조선일보, 2015년 5월 8일. 허문도, "일본의 자살! 한국도 따라 침몰하고 있다". 뉴데일리, 2012년 3월 16일 등 참고.

시민들은 일을 하지 않아도 '공짜 빵'을 보장받게 되었다. 때가 되면 국가에서 공짜 빵을 제공해 주었다. 그러자 시민들은 이제는 시간이 남아돌았다. 빈둥빈둥 놀기도 쉽지 않았다. 시간이 남아도는 시민들이 무료해하자 정치권은 이번엔 '서커스'까지 제공했다. 엄청난 국고를 동원하여 콜로세움_{원형경기장}을 세웠다. 시민들과 정치인들은 콜로세움에 모여 놀이에 집중했다.

기원후 1세기 클라디우스 황제 시대엔 격투기 같은 구경거리가 1년에 93회나 열렸다. 그것이 날로 늘어나 4세기 무렵엔 무려 175일간 서커스가 벌어지는 상황이 됐다. 대중은 권리만 주장하고 엘리트가 대중의 비위를 맞추려 할 때 그 사회는 자살 코스로 접어든다. 로마는 생산 없는 '복지국가'와 먹고 마시는 '쾌락 사회'로 변질되면서 국가 자살의 길을 걷게 됐다.

국가 자살은 로마만의 일은 아니었다. "인류 역사상 출현했던 모든 국가와 문명이 자체 모순 때문에 스스로 몰락했다. 한 국가가 기개를 잃고 자체적인 문제 해결 능력을 상실하는 순간 자살로 치닫는다는 것이다."[45] 오늘날 빵은 무상 복지, 서커스는 포퓰리즘을 상징한다.

지금 우리 대한민국의 상황은 어떠한가? 대한민국의 국가 자살 징조가 없는지 면밀히 살펴보아야 한다. 자살하려는 사람은 반드시 그 신호를 보낸다. '살고 싶지 않다. 모든 것이 문제다, 위기가 오고 있다' 등등의 말을 자주 언급한다. 우리 국민들 중엔 점점 살고 싶지 않다는 사람이 늘고 있다.

이민 가고 싶다는 사람도 있다. 심지어 전쟁이라도 일어나면 좋겠다고 말하기까지 한다. 중증이다. 지금 우리의 문제는 눈앞의 이익만 취하려 하는 근시안적 이기주의가 횡행하고 있다. 대충 일하고 더 많은 것을 요구한다. 증세를 거부하면서 더 많은 복지를 원한다. 정치권도 철학이나 원칙도 없다.

---

45. 박정훈 (2015).

국가 재정의 파탄을 예고한 지 오래됐다. 국가 미래엔 관심이 없다. 미래에 눈을 감은 채 당장의 몫을 더 달라고 한다. 우리는 20세기에 한강의 기적, 대한민국의 기적을 만들어 냈다. 그 원동력은 무엇이었는가? 바로 더 나은 미래를 위해 오늘의 고통을 참고 견디는 절제심과 책임감이었다.

그러나 지금 우리 대한민국엔 미래는 없고 과거만 있다. 국가 미래를 준비하며 국가 미래전략을 짜야 할 정치·관료 엘리트들은 권력과 감투만을 위해 인기 영합하고 있다. 국가개혁 의제들을 제대로 해결하려는 의지조차 없다. 연금 개혁, 노동 개혁, 공공 개혁, 부패 개혁 등 현안들이 산적해 있다.

정치권은 국가 개혁에 대해 시늉만 하고 있다. 오히려 개혁을 둘러싸고 여야는 전형적인 '빵과 서커스'를 제공하고 있다. 어느 누구도 국가와 공동체를 위한 십자가를 지려 하지 않는다. 현재 대한민국 곳곳에서 '빵과 서커스'로 인한 국가 자살 징후가 온갖 분야에서 목격되고 있다.

지금 우리 대한민국에게 가장 중요한 것은 무엇인가? 자기 정체성을 먼저 확인하는 것이다. 개인이나 집단 이익보다는 국가 공동체 이익이 우선시되어야 한다. 과거보다는 더 나은 미래를 준비하기 위한 오늘이 중요하다. 우리가 진정 걱정해야 할 것은 일본의 군국주의도, 중국의 팽창주의도 아니다. 대한민국 자신의 심각한 국민 분열과 정치 갈등이다.

국민과 정치권은 한국의 고질적 병리病理 현상을 잘 알고 있다. 이를 알고 있으면서도 치유하려 하지 않는다. 모두가 '남의 탓'으로 돌린다. 보수는 진보를, 진보는 보수를, 여당은 야당을, 야당은 여당을 탓만 한다. 망조가 든 나라는 타살 당하기 전에 스스로 쇠락하는 법이다. 이제 모두가 깨어 변해야 할 때다.

4. 미래 성공 국가의 매뉴얼 확립

◇ 성공 국가와 실패 국가의 모델

로마는 비록 멸망했지만 국가 성공의 중대한 시사점을 준다. 로마는 2000년 전 이탈리아반도 중부에서 산적들과 양치기들의 촌락을 중심으로 국가를 형성하기 시작했다. 이 나라가 700년의 성장기를 거쳐 서방 전역을 지배하는 패권국이 되고 300년 가까이 번영을 누렸다. 로마는 대표적인 '성공 국가succeed state'의 모델이라고 할 수 있다.

『위대한 기업, 로마에서 배운다』라는 책을 펴낸 저자 김경준은 "로마인들의 성공국가 스토리는 우연이나 행운이 아니라 실력과 노력의 결과였다"고 강조한다. 그는 '로마'라는 변방의 벤처기업이 M&A를 통해 글로벌기업으로 성장한 위대한 기업으로 비유했다.[46]

로마가 제국으로 번영을 이루어 성공 국가가 된 것은 대담한 개방성, 탁월한 리더십, 체계적인 시스템, 그리고 철저한 실력주의 등 4가지 요소가 핵심적 힘이 되었다. 특히 적까지도 포용하길 주저않는 개방성과 황제의 자리도 실력 있는 사람들에게 계승시킨 능력주의, 그리고 가진 자들이 앞장서서 사회 원칙을 지키는 법치주의 등은 로마를 더욱 공고히 해주는 역할을 했다.

로마는 적일지라도 로마와 뜻을 같이 한다면 그들을 폭넓게 받아들여 중용했다. 신분제가 있는 사회였지만 폐쇄적인 신분제도를 유지했던 다른 주변국과는 달랐다. 로마는 노예들도 일정 조건을 갖추면 해방시켰고, 나아가 능력이 있으면 지위 상승까지 할 수 있도록 했다. 특히 해방 노예의 자손이 황제까지 역임했었던 사실은 로마의 개방성과 포용성을 단적으로 보여 주는 사례다.

'모든 길은 로마로 통한다'라는 격언이 말해 주듯이 로마인들은 '국가 인프라'

---

46. http://blog.aladin.co.kr/willis/3242868(검색일: 2011년 9월 22일)

구축에 상당한 심혈을 기울였다. 부자들은 명예를 상당히 중시하여 기부 문화가 활발했다. 또한, 시민들도 도로나 하수도 같은 공공시설에 기부를 함으로써 자신의 명예를 높였다. 더욱 놀라운 것은 약자들을 배려하는 사회 현상이 특히 두드러졌다는 점이다. 로마인들은 전쟁터에 나가 전사한 미망인이나 고아에 대해 특별한 배려를 했다.

우리가 새로운 나라 대한민국을 세울 때 무엇을 고민해야 하는가? 모든 국가는 멸망한다. 그러나 로마는 1000년의 찬란한 역사를 꽃피웠다. 새로운 대한민국이 인류의 역사에 성공 국가로서의 감동을 줄 수 있는 그런 나라가 되어야 할 것이다. 이를 위해서는 가치와 철학, 정책, 그리고 국가를 운영하는 체계가 모두 최고여야 할 것이다.

로마가 성공한 나라라면 실패한 국가도 많다. 지구상에는 200개가 넘는 나라들이 있다. 이들 국가 중 성공한 국가도 있고, 실패한 국가도 있다. 아프리카에 있는 소말리아는 대표적인 '실패 국가failed state'다. 미국 외교 전문지 『포린 폴리시』도 2011년 6월 소말리아가 120점 만점에 113.4점을 받아 4년 연속 실패국가지수 1위로 선정됐다고 발표했다. 『폴린 폴리시』는 지난 2005년부터 매년 3만여 건의 자료를 근거로 세계 177개국을 대상으로 정치, 사회, 경제, 안보 등 12개 분야별로 '불안정도'를 지수로 계량화해 실패 국가를 발표하고 있다. 소말리아 다음으로 차드와 수단, 콩고민주공화국, 아이티, 짐바브웨가 2~6위를 기록해 실패한 국가 순위 상위권은 대부분 아프리카 국가들이 차지했다.

소말리아는 우리 선박인 삼호주얼리호를 납치한 해적 5명이 체포되어 2011년 1월 30일 국내로 들어오면서 크게 알려졌다. 언론에 비친 소말리아 해적들은 대체로 무표정했으나 한 명은 날카로운 눈빛으로 카메라를 응시하기도 했다. 영장실질심사 과정에선 "우리는 총을 쏘지 않았다" "이미 납치된 배에 탔을 뿐"이라고 주장하기도 했다.[47]

47. 동아일보, 2011년 1월 31일.

소말리아는 1991년 무함마드 시아드 바레 독재정권이 무너진 뒤 중앙정부는 통제력을 상실하고 군벌들이 득세했다. 내전과 학살, 기아, 범죄가 난무하는 무정부 상태가 20여 년간 계속되고 있다. 이 과정에서 소말리아인 40만 명이 사망하고 140만 명이 살던 곳에서 쫓겨났으며 57만 명이 난민으로 인접국을 떠도는 것으로 알려졌다.

전 세계의 골칫거리가 된 소말리아의 해적도 그 뿌리는 실패 국가에서 찾을 수 있다. 국가가 해안 경비 능력을 상실한 뒤 소말리아 해역은 외국 선박들의 불법 조업과 독성 폐기물 투기장으로 변해 버렸다. 생활의 터전을 잃어버린 소말리아 어민들은 처음엔 바다를 스스로 지키기 위해 무장하기 시작했다. 하지만 시간이 흐르면서 이런 자경自警조직은 어느덧 해적의 무리로 변했다.

최근 소말리아 정부가 해적 처벌을 강화하는 법안을 의회에 제출했다. 그러나 의원들은 심의 과정에서 "해적들이 우리 어족과 해양 자원을 노략질하는 외국 선박과 싸우는 측면도 있다"며 법안 처리를 보류시켰다. 국가의 기본을 망각한 처사가 아닐 수 없다.

실패 국가에서 태어난 소말리아 청년들에겐 굶어 죽느냐, 해적이 되느냐 두 가지 외에 다른 선택의 여지가 없다. 청년들은 '오직 살기 위해' 해적 조직이 내준 바퀴벌레가 우글거리는 작은 배를 타고 바다로 나간다. 이들은 AK-47 소총과 RPG-7 휴대용 로켓으로 무장하고 '카트'라는 환각 성분의 식물을 씹으며 먹잇감을 노린다. 해적질로 납치한 인질들의 몸값은 고스란히 군벌들의 금고로 들어간다. 실패하면 처참하게 피살된다. 실패한 국가의 국민은 이처럼 비극적이고 미래가 없다.

◇ 현대 성공 국가 – 북유럽 국가들

덴마크, 핀란드 등 북유럽 국가 사람들은 그렇게 열심히 일하지 않는다. 그러나 이들 국가의 사람들은 세계 경쟁력 순위에서 상위에 올라 있다. 그 이유는 무엇일까? 핀란드 기업정책포럼 EVA 펜틸라Risto Penttila 소장은 북유럽 국가들의 성공 요소로서 '일과 생활의 균형Work – Life Balance'을 들고 있다.[48]

핀란드가 2006년 6개월간 유럽연합EU 의장직을 맡았을 때 기자 수백 명이 핀란드를 방문했다. 그중 다수가 똑같은 질문을 했다. 왜 북유럽 국가들이 경쟁력 순위에서 세계 정상을 차지하고 있는가, 왜 부패가 없는가, 어째서 북유럽 국가의 교육제도는 그렇게 우수한가 등등이었다.

그렇다면 북유럽 국가들의 공통된 성공 비결은 무엇일까? 그것은 조세제도 때문이 아니다. 공공 부문도 아니고, 스칸디나비아의 복지 모델과도 전혀 상관이 없다. 그 비결은 바로 '문화'다. 즉 신교도 레저 윤리 덕택이다. 일할 때는 철저히 일하고, 쉴 때는 철저히 쉬는 것의 완벽한 균형이다.

베버Max Weber는 100여 년전 '신교도 직업윤리Protestant work ethic'라는 말을 만들었다. 개신교, 특히 칼뱅주의가 청렴하고 부지런한 직업정신으로 자본주의의 발달에 중요한 역할을 했다는 이론이다. 인생에서의 성공은 '하나님의 선택을 받은 자에 속한다'는 신호로 여겨졌다. 수세기가 지나면서 근면한 작업 태도는 문화적 규범이 됐다.

북유럽 국가 사람들은 어떻게 보면 그렇게 열심히 일하지 않는다. 5개 북유럽 국가 사람들의 연간 근로일수와 평생 근로 연수는 일본, 미국, 독일 등을 비롯한 어떤 나라 국민보다 적다. 그런데 북유럽 국가들은 오히려 더 뛰어난 업무 성과를 올리고 있다. 핀란드, 덴마크, 스웨덴은 세계 경쟁력 순위에서 5위 안에 든다. 나머지 노르웨이와 아이슬란드도 15위 안에 들어간다.

그렇다면 신교도 직업 윤리가 어떻게 북유럽 국가들의 성공 비결이 되었을까? 그 답은 북유럽 국가 국민들이 일과 여가활동 모두 '열성적'이라는 점이다. 즉 일과 개인 생활의 조화를 중요시한다. 근로자들은 실제로 오후 4~5시면 퇴근해도

---

48. http://kr.blog.yahoo.com/malheek/178(검색일: 2011년 9월 22일)

된다고 생각한다. 그러나 그만큼 업무의 효율성도 높아야 한다.

핀란드의 직장에서는 잡담과 업무 외 친교 활동이 다른 나라보다 매우 적다. 스웨덴의 직장에서는 대화가 더 많지만 한가한 잡담이 아니다. 대화는 주로 앞으로의 업무 활동에 대한 합의를 이끌어내기 위한 것이다. 이들의 특징적인 문화 규범은 효율적으로 일하고 충분한 여가 시간을 갖는 것이다. 즉 북유럽 국가들의 독특한 문화가 성공 국가의 원천이 되었다.

◇ 성공하는 국가들의 습관

프리드먼Thomas L. Friedman은 세계적인 국제 문제 전문가이자 뉴욕 타임스 칼럼니스트로 활동 중이다. 그가 1999년 세계화에 대한 명쾌한 해석을 보여준 저서 『렉서스와 올리브나무The Lexus and the Olive Tree』를 펴냈다. 프리드먼은 '세계화는 덫인가, 기회인가'라는 부제를 단 이 책에서 최첨단의 일본 도요타 자동차의 최고급 자동차 '렉서스'와 과거 전통을 상징하는 '올리브나무'를 대비시켜 세계화 체제가 균형감 있게 발전해야 한다고 역설했다.

프리드먼은 이 책에서 아주 재미있는 이론을 제시했다. 즉 미국의 맥도날드 햄버거 체인점의 로고를 상징하는 M자형의 이른바 '황금 아치'가 들어선 나라들 사이에는 전쟁이 일어나지 않는다는 이른바 '갈등 예방의 황금 아치 이론Golden Arches Theory of Conflict Prevention'에 관해 기술했다.

프리드먼은 '황금 아치 이론'의 예로서 중동 지역을 설명했다. 현재 이스라엘, 사우디아라비아, 이집트, 레바논, 요르단에는 맥도날드 체인점이 있다. 그런데 이들 나라 사이에는 맥도널드 햄버거 체인점이 진출한 이후로 전쟁이 일어난 적이 없다.

반면 맥도널드 햄버거 체인점이 없는 나라들로는 시리아, 이란, 이라크가 있다. 중동 지역에서 전쟁 발발 가능성이 가장 높은 곳이 바로 이스라엘과 시리아, 이스라엘과 이란, 그리고 이스라엘과 이라크다. 이에 따라 프리드먼은 맥도널드 햄버거 체인점 진출 여부를 미국 중심의 세계화와 세계화의 시대 속에서 분쟁 방지 이론의 근거로 삼았다.

특히 프리드먼은 이 책에서 '세계화의 시대에 성공하는 나라들의 9가지 특징'을 소개했다. 그는 이것을 '성공 국가의 9가지 습관'이라고 표현했다.[49] 9가지 습관은 업무 처리 속도와 지식 네트워크, 고부가 가치의 창출과 내외 개방, 지도자의 능력과 외교전략, 창조적 파괴와 국가 브랜드 등이다. 이에 대해 보다 구체적으로 살펴본다.

첫째, 업무 처리의 속도다. 성공하는 국가들은 판단, 혁신, 의사결정이 빠르다. 또한, 규제 완화와 적응 속도도 뛰어나다. 화장실에서 우연히 고안한 아이디어도 빨리 시장에 내다 팔 수 있다. '미친' 사람의 아이디어에도 투자자금이 모인다. 이처럼 업무 처리의 속도 여부가 국가의 성공을 가늠하는 수준이 된다.

둘째, 지식의 네트워크다. 성공하는 국가들은 지식의 네트워크가 잘 구축되어 있다. 한마디로 지식 네트워크의 확산을 통해 '학습하는 국가'가 되어야 한다. 기업도 학습하는 회사들이 성공한다. 그러므로 지식의 네트워크를 이용하여 지식이 얼마나 잘 유통되는지가 국가의 성공을 좌우한다.

셋째, 고부가 가치의 창출이다. 프리드먼은 이 책에서 '당신의 나라는 얼마나 가벼운가'라고 표현했다. 즉 수출품의 무게가 얼마나 가벼우며 비싸냐 하는 것으로 그 나라의 성공 수준을 알 수 있다는 것이다. 지식과 정보기술이 많이 투입될수록 제품의 무게는 가벼워지고 가격은 비싸지며 그 결과 국가는 더 부유해진다.

넷째, 외부에 대한 개방이다. 과거에는 폐쇄적 태도가 생존 가능성을 높여주었다. 그러나 이제는 외부를 향해 문을 활짝 열어야 발전할 수 있다. 국내 시장에만 의존해서는 살 수 없기 때문에 세계 시장으로 눈을 돌려야 한다. 평화와 번영은 개방과 공존 속에서만 담보될 수 있다.

───────

49. http://blog.naver.com/cys2007?(검색일: 2011년 9월 22일)

다섯째, 내적인 개방이다. 즉 성공한 국가가 되기 위해선 외적 개방 이외에 국가 내부의 장벽들을 허무는 것이 매우 중요하다. 내적으로 투명할수록 법치주의가 제대로 작동하고, 부정이 발 디딜 틈이 없어진다. 투명할수록 더 많은 정보가 공유되고, 더 많은 자본이 모인다. 지금까지는 선진국, 후진국으로 대별되었지만 앞으로는 투명한 나라와 불투명한 나라로 양분될 것이다.

　여섯째, 국가 지도자들의 능력이다. 성공한 국가의 지도자들은 늘 깨어 있고 교체가 가능하다. 국가 지도자는 다양한 변수를 동시에 고려할 수 있는 능력이 있어야 한다. 국가 지도자가 세상을 볼 줄 모르고 세계를 움직이는 힘의 상호작용을 모르면 올바른 국가발전 전략을 짤 수 없다.

　일곱째, 창조적 파괴다. 혁신적 제품이 출시되려면 그 사회가 창조적 파괴를 허용하거나 적어도 참아 주는 문화를 가지고 있어야 한다. 1990년대 말 아시아 경제 위기가 몰려왔을 때 대만만 비켜갈 수 있었다. 대만은 일찍이 자국 중소기업들을 창조적 파괴와 혁신을 통해 치열한 국제 경쟁에서 살아남게 했다. 그 결과 대만 중소기업들은 체질이 튼튼해졌다.

　여덟째, 외교적 전략이다. 성공한 국가는 다른 나라를 친구로 만들 줄 알아야 한다. 한 나라의 국제 경쟁력은 그 나라가 얼마나 우방을 잘 만들고, 동맹 체제에 잘 편입되는가 하는 것으로 결정된다. 세계 외교를 넓히는 것은 우방국과의 관계를 돈독히 하는 것을 뜻한다. 동맹 체제를 구축하고 잘 관리할 줄 아는 지도자가 오늘날 국가의 필수 자산이라는 점을 이 책은 강조하고 있다.

　아홉째, 강력한 국가 브랜드다. 영국에서는 자국의 국가 브랜드를 '세계의 박물관'에서 '세계의 선구자'로 바꾸자는 움직임이 있었다. 이에 따라 영국 정부는 1997년에 국가 로고를 "통치하라, 영국이여"에서 "쿨cool: 멋있는 한 영국이여"로 바꿨다. 한류 문화 열풍으로 높아진 대한민국의 대외 이미지를 국가 브랜드로 연결시키기 위해서는 치밀한 마케팅 전략이 필요하다.

　성공하는 국가의 9가지 습관 가운데 우리 한국은 과연 얼마나 보유하고 있을까?

속도, 지식, 고부가가치, 창조적 파괴 등은 어느 정도 성공하는 국가의 수준에 이르렀다. 하지만 개방성, 외교전략, 국가 지도자들의 능력 등은 매우 미흡한 수준이다. 성공하는 국가의 9가지 습관을 체질화하여 새로운 대한민국의 희망찬 미래를 창출해 나가야 할 것이다.

◇ 이유가 있는 국가의 멸망과 융성

평계 없는 무덤은 없다. 모든 결과에는 반드시 그럴만한 이유가 있다. 개인과 기업의 성공과 실패도 그렇다. 국가도 마찬가지다. 역사상 수많은 나라가 명멸했다. 천년을 유지한 나라도 있고, 수십 년 만에 멸망한 나라도 있다. 비단 다른 나라를 살펴볼 필요도 없다. 우리 대한민국의 역사를 보면 교훈을 찾을 수 있다.

"조선은 왜 무너졌는가?" 도발적인 것 같지만 너무도 당연한 질문이다. 이 질문을 책으로 써서 답을 낸 학자가 있다. 바로 정병석 한양대 특임교수다. 그는 2016년 10월 『조선은 왜 무너졌는가』라는 책을 펴냈다. 정 교수는 이 책에서 "법과 제도가 정교하게 바로 서지 못하면 정치가 사심과 불공정으로 물들게 된다. 국가의 붕괴는 거기서부터 시작된다"고 지적했다.[50]

정 교수는 저서에서 "조선시대 정치인과 관료들의 행태가 당시 백성들의 의욕을 꺾었고 그로 인해 조선의 '국가 경쟁력'이 약화됐다"고 분석했다. 결국, 국가 지도층의 권력형 비리, 당리당략에 치중한 파벌주의, 백성을 위해 헌신하지 않는 관료 등으로 백성들의 삶의 의욕이 꺾인 것이다. 정치인과 관료들의 불공정하고 사리사욕이 조선을 멸망하게 한 것이다.

그렇다면 오늘의 대한민국은 어떠한가? 과연 정치인과 공무원들의 가슴속에 국가와 국민이 존재하는가? 이들의 공동체 철학, 그리고 태도와 의지가 매우 중요하다. 모름지기 국가 지도층은 자기희생이 있어야 한다. 국가와 국민을 위해 희생하

---

50. 동아일보, 2016년 11월 15일.

고 헌신 봉사하는 지도자들이 많아야 그 나라는 강건해 질 수 있다.

국가의 융성이나 붕괴는 밑에서부터 시작되지 않는다. 국가 최고지도자부터 그를 받치고 있는 정치와 관료, 그리고 기업과 시민사회가 공평과 정의가 있어야 그 나라는 융성한다. 인간은 시간이 지나면 나태하고 사욕에 빠지기 쉽다. 그러므로 지도자들은 끊임없이 자기검열, 자기혁신을 통해 '책임과 의무'를 다해야 한다.

특히 권력을 절대로 사유화해서는 안 된다. 지도층이 권력을 사유화하면 국가의 벽은 균열이 가고 붕괴하기 시작한다. 그러므로 정치인과 관료들의 권력 사유화는 매우 무서운 국가 대역죄인 것이다. 조선 역사 500년은 대부분 국민의 나라가 아니었다. 왕이나 관료들의 나라였다. 심지어 관료들은 나라까지 팔아먹는 매국까지 저질렀다. 이 어찌 망하지 않았겠는가?

이제 국민들이 깨어나야 한다. 소수 특권층의 나라가 아니라 모든 국민의 나라여야 한다. 이를 위해서는 국민들이 그저 '밥'만 먹고 사는 영혼 없는 존재가 아니라 위대한 대한민국의 역사를 창조하는 주체로 전면 등장해야 한다. 소수 정치인의 혹세무민하는 포퓰리즘에 빠져서는 안 된다. 공론의 광장에 모여 우리의 신화를 만들고 역사를 창조해야 한다. 국민이 곧 국가여야 한다.

세계는 점점 불확실과 혼돈으로 빠져들고 있다. 패권국 미국이 미국 우선주의를 내세우고 '세계경찰'을 사실상 포기했다. 각국은 이제 각자도생의 길을 찾아 나서고 있다. 이것은 대한민국에게 분명한 도전이자 기회이다. 그러나 현재의 우리 역량으로는 우리의 생존조차 불투명하다. 새로 태어나야 한다.

우리의 꿈은 무엇인가? 세계 4강의 평화 공영 국가를 실현하는 것이다. 국민 대각성 운동을 통해 세계를 이끌 '위대한 한국인'으로 새로 태어나야 한다. 국가 재건국 운동을 통해 흔들리지 않는 강한 국가를 재창조해야 한다. 국민 평화 계약을 통해 국민의 실천 사항 10계를 만들 필요도 있다. 특히 당장 시급한 것은 국가 지도층의 특권에 따른 책임을 다하도록 하는 것이다.

정치, 관료, 사법, 언론, 교육, 종교 등 모든 분야의 지도층 대각성을 통해 대한민국을 재건국해야 한다. 윗물이 밝으면 아랫물은 당연히 맑게 된다. 로마의 대제국이나 몽골의 대제국의 융성기를 보면 지도자들의 자기희생이 절정에 달했다. 그러나 이들 나라들이 멸망할 때는 지도자들의 탐욕과 방탕이 진동했다.

결국 성공 국가, 패권 강국도 언제든 무너질 수 있다. 역사상 등장한 무수한 패권국들이 몰락한 것은 내부의 분열, 즉 내부의 원인에 의한 경우가 대부분이었다. 토드 부크홀츠는 그의 저서 『다시, 국가를 생각한다』에서 강국이 직면한 잠재적 분열과 붕괴 요인을 크게 다섯 가지로 지적했다.[51]

즉 첫째는 출산율 하락 인구 축소는 국력 저하의 지름길이다, 둘째는 국제무역 활성화 세계화는 국가 관습과 전통을 허문다, 셋째는 부채 증가 이전 세대의 빚을 떠안은 후세대는 불행하다, 넷째는 근로 윤리 쇠퇴 국가 쇠락의 주범이다, 끝으로 공동체성 소멸 이민자 유입은 국가 분열과 국력 저하로 연결될 수 있다 등이다.

한 나라의 지속 가능한 성장은 위대한 국가 지도자들이 계속 등장해야 한다. 국가 지도자는 시대적 요구에 따라 기존의 사회 질서를 뒤엎는 위험도 감수하며, 문화적 결속과 미래 비전을 제시해 국민의 가슴을 울려 국가 역량을 강화해 나가야 한다. 지도자의 덕목 중 국력을 강화하는 것은 국민 통합력, 포용력, 혁신 등을 통해 더 나은 미래로 끊임없이 도약하는 것이다.

따라서 대한민국의 미래는 먼저 지도층의 대각성에 달려 있다. '노블리스 오블리주법'을 제정해서라도 지도층이 위국 헌신의 표본이 되도록 할 필요가 있다. 지도자들은 더 이상 국민을 착취와 억압의 대상으로 삼아서는 안 된다. 여성, 어린이, 노인 등 사회적 약자를 보호하고, 다 함께 잘 사는 평화 공동체로 만드는 데 앞장서야 한다.

---

51. 매일경제, 2017년 4월 22일.

◇ 지속 가능한 성공 국가 전략

새로운 대한민국이 지속 가능한 성공 국가가 되기 위해선 어떻게 해야 하는가? 이 물음에 대한 가장 핵심적인 대답은 '미래를 예측하고 준비하는 것'뿐이다. 미래는 인류에게 새로운 도전들이 기다리고 있다. 기후 변화, 에너지·식량·물 부족 등의 도전들은 생명과 평화의 위기를 넘어 지구의 위기가 될 것이다.

우리가 이미 체감하고 있듯이 지구 온난화로 인한 기상이변이 곳곳에서 일어나고 있다. 대량 참사를 불러올지 모르는 핵기술과 생명공학기술도 날로 발전하고 있다. 나아가 무분별한 개발로 생태계가 크게 파괴되고 있다. 이제 우리 인류의 미래는 거의 끝에 다다랐다.

현재의 추세라면 100년 안에 인류가 멸망할지도 모른다. 더구나 우리 인류는 어디로 가는지 모른 채 헤매고 있다. 『노동의 종말』 저자로 행동하는 철학자인 리프킨Jeremy Rifkin은 "눈감고 걷고 있는 몽유병 환자처럼 위태롭다"고 말한다. 지금 우리 인류는 자기 혁신을 통한 대혁명을 해야 할 때다.

우리 인류는 지속 가능한 미래를 만들어야 생존을 이어갈 수 있다. 우리는 가진 자와 갖지 못한 자가 함께 살아가는 평화 공영의 세상을 만들어야 한다. 인류가 지구상의 다른 생태계와 상생과 평화로운 관계를 정립하는 세상을 만들어야 문명의 진화가 파멸로 가는 악순환을 끊을 수 있다.

인간의 진정한 행복은 무엇인가? 리프킨은 "인간은 물질이 아니라 서로 공감해야 행복한 존재, 즉 공감의 인간"이라고 지적한다. 인간이라는 종種은 홉스가 말했듯 경쟁적·이기적인 동물이 아니다. 인간은 물질을 소유할 때 행복한 것이 아니다. 공감을 통해 서로 이해하고 협력할 때 가장 큰 행복을 느낀다.

리프킨은 말한다. "삶은 사실 스트레스 그 자체이다. 우리 인간은 서로에게 공감하며, 서로에게 위로받고자 하는 '공감 유전자'가 내장돼 있는 존재다. 공감이 우리 인간의 본성이다. 공감의 감수성은 다른 인간뿐 아니라 생태계 전체를 향해 확장돼야 한다. 모든 생명권을 존중하며 살아갈 때 지구상에서 인류의 삶이 지속

될 수 있다."

인류가 '나만의 성공'을 추구한다면 미래는 없다. 모두를 위한 상생 평화의 정신으로 '다 함께' 협력하며 살아가는 신평화 질서가 필요하다. 국가는 삶의 질과 환경, 공동체를 위한 공간이고 무대이어야 한다. 새로운 대한민국은 조속히 미래를 위한 청사진과 대비책을 만들어야 한다.

국가 생존의 최대 위협은 기후 변화다. 기후 변화는 모든 것을 바꾸어 놓게 될 것이다. 개인의 사고 작용은 물론 교육, 경제, 문화 등 모든 패러다임을 바꾸어 놓을 것이다. 그러므로 모든 국가는 최우선적으로 기후 변화 대응 전략을 수립해야 한다. 국가는 더 청정하고 더 효율이 높은 신재생 에너지로 전환해야 한다.

모든 국가는 기후 변화, 테러, 자원 부족, 빈곤 등 지구적 문제에 공동 대응해야 한다. 특히 부유한 나라들은 기후 변화 대응에 더 많은 비용을 지급해야 한다. 현재 대기에 쌓인 오염물질의 대부분은 부유한 나라들이 배출한 것이다. 더 많은 혜택을 누린 나라들이 앞장서는 것이 정의다.

기후의 지속적 상승으로 인하여 여러 가지 문제가 파생될 수 있다. 가뭄과 홍수의 반복, 곤충의 이상 번식, 생물 다양성의 손실, 산발적인 태풍, 신종 질환의 창궐 등 악조건에 직면할 수 있다. 이러한 인류적 도전은 한두 나라가 해결할 수 없다. 국제기구를 혁신하여 이를 통해 해결해 나가는 것이 필수적이다.

개별 국가들은 국내 문제를 해결할 수 있는 국가 역량을 강화해 나가야 할 것이다. 국민 총역량의 극대화가 요구된다. 이를 위해서는 정치가 바뀌어야 한다. 갈등과 대립만 불러오는 기존의 정치를 폐기해야 한다. 국가 구조를 전면 혁신하고 다가올 미래사회에 대비해야 한다.

현재 대한민국은 위기이다. 저출산·고령화로 '늙은 국가'가 되고 있다. 재정은 고갈되고 국가부채를 비롯하여 기업과 가계의 부채가 폭발 직전이다. 그럼에도 불구하고 정치적 포퓰리즘이 유령처럼 횡행하고 있다. 국민들은 꿈이 없다. 열정도 식어가고 있다. 대한민국의 '한국 자살'의 징조가 짙게 나타나고 있다.

혁명적 국가 개혁을 통해 대한민국을 재창조해야 한다. 세계 4강의 평화 공영 국가가 되려면 다시 뛰어야 한다. 우리는 하늘의 후손, 천손이다. 역사적 사명과 시대정신을 확인하고 통일 한국을 넘어 세계 공영을 이끄는 국가로 비상하여야 한다. 서로 격려하고 응원하며 땀과 눈물, 피로 새로운 대한민국의 역사 창조에 나서야 할 것이다. 그날이 기다려진다.

V 전통국가의 사멸과 미래국가의 탄생 🔍

국가란 무엇인가? 국가가 제 기능을 하지 못하면 사람들은 외면할 것이다. 이것이 국가 사멸의 핵심적 이유다. 미래학자들은 기존의 국가가 축소되고 사이버국가로 점차 대체될 것이라고 전망하고 있다. 사이버상에 존재하는 '가상국가Virtual State'나 지구 밖 달이나 화성 등에 설립되는 '우주국가' 등 전혀 새로운 미래국가들이 탄생할 것이라고 예측한다.

인터넷의 발달로 국경이 없어지며 국가의 개념을 바꾸어 놓고 있다.[52] 현재의 국가를 창조해낸 진화의 힘으로 미래정치 분야에서 가능한 가상국가은 모습은 다양하다. 미래학자들은 경계도 없고 토지의 개념도 사라진 가상국가의 개념을 제시한다. 미래학자들이 말하는 가상국가의 시민은 기존에 있던 국가의 시민이되 동시에 두 개 이상의 국적을 갖는다.

그렇다면 가상국가는 보다 구체적으로 어떻게 만들어질까? 가상국가는 인간의 정치적 상상력에 의해 만들어진다. 사이버상의 가상국가는 정해진 영역, 경계가 없는 국가다. 탈민족의 가상국가에서 국가, 영토는 '호스트 국가'로 지칭된다. 역

---

52. http://www.indaily.co.kr/ (검색일: 2016년 11월 21일).

사를 통해 우리는 국가나 영토 없는 민족을 많이 보아 왔다. 국가 없는 국민에 대한 생각은 전혀 새로운 것이 아니다.

미래학자 토마스 프레이는 가상국가 창조의 6가지 모델 시나리오를 밝히고 있다. 즉 △ UN 난민기구 모델 시나리오 △ 이민 모델 시나리오 △ 공개 등록 모델 시나리오 △ 기업국가 모델 시나리오 △ 비과세 정부 모델 시나리오 △ 부자 모델 시나리오가 있다. 이러한 모델의 가상국가를 누구나 얼마든지 창조할 수 있다.

미래사회는 제한 없이 국경을 넘나들며 여행을 할 수 있게 된다. 기존의 정부는 시민을 전적으로 통제하기 어렵다. 국경이 더 이상 의미가 없는 개인 비행 자동차와 우주 관광 시대가 열린다. 이제 전통적 국가의 주요 개념인 '지리적 영토'는 국민권을 결정하는 요소로서 점점 그 의미를 상실해 갈 것이다.

국가는 당분간 전통국가와 가상국가가 공존할 것이다. 그리고 점차 가상국가가 영향력을 확대해 나갈 것이다. 영토의 법과 사람의 법이 서로 분리되고, 사람들은 행성에서 행성으로 자유롭게 여행하며 생활하게 된다. 이러한 초국가적 우주 시대에는 현재와는 다른 지배 구조를 요구한다. 이로 인해 다양한 형태의 미래국가가 등장할 것이다.

항공우주국제연구센터(AIRC)에서 발표한 우주국가 '아스가르디아'의 로고. 출처: AIRC 홈페이지

사실 사이버상에는 이미 가상국가가 구축되기 시작했다. 가상국가 1호인 '비트 네이션Bitnation'의 설립이 추진되고 있는 것이다. 블록체인block chain: 온라인 금융 거래에서 해 킹을 막는 기술에 기반을 둔 이 나라는 누구나 자신의 가상국가를 선택하여 여기에 호 적을 올리고 부동산도 등록할 수 있다. 아직 완성되지는 않았지만 머지않아 구체 적인 형태의 국가로 등장할 것이다.

미래국가의 형성과 유지에서 중요한 것은 국가 운영 기술과 충성도다. 미래의 새로운 기술은 자유롭게 활동하는 사람들을 통제할 수 있게 해준다. 이러한 지배 는 개인의 권리와 비즈니스 기업, 불법행위 및 자연 재해 등을 규제하거나 보호한 다. 이에 따른 참여자들의 충성도에 따라 국가의 견고성이 결정된다.

자유를 갈망하는 사람들은 전통국가의 통제나 지배를 거부한다. 이들은 가상국 가를 만들어 다양한 온라인 커뮤니티를 형성하며 강력한 충성도를 갖게 될 것이 다. 가상국가의 힘은 참여자들의 강한 충성도에 비례한다. 가상국가가 참여자들 에게 더 큰 만족도를 제공하면 지속성과 견고성이 강화될 것이다.

우주국가의 시대도 머지않아 개막될 것으로 예상된다. 오스트리아의 민간단체 인 항공우주국제연구센터AIRC는 2016년 10월 우주 국가 '아스가르디아Asgardia'를 건설하겠다고 발표했다.[53] "우주에 지구상의 어느 나라에도 속하지 않은, 독립국 가를 세우겠다"는 야심찬 포부다. 인류 역사상 처음으로 우주국가 건설 프로젝트 를 시도하는 것이어서 세계의 큰 주목을 받았다.

AIRC는 우주과학자들과 법률 전문가들로 구성된 국제적 민간연구단체다. AIRC 의 설립자이자 유네스코 우주과학위원회 회장인 아슈르베일리Igor Ashurbeyli를 비롯 하여 미국 라이스대학 우주연구소장, 캐나다 맥길대학의 항공우주법 연구소장, 미국 조지워싱턴대학 우주·고도통신 연구소장, 루마니아 우주비행사 등이 주요

---

53. 김형자, "우주 국가 시민 50만 명…'아스가르디아' 프로젝트 성공할까". 『주간조선』, (2430호) 2016년 10월 31일. http://weekly.chosun.com/client/news

회원으로 참여하고 있다.

　AIRC가 건설하려는 최초의 우주국가인 아스가르디아는 인류의 생활권을 지구에서 우주로 확장하는 것이 핵심 목표다. 아스가르디아는 북유럽 신화에 나오는 고대 신들의 거주지 중 하나인 '아스가르드Asgard'에서 따온 이름이다. AIRC는 아스가르디아가 유엔으로부터 정식으로 승인받은 국가State가 되기를 기대한다. 그러려면 '국가의 조건'이 갖춰져야 한다.

　유엔에서 인정하는 국가의 조건은 먼저 '영토'가 있어야 한다. 우주 공간에서는 국가 영토를 어떻게 마련할까? 아스가르디아는 이를 우주 구조물로 대신할 계획이다. 국제우주정거장ISS과 같은 대형 인공위성 구조물을 만들어 거점을 마련한 다음, 작은 인공위성 여러 대를 무선으로 연결해 '국가 영토'를 확장해 나가겠다는 것이다. 첫 단계로 2017년에 아스가르디아 건설을 위한 기술 검증용 인공위성을 발사할 예정이다.

　둘째로 국가를 구성하는 또 하나의 조건은 '국민'이다. 유엔 회원국이 되는데 필요한 국민은 10만 명 이상이다. 이를 위해 아스가르디아는 2016년 10월 13일부터 국민을 모집하고 있다. 응모는 아스가르디아 홈페이지 http://asgardia.space 에서 할 수 있다. 누구든지 이름, 국적, 이메일 주소 등을 간단하게 등록하면 국민 권한이 주어진다. 또 국기, 국가國歌, 휘장 등 국가 상징물도 인터넷 투표를 통해 선정했다.

　전 세계에서 아스가르디아에 국적을 희망한다고 등록한 사람은 2016년 11월 1일 현재 50만 명을 돌파했다. 아스가르디아의 목표인 유엔 산하 회원국이 되는 기준을 이미 충족하고도 남는 숫자다. 50만 명이면 유럽 지중해 국가 몰타보다 많은, 세계 국가 인구 순위 167위이다.

　아스가르디아에 등록한 233여 개국 중 중 가장 많은 인구수를 차지하는 건 중국이다. 그 뒤를 미국과 터키, 브라질, 영국 등이 잇고 있다. 우리나라는 약 5,800명이 등록해 17위를 차지하고 있다. 만약 영토가 확보돼 아스가르디아가 유엔 회원국이 된다면, 가입자들은 여권을 발급받게 되며 정식으로 아스가르디아 시민권을 얻게 된다.

우주국가 아스가르디아의 본질은 누구든지 독립적이고 자유롭게 활동할 수 있는 철학적·과학적 틀을 마련하고, 지구의 분쟁이 우주로 옮겨 가지 않도록 우주의 평화를 지키는 것이다. 또 우주 개발을 활성화하기 위한 활동으로서도 의미가 크다. 하지만 현실적으로 아스가르디아를 건설하기 위한 과정은 험난하다.

유엔의 승인에서부터 신뢰성 문제까지 넘어야 할 걸림돌이 많다. 그중의 하나가 현행 국제법이 우주에 대한 특정 국가의 주권을 인정하지 않는다는 점이다. 즉 우주에 건설된 구조물을 국가로 인정해 줄지 미지수라는 얘기다. 그러나 AIRC 측은 현행 우주법의 틀을 재검토해 미래 우주탐험 시대에 걸맞은 '우주에서의 주권·독립국 지위'에 대한 새 틀을 세워나가겠다고 밝혔다.

또한, 우주 쓰레기도 넘어야 할 산이다. NASA에 따르면 현재 우주에는 10㎝ 이상의 우주 쓰레기가 2만 개 이상 떠돌아다닌다. 문제는 이들의 놀라운 속도이다. 총알보다 10배 빠른 초속 10㎞ 정도로 날아다닌다. 이런 우주 쓰레기와 소행성들로부터 아스가르디아를 지켜내려면 '최첨단 보호막'을 만들어 내는 것이 관건이다.

그리고 천문학적 규모의 자금 조달도 큰 문제다. 미국의 한 금융 공학자는 영화 '스타워즈'에 나오는 900㎞의 거대 전투용 인공 행성 데스스타를 건설하려면 어느 정도의 비용이 들지 계산해 본 적이 있다. 그 비용은 대략 4만 1,900경 달러다. 전 세계 모든 국가가 힘을 합쳐도 현재로서는 불가능한 수준이다. 이 정도를 건설하려면 적어도 100년 이후에나 가능하지 않을까 싶다.

아스가르디아는 영화에서 보던 거대한 인공 행성이 만들어지는 시발점이 될 것이다. 이를 위해 AIRC는 아스가르디아 건설에 필요한 자금을 온라인을 통해 모으는 방식인 크라우드펀딩으로 충당한다는 계획이다. 현재 민간 투자자들과도 협의 중이다. 이 프로젝트가 가시화되면 본격 우주국가 시대가 개막될 것이다. 우주국가에서 사는 인간의 미래는 과연 어떻게 될까?

우주국가의 상상도. 출처: http://www.hurriyet.com.tr

　여러분이 꿈꾸는 나라는 무엇인가? '세계평화국가연합_{약칭 세계연합}'도 대안이 될 수 있을 것이다. 지구상의 모든 국가가 기존의 행정, 교육, 치안 등 자치권을 갖고 있는데 군사권과 치안권만 배제한 것이다. 세계평화국가연합은 정부와 의회, 사법 등 3권분립으로 세계의 주요 현안을 다루고 인류적 관점에서 해결책을 찾는 것이다.

　국가 간의 전쟁과 테러, 국제 범죄를 예방하고 지구 온난화로 인한 이상고온, 가뭄, 태풍 등 지구적 과제를 해결한다. 미국연방이나 유럽연합과 같은 형태로 그 첫 출발을 모색할 수 있을 것이다. 그러나 미국 중심의 단일 패권 구조가 아니다. 현재와 같이 개별 국가 시대는 무기 경쟁과 경제 경쟁 등으로 인류 파멸을 촉진시킬 것이다.

　이제는 새로운 대안적 국가를 통해 모두가 행복한 인류의 미래를 창조해 나가야 한다. 지속 가능한 인류의 미래를 위해서는 개별 국가의 독과점, 국가 이기주의를 허용해서는 안 될 것이다. 탈민족, 탈국가, 탈종교의 관점에서 인류의 평화와 공영을 창조해 나가야 한다. 세계평화국가연합은 인류의 지속 가능성을 확보하고 더 나은 미래를 위한 보편적 가치에 기반을 둔 사람 중심, 생명 중심 평화 공동체인 것이다.

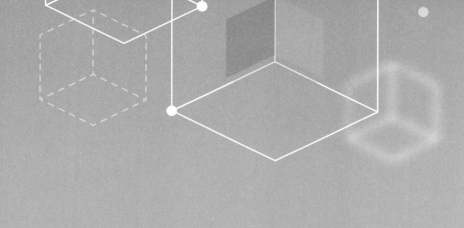

PART

6

4차 산업혁명시대,
국가미래기본법 제정과 헌법 개정 제안

대한민국 국가미래기본법 제정 제안

Ⅰ 국가미래기본법 제정 취지

세계는 4차 산업혁명 등 변화가 가속화 되고 있다. 급속한 미래 변화에 대응하지 못하는 정책과 국책 및 지자체 프로젝트는 국민의 세금만 낭비하고 중지되고 활용되지 못하는 사례들이 늘어나고 있다.

이에 국가미래기본법을 제정하여 미래에 대한 예측과 체계적인 대비를 위한 기본 방향과 국가 미래정책의 수립 · 추진에 필요한 사항을 규정하여 급변하는 미래 환경에서 지속 가능한 국가 및 지자체 발전에 이바지해야 한다, 나아가 예산을 국가와 지자체 미래 발전에 적합하게 사용토록 점검하게 함으로써 국민의 미래 일자리 창출과 행복한 삶의 질을 높이는데도 기여토록 해야 한다.

Ⅱ 국가미래기본법과 헌법 개정 위원회

1. 국가미래기본법과 헌법 개정 기획 공동 주관기관

2. 국가미래기본법 제정과 헌법개정 기획위원회 위원

안종배 국제미래학회 원장/국회미래정책연구회 운영위원장

고문현 한국헌법학회 회장/숭실대학교 교수

문형남 국제미래학회 지속가능위원장/한국생산성학회 회장

박인동 국제미래학회 미래법제위원장/김&장 법률사무소 변호사

한상우 한국헌법학회 부회장/삼일회계법인 고문

양승원 국제미래학회 4차 산업혁명법률위원장/하정 대표변호사

이만열 국제미래학회 아시아위원장/아시아인스티튜트 이사장

장영권 국제미래학회 미래정책위원장/국가미래전략원 대표

김들풀 국제미래학회 IT기술분석위원장/IT뉴스 대표

심현수 국제미래학회 사무총장/클린콘텐츠국민운동본부 대표

국가미래기본법안

■ 제안 이유

대한민국은 '지속 가능한 국가 발전'을 통해 더 큰 미래를 창조하는 미래 지향적 국가가 되어야 하고, 이를 위하여 「국가미래기본법」을 제정하고 이 법률에 국가와 지방자치단체 등이 의무적으로 수행해야 할 사항을 체계적으로 규정하는 등 국가의 미래를 위한 총체적이고 전략적인 노력을 다함으로써 더 나아지고 번영된 우리의 미래를 창조해 나가야 할 때임.

인류사적 측면에서도 21세기는 '미래 예측의 전략'이 필요한 시대로서, 저성장, 빈부 양극화, 저출산 고령화 등 사회 구조적인 문제가 다수 등장하고, 나아가 기후 변화, 신종 질병, 물 부족, 자원 고갈 등의 복합적인 문제도 발생하고 있음, 미래사회는 급격하게 변화할 것이기 때문에 미래를 예측하여 전략적으로 미리 준비하지 않으면 국가의 존립과 지속적인 발전이 위태롭게 됨.

인류는 4대 도전에 직면하고 있는데, 기후 변화, 지진, 가뭄, 홍수 등으로 자연환경이 재앙적 수준으로 악화되고 있고, 인공지능AI, 사물인터넷IoT, 빅데이터 등 분야에서 과학기술이 크게 변혁되면서 수백만 개의 일자리가 사라지는 등 인간 사회에서 대혼란이 예고되고 있으며, 미혼, 혼밥 등으로 인한 가족 해체와 반인간, 인조인간 등의 등장으로 인한 정체성의 혼돈 등으로 인간 윤리와 가치관의 혼돈 문제가 발생되고, 국가 우선주의로 국가 간 경쟁이 심화되면서도 다른 한편에서는 도시·생활 중심으로 사회로 바뀌어 가면서 국가 공동체가 해체되어 재구성되고 있음.

위와 같은 상황에서 우리는 지속 가능한 국가 발전과 더 나은 미래 번영이 절박한데, 국가에 대한 도전과 문제가 중대되어 지속 가능한 국가 생존과 더 나은 미래를 만들기 위한 국가 차원의 총체적 점검과 대비가 절박한 실정임.

이에 따라 국가의 지속 가능한 미래 발전을 위한 핵심 사항을 법률에 명시하여, 이를 국가의 제1과제로 삼아야 함. 나아가 더 나은 미래를 위한 '국가의 비전과 목표'를 설정하도록 하며, 이를 실현하기 위해 국가 미래전략을 수립하고, 미래 예측에 근거하여 미래를 정교하게 내다 볼 수 있어야 함. 아울러 그에 맞는 합리적이고 적정한 정책의 수립·시행을 통하여, 21세기의 인류 공영을 선도하는 평화와 번영의 강국이 되어야 할 것임.

이와 같은 방향으로 국가 미래에 관한 기본적인 법률을 제정하기 위하여, 구체적으로 국가와 지방자치단체가 미래전략계획을 수립·시행하고, 미래전략위원회를 구성·운영하며, 미래예측진단평가를 실시하도록 하고, 이를 위하여 미래예측진단평가위원회를 구성·운영할 수 있도록 함. 또한, 중앙정부와 지방정부는 이를 위하여 필요한 법제상·재정상·행정상의 조치를 하도록 하고, 미래전략계획 및 미래예측진단평가 전문가의 육성을 위하여 필요한 세제상의 조치를 하도록 하는 등 국가 미래에 관한 기본적인 사항을 규정하려는 것임.

■ 주요 내용

가. 국가미래전략계획의 수립(안 제6조)

(1) 국무총리는 관계 중앙행정기관의 장의 의견을 수렴하고 조정 등을 거쳐 국가 차원의 지속 가능 발전을 위한 미래예측 및 미래전략계획(국가미래전략계획)을 5년마다 수립하도록 함.

(2) 국무총리는 국가미래전략계획 수립을 위하여 각 분야별 전문가와 중앙부처 및 해당 지방자지단체의 미래전략 부서장을 포함한 위원으로 구성되는 국가미래전략위원회를 설치 · 운영하도록 함.

(3) 국무총리가 국가미래전략계획을 수립하거나 변경하려면 초안을 마련하고, 공청회 등을 열어 관계 전문가 등의 의견을 수렴한 후 국무회의의 심의를 거쳐 확정하도록 함.

나. 국가미래전략계획의 내용(안 제7조)

국가미래전략계획에는 기후 변화 · 지진 · 토지 · 해양 등 자연환경, 경제 · 산업 · 과학기술 발전, 인성, 가치관 및 문화, 인구 · 복지 · 교육, 정치 · 지방자치 · 통일 · 외교 등에 관한 변화 및 그에 대한 미래 대응 계획과 국가의 종합적인 미래전략의 수립, 관련된 미래 변화에 대한 통합적인 대응 전략 계획이 포함되도록 함.

다. 지방자치단체 미래전략계획의 수립 · 시행(안 제10조)

(1) 지방정부의 장은 국가미래전략계획과 관할 구역의 지역적 특성을 고려하여 해당 지방자치단체의 미래전략계획(지방자치단체 미래전략계획)을 5년마다 수립 · 시행하고, 수립된 지방자치단체 미래전략계획은 지체 없이 국무총리에게 통지하도록 함.

(2) 지방정부의 장은 지방자치단체 미래전략계획을 수립하거나 변경하려면 그 초안을 마련하고 공청회 등을 열어 주민과 관계 전문가 등의 의견을 수렴한 후 그 전략을 확정함.

(3) 국무총리는 지역권별 국가미래전략계획을 위하여 필요한 경우에는 해당 지방정부의 장에게 지방자치단체 미래전략계획의 변경을 요청할 수 있고, 지방정부의 장은 특별한 사유가 없으면 이에 따라야 함.

라. 국가미래전략계획 보고서의 국회 제출 등(제11조 제1항)

국무총리는 수립된 국가미래전략계획과 수정된 주요 사항과 국가미래전략계획 수립·시행의 주요 추진 상황에 관한 보고서를 매년 국회에 제출해야 함.

마. 국가 및 지방자치단체 미래전략위원회의 구성·운영 등(제13조)

(1) 국무총리는 국가미래전략계획의 수립과 이행에 대한 심의·자문을 위하여 연구자문기구로서 국무총리 소속하에 국가미래전략위원회를 두고, 지방정부의 장은 그 소속하에 지방자치단체 미래전략위원회를 둠.

(2) 국가미래전략위원회는 위원장과 10명 내외의 분과위원장을 포함한 100명 내외의 위원으로 구성하고, 국가미래전략위원회의 위원장은 국무총리와 민간위원 중에서 호선(互選)하며, 분과위원장은 미래예측, 미래정책, 과학기술과 미래산업 등 미래 변화 예측과 대응 계획 부문별로 국무총리가 위촉하거나 임명함.

(3) 국가미래전략위원회의 구성·운영 등에 필요한 사항은 대통령령으로 정하고, 지방자치단체 미래전략위원회의 구성·운영 등에 필요한 사항은 국가미래전략위원회에 관한 규정을 고려하여 해당 지방자치단체의 조례로 정하도록 함.

바. 미래예측진단평가의 실시와 그 대상(제16조)

(1) 도시의 개발 또는 재개발, 산업단지 또는 관광단지의 조성·변경, 기후 변화, 국가 에너지, 인구 변화, 교육 변화와 그에 대한 대비, 그 밖에 미래의 급속한 변화에 대하여 예측하고 체계적으로 대비하는 것이 필요한 일정한 사항에 관한 정책 또는 계획을 수립하려는 중앙행정기관 및 지방자치단체의 장은 미래예측진단평가를 실시해야 하되, 국가의 재정지원 규모가 1,000억 원 이상인 사업과 지방자치단체 예산이 500억 원 이상 투입되는 사업으로 한정함.

(2) 국무총리는 해당 정책 또는 계획이 국가의 미래 경제·산업과 사회 등에 미치는 영향이 상당히 크다고 판단되는 경우에는 국무회의의 심의를 거쳐 해당 중앙행정기관 또는 지방자치단체의 장에게 미래예측진단평가를 요청할 수 있도록 하고, 국무총리의 요청을 받은 해당 중앙행정기관 또는 지방자치단체의 장은 이에 따르도록 함.

사. 미래예측진단평가의 제외 대상(제17조)

국방부장관이 군사상 기밀보호가 필요하거나 군사작전의 수행을 위하여 필요하다고 인정한 계획, 문화재 복원 사업, 재난 복구 지원, 시설 안전성 확보, 보건·식품안전 등의 문제로 시급한 추진이 필요한 사업과 법령에 따라 추진해야 하는 사업, 중앙행정기관 또는 지방자치단체의 장이 정당한 사유로 미래예측진단평가를 실시하지 않기로 국무총리에게 보고·통지하고 협의한 정책 또는 계획에 대해서는 미래예측진단평가를 실시하지 않을 수 있음.

아. 미래예측진단평가의 수행(안 제20조)

(1) 미래예측진단평가의 수행은 국무조정실장이 총괄하고, 미래예측진단평가의 업무를 효율적으로 수행하고 개별 사업의 특성을 고려하기 위하여

해당 평가 총책임자를 선정하고, 미래예측 전략 전문가와 해당 사업 관련 분야의 전문가로 평가 연구진을 구성하도록 함.

(2) 평가 총책임자는 평가의 일관성을 높이기 위하여 진단 기준과 미래예측 방법론 등 평가의 기본 원칙을 규정한 지침을 마련해야 하며, 평가 연구 진은 이에 따라 평가를 수행해야 함.

자. 미래예측진단평가위원회 등의 구성 등(제22조)

(1) 미래예측진단평가를 위한 조사·연구, 평가 실행, 교육·홍보와 네트워크 구축 등을 위하여 국무총리실에 비상설 조직으로 국무조정실장을 위원장으로 하고 15명 내외의 위원으로 구성되는 미래예측진단평가위원회를 둠.

(2) 국무조정실장은 평가위원회 위원 중에서 미래예측진단평가를 실행할 해당 사업의 미래예측진단평가 실행위원회의 실행위원장을 선임하고, 실행위원회는 미래예측진단평가를 실행하는 10명 내외의 실행위원을 선임함.

차. 법제상·재정상·행정상 조치 등(안 제25조)

(1) 중앙정부 및 지방정부는 미래전략계획의 수립 및 미래예측진단평가의 실시에 필요한 법제상·재정상의 조치와 그 밖에 필요한 행정상의 조치를 해야 함.

(2) 중앙정부 및 지방정부는 미래전략계획 전문가 육성 및 미래예측진단평가 전문가 육성을 위하여 필요한 세제상의 조치와 그 밖의 재정지원을 할 수 있음.

국가미래기본법안

제1장 총칙

제1조(목적) 이 법은 미래의 급속한 변화에 대하여 예측하고 체계적으로 대비함으로써 미래 환경에서 지속 가능한 국가 및 지역의 발전에 이바지하기 위하여 그 기본 방향, 예산 낭비 등을 방지하기 위한 미래예측진단평가와 국가 및 지방자치단체 미래전략계획의 수립·시행 등에 필요한 사항을 규정하는 것을 목적으로 한다.

제2조(정의) 이 법에서 사용하는 용어의 뜻은 다음과 같다.

1. "미래예측"이란 시대, 환경, 과학기술, 가치와 산업의 변화 등 미래의 사회와 행정 등에 영향을 미치는 미래 변화의 현상을 예측하는 것을 말한다.
2. "미래전략계획"은 미래예측 결과에 대응하여 지속 가능 발전을 도모하기 위하여 입안한 체계적인 전략 등의 계획을 말한다.
3. "미래예측진단평가"란 미래예측 결과와 미래전략계획을 반영하여 국가와 지방자치단체의 해당 사업이 미래 변화에 부합하고 지속 가능 발전에 적합한 사업인지를 평가하는 것을 말한다.
4. "지속 가능 발전"이란 현재의 계획을 통하여 미래에도 파괴되지 아니하고 지속적인 유지와 성장의 기회가 제공되는 발전을 말한다.
5. "중앙정부"란 대통령, 국무총리, 행정각부 등으로 구성되는 행정부와 그에 속하는 행정 기구를 말한다.

6. "지방정부"란 지방자치행정의 주체로서 인구 100만 명 이상의 시 이상의 지방자치단체를 말한다.

7. "관계 중앙행정기관"이란 미래예측 등 이 법에서의 해당 사무를 관장하는 중앙행정기관을 말한다.

제3조(중앙정부 및 지방정부의 책무) ① 중앙정부는 급속한 미래 변화에 대응하고 국가의 지속 가능 발전을 적정하게 관리·유지하며 예산 낭비를 방지하기 위하여 국가 미래전략계획 및 미래예측진단평가계획을 수립하여야 한다.

② 지방정부는 국가의 미래예측, 국가 미래전략계획과 지역의 특성을 반영하여 지방자치단체 미래전략계획 및 미래예측진단평가계획을 수립하여야 한다.

③ 중앙정부와 지방정부는 지속 가능 발전을 위한 미래전략계획과 미래예측진단평가계획을 해당 정책과 예산에 반영하여야 한다.

제4조(미래전략계획 및 미래예측진단평가의 기본 원칙) 중앙정부와 지방정부가 미래전략계획의 수립·추진과 미래예측진단평가를 실시할 때에는 다음 각 호의 원칙을 준수하여야 한다.

1. 미래 변화에 대한 사전적·체계적 예측과 예산 낭비 예방의 원칙
2. 국정 모든 분야의 통합적 고려와 협력의 원칙
3. 미래의 지속 가능 발전과 미래 대응 활동 촉진의 원칙

제5조(다른 법률과의 관계) 미래예측, 미래전략계획과 미래예측진단평가에 관하여 다른 법률에 특별한 규정이 있는 경우를 제외하고는 이 법에서 정하는 바에 따른다.

제2장 국가 및 지방자치단체의 미래전략계획의 수립

제6조(국가미래전략계획의 수립) ① 국무총리는 관계 중앙행정기관의 장의 의견을 수렴하고 조정 등을 거쳐 국가 차원의 지속 가능 발전을 위한 미래예측 및 미래전략계획(이하 "국가미래전략계획"이라 한다)을 5년마다 수립하여야 한다.

② 국무총리는 국가미래전략계획 수립을 위하여 각 분야별 전문가와 중앙부처 및 해당 지방자지단체의 미래전략 부서장을 포함한 위원으로 구성되는 국가미래전략위원회를 설치·운영한다.

③ 국무총리가 국가미래전략계획을 수립하거나 변경하려면 초안을 마련하고, 공청회 등을 열어 관계 전문가 등의 의견을 수렴한 후 국무회의의 심의를 거쳐 확정한다.

제7조(국가미래전략계획의 내용) 국가미래전략계획에는 다음 각 호의 사항 등에 관한 변화 및 그에 대한 미래 대응 계획과 국가의 종합적인 미래전략의 수립, 관련된 미래 변화에 대한 통합적인 대응 전략 계획이 포함되어야 한다.

1. 기후 변화·지진·토지·해양 등 자연환경
2. 경제·산업·과학기술 발전
3. 인성, 가치관 및 문화
4. 인구·복지·교육
5. 정치·지방자치·통일·외교

제8조(국가미래전략계획의 수정·보완) 국무총리는 급속한 사회 변화를 고려하여 1년마다 국가미래전략계획의 타당성을 재검토하고, 필요한 경우에는 이를 수정·보완하여야 한다.

제9조(국가미래전략계획의 시행) ① 국무총리는 수립되거나 변경된 국가미래전략계획을 지체 없이 관계 중앙행정기관의 장에게 통보하여야 한다.

② 관계 중앙행정기관의 장은 국가미래전략계획의 시행을 위하여 필요한 조치를 지체 없이 시행하여야 한다.

제10조(지방자치단체 미래전략계획의 수립·시행) ① 지방정부의 장은 국가미래전략계획과 관할 구역의 지역적 특성을 고려하여 해당 지방자치단체의 미래전략계획(이하 "지방자치단체 미래전략계획"이라 한다)을 5년마다 수립·시행하여야 한다. 이 경우 최종 수립된 지방자치단체 미래전략계획은 지체 없이 국무총리에게 통지하여야 한다.

② 지방정부의 장은 지방자치단체 미래전략계획을 수립하거나 변경하려면 그 초안을 마련하고 공청회 등을 열어 주민과 관계 전문가 등의 의견을 수렴한 후 그 전략을 확정한다. 다만, 대통령령으로 정하는 경미한 사항을 변경하려는 경우에는 그러하지 아니하다.

③ 지방정부의 장은 지방자치단체 미래전략계획을 변경하였을 때에는 지체 없이 이를 국무총리에게 통지하여야 한다.

④ 국무총리는 지역권별 국가미래전략계획을 위하여 필요한 경우에는 해당 지방정부의 장에게 지방자치단체 미래전략계획의 변경을 요청할 수 있고, 지방정부의 장은 특별한 사유가 없으면 이에 따라야 한다.

제11조(국가미래전략계획 보고서의 국회 제출 등) ① 국무총리는 수립된 국가미래전략계획과 수정된 주요 사항과 국가미래전략계획 수립·시행의 주요 추진 상황에 관한 보고서를 매년 국회에 제출하여야 한다.

② 국무총리는 제1항에 따른 보고서의 작성에 필요한 자료의 제출을 관계 중앙행정기관의 장과 지방정부의 장에게 요청할 수 있다. 이 경우 관계 중앙행정기관의 장과 지방정부의 장은 특별한 사유가 없으면 이에 따라야 한다.

제12조(미래전략계획의 공개 등) 국무총리는 제10조에 따라 수립되거나 수정된 국가미래전략계획과 지방자치단체 미래전략계획을 각 부처·기관과 지방자치단체의 인터넷 홈페이지 등을 통하여 공개하여야 한다. 다만, 그 미래전략계획 중 국가기밀이나 군사적 비밀에 해당하는 사항 등이 포함된 경우에는 이를 공개하지 아니할 수 있다.

제3장 국가미래전략위원회와 지방자치단체미래전략위원회

제13조(국가미래전략위원회와 지방자치단체미래전략위원회) ① 국무총리는 국가미래전략계획의 수립·이행에 대한 심의·자문을 위하여 연구자문기구로서 국무총리 소속으로 국가미래전략위원회(이하 "국가미래전략위원회"라 한다)를 두고, 지방정부의 장은 그 소속으로 지방자치단체미래전략위원회(이하 "지방자치단체미래전략위원회"라 한다)를 둔다.

② 국가미래전략위원회는 위원장과 10명 내외의 분과위원장을 포함한 100명 내외의 위원으로 구성한다.

③ 국가미래전략위원회의 위원장은 국무총리와 민간위원 중에서 호선(互選)하고, 분과위원장은 미래예측, 미래정책, 과학기술과 미래산업 등 미래 변화 예측과 대응 계획 부문별로 국무총리가 위원 중에서 위촉하거나 임명하며, 간사는 국무조정실장이 된다.

④ 국가미래전략위원회 위원은 다음 각 호의 어느 하나에 해당하는 사람 중에서 국무총리가 위촉하거나 임명한다.

1. 미래예측 및 미래 전략에 관한 학식과 경험이 풍부한 사람
2. 관계 중앙행정기관 소속의 고위 공무원단에 속하는 공무원
3. 미래와 해당 의제와 관련하여 주요 학회 또는 단체 등에서 추천한 사람

⑤ 위원장은 위원회를 대표하며, 위원회의 업무를 총괄한다.

⑥ 위원장이 부득이한 사유로 직무를 수행할 수 없을 때에는 위원장이 미리 정한 위원이 위원장의 직무를 대행한다.

⑦ 제3항과 제4항에 따라 위촉한 위원의 임기는 3년으로 하며 연임할 수 있으며, 임명된 공무원인 위원의 임기는 해당 직에 재직하는 기간으로 하고, 보궐 위원의 임기는 전임자 임기의 남은 기간으로 한다.

⑧ 위원장은 필요하다고 인정하는 경우에 위원회의 회의를 소집하고 그 의장이 된다.

⑨ 위원회의 회의는 위원 과반수의 출석으로 개의하고, 출석 위원 과반수의 찬성으로 의결한다.

⑩ 그 밖에 국가미래전략위원회의 구성·운영 등에 필요한 사항은 대통령령으로 정한다.

⑪ 지방자치단체미래전략위원회의 구성·운영 등에 필요한 사항은 국가미래전략위원회에 관한 제1항부터 제11항까지의 규정을 고려하여 해당 지방자치단체의 조례로 정한다.

제14조(국가미래전략위원회의 업무 범위 등) 국가미래전략위원회는 다음 각 호의 업무를 수행한다.

1. 국가미래전략계획 수립을 위한 국내외 조사·연구 및 수정 보완에 필요한 사항에 관한 연구 또는 의견의 표명

2. 미래 변화에 대한 예측과 체계적인 대비를 위한 기본 방향 설정

3. 미래전략계획의 수립과 그와 관련하여 필요한 사항의 조사·연구

4. 미래 변화에 대한 예측과 미래 변화에 대한 실태 조사

5. 미래 변화에 대한 예측과 체계적인 대비를 위한 교육·홍보와 미래예측전략 전문가의 육성

6. 지속 가능한 미래를 위한 국제조약 가입, 그 국제조약의 이행에 관한 연구와 권고 또는 의견의 표명

7. 미래 변화에 대한 예측과 대응 전략의 수립·추진을 위하여 활동하는 단체 및 개인과의 협력

8. 지속 가능한 미래와 관련된 국제기구 및 외국 기관과의 교류·협력

9. 국가미래전략계획의 시행 평가와 보고서 작성

10. 그 밖에 지속 가능한 국가 발전과 더 나은 미래를 위하여 위원장이 연구가 필요하다고 인정하는 사항에 대한 연구

제15조(지방자치단체 미래전략위원회의 업무 범위) 지방자치단체 미래전략위원회의 업무 범위는 국가 미래전략위원회의 업무 등을 고려하여 지방자치단체의 조례로 정한다.

제4장 미래예측진단평가

제16조(미래예측진단평가의 실시와 대상) ① 다음 각 호의 어느 하나에 해당하는 정책 또는 계획(국가의 재정지원 규모가 1,000억 원 이상인 사업과 지방자치단체의 예산투입 규모가 500억 원 이상인 사업으로 한정한다)을 수립하려는 관계 중앙행정기관 및 지방자치단체의 장은 대통령령으로 정하는 바에 따라 미래예측진단평가를 실시하여야 한다.

1. 도시의 개발 또는 재개발

2. 산업단지 또는 관광단지의 조성·변경

3. 기후 변화, 국가 에너지, 인구 변화, 교육 변화와 그에 대한 대비

4. 그 밖에 미래의 급속한 변화에 대하여 예측하고 체계적으로 대비하는 것이 필요한 것으로서 대통령령으로 정하는 사항

② 제1항에도 불구하고 국무총리는 해당 정책 또는 계획이 국가의 미래 경제·산업과 사회 등에 미치는 영향이 상당히 크다고 판단되는 경우에는

국무회의의 심의를 거쳐 관계 중앙행정기관 또는 지방자치단체의 장에게 미래예측진단평가를 요청할 수 있다. 이 경우 국무총리의 요청을 받은 해당 중앙행정기관 또는 지방자치단체의 장은 이에 따라야 한다.

제17조(미래예측진단평가의 제외 대상) 제16조에도 불구하고 다음 각 호의 어느 하나에 해당하는 계획 또는 사업에 대해서는 미래예측진단평가를 실시하지 아니할 수 있다.

 1. 군사상 기밀을 보호할 필요가 있거나 필요하거나 군사작전의 수행상 국방부장관이 필요하다고 인정한 계획
 2. 문화재 복원 사업, 「재난 및 안전관리기본법」 제3조제1호에 따른 재난 복구 지원, 시설 안전성 확보, 보건·식품안전 등의 문제로 시급한 추진이 필요한 사업 및 법령에 따라 추진해야 하는 사업
 3. 중앙행정기관 또는 지방자치단체의 장이 대통령령으로 정하는 정당한 사유로 미래예측진단평가를 실시하지 아니하기로 한 경우로서 국무총리에게 보고 또는 통지하고 협의를 거친 사업

제18조(미래예측진단평가 실시 여부 결정에서의 고려 사항과 절차) ① 중앙행정기관 또는 지방자치단체의 장은 제16조에 따라 미래예측진단평가의 대상이 되는 정책 또는 계획에 대하여 다음 각 호의 사항을 고려하여 미래예측진단평가 실시 여부를 결정하고 평가를 실시하여야 한다.

 1. 국가와 지방자치단체의 미래 경제와 산업 등에 미치는 영향의 중대성
 2. 미래 사회의 변화에 영향을 줄 가능성
 3. 다른 계획이나 국가 및 지방자치단체 사업 등에 미치는 영향
 4. 제16조제1항에 따른 정책 또는 계획에 해당하는지 여부
 5. 국가의 재정지원과 지방자치단체의 예산투입의 규모
 ② 제17조제3호에 따라 미래예측진단평가를 실시하지 아니하기로 결정하려

는 중앙행정기관 및 지방자치단체의 장은 그 사유에 대하여 미래예측 전략 전문가 등의 의견을 포함하여 국무총리에게 보고하거나 통지하고 협의를 거쳐야 한다.

③ 국무총리는 제2항에 따라 협의 요청을 받은 사유를 검토하여 미래예측진단평가가 필요하다고 판단되면 해당 계획에 대한 미래예측진단평가의 실시를 소관 중앙행정기관 또는 지방자치단체의 장에게 요청할 수 있다. 이 경우 소관 중앙행정기관 또는 지방자치단체의 장은 특별한 사유가 없으면 미래예측진단평가를 실시하여야 한다.

제19조(미래예측진단평가의 항목과 평가 지표) 미래예측진단평가에는 다음 각 호의 항목이 포함되어야 한다. 이 경우 각 항목별 세부적인 평가 지표는 대통령령으로 정한다.
  1. 해당 분야 미래 변화 예측과의 적합성
  2. 해당 분야 미래 발전에의 영향도
  3. 국가 미래 발전에의 기여도
  4. 미래 일자리 창출에의 기여도
  5. 그 밖에 미래 변화와 발전에의 적합도와 관련된 내용

제20조(미래예측진단평가의 수행) ① 미래예측진단평가의 수행은 국무조정실장이 총괄한다. 이 경우 국무조정실장은 미래예측진단평가의 업무를 효율적으로 수행하고 개별 사업의 특성을 고려하기 위하여 해당 평가의 총책임자(PM: Project Manager)(이하 "평가 총책임자"라 한다)를 선정할 수 있다.

② 평가 총책임자는 미래예측 전략 전문가와 해당 사업 관련 분야의 전문가로 평가 연구진을 구성하여야 한다.

③ 평가 총책임자는 해당 분야의 전문성을 고려하여 불가피하다고 인정되는 경우에는 해당 사업 분야 전문기관과의 수의계약으로 미래예측진단평가

의 실행 지원 기관을 선정할 수 있다.

④ 평가 총책임자는 평가의 일관성을 높이기 위하여 진단 기준과 미래예측
방법론 등 평가의 기본 원칙을 규정한 지침을 마련하여야 하며, 평가 연구
진은 이에 따라 평가를 수행하여야 한다.

⑤ 평가 총책임자, 평가 연구진과 평가 실행 지원 기관에 대한 대우 등에 관
하여 필요한 사항은 대통령령으로 정한다.

제21조(약식 미래예측진단평가) ① 미래예측진단평가의 대상이 되는 해당 사
업이 수행의 시급성이 요구되는 경우에는 절차가 간소화된 약식 미래예측
진단평가를 실시할 수 있다.

② 평가의 대상, 항목과 절차 등 약식 미래예측진단평가를 실시하기 위하여
필요한 세부적인 사항은 대통령령으로 정한다.

제5장 미래예측진단평가위원회

제22조(미래예측진단평가위원회) ① 미래예측진단평가를 위한 조사 · 연구,
평가 실행, 교육 · 홍보와 네트워크 구축 등을 위하여 국무총리실에 비상설
조직으로 미래예측진단평가위원회(이하 "평가위원회"라 한다)를 둔다.

② 평가위원회의 위원장은 국무조정실장이 되고, 평가위원회는 15명 내외의
위원으로 구성된다.

③ 평가위원회의 위원은 미래 분야와 주요 산업 분야에서 전문성을 갖춘 사
람 중 국무조정실장이 위촉하거나 임명한다.

④ 국무조정실장은 평가위원회 위원 중에서 미래예측진단평가를 실행할 해
당 사업의 미래예측진단평가 실행위원회(이하, "실행위원회"라 한다)의
실행위원장을 선임하고, 실행위원회는 미래예측진단평가를 실행하는 10

명 내외의 실행위원을 선임한다. 이 경우 실행위원회의 실행위원은 미래
예측 관련 자격증을 소지하고 있는 자로서 미래예측 분야 전문가인 사람
2명 이상을 포함하여 해당 평가 사업 분야에서 10년 이상의 경력을 가진
전문가 중에서 선임하여야 한다.

⑤ 미래예측진단평가위원회 위원과 실행위원회 실행위원의 운영과 수당 등
에 관하여 필요한 사항은 대통령령으로 정한다.

제23조(미래예측진단평가위원회의 업무 등) ① 미래예측진단평가위원회는 다
음 각 호의 사항을 심의한다.

1. 제18조제2항·제3항에 따른 미래예측진단평가 대상 제외 조정에 관한 사
   항

2. 제19조에 따른 미래예측진단평가의 항목·범위 등의 결정에 관한 사항

3. 제20조에 따른 미래예측진단평가 수행 내용의 조정에 관한 사항

4. 제21조에 따른 약식 미래예측진단평가의 실시 여부에 관한 사항

5. 그 밖의 원활한 미래예측진단평가 등을 위하여 필요하다고 국무조정실장
   이 정한 사항

② 미래예측진단평가위원회는 제1항에 따른 업무를 수행할 때에 필요하다고
   인정하는 경우에는 다음 각 호의 조치를 할 수 있다.

1. 관계 중앙행정기관 등에 대한 설명 요구 또는 관련 자료·서류 등의 제출
   요청

2. 관계 중앙행정기관 등의 직원·신청인·이해관계인이나 참고인의 출석
   및 의견 진술 등의 요구

3. 미래예측진단평가 사항과 관계가 있다고 인정되는 장소·시설 등에 대한
   실지조사

4. 미래예측 전문기관에의 의뢰

③ 미래예측진단평가위원회가 제2항에 따라 실지조사를 하거나 진술을 듣는

경우에는 그 권한을 표시하는 증표를 지니고 이를 관계인에게 내보여야 한다.

④ 관계 중앙행정기관 등의 장은 제2항에 따른 미래예측진단평가위원회의 요구나 조사 등에 성실하게 응하고 이에 협조하여야 한다.

제24조(지방자치단체 미래예측진단평가위원회) 지방자치단체 미래예측진단평가위원회의 설치와 업무 범위 등은 제22조 및 제23조를 고려하여 지방자치단체의 조례로 정한다.

제6장 보칙

제25조(법제상·재정상·행정상 조치 등) ① 중앙정부 및 지방정부는 미래전략계획의 수립 및 미래예측진단평가의 실시에 필요한 법제상·재정상의 조치와 그 밖에 필요한 행정상의 조치를 하여야 한다.

② 중앙정부 및 지방정부는 미래전략계획 전문가 육성 및 미래예측진단평가 전문가 육성을 위하여 필요한 세제상의 조치와 그 밖의 재정 지원을 할 수 있다.

제26조(지방자치단체에 대한 재정지원 등) ① 중앙정부는 지방정부의 미래전략계획의 수립과 미래예측진단평가의 실시에 드는 경비의 전부 또는 일부를 국고에서 지원할 수 있다.

② 이 법에 따른 중앙정부 등의 요청에 대하여 정당한 이유 없이 응하지 아니하는 지방정부 또는 지방자치단체에 대해서는 제1항에 따른 지원을 하지 아니할 수 있다.

제27조(위임 및 위탁) ① 이 법에 따른 국무총리의 권한은 그 일부를 대통령령

으로 정하는 바에 따라 관계 중앙행정기관의 장에게 위임할 수 있다.

② 이 법에 따른 국무조정실장의 업무는 그 일부를 대통령령으로 정하는 바에 따라 해당 업무에 관한 전문성이 있는 협회·학회 또는 전문기관의 장에게 위탁할 수 있다.

제28조 벌칙 적용에서의 공무원 의제 제27조제2항에 따라 위탁을 받은 업무에 종사하는 관련 협회·학회 또는 전문기관의 임직원은 그 업무에 관하여 「형법」 제129조부터 제132조까지의 규정을 적용할 때에는 공무원으로 본다.

부 칙

이 법은 공포 후 6개월이 경과한 날부터 시행한다.

지속 가능한 미래 발전을 위한
대한민국 헌법 개정 제안

Ⅰ　지속 가능한 미래 발전을 위한 헌법 개정 취지

1) 기본 인식과 전제

◎ 대한민국은 '지속 가능한 국가 발전'을 통해 더 큰 미래를 창조하는 미래국가가 되어야 한다.

　- 이를 반드시 개정 헌법에 미래 발전에 관한 사항을 명문화하고 「국가미래기본법」의 제정을 통해 구체화해야 한다.

　- 국가의 근본 규범인 헌법에서부터 국가의 미래 발전과 관련한 의무 규정을 신설하고, 국가는 총체적이고 전략적인 노력을 다하여 더 나아지고 번영된 미래를 창조해 나가야 한다.

2) 인류사적 접근: 21세기는 '미래예측전략'이 필요한 시대

◎ 저성장, 빈부 양극화, 저출산 고령화 등 사회 구조적인 문제가 다수 등장하고 있다.

◎ 나아가 기후 변화, 신종 질병, 물 부족, 자원 고갈 등의 복합적인 문제도 발생하고 있다.

◎ 미래사회는 급변하여 미래를 예측하여 전략적으로 미리 준비하지 않으면

국가의 존립과 지속적인 발전이 위태롭게 된다.

3) 인류가 직면한 4대 도전

◎ 자연환경의 악화

- 기후 변화, 지진, 가뭄, 홍수 등 재앙적 수준으로 자연환경이 악화되고 있다.

◎ 과학기술의 변혁

- AI, IoT, 빅데이터 등의 분야에서의 과학기술 대변혁이 일어나고 있다.
- 수백만 개의 기존 일자리가 사라지는 등 인간 사회 대혼란이 예고되고 있다.

◎ 인간 윤리와 가치관의 혼돈

- 미혼, 혼밥 등으로 가족 해체되고 있다.
- 반인간, 인조인간 등의 등장으로 정체성이 대혼돈 되고 있다.

◎ 국가 생존 위협의 격화

- 세계 각국은 국가 우선주의로 국가경쟁이 심화되고 있다.
- 국가 중심에서 도시 · 생활 중심으로 변화 → 국가 공동체의 해체와 재구성이 예견되고 있다.

4) 지속 가능한 국가 발전과 더 나은 미래 번영 절박

◎ 국가에 대한 도전과 문제가 증대되어 지속 가능한 국가 생존과 더 나은 미래를 만들기 위한 국가 차원의 총체적 점검과 대비가 절박하다.
◎ 이에 따라 국가의 지속 가능한 미래발전을 위한 핵심 사항을 헌법에 명시하여, 이를 국가의 제1과제로 삼아야 한다.

◎ 나아가 더 나은 미래를 위한 '국가의 비전과 목표'를 설정하도록 하고, 이를 실현하기 위해 국가미래전략을 수립하고 미래 예측에 근거하여 미래를 정교하게 내다 볼 수 있어야 한다.

   - 아울러 그에 맞는 합리적이고 적정한 정책의 수립 · 수행을 통해, 21세기의 인류 공영을 선도하는 평화와 번영의 강국이 되어야 할 것이다.

Ⅱ 지속 가능한 미래 발전을 위한 헌법 개정 제안 내용 🔍

1) 현행 헌법과 대통령 제출 헌법 개정안에 대한 평가

◎ 현행 헌법과 대통령 제출 헌법 개정안에는 환경적 측면에서만 지속 가능한 발전을 제시하고 있다.

   - 반면에, 국가의 총체적인 지속 가능한 미래 발전에 대한 언급은 없다.

◎ 국가에 있어서 가장 중요한 것은 지속 가능한 생존과 더 나은 미래 발전이며, 이것은 국가의 본질적이고 숭고한 가치이다.

   - 그러나 포괄적이고 암시적인 형태로 규정하여 국가의 의무와 책임이 모호하게 되어 있다.

   ⇒ 이런 점들을 고려하여, 헌법에 국가의 본질적인 사항인 지속 가능한 생존과 미래 발전에 관한 규정을 구체적으로 명시해야 한다.

2) 대통령 제출안을 토대로 한 수정안

◎ 전문(前文): (개정안) 자연과의 공존 속에서 우리들과 미래 세대의 안전과 자유와 행복을 영원히 확보할 것을 다짐

- 수정안: 자연과의 공존 속에서 지속 가능한 국가 발전을 창출하고, 우리들과 미래 세대의 더 나은 안전과 자유와 행복을 영원히 확보할 것을 다짐

◎ 신설안

- 제1장 총강

제10조 ① 국가는 지속 가능한 생존과 발전을 위하여 급속한 미래 변화에 대하여 예측하고 체계적으로 대비하여야 한다.

② 국가는 종합적인 국가미래전략을 수립하여 국민의 행복한 삶과 더 나아지고 번영된 미래를 창조해 나가야 한다.

③ 국가미래전략의 수립과 시행 등에 관한 기본적인 사항은 법률로 정한다.

⇒ 국가의 지속 가능한 미래 발전에 이바지하고 국민의 삶의 질을 높여 국민을 행복하게 만들어 가야 하는 국가의 책무를 명시한다.

◎ 유사한 조문

- 제37조 ① 모든 국민은 안전하게 살 권리를 가진다.

② 국가는 재해를 예방하고 그 위험으로부터 사람을 보호해야 한다.

- 제38조 ① 모든 국민은 건강하고 쾌적한 환경에서 생활할 권리를 가진다. 구체적인 내용은 법률로 정한다.

② 국가와 국민은 지속 가능한 발전이 가능하도록 환경을 보호해야 한다.

4차 산업혁명시대, 우리가 꿈꾸는 대한민국의 미래, 우리가 함께 만들어 나가야 한다!

"미래는 예측하는 것이 아니라 창조하는 것이다."

미래는 멀리 있지 않다. 이미 우리 곁에 와 있다. 미래는 오늘 이후의 시간을 말한다. 인류에게 다가오는 매일매일의 현재가 더 낙관적인가 아니면 더 비관적인가? 미래를 두려워하는 사람들이 많다. 그렇다고 아직 파국적인 것은 아니다. 우리는 최종적인 파국을 막기 위해 모든 노력을 다해야 한다. 이것은 적어도 당분간은 '반전의 기회'가 있다는 것을 의미한다.

우리는 미래예측을 통해 무엇을 해야할 지 매우 정교한 미래전략을 수립해야 한다. 우리의 미래가 더 비관적이라면 이제부터 이를 더 낙관적일 수 있도록 더 적극적인 개선 노력을 해야 한다. 지구촌의 미래는 기후 변화와 빈곤, 자원과 물의 부족, 테러와 폭력 등으로 삶의 질이 떨어질 수 있다. 4차 산업혁명의 파고는 이미 우리를 덮쳐 오고 있다. 우리는 이에 대비해야 한다.

우리는 아직 남아 있는 기회의 시간을 전략적으로 활용하는 것이 중요하다. 지금부터라도 깨어 행동한다면 더 큰 재난을 막고 우리가 원하는 꿈의 미래를 창조할 수 있다. 그러나 깨닫지 못하고 미래에 대한 대비를 하지 않는다면 우리의 미래는 그대로 재앙을 향해 직진할 것이다.

우리가 꿈꾸는 더 나은 미래는 불가능한 것인가? 우리는 서둘러 방향을 바로 잡아야 한다. 시간이 지날수록 바로잡기가 더 어렵다. 어떻게 보면 지금이 마지막 기회일지 모른다. 이 일을 누가해야 하는가? 나와 우리, 그리고 기업과 국가가 함께 해야 한다.

전문가들은 앞으로 1~2년이 대한민국의 미래가 달린 '골든타임'이라고 진단하고, 4차 산업혁명을 대한민국 경제를 위기에서 벗어날 기회로 삼아야 한다고 말하고 있다. 이를 위해서는 대한민국 4차 산업혁명의 미래를 총괄적이고 성공적으로 추진하기 위한 청사진이 필요하다. 이러한 국가미래 성공전략 청사진은 대한민국 국민의 특장점인 창의력과 국가적 강점인 ICT와 과학기술을 활용하여 4차 산업혁명시대의 새로운 신성장 동력을 활성화시켜 일자리를 만들고, 국민의 생활을 편리하고 행복하게 만들어 가는 국가 미래발전 추진 차원에서 시급히 마련되어야 할 것이다.

미래는 주어지는 것이 아니라 창조하는 자의 것이다. 우리 국민 모두가 함께 지속 발전하는 대한민국을 만들어 가는 미래 창조자가 되어야 한다. 4차 산업혁명시대에 우리 모두의 비전이 무지개처럼 아름답게 피어나는 대한민국과 기업과 개인이 꿈꾸는 성공적인 미래를 우리가 함께 만들어 가야 한다.

" 준비하지 않는 국가, 기업, 개인에게 미래란 없다.

미래는 준비하는 자의 것이고, 성공은 실천하는 자의 것이다. "

– 피터 슈워츠 –

[참고 문헌]

■ 국내 문헌

· 국제미래학회, 국가미래기본법 제정 및 헌법 개정 공청회, 국회정책세미나 발제집, 국회 의원회관 세미나실 (2018)
· 국제미래학회, 대한민국 4차 산업혁명 마스터플랜, 광문각 (2017)
· 국제미래학회 · 한국교육학술정보원, 대한민국 미래교육보고서, 광문각 (2017)
· 국제미래학회, 대한민국 미래보고서, 교보문고 (2015)
· 국제미래학회, 전략적미래예측방법론 바이블, 두남 (2014)
· 국제미래학회, 글로벌 2030 미래가 보인다, 박영사 (2013)
· 기술 동향분석 한국기계연구원기계기술정책, 글로벌 3D 프린터산업 (2013)
· 기획재정부, 4차 산업혁명 종합대책기본방향 (2017)
· 김경훈 · 한국트렌드연구소빅퓨처(문형남), 핫트렌드 2018 빅도미노, 로크미디어 (2017)
· 김재성 박사 · KISTI, Supercomputing Modeling & Simulation, (2017.09.21)
· 김지연, 4차 산업혁명시대에 살아남기, 페이퍼로드 (2017)
· 김태유 편저, 기술과 공학의이해, 서울대학교 (1996)
· 강순원, 평화, 인권, 교육, 한울 (2000)
· 개빈 멘지스 저, 조행복 역, 1421-중국, 세계를 발견하다, 사계절 (2004)
· 구사노 다쿠미 지음, 송현아 옮김, 환상동물사전, 도서출판 들녘 (2001)
· 김기봉, 역사를 통한 동아시아공동체 만들기, 푸른역사 (2006)
· 김영봉, 교육학개론, 서현사 (2007)
· 김홍신, "대발해에서 잊혀진 북방의 길을 찾다", 환동해미래발전포럼 자료집 (2016)
· 김효준, 생각의 창의성, 도서출판 지혜 (2006)
· 나완용, 자동차 4차 산업 대응전략, 한국자동차공학회 오토저널 (2017)
· 데이비드 요피 · 마이클 쿠스마노 지음, 홍승현 옮김, 전략의 원칙, 흐름출판 (2016)
· 데이비드 하비, 신자유주의:간략한 약사, 한울아카데미 (2017)
· 마이클 브린, 한국인을 말한다, 홍익출판사 (1999)
· 마이클 하워드, 안두환 옮김, 평화의 발명, 전통과현대 (2002)
· 마크 에플러 지음, 정준희 옮김, 우리는 반드시 날아오를 것이다-라이트 형제의 비상에서 배우는 문제 해결의 7가지 원칙, 김영사 (2005)
· 민병천, 평화안보론, 대왕사 (2001)
· 민주정책연구원, 뉴민주당 플랜, 민주정책연구원 (2010)
· 박경귀, 11인 지성들의 대한민국 진단, 백년동안 (2014)
· 박명림, '복지한국의 꿈', 중앙일보 (2011년 8월 26일)
· 박영숙 · 제롬 글렌 · 테드 고든, 유엔 미래보고서, 교보문고 (2016)
· 박종철 외, 2020 선진 한국의 국가전략: 총괄편, 통일연구원 (2007)
· 박현모, '세종이 실천한 친서민정책', 동아일보 (2009년 8월 31일)
· 복지국가실현 연석회의, 발족기자회견 자료 (2011년 7월 20일)
· 서강대 철학연구소 편, 평화의 철학, 철학과현실사 (1995)
· 서광원, 사자도 굶어 죽는다, 위즈덤하우스 (2008)

· 세계평화교수회 편, 평화사상의 연구, 일념 (1983)

· 손성진, '이기주의에 병들어 가는 사회', 서울신문 (2016년 10월 6일)

· 송병락, 전략의 신, 샘앤파커스 (2015)

· 손병해, 경제통합의 이해, 법문사 (2003)

· 송대성, 한반도 평화체제 구축과 군비통제: 2000년대초 장애요소 및 극복방안, 세종연구소 (2001)

· 송영선 · 이홍표 · 홍규덕, 동북아 다자간 안보협력 체제, 한국전략문제연구소 (1993)

· 송영우 · 소치형 공저, 중국의 외교정책과 외교, 지영사 (1993)

· 스튜어트 다이아몬드, 어떻게 원하는 것을 얻는가, 8.0 (2012)

· 신광영, 계급과 노동운동의 사회학, 나남 (1993)

· 쑤엔 · 허빈 지음, 송철규 옮김, 더 퓨처, 예문 (2011)

· 유발 하라리 지음, 조현욱 옮김, 사피엔스, 김영사 (2015)

· 안종배, 4차 산업혁명에서의 교육 패러다임의 변화, EBS (2017)

· 안종배, 스마트시대 콘텐츠마케팅론, 박영사 (2012)

· 안종배, 스마트미디어시대 방송통신 정책과 기술의 미래, 진한M&B (2012)

· 오세정, '국가미래전략기구가 성공하려면', 중앙시평, 중앙일보 (2014년 2월 27일)

· 요르겐 랜더스 지음, 김태훈 옮김, 더 나은 미래는 쉽게 오지 않는다, 생각연구소 (2012)

· 요한 갈퉁 지음?이재봉 외 옮김, 평화적 수단에 의한 평화, 들녘 (2000)

· 윤응진, 기독교 평화교육론, 한신대학교출판부 (2001)

· 이상우 · 하영선 편, 현대국제정치학(개정증보판), 나남출판 (1994)

· 이영완 · 조중현 · 김수진, '지구 살려', 조선일보 (2016년 7월 30일)

· 이원형, 한국의 외교전략, 박영사 (2003)

· 이호재 편, 한반도평화론, 법문사 (1989)

· 임강택, 한반도 경제통합 모형의 이론적 모색, 통일연구원 (2006)

· 일본평화학회 편집위원회 편, 이경희 역, 평화학-이론과 실제, 문우사 (1987)

· 장영권, 대한민국 미래지도, 청년정신 (2012)

· 장영권, 상생평화국가와 한국외교강국론, 늘품플러스 (2008)

· 장영권, 지속 가능한 평화론, 한국학술정보 (2010)

· 장영권, "평화의 존재론적 의미와 구축 전략: 한반도 'DMZ평화' 구상을 중심으로", 통일과 평화, 서울대 통일평화연구원, 7집1호 (2015)

· 제러미 리프킨, 제3차 산업혁명, 민음사 (2012)

· 조선일보 · 한반도선진화재단 공동 기획, "2009 한국, 어디로 가야 하나", 조선일보(2009년 2월 16일)

· 조한범 외, 동북아 평화문화 비교 연구, 통일연구원 (2004)

· 짐 데이토의 미래학 이야기, 중앙선데이 (2011년 1월 8일)

· 조준동, 창의융합 프로젝트 아이디어북, 한빛아카데미(주) (2015)

· 폴 엡스타인, 댄 퍼버 지음, 기후가 사람을 공격한다, 푸른숲 (2012)

· 피터 디아맨디스, "우리가 생각하는 것보다 세상이 더 살기 좋은 이유: 10가지", 인데일리 (2016년 7월 6일)

· 참여연대 평화군축센터, "시민이 제안하는 한반도 평화체제", 『참여연대 보고서』 제2011-22호 (2011)

· 철학사전편찬위원회, 철학사전, 중원문화 (2009)

· 최상용, 평화의 정치사상, 나남출판 (1997)

· 최송화 · 권영설 편저, 21세기 동북아문화공동체의 구상, 법문사 (2004)

· 최영종 외, 동아시아 공동체: 비전과 전망, 한양대학교 출판부 (2005)

· 최종기, 현대국제관계론, 박영사 (1982)

· 최춘흠, 중국과 한반도 평화과정, 통일연구원 (1999)

· 최호근, 제노사이드, 책세상 (2005)

· 최승호, 전략기획 에센스, 새로운 제안 (2010)

· IT NEWS, 생체인터넷(IoB) 기술개발과 전략 시리즈_차원용 (2014~2016)

· IT World, CES 2016 미래 지향적인자동차 기술 발표 총정리 (8 Jan 2016)

· KAIST 문술미래전략대학원, 대한민국 국가미래전략 2017, 이콘 (2016)

· YTN - 피부에 붙여질병 치료.전자 패치 개발 (31 Mar 2014)

· YTN via Yoputube - 초보운전이에요.자율주행차, 국내 일반도로 첫 주행 (22 Jun 2017)

· YTN, 사람 곁에서 협업하는 로봇.더 가까워졌다 (15 Sep 2017)

■ 해외 문헌

· Alexlord, Robert, The Evolution of Cooperation (New York: Basic   Books,1984)

· Amoreso, Buruno, On Globalization: Capitalism in the 21th Century (New York: Palgrave, 1998)

· Amsden, Alice, The Asia's Next Giant (New York: Oxford University Press, 1989)

· Anderson, Peter J., The Global Politics of Power, Justice and Death: An Introduction to International Relations (London: Routledge, 1996)

· Anheier, Halmt, Marliers Glasins, and Mary Kaldor, eds., Global Civil Society 2000 (Oxford: Oxford University Press, 2001)

· Anheier, Halmt, Marliers Glasins, and Mary Kaldor, eds., Global Civil Society 2000 (Oxford: Oxford University Press, 2001)

· Arendt, Hannah, The Human Condition. (Chicago: The University of Chicago Press, 1958)

· Arendt, Hannah, On Violence (New York: Harcourt, Brace & World, 1970)

· Armstrong, David, Theo Farrell and Bice Maignashea, eds., Governance and Resistance in World Polities (Cambridge: Cambridge University Press, 2003)

· Aron, Raymond, Paix et guerre entre les nations, (Paris: Calmann-Levy[1962], 1984)

· Avery Goldstein, Rising to the Challenge: China's Grand Strategy and International Security. (Stanford University Press, 2005)

· Axelrod, Robert, The Evolution of Cooperation (New York: Basic Books. 1984)

· Barry Buzan, "Regional Security as a Policy Objective : The Case of South and Southwest Asia", in A. Z. Rubinstein(ed.), The Great Game: The Rivalry in the Persian Gulf and South Asia (New York: Praeger, 1983)

· B.H. Liddell Hart, 'Fundamentals of Strategy and Grand Strategy', in his Strategy, 2nd ed. (New York: Faber & Faber, 1967)

· B.H. Liddell Hart, Strategy. (New York : Plume Press, 1991)

· Cohen, Jean L. and Andrew Arato, Civil Society and Political Theory (Cambridge, Mass.: MIT Press, 1992)

· Dasgupta, Sugata, Problem of Peace Research: A Third World View (New Delhi: Council of Peace Research, 1974)

· Freire, Paulo, Pedagogy of the Oppressed, translated by Myra Bergman Ramos (New York: The Seabury Press, 1970)

· Friedman, Milton, Capitalism and Freedom (Chicago: University of Chicago Press, 1982)

• Fullinwider, Robert K., ed., Civil Society, Democrary, and Civic Renewal (Lanham: Rowman & Littlefield, 1999)

• Gaddis, John Lewis, The Long Peace (New York: Oxford University Press, 1987)

• Galtung, Johan, Peace By Peaceful Means: Peace and Conflict, Development, and Civilization (London and New Delhi: PRIO, 1996)

· Chalk, Peter, Non-Military Security and Global Order: The Impact of Extremism, Violence, and Chaos on National and International Security, (New York: St. Martin's Press, London: Macmillan Press, 2000)

· Edward Mead Earle, ed., Makers of Modern Strategy : Military Thought from Machiavelli to Hitler (New Jersey : Princeton University Press,1943)

· Erich Ludendorff 저, 戴耀先 역, 『總體戰』, (北京：解放軍出版社，2005)

· Ole Wæver and Jaap de Wilde., Security: A New Framework for Analysis (Boulder: Lynne Rienner Publishers, 1998)

· Gilpin, Robert, War and Change in World Politics (New York: Cambridge University Press, 1981)

· Gourevitch, Philip, We Wish to Inform You that Tomorrow We Will Be Killed with Our Families: Stories from Rwanda (New York: Earrar, Straus and Giroux. 1988)

· Gowa, Joanne, Ballots and Bullets: The Elusive Democratic Peace (Princeton: Princeton University Press, 1999)

· Hegel, G. W. Friedrich, The Philosophy of Right, tr. T.M. Knox (Oxford: Clarendon Press, 1942)

· Held, David, Anthony McGrew, David Goldblatt, and Jonathan Perraton, Global Transformations: Politics, Economics and Culture (Stanford: Stanford University Press, 1999)

· Hoffmann, Stanley, Gulliver's Troubles, or the Setting of American Foreign Policy (New York: McGraw-Hill, 1968)

· Jordan, Amos a. et. al., American National Security: Policy and Process (Baltimore and London : The Johns Hopkins University Press, 1989)

· Kant, Immanuel, Perpetual Peace, ed. Lewis White Beck (New York: Liberal Arts Press, 1957)

· Keane, John, Civil Society: Old Images, New Visions (Stanford: Stanford University Press, 1998)

· Keohane, Robert O., After Hegemony: Cooperation and Discord in the World Political Economy (Princeton: Princeton University Press, 1984)

· Keohane, Robert O., & Joseph S. Nye, Power and Interdependence: World Politics in Transition (Boston: Little, Brown and Co, 1977)

· Keohane, Robert O., International Institutions and State Power: Essays in International Relations Theory (Boulder: Westview Press, 1989)

· Klare, Michael T.(ed.), Peace & World Security Studies 6th ed., (London: Lynne Riienner Publishers, 1994)

· Krasner, Stephen D.(ed), International Regimes (Ithaca and London: Cornel University Press, 1983)

· Kuhn, Thomas S, The Structure of Scientific Revolution (Chicago: University of Chicago Press, 1962)

· Levy, Jack, War in the Modern Great Power System 1495-1975 (Lexton: University Press of Kentucky, 1983)

· Mack, Andrew and Ravenhill, John (eds.), Pacific Cooperation (New York: Allen & Unwin, 1994)

· Mandel, Robert, The Changing Face of National Security: A Conceptual Analysis, Westport: Greenwood Press [Contributions in Military Studies; no. 156], 1994.

· Marshall, M. G. and T. R. Gurr, Peace and Conflict 2005: A Global Survey of Armed Conflict, Self Determination Movement and Democracy., Center for International Development and Conflict Management, University of Maryland, College Park, 2005.

· McNeil, E.b,, The Nature of Human Conflict (Prentice-Hall, 1965)

· Mearsheimer, J., The Tragedy of Great Power Politics. (New York: W.W. Norton & Company, 2001)

· Mitrany, David, A Working Peace System (Chicago: Quadrangle Books, 1966).

· Nye, Joseph S. Jr., Bound to Lead: The Changing Nature of American Power(N.Y.: Basic Books, 1990)

· Olson, Mancur, The Logic of Collective Action (Cambridge: Harvard University Press, 1971)

· Paige, Glenn D., Nonkilling Global Political Science (Philadelphia: Xlibris, 2002)

· Pempel, T. J. ed., Remapping East Asia: The Construction of A Region(Ithaca: Cornell University Press, 2005)

· Rosen, S.J and W.S. Jones, The Logic International Relational, 3rd ed., 1980.

· Rummel, R.J., In The Minds of Men: Principles Toward Understanding and Waging Peace (Seoul: Sogang University Press, 1984)

· Rummel, R.J., Understanding Conflict and War, Vol.1-Vol.5, (Berverly Hills: Sage, 1975-1981)

· Russett, Bruce M., Grasping the Democratic Peace: Principles for a Post-Cold War World (Princeton: Princeton Press, 1993)

· Russett, Bruce M., International Regions and the International System (Chicago: Rand McNally & Company, 1967)

· Stockholm International Peace Research Institute, SIPRI Yearbook 2005: Armaments, Disarmament and International Security (New York: Oxford University Press, 2005)

· Stockholm International Peace Research Institute, SRIPI Yearbook 2006: Armaments, Disarmament and International Security (SRIPI, 12 June 2006)

· Sullivan, Michael P., International Relations: Theories and Evidence (Englewood Cliffs: Prentice-Hall, 1976)

· Thomas, Daniel C., Global Governance, Development and Human Security: The Challenge of Poverty and Inequality (London: Pluto Press, 2000)

· Wade, Robert, Governing the Market: Economic Theory and the Role of Government in East Asian Industrialization (Princeton: Princeton University Press, 1990)

· William C. Martel, Grand Strategy in Theory and Practice: The Need for an Effective American Foreign Policy, Cambridge University Press (January 12, 2015)

부 록

—

국제미래학회 소개

국제미래학회는 안종배 한세대 교수가 주도하여 세계적인 미래학자인 제롬글 렌과 김영길 한동대 총장이 초대 공동회장을 맡고 국내외 전문영역별 미래학자 100여명이 함께 참여하여 2007년 10월 국내에 본부를 두고 설립된 국제적인 학회 이다. 2011년부터는 제롬글렌과 이남식 전 전주대 총장이 공동회장을 맡고 있다.

국제미래학회는 '미래의 다변화 사회에 대응하기 위하여 사회 전반을 아우르는 과학·기술·정치·경제·인문·사회·환경·ICT·미디어·문화·예술·교육·직업 등 제 분야에 대한 미래예측 및 변화에 대한 연구를 수행함으로써 미래 사회를 대 비하고 지속적인 성장과 발전에 기여함'을 목표로 삼고 있다.

국제미래학회는 제롬글렌, 티모시 맥, 짐 데이토, 호세 코르데이로, 피터 비숍, 조나단 트렌트, 토마스 프레이 등 해외의 세계적인 미래학자 50여명이 함께 동참 하고 있으며 이들을 국내에 초청하여 미래학과 미래 예측방법론의 확산을 위한 노력을 경주해 왔다. 또한 100회에 걸쳐 매월 국제미래학 학술포럼과 컨퍼런스를 개최하여 주요 영역별 미래 예측과 미래 발전 전략을 발표해 왔다.

국제미래학회는 현재 미래연구원_{원장 안종배} 및 학술위원회를 포함한 8개의 직무 위원회와 70여개의 전문영역별 연구위원회로 구성되어 있고 국내외의 저명한 학 자와 전문가 500여명이 함께 하고 있다.

국제미래학회는 학회 위원들이 공동 저술하여 국내 최초의 26영역별 글로벌 미 래예측 연구 결과로서 『미래가 보인다, 글로벌 2030』_{박영사}을 출간하였고 40여개 의 『전략적 미래예측방법 바이블』_{두남출판}을 연구하고 저술하여 문화체육관광부 우수학술도서로 선정되었다. 또한 46명의 위원들이 2년간의 공동연구를 통해 한 국의 미래를 예측하고 미래 발전 방안을 제시한 『대한민국 미래보고서』_{교보문고}를 출간하여 2016년 문체부 추천 우수교양도서로 선정되었다. 또한, 57명의 석학들이 4차산업혁명시대 대한민국의 미래 대응을 위한 교육혁신 방안으로 『대한민국 미래교육보고서』광문각를 2017년 저술 출간하여 문화체육관광부 우수학술도서로 선정되었고, 『대한민국 4차산업혁명 마스터플랜』광문각, 『4차산업혁명 대한민국 미래 성공전략』광문각을 저술하여 개인, 기업, 국가의 미래 대응방안과 성공전략을 제시하였다.

또한 국내 최초의 미래형 오픈캠퍼스 교육기관인 '미래창의캠퍼스'를 개설 '4차 산업·미래전략 최고지도자 과정'을 포함한 60여개의 미래형 교육과정을 진행하고 있다.

그리고 급변하는 미래 환경에서 지속가능한 국가 및 지자체 발전에 이바지하고, 예산을 국가와 지자체 미래 발전에 적합하게 사용토록 사전 점검하게 함으로써 국민의 미래 일자리 창출과 행복한 삶의 질을 높이는 데 기여하기 위한 '국가미래 기본법'을 입안하고 제정을 위해 노력하고 있다.

연락처 :

안종배 원장(한세대학교 교수 : 010-8223-7530, daniel@cleancontents.org)
심현수 사무총장 (클린콘텐츠국민운동본부 대표 : 010-9899-0005, admin@cleancontents.org)

국제미래학회
Global Future Studies Association
| 조직도 |

미래연구위원회

미래미디어위원장	안종배 (한세대 교수)
미래디자인위원장	이순종 (서울대 미대 명예교수)
미래보건인재위원장	강대희 (서울대 의대 학장)
미래국토계획위원장	김창석 (서울시립대 명예교수)
미래IT위원장	임주환 (고려대 초빙교수)
미래의료과학위원장	엄창섭 (고려대 의대 교수)
미래헬스케어위원장	강건욱 (서울대 의대 교수)
미래예술위원장	노소영 (나비아트센터 관장)
미래방송기술위원장	안동수 (유비콘미디어콘텐츠연합 부총재)
미래방송위원장	김광호 (서울과학기술대 교수)
미래인문학위원장	이상규 (경북대 교수)
미래블록체인위원장	박수용 (서강대 교수)
미래경영예측위원장	김진화 (서강대 교수)
미래경영컨설팅위원장	김경준 (딜로이트컨설팅 대표)
미래주거환경위원장	이연숙 (연세대 교수)
미래핵에너지위원장	황일순 (서울대 공대 교수)
미래평생교육위원장	최운실 (아주대 교수)
미래융합산업위원장	이주연 (아주대 교수)
미래경영위원장	엄길청 (경기대 교수)
미래혁신기술위원장	한승호 (한설그린 회장)
미래기후변화위원장	조석준 (9대 기상청장)
미래패키징위원장	김재능 (연세대 교수)
미래과학기술위원장	차원용 (아스팩연구소 소장)
미래의복학위원장	남윤자 (서울대 교수)
미래지식서비스위원장	주형근 (한성대 교수)
미래공간지리위원장	박수진 (서울대 교수)
미래정보분석위원장	문영호 (KISTI 부원장)
미래트렌드예측위원장	김경훈 (한국트렌드연구소 소장)
미래스토리텔링위원장	이재홍 (숭실대학교 교수)
미래게임위원장	위정현 (중앙대학교 교수)
미래컴퓨터위원장	신용태 (숭실대 교수)
미래창의교육위원장	이경화 (숭실대 교육학과 교수)
미래한류문화위원장	박장순 (홍익대 교수)
미래지속가능학위원장	문형남 (숙명여대 교수)
미래기술가치위원장	조성복 (KVA 평생교육원 원장)
미래휴먼컴위원장	김광옥 (전 방송학회회장)
미래경제예측위원장	최윤식 (아시아미래인재연구소장)
미래기업홍보위원장	김흥기 (한국사보협회 회장)
미래콘텐츠재산권위원장	조태봉 (문화콘텐츠라이센싱협회 회장)
미래인터넷윤리위원장	최종원 (숙명여대 교수)
미래혁신정책위원장	박병원 (과학기술정책연구원 미래센터장)
미래인구예측위원장	서용석 (카이스트 교수)
미래광고위원장	김병회 (서원대 교수)
미래에너지위원장	정욱형 (CEO에너지 대표)
미래동양학위원장	소재학 (하원정미래학회 회장)
미래IT기술분석위원장	김들풀 (IT뉴스 대표)
미래드론위원장	장문기 (한국드론협동조합 이사장)
미래드론교육위원장	박장환 (국제드론사관학교 이사장)
미래3D프팅위원장	조성수 (월간 3D프린팅 발행인)
미래지역산업위원장	강종진 (울산문화산업개발원 원장)
미래이러닝위원장	이형세 (테크빌교육 대표이사)
미래비교문화위원장	김세원 (카톨릭대 교수)
미래위성우주위원장	조황희 (과학기술정책연구원 원장)
미래빅데이터위원장	박정은 (한국정보화진흥원 센팅장)
미래국토이용위원장	이용우 (국토연구원 본부장)
미래인구변화정책위원장	김두수 (세계미래포럼 대표)
미래전통문화위원장	김시범 (한동대 문화산업대학원장)
미래캠페인위원장	박종라 (성결대 교수)
미래출판위원장	김갑용 (진한M&B 대표)
미래정책위원장	장영권 (국가미래전략원 대표)
미래법제위원장	박인동 (김&장 법률사무소 변호사)
4차산업혁명법률위원장	양승원 (법무법인 하정 대표 변호사)
미래영어교육위원장	김정희 (단국대학교 교수)

임원

명예회장	김영길 (전 한동대 총장)
회장	이남식 (수원대 제2창학위원장)
	제롬글렌 (밀레니엄 프로젝트 회장)
원장	안종배 (미래창의캠퍼스 이사장)
수석부회장	김용근 (한국자동차산업협회 회장)
부회장	길영준 (삼성종합기술원 부사장)
운영이사	학술위원회 위원장
	편집위원회 위원장
	총무위원회 위원장
	대회협력위원장
	미디어홍보위원장
집행이사	학술위원장
	연구위원장
	국제위원장
	자문위원장
	후원회장

자문위원

심재철 (20대 국회 부의장)
정갑윤 (19대 국회 부의장, 국회의원)
신경민 (더불어민주당 국회의원)
노웅래 (더불어민주당 국회의원)
이상민 (더불어민주당, 국회의원)
조완규 (서울대 명예교수, 전 교육부 장관)
김광두 (국민경제자문회의 부의장)
곽병선 (인천대 석좌교수)
이경숙 (아산나눔재단 이사장)
진대제 (전 정보통신부 장관)
이영탁 (세계미래포럼 이사장)
김명자 (한국과학기술단체총연합회 회장)
박 진 (18대 국회 외교통상위원장)
장순흥 (한동대학교 총장)
조동성 (인천대학교 총장)
김경성 (서울교육대학교 총장)
이재희 (전 인천교육대학교 총장)
안양옥 (한국장학재단 이사장)
이상훈 (한국전자통신연구원 원장)
한석수 (한국교육학술정보원 원장)
김재춘 (전 한국교육개발원 원장)
이용순 (전 한국직업능력개발원 원장)
윤은기 (한국협업진흥협회 회장)
이민화 (벤처기업협회 명예회장)
이단형 (한국SW기술진흥협회 회장)
이광형 (KAIST 미래전략대학원장)
안종만 (박영사 회장)
박광성 (한국방송예술진흥원 총장)
백순진 (함께하는저작인협회 이사장)
민경찬 (연세대 명예교수)
주영섭 (고려대 석좌교수, 전 중소기업청장)

국제자문위원

위원장 Theodor Gordon
　　　　(미.the FUTURE GROUP 창립자)

Arhur B.Shostak (미 Drexel Unlv)
Timothy C.Mack (미,WFS 회장)
Jose Cordeiro (미, 싱올레리티대 교수)
Fadienne Goux-Baudiment (불 WFSF 회장)
Rohit Talwar (영 Fast Future Research)
K Eric Drexler (미, Foresight Institute)
Pera Wells (오,WFUNA 사무총장)
Paul J. Webos 미, SRI Intemational
Frank Catanzaro (미, WFUNA MP)
Raymond Kurzweil (미, Kurzwil Alnet)
Gregor Wolbring (캐, Calgary Univ교수)
William E. Halal (미, 조지워싱턴대학교교수)
Jim Dator (미, Hawaii Univ 교수)
Sohail Inayatullah (Tamkang Univ.교수)
Eero Paloheimo (핀, 미래상임위원회)
Dennis R. Morgan (미, WFUNA MP)
Pierre Alain-shieb (불, OECD 미래포럼)
Sirca Heinonen (핀, Turku Uni)
Matti Heinoinen (핀, ICB)
Thomas Frey (다빈치연구소 소장)
Jonathan Trent (NASA 오메가연구소 소장)

국제협력위원회 공동위원장

박영숙 유엔미래포럼 대표
임마누엘 이만열 경희대 교수
아이한 카디르 한국외대 교수

지역위원회

대전본부장	김용채 (리예종 대표,박사)
유럽지역	김지혜 (오트쿠튀르 대표)
아세안지역	유진숙 (한-아세안센터 부장)

미래연구원 원장 학술위원회 위원장

안종배 (한세대 교수)

미래인재위원회 공동위원장

안남섭 미래준비 이사장
차경환 (인성북라이크운동본부 대표)
장현덕 스쿨iTV 대표

편집출판위원회 공동위원장

박정태 (광문각 회장)
김병회 (서원대 교수)

미디어 · 홍보위원회 공동위원장

전병인 (내외통신 대표)
박애경 (투데이신문 대표)
강병준 (전자신문 국장)
김동원 (데일리한국 국장)

사무총장

심현수 (클린콘텐츠국민운동본부 대표)

총무위원장

이민영 (KNS뉴스통신 논설위원)

대외협력 · 문화위원회 공동위원장

조영관 (사단법인 도전한국인 대표)
이정환 (서울문화홍보원 원장)
서재철 (한국인터넷진흥원 수석연구위원)

GLOBAL

박영사

미래가 보인다

글 · 로 · 벌 · 미 · 래 2030

국제미래학회 공저

안종배 · 제롬 글렌 · 이남식 · 박진 · 차원용 · 박영숙
최윤식 · 엄길청 · 김병희 · 이민영 · 이기현 · 이순종
이상규 · 김세원 · 정윤희 · 최창섭 · 김광옥 · 임주환
서재철 · 이주연 · 정국환 · 조병완 · 김경철 · 류청산
이제호 · 엄창섭

FUTURE

국제미래학회
Global Futures Studies Association

The Strategic Methodology for Futures Studies

전략적 미래예측 방법론

BIBLE

2015
세종도서 학술부문

미래를 보는 힘
34가지 미래예측 방법론 완벽 해설서

미래를 예측하는 가장 큰 목적은 미래를 족집게처럼 집어내기 위한 것이 아니라 오히려 바람직한 미래를 만들어가기 위함이라고 할 수 있다. 바람직한 미래를 만들기 위하여 지금 우리가 결정하고 실행해야할 일들이 무엇인가 하는 것은 정부의 정책결정자나 기업의 최고경영자들에게 매우 중요한 일이다. 특히 전 세계가 실시간 인터넷으로 연결된 초연결 사회, 그리고 폭발적인 기술의 발전으로 인한 특이점의 시대에서 미래에 대한 통찰력과 예지력은 이 시대의 리더들에게 필수 불가결의 덕목이라 할 수 있다.

국제미래학회 공저

안종배 이남식 이광형 김병희 김진화 서재철 이민영 엄창섭 김재능 문영호 손승원
이승민 박병원 김광옥 박경식 류청산 차원용 이희준 김경훈 최윤식 소재학

도서출판 두남

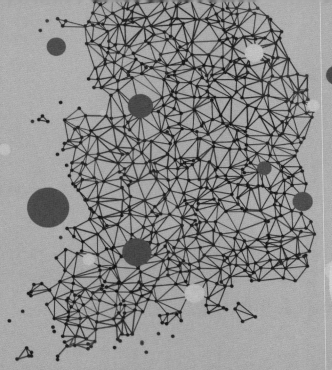

2016
세종도서 교양부문

대한민국이 앞으로 20년간 맞이할 미래를 각 분야 전문가들이
각종 데이터와 연구 성과를 바탕으로 예측한 맞춤형 미래보고서

— IoT, CPS, NBIC, 임베디드 시스템이 만드는 융합과 초연결의 미래 세계
— 저출산 고령화와 수명연장, 청년실업과 정년 연장
— 기후 변화와 재난 재해의 증가
— 신산업 육성 및 21세기형 인재 양성

융합과 초연결의 미래, 전문가 46인이 예측하는 대한민국 2035

대한민국
미래보고서

국제미래학회 지음 | 608쪽 | 18,000원

저자(목차순)

진대제, 안종배, 김경훈, 박정은, 문영호, 이주연, 강상백, 이효은, 정성영, 이단형, 유영제, 강대희, 송민교, 이휘원, 김용근, 이남식,
서용석, 권원태, 박영숙, 박경식, 장순홍, 윤은기, 차원용, 박주연, 이환, 남윤자, 강순아, 노소영, 위정현, 이재홍, 강병준, 김광호,
김시범, 박장순, 김용현, 엄길청, 문형남, 소재학, 박수진, 이용우, 이순종, 조황희, 정욱형, 김명자, 박진, 곽병선

※ 전국 서점에서 구매하실 수 있습니다. **교보문고**

국내 최고의 석학 · 전문가 57인이 1년간 공동 연구 · 집필한
대한민국 미래교육의 바람직한 혁신을 위한 지침서

'제4차 산업혁명 시대'를
주도할 미래 인재를 양성하여 지속 가능한
대한민국의 발전을 이끄는 교육 혁신 보고서!

＊2017년 문화체육관광부 추천 우수교양도서(세종도서) 선정 ＊

초연결 · 초지능 사회, 교육이 바뀌어야 대한민국이 산다!

2017
세종도서 교양부문

제4차 산업혁명 시대
대한민국 미래교육보고서

• 교육 환경의 변화와 위기의 대한민국 교육 현황 진단
• 대한민국 미래교육의 패러다임과 시스템의 대전환
• 10년 후 미리 가 본 대한민국 미래교육 시나리오
• 대한민국 미래교육 혁신의 정착을 위한 정책 제언

총괄집필위원 안종배
공동집필위원

강병준 , 강선보, 강종진, 강현석, 공기택, 곽병선, 김경범, 김경성, 김경훈 , 김광옥, 김광호, 김기석, 김동원, 김들풀,
김선태, 김성열, 김영화, 김이경, 김재춘, 김진숙, 김철회, 민경찬, 박동열, 박종라, 서용석, 안양옥, 엄길청, 엄창섭,
유영만, 윤은기, 윤형한, 이경숙, 이경화, 이남식, 이단형, 이민영, 이순종 , 이용순, 이재웅, 이재희, 이종승, 이지현,
임진혁, 장순흥, 정제영, 조동성, 조 벽, 주형근, 진대제, 진동섭, 차경환, 최운실, 한석수, 허경철, 홍후조, 황일순
(＊ 가나다순)

국제미래학회 · 한국교육학술정보원 지음
신국판 760쪽 I 25,000원

※도서 문의 : 광문각 031-955-8787, kwangmk7@hanmail.net
※서적은 온 · 오프라인 서점에서 구매하실 수 있습니다.

Korea Masterplan
for the Fourth Industrial Revolution

4차 산업혁명 시대, 대한민국의 새로운 도약을 위한 Dream Up 프로젝트!

대한민국 4차 산업혁명
마스터플랜

대한민국
석학 · 전문가
20인의
미래 예측 전략

- 대한민국 4차 산업혁명 마스터플랜 수립 배경 및 주력 산업 도출
- 대한민국 4차 산업혁명 마스터플랜 추진 전략
- 대한민국 4차 산업혁명 마스터플랜의 17개 주력 산업별 발전 전략
- 대한민국 4차 산업혁명 마스터플랜 로드맵 및 국가 차원의 R&D 프로젝트 도출
- 대한민국 4차 산업혁명 마스터플랜을 성공적으로 구현하기 위한 정책 제언
- 대한민국 4차 산업혁명 마스터플랜 추진 10계명

공동 집필위원

안종배, 이남식, 차원용, 이순종, 황일순, 박수용, 강건욱, 김경훈, 이재홍, 문형남
정욱형, 조성수, 김들풀, 장문기, 이형세, 박장은, 서재철, 이재관, 장수진, 권영일

※ 도서 문의 : 광문각 031-955-8787, kwangmk7@hanmail.net
※ 서적은 온 ·오프라인 서점에서 구매하실 수 있습니다.

국제미래학회 지음
46배판, 376쪽 | 정가 19,000원

www.futurestudy.kr

4차산업혁명시대 미래창의혁신 인재 양성의 요람

미래창의캠퍼스

Future Creative Campus

"4차산업혁명시대를 강건하고
아름답게 만들어가는
인재를 양성합니다."

미래창의 캠퍼스 비전

4차산업혁명시대 미래창의혁신 핵심역량을 갖춘 전문 인재 양성

4차산업혁명시대에 우리는 초지능 · 초연결 사회의 패러다임에 맞는 새로운 인재가 양성되어야 합니다. 급변하는 사회 변화를 예측하고 전략적으로 대처할 수 있는 미래예측전략 역량과 스마트를 융합하여 새로운 가치를 창출하는 창의 역량과 스마트 활용 역량, 지속가능한 발전을 도모하기 위한 혁신 역량과 인성 및 청렴 윤리의식을 갖춘 인재를 양성하여 4차산업혁명시대 글로벌 경쟁력을 강화하는데 기여코자 합니다.

비전	세계 일류의 4차산업혁명시대 미래창의혁신 인재 양성의 요람
목표	4차산업혁명시대에 대응하고 글로벌 경쟁력 갖춘 미래창의혁신 인재 양성 4차산업혁명시대 글로벌 리더 국가 경쟁력과 개인의 미래사회 성공 경쟁력 강화
핵심가치	전략적 미래예측, 창의적 혁신사고, 스마트 조직운영, 고객감동 서비스 구현

5대 중점 과제

1. 교육	3. 교수진의 세계 수준화	2.교육과정
4차산업혁명시대 맞춤형 미래 지향의 전문 역량 강화 참여형 실무 중심 교육	4. 국제화 5. 산 · 관 · 학 · 연 협력	4차산업혁명시대 핵심 역량 차별화된 전문 교육과정

미래창의 캠퍼스 조직도

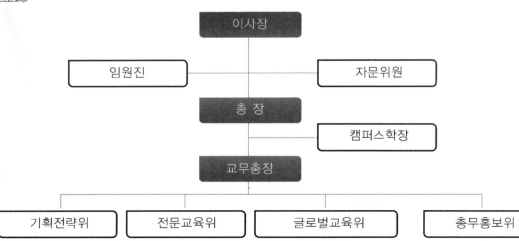

미래창의 캠퍼스 교육과정

■ **4차산업혁명시대 핵심역량 위탁 · 연수 교육 과정**
  - 미래예측 전략 전문가 과정
  - 창의 혁신 전문가 과정
  - 스마트 역량강화 과정
  - 청렴윤리 교육 과정
  - 인성리더십 과정
  - 코칭을 통한 경영 혁신/교수학습 혁신 과정
  - 4차산업 실무 역량 과정

■ **4차산업혁명시대 글로벌 경쟁력 강화 국내 · 해외 연수**
  - 4차산업 해외 벤치마킹 연수
  - 미래전략혁신 해외연수
  - 신규 Biz. 개발 해외연수
  - IoT, Smart factory 해외연수
  - 국내 제4차사업 선도기업 방문 국내연수

■ **컨설팅 및 전문가 자격증 과정**
  - 미래예측 전략 컨설팅
  - 혁신비즈니스 개발 컨설팅
  - 미래예측전략 전문가 자격증
  - 스마트 멀티미디어 전문가 자격증
  - 사물인터넷(IoT) 자격증
  - 독서교육 지도사 자격증

■ **미래예측전략 최고위 과정**
  - 미래예측 전략 최고위 포럼
  - 행복한 미래창의 경영 최고위 과정
  - 미래창의 음악어울림 최고위 워크숍
  - 스마트 창의 경영 최고위 과정

■ **4차산업 리더스 포럼**

미래창의 캠퍼스 교수진

안종배	미래정책연구원 원장, 한세대 교수	최철수	배재대 교수, 바리톤
이윤배	전 순천향대 부총장	박선영	국제대학교 교수
박광성	한국방송예술교육진흥원 총장	박동열	한국직업능력개발 센터장
김경훈	한국드렌드연구소 소장	윤형환	한국직업능력개발원 연구위원
심현수	스마트미디어교육진흥원 원장	서재철	한국인터넷진흥원 연구위원
조석준	기후변화저널 대표, 9대 기상청장	김진숙	한국교육학술정보원 미래교육부장
문영호	한국과학기술정보연구원 부원장	장문기	한국드론협동조합 이사장
안치득	한국전자통신연구원 소장	이효은	정보통신기술진흥센터 연구위원
안종만	박영갤러리 회장	장현덕	스쿨iTV 대표
노소영	아트센터 나비 관장	조상용	글로벌포인트 VR 대표
김영만	종이접기 아저씨	최선호	드림파트너스 대표
이경화	숭실대 평생교육학과 교수	김용진	뇌아카데미 원장
이순종	서울대학교 미대 명예교수	김성열	온오프마케팅 연구소 대표
엄창섭	고려대 의대 교수	이정환	소셜인비젼스 대표
이병욱	마리소리음악연구원 이사장	조영관	도전한국인운동본부 대표
윤이나	수원대 음대 교수	배정우	엠카달로그 대표
차원용	아스펙미래경영연구소 소장	이무성	화백
김시범	안동대 문화산업대학원장	김순영	서양화 화가
권대욱	아코르 엠배서더 호텔 회장	이돈아	동양화 화가
문형남	숙명여대 IT융합비즈니스 교수	조영주	지역문화연구원 원장
신종우	신한대학교 교수	이혜정	한국시낭송예술협회 회장
서문산성	전주정보문화산업진흥원 원장	황인경	소설 목민심서 작가
노성진	한국조형예술원 교수	신정균	서예 캘러그라피 작가
김들플	IT뉴스 대표	엄경숙	국제하나예술협회 회장
이재홍	한국게임학회 회장, 숭실대 교수	임춘희	국악 명창
정광열	한국산업교육센터 대표	황경애	국악 무용 감독
차경환	한국인권인성교육진흥원 원장	손정아	우리문화예술원 대표
박종라	더칼라 커뮤니케이션 대표	노영주	소프라노
김민섭	국제문화예술기구 이사장	김문수	메조소프라노
김흥기	한국사보협회 회장	정지철	오페라 예술감독
김광옥	수원대 명예교수	이근설	디지털사진가협회 편집장
신형덕	홍익대 경영학과 교수	이은봉	올리브스튜디오 대표
김병수	목원대 애니메이션학과 교수	성우석	더메이크 대표
소재학	국제뇌교육종합대학교 석좌교수	연 숙	한국문학신문 대표
박낙종	전 베트남 한국문화원 원장	이종욱	한국교총 초등교사회 회장
박경식	미래전략정책연구원 원장	공기택	수원동원고 교사
김주태	MBC 국장	변정원	북라이크 독서 교육 본부장
권혁만	KBS PD, 일사각오	임영자	뇌교육학 박사
구수환	KBS PD, 울지마톤즈	이지안	유아이비 대표
박건식	MBC PD, PD교육원 원장	백민철	비엠컴퍼니 대표
주형근	한성대학교 교수	민혁재	서울중앙방송 대표

 미래창의 캠퍼스 학장 · 조직 위원

국제미래학회, 클린콘텐츠국민운동본부 협력 위원

■ 캠퍼스 학장

서울본부캠퍼스 학장	심현수 한국청렴교육진흥원 원장	아산캠퍼스 학장	정광열 한국산업교육센터 대표
서울강남캠퍼스 학장	조성복 기술가치평생교육원 원장	울산캠퍼스 학장	강종진 울산문화산업개발원 원장
곤지암캠퍼스 학장	김정숙 곤지암밸리 관장	전주캠퍼스 학장	이민영 전북도민일보 교육원 원장
파주캠퍼스 학장	박정태 나비나라박물관 이사장	제주캠퍼스 학장	권하영 북라이크제주연수원 원장
홍천캠퍼스 학장	이병욱 마리소리음악연구원 이사장	청양캠퍼스 학장	허광 한궁세계화연수원 이사장

■ 자문위원

조완규	서울대 명예교수, 전 교육부 장관	조동성	국립인천대학교 총장
진대제	스카이레이크인베스트먼트 회장 전 정통부 장관	장순흥	한동대학교 총장
이경숙	아산나눔재단 이사장	이재희	경인교육대학교 총장
이남식	국제미래학회 회장	이용순	한국직업능력개발원 원장
윤은기	한국협업진흥협회 회장	노영혜	종이문화재단 이사장
곽병선	인천대 석좌교수, 장학재단 前이사장	노소영	아트센터 나비 관장
김명자	한국과학기술단체총연합회 회장	박광성	한국방송예술교육진흥원 총장
손 욱	행복나눔 125 회장	권대욱	아코르 엠배서더 호텔 회장

■ 임원진 (운영이사)

안종배	미래정책연구원장, 한세대 교수	김경훈	한국트렌드연구소 소장
이윤배	전 순천향대 부총장, 전 흥사단 이사장	조태봉	한국문화콘텐츠라이센싱협회 회장
조석준	기후변화저널 대표, 9대 기상청장	안남섭	한국코치협회 부회장
심현수	한국청렴교육진흥원 원장	김갑용	진한M&B 대표
차경환	한국인권인성교육진흥원 원장	박종라	더칼라 커뮤니케이션 대표
박정태	한국과학기술출판협회 명예회장	최선호	드림파트너스 대표
김흥기	한국사보협회 회장	양재훈	팍스엔터테인먼트 대표

■ 기획위원

박애경	투데이신문 대표	김재신	씨알존 대표
김들풀	IT뉴스 대표	여지윤	윤스토리 대표
백민철	비엠컴퍼니 대표	이지안	유아이비 대표

 ## 미래창의 캠퍼스 교육과정 총괄표

	기업	학교	공 / 기관	전문가 / 자격증	연수
미래창의 최고위	* 미래전략 최고위 포럼 * 행복한 미래창의경영 최고위 * 미래창의 음악어울림 최고위 워커숍 * 스마트창의 경영 최고위		* 미래전략 최고위 포럼 * 행복한 미래창의경영 최고위 * 미래창의 음악어울림 최고위 워커숍 * 스마트창의 경영 최고위		
미래 전략 4차산업	* 4차산업 미래예측을 통한 비즈니스 개발 * 4차산업 미래전략 혁신 리더쉽 * 기후변화 사업전략 과정 * 동양미래학으로 보는 성공리듬 경영 전략	* 4차 산업혁명시대의 미래직업 설계 * 미래교육 진로지도	* 미래예측을 통한 사업 개발 전략 과정 * 기후변화 사업전략 과정 * 동양미래학으로 보는 성공리듬 경영 전략	* 미래예측전략전문가 1급 / 2급 * IOT(사물인터넷) 전문가 * SW코딩교육전문가 * 3D 프린터 비즈니스 과정	* 미래전략 4차산업 연수 (해외/국내)
혁신	* 창의적 혁신 서비스 마인드 과정 * 저성장 탈출 수익성 개선 혁신 과정 * 코칭을 통한 경영 혁신 과정	*혁신 중소기업 탐방 * 코칭을 통한 교수학습 혁신 과정	* 창의적 혁신 서비스 마인드 과정 * 저성장 탈출 수익성 개선 혁신 과정 * 코칭을 통한 경영 혁신 과정	* 혁신리더십전문가	*4차산업 혁신연수 (IoT / AI)
SMART	* 스마트 비즈니스 역량 강화과정 * 스마트 홍보마케팅 과정	* 플립러닝을 위한 스마트 교수법 * 스마트멀티미디어 취업역량강화 * 스마트 드론영상 제작	* 스마트 서비스 역량 강화과정 * 스마트 캐릭터라이센싱 과정	* 스마트멀티미디어전문가 1급 / 2급 * 스마트 드론 영상 제작 전문가	* SMART FACTORY 연수
창의 인성	* DHA 창의역량 증진과정 * 스마트 창의 인성과정 * 시낭송 창의인성 과정 * 쿠킹을 통한 인성소통과정 * 음악을 통한 인성소통과정	* 글로벌창의리더 체험캠프 * 스토리텔링 창의 캠프 * SW코딩 창의 과정 * 방송영상 창의 캠프 * 독서 창의인성 캠프 * 만화·그림 창의인성 캠프	* DHA 창의역량 증진과정 * 스마트 창의 인성과정 * 시낭송 창의인성 과정 * 쿠킹을 통한 인성소통과정 * 음악을 통한 인성소통과정	* Design Thinking 기반 창의역량증진 전문가 * 북라이크 독서 지도사 * 한궁스포츠 인성지도자	* 인성체험테마 연수
청렴윤리	* 청렴 · 윤리 경영	*청렴교육 직무 연수	* 청렴 직무 교육 * 청렴 · 윤리 경영		*청백리 (스토리/유적) 탐방

ⓒ미래창의캠퍼스 모든 교육과정 내용은 국제미래학회의 지적재산으로 무단복제 및 사용시 민 · 형사상 처벌을 받게 됩니다

미래창의 캠퍼스 교육과정 세부 프로그램

미래예측 전략 최고위 포럼

구분	1일차		2일차	
오전			07:00~08:00 08:00~09:00 09:00~11:00 11:00~12:00 (12:00~13:00)	– 힐링 산책 – 유기농식단의 건강한 조찬 – 저성장 탈출을 위한 뉴노멀 전략 – 스마트폰 비즈니스 소통법 – 쉐프가 마련한 특급 런치
오후	13:30~14:00 14:00~16:00 16:00~18:00 18:00~19:00	– 아이스브레이킹 – 4차 산업혁명 시대의 미래산업 변화 – 특허 분석을 통한 미래유망기술 – 예술과 함께 하는 만찬	13:30~14:00 14:00~16:00 16:00~17:00 17:00~17:30	– 트렌드 미래 비즈니스 예측 전략 – 트렌드 미래 비즈니스 예측 전략 실습 – 미래 비즈니스 예측 전략 발표 – 수료 세레머니
야간 (필요시)	19:00~20:00 20:00~21:00 21:00~22:00	– 퓨처스 휠 미래예측방법론 – 퓨쳐 타입 라인과 미래 산업 지도 – 와인 뮤직 콘서트		

미래창의 전통음악 어울림 최고위 과정

구분	1일차		2일차	
오전			07:00~09:00	– 자연 힐링 산책
			09:00~10:00	– 조식(유기농 조찬)
			10:00~11:00 11:00~12:00	– 미래사회 트렌드와 4차산업혁명 특강 – 4차산업혁명시대 대응 방안 토의
	12:00~13:00	–중식	12:00~13:00	– 오찬
오후	13:00~14:30 14:30~15:00 15:00~15:30 15:30~17:00 17:00~18:00	– 마리소리악기박물관 도착 및 견학 – 어울림의우리음악세계 특강 – 신명난 사물놀이 강습 – 마리소릿골 자연 둘러보며 힐링하기	13:00~15:00 15:00~ 17:00~	– 예술마을 피리골 및 호수 둘렛길 체험 – 출발, 중간 휴게소 차한잔 – 도착
	18:00~19:30	–석식		
야간	20:00~21:30 21:30~23:00	–우리민요와 연주 및 함께 노래부르기 –자연속의 친교의 밤(흑돼지 바비큐)		

4차산업 미래예측을 통한 비즈니스 개발

구분	1일차		2일차	
오전			08:00~09:00	조식
	10:00~11:00 11:00~12:00	– 퓨처 아이스브레이킹 – 팀별 미래예측 신규사업 과제 선정	09:00~10:30 10:30~12:00	– 트렌드 미래 예측 신규 사업 – 개발 방법 및 사례 – 플랫폼 베이스 사업 개발 로드맵
	12:00~13:00	중식		
오후	13:00~15:00 15:00~17:00 17:00~18:00	– 4차 산업혁명과 미래산업 트렌드 – 특허 분석을 통한 미래유망 기술 – 스마트 비즈니스 소통법	13:00~15:30 15:30~16:30 16:30~17:00	– 미래 신규사업 개발 전략 수립 – 자격검정 : 미래 신규사업 개발 전략 발표 – 수료식
	18:00~19:00	석식		
야간	19:00~21:00	– 자사 미래 사업 전략 리뷰 워크샵		

©미래창의캠퍼스 모든 교육과정 내용은 국제미래학회의 지적재산으로 무단복제 및 사용시 민·형사상 처벌을 받게 됩니다

4차산업 미래전략 혁신리더쉽 과정

구분		1일차		2일차
오전	10:00~11:00 11:00~12:00	- 퓨처 아이스브레이킹 - 팀별 미래전략혁신 리더십과제 선정	08:00~09:00	조식

			09:00~12:00	- 미래전략혁신 수립 Framework 작성 방법
				  이해와 실습, 발표
				  : 수립/분석 방법론 이해와 전략방향 도출
				  & Tool 활용, 실습

	12:00~13:00	중식	12:00~13:00	중식

오후	13:00~15:00
	15:00~17:00
	17:00~18:00
		- 4차 산업혁명, 미래산업 트렌드와 유망기술
		  이해
		- 미래신규 사업, 제품/서비스 개발방법과
		  로드맵 작성법 이해와 사례
		- 미래전략혁신 리더십과 필요역량 이해
			13:00~14:30
			
			14:30~16:30
			
			16:30~17:00
				- 비즈니스 실행을 위한 미래전략혁신 리더십
				  강화 이해와 수립 실습(1)
				  : 신규사업, 제품/서비스 개발/진출전략
				  이해와 실습
				- 사업환경 특성에 따른 미래전략혁신 리더십
				  강화 이해와 수립 실습(2)
				  : 경쟁전략 /차별화전략 /원가 우위전략 /
				  리더십 필요 역량별 우위 전략 워크시트
				  작성
				- 수료식

	18:00~19:00	석식		

기후변화 사업전략 과정

구분		1일차		2일차
오전	10:00~11:00 11:00~12:00	기후변화에 대한 현황과 이해 기후변화시나리오 생산과 활용	08:00~09:00	조식
			09:00~10:00 10:00~12:00	기후변화시대와 글로벌 경제 기후변화시대의 뉴비즈니스
	12:00~13:00	중식	12:00~13:00	중식
오후	13:00~15:00 15:00~16:30 16:30~18:00	파리 신기후체제 출범의 의미 기후변화대응 분야별 산업 변화 기후변화시대의 에너지 산업	13:00~14:30 15:00~16:30 16:30~17:00	기상/기후마케팅과 기업경영 미래예측방법론을 통한 기후변화 사업 개발 기후변화 대응과 인류의 미래
	18:00~19:00	석식		

동양미래 성공리듬 경영전략 과정

구분		1일차		2일차
오전	10:00~10:30 10:30~12:00	운명, 정해진 것과 선택 할 수 있는 것 동양미래학의 허실과 예측방법론	08:00~09:00	조식
			09:00~10:00 10:00~12:00	나갈 때와 물러날 때, '석하리듬' 10년주기 인생사계절 석하리듬 ' 찾는법
	12:00~13:00	중식		
오후	13:00~14:00 14:00~15:00 15:00~17:00 17:00~18:00	직관에 의한 예측학 점학의 허실 관찰에 의한 예측학 상학, 관상과 얼굴경영 관찰에 의한 예측학 상학, 풍수지리 수맥 생기 살기 찾는 법, 엘로드 사용법	13:00~14:00 14:00~15:00 15:00~16:00 16:00~17:00	인생계절 10년주기 석하리듬 ' 활용법 자연과 더불어 잘먹고 잘자고 잘사는 법 사상체질과 골드실버 체질요법 석하리듬으로 보는 대한민국 국운과 산업별 미래전망
	18:00~19:00	석식		
야간	19:00~20:00 20:00~21:00	주변 환경을 통해 행운의 시기 찾는 법 주변 환경을 통해 물러날 때 아는 법 인생 슬럼프 극복하기		

©미래창의캠퍼스 모든 교육과정 내용은 국제미래학회의 지적재산으로 무단복제 및 사용시 민·형사상 처벌을 받게 됩니다

4차 산업혁명시대 미래 직업 설계 캠프

구분		1일차		2일차	
오전	10:00~11:00 11:00~12:00	- 나의 미래 직업과 계획 짜기 - 나의 계획 나누기	08:00~09:00	조식	
			09:00~10:00 10:00~12:00	- UCC 조별 발표 및 시상 - 퓨처스 휠을 통한 나의 미래직업 설계 방법	
	12:00~13:00	중식	12:00~13:00	중식	
오후	13:00~15:00 15:00~17:00 17:00~18:00	- 4차 산업 혁명 시대의 미래 산업 - 4차 산업 혁명 시대에 뜨는 직업, 사라지는 직업 - 행복한 성공학 특강	13:00~15:00 15:00~16:00 16:00~17:00	- 개인별 미래직업 설계하기 - 개인별 미래직업 설계 발표 - 발표 우수자 시상 및 수료	
	18:00~19:00	석식			
야간	19:00~21:00	- 미래 직업 주제로 UCC만들기			

4차 산업혁명시대 미래교육 진로 지도 과정

구분		1일차		2일차	
오전	10:00~11:00 11:00~12:00	- 아이스브레이킹 - 4차 산업혁명 시대 방향과 진로 지도	08:00~09:00	조식	
			09:00~10:00 10:00~12:00	-성공하는 미래 인재상 -퓨처스 휠을 통한 미래진로 설계 방법	
	12:00~13:00	중식	12:00~13:00	중식	
오후	13:00~14:00 14:00~16:00 16:00~18:00	-4차 산업혁명 시대에 뜨는 직업, 사라지는 직업 - 미래교육 진로지도 방법 - 미래 진로 방법에 대한 토론하기	13:00~15:00 15:00~16:00 16:00~17:00	-미래 진로지도 방법 작성하기 -개인별 미래 진로지도 방법 발표 -발표 우수자 시상 및 수료	
	18:00~19:00	석식			

꿈을 키우는 미래도전 과정

구분		1일차		2일차	
오전	10:00~10:30	- 도전 관련된 영상 시청 및 과정안내	08:00~09:00	조식	
	10:30~12:00	- 도전의 핵심과 열정의 6가지 습관 - 과거와 현재 그리고 미래의 도전	09:00~10:00 10:00~12:00	- 마음을 얻는 소통과 자기경영 - 소중한 나의 꿈,희망 ,도전	
	12:00~13:00	중식			
오후	13:00~14:00 14:00~15:00 15:00~17:00 17:00~18:00	- 나의 도전이야기 공유 - 학습과 업무의 창의적 도전사례 - 도전한 리더의 공통점 - 위대한 도전인 특강	13:00~14:00 14:00~15:00 15:00~17:00	- 다양성의 힘 - 긍정시너지를 통한 혁신 - 1년,5년,10후의 나의 도전 사명서 작성 및 발표	
	18:00~19:00	석식			
야간	19:00~20:00 20:00~21:00	- 현재의 모습과 미래의 모습 도전그리기 (스토리텔링) - 휴먼네크워크의 도전 (특별한 교제)			

©미래창의캠퍼스 모든 교육과정 내용은 국제미래학회의 지적재산으로 무단복제 및 사용시 민·형사상 처벌을 받게 됩니다

미래 예측 전략 전문가 자격증 과정

구분		1일차		2일차		3일차
오전	10:00~11:00	- 퓨쳐 아이스브레이킹	08:00~09:00	조식	08:00~09:00	조식
	11:00~12:00	- 나의 미래 역량은?	09:00~11:00	- 4차 산업혁명 시대의 미래 성공 역량	09:00~11:30	- 트렌드 생태계 예측 방법론 이해와 실습
			11:00~12:00	- 미래학과 미래 예측 방법론 개요	11:30~12:00	- 실습 결과 발표
	12:00~13:00	중식	12:00~13:00	중식	12:00~13:00	중식
오후	13:00~15:00	- 4차 산업혁명과 미래 사회 메가 트렌드	13:00~15:00	- 시나리오 예측 방법론 이해와 실습	13:00~15:00	- 미래 제품 전략 노출 실습 및 발표
	15:00~17:00	- 미래 유망 기술과 부상하는 산업	15:00~15:30	- 실습결과 발표	15:00~16:00	- 미래 예측 전략 전문가로서 실천계획서 작성
			15:30~17:30	- 퓨쳐스 미래 예측 방법론 이해와 실습	16:00~17:00	- 자격시험 및 수료식
	17:00~18:00	- 스마트 비즈니스 소통	17:30~18:00	- 실습 결과 발표		
	18:00~19:00	석식				

IoT(사물인터넷)전문가 과정

구분		1일차		2일차		3일차
오전	10:00~11:00	- 퓨쳐 아이스브레이킹	08:00~09:00	조식	08:00~09:00	조식
	11:00~12:00	- 4차 산업혁명 시대 미래산업 변화와 IoT	09:00~10:30	- IoT 플랫폼 개요 및 구조	09:00~10:30	- 사물인터넷 디바이스 H/W, S/W 개요와 플랫폼 종류
			10:30~12:00	- IoT 플랫폼 필요 기술과 적용 사례	10:30~12:00	- 사물인터넷 디바이스 사례 (헬스케어, 스마트 홈 시티 금융 물류 유통 마케팅)
	12:00~13:00	중식	12:00~13:00	중식	12:00~13:00	중식
오후	13:00~15:00	- 사물인터넷 개념과 응용서비스 분야 (헬스케어, 스마트 홈 시티금융 물류 유통 마케팅)	13:00~14:00	- 사물인터넷 네트워크 이해	13:00~15:00	- 사물인터넷 응용기술과 제품·서비스 사례 (빅데이터, 클라우드, 모바일)
	15:00~16:00	- 사물인터넷 표준화 개념과 표준화 기구	14:00~16:00	- 사물인터넷 통신기술 이해와 적용 사례 (와이파이, 블루투수, 비콘, RFID/NFC, 지그비 등)	15:00~16:30	- 사물인터넷 비즈니스 모델과 설계, 적용 사례
	16:00~17:00	- 사물인터넷 아키텍처와 레퍼런스 모델, 적용 사례	16:00~18:00	- 사물인터넷 응용계층 프로토콜 (HTTP, CoAP, MQTT, XMPP)	16:30~17:00	- 수료식
	17:00~18:00	- 사물인터넷 보안				
	18:00~19:00	석식				

창의력 혁신 서비스 마인드 과정

구분	1일차	2일차	3일차
오전	**Mind Set (1h)** • 연수원 안내 • 과정목표 및 교육진행안내 • 교육에 들어가기 전 마음가짐 **기업조직의 이해와 팀빌딩 (2h)** • 개인적사고가 아닌 조직적 사고를 배양한다. • IceBreaking	**바른 일과 창의적 사고의 중요성 (3h)** • 고객만족의 일하는 방법 • 창의적 사고가 중요한 이유	**혁신과 변화의 사례와 추진방법 (3h)** • 창의혁신의 실행과 방법 • 시대의 변화에 맞는 창의적인 사고법
오후	**창의적 서비스업무와 혁신 (2h)** • 창의적 서비스업무와 혁신의 이해 • 창의적 업무혁신 실천 기법 **의식강화 모랄 Up 훈련 (3h)** • 의욕 /자신감 향상 훈련 • 신입사원 마인드 되찾기	**서비스 전문가 강연 (3h)** • 고객만족 서비스란 • 시대의 흐름과 서비스의 변화 **고객에게 감동을 주는 서비스 마인드 (2h)** • 무엇을 위한 서비스인가 • 고객만족을 전달하기 위한 대화 Tool	**창의적 혁신과 변화의 적용을 위한 혁신 워크샵 (2h)** • 학습내용을 통한 총 정리강연 • 개인별 실행 선언서 작성 교육마무리

©미래창의캠퍼스 모든 교육과정 내용은 국제미래학회의 지적재산으로 무단복제 및 사용시 민·형사상 처벌을 받게 됩니다

저성장 탈출 혁신 교육과정

구분		1일차		2일차
오전	10:00~12:00	* 저성장/역성장 탈출 시나리오 설정 필요성과 방향성 이해 - 수입의 원천 중심에 기술과 거리로 부가가치 관리 - 구조적, 근본적 변화를 위한 Zero Base에서 새로운 틀 짜기 - 사업계획은 철저한 준비, 실행 최우선 ··· 언제든 탈바꿈 가능	08:00~09:00	조식
			09:00~12:00	* 제품/공정 구조, 흐름 분석 및 기술적/관리적 Parameter 설정으로 제약조건 극복하기 - 원가의 원리와 구조와 제품/공정 흐름분석으로 Parameter 설정과 극복하기 - 창의적 아이디어 발상의 원리와 Tool & Technique / 적용 사례
	12:00~13:00	중식	12:00~13:00	중식
오후	13:00~15:00	* 생존을 넘어 Only One 은 이렇게 혁신하라 - 혁신 활동의 Formula 만들기 - 혁신 활동의 논리와 전략 만들기 - 혁신 Growth Platform 설계하기	13:00~14:30	* 수익성 20% 개선하기 실현방법 / 사례 1) 제품 : 고객과 기술의 거리 넓히기 Point 도출 - 원가관리/방식의 종류,시점 정의 - 제품 ·생산의 기술, 구조 설계 중심 Hidden Cost 도출, 제약조건 구체화 - 개선 실행계획서 작성 방법 / 사례
	16:30~18:00	* 구조적 / 근본적 가치 파괴로 수익성 개선 시나리오와 Point 설정하기 - 성과 없는 관리나 혁신 활동은 모래성, 시한부 인생 연장 Stop 사례 - 자사 손익구조 분석 / Simulation 및 예측 시나리오 작성과 실천 목표 설정하기 - 구성원 마인드, 실행력 강화 단계적 실행 Point 파악 / 설정하기	14:30~16:00	2) 공정 : 고객과 가치의 거리 좁히기 Point 도출 - 제품 생산의 방식/구조/주기, 흐름/편성, 가치 정의 - 제품 ·생산의 방식, 흐름, 가치 중심으로 부가가치 증대 과제 도출 - 개선 실행계획서 작성 방법 / 사례
			16:00~17:00	3) 경비 : 구조적 발생 제거와 근본개선 Point 도출 방법 / 사례

스마트 홍보 마케팅 전문가 과정

구분		1일차		2일차
오전	10:00~11:00 11:00~12:00	- SMART 아이스브레이킹 - 스마트멀티 미디어 시대 생활 변화와 홍보마케팅 중요성과 활용	08:00~09:00	조식
			09:00~10:00 10:00~12:00	- 스마트 비즈니스 소통법 - 스마트 홍보 영상 촬영법과 UCC 영상 편집 /제작 방법 익히기
	12:00~13:00	중식	12:00~13:00	중식
오후	13:00~15:00 15:00~16:00 16:00~17:00 17:00~18:00	- 스마트폰 기본 기능이해 /활용법과 홍보마케팅 플랫폼 채널 구축과 성공사례 - 홍보마케팅 스토리텔링과 스마트홍보 스토리작성하기 - 스마트 사진 촬영과 편집, 홍보 메시지 사진으로 소통하기 - 스마트폰으로 홍보 포토영상 만들어 소통하기	13:00~14:00 15:00~15:00 15:00- 16:00 16:00~17:00	- 사진과 영상으로 스마트 홍보 UCC 만들기 - 스마트폰 활용을 통한 스마트 홍보 UCC 홍보 마케팅 방법과 제작물 SNS 올려 소통하기 - 스마트멀티미디어전문가 자격 검정 - 우수자 시상 및 수료식
	18:00~19:00	석식		

스마트 교수법 과정

구분		1일차		2일차
오전			08:00~09:00	조식
	10:00~10:30 10:30~12:00	- 오리엔테이션 및 자기 소개 - 플립드 러닝 및 하브루타 교수법 개요	09:00~10:00 10:00~12:00	- Youtube 활용 - Google drive 활용 - Google Chrome 확장 프로그램 활용
	12:00~13:00		중식	
오후	13:00~14:00 14:00~15:00 15:00~17:00 17:00~18:00	- 플립드 러닝을 위한 영상 제작 - 플립드 러닝을 위한 동영상 편집 - 플립드 러닝을 위한 이미지 편집 - 플립드 러닝을 위한 eBook 제작	13:00~14:00 14:00~15:00 15:00~16:00 16:00~17:00	- 학습자와 소통할 수 있는 클래스팅 활용 - 유용한 프로그램 소개 - 스마트 기기 및 어플 소개
	18:00~19:00	석식		
야간	19:00~20:00 20:00~21:00	- Prezie, Emaze, 프레젠테이션 - PowerPoint, keynote 프레젠테이션		

©미래창의캠퍼스 모든 교육과정 내용은 국제미래학회의 지적재산으로 무단복제 및 사용시 민 · 형사상 처벌을 받게 됩니다

스마트 드론 영상제작 캠프

구분		1일차		2일차
오전	10:00~10:30 10:30~12:00	– 오리엔테이션 및 자기소개 – 스마트시대 드론 영상 의미와 전망	08:00~09:00	조식
			09:00~10:00	– 드론 활용 야외 스마트폰 촬영법 익히기
			10:00~12:00	– 드론 활용 야외 스마트폰 촬영 실습
	12:00~13:00	중식		
오후	13:00~14:00 14:00~15:00 15:00~17:00 17:00~18:00	– 드론 구조 및 작동법 익히기 – 드론 조종 실습 – 드론 영상 촬영법 익히기 – 드론 영상 촬영 실습	13:00~14:00 14:00~15:00 15:00~16:00 16:00~17:00	– 드론 활용 스마트폰 영상 촬영하기 – 드론 촬영 영상 스마트폰 편집하기 – 자격검정 : 드론 스마트 영상 제작 시연 – 우수자 발표시상 및 수료식
	18:00~19:00	석식		
야간	19:00~20:00 20:00~21:00	– 스마트폰으로 영상 편집 익히기 – 스마트폰 영상 편집 실습		

스마트 멀티미디어 전문가 자격증 과정

구분		1일차		2일차		3일차
오전	10:00~11:00 11:00~12:00	–개강식 및 스마트 시대의 특성 –스마트시대 콘텐츠 영향력과 스마트폰 200% 고급 활용법	08:00~09:00	조식	08:00~09:00	조식
			09:00~11:00 11:00~12:00	–PC/노트북 활용한 UCC 영상 만들기 –SNS 활용 효과적인 홍보마케 팅 방안과 사례	09:00~11:30 11:30~12:00	–모바일웹 제작 프로그램 익히 – 실습 결과 발표 본인의 모바일웹 기획하기
	12:00~13:00	중식	12:00~13:00	중식	12:00~13:00	중식
오후	13:00~14:00 14:00~15:00 15:00~17:00 17:00~18:00	–스마트폰 고급 촬영법 및 실습 –스마트폰 포토메시지 만들기 –스마트폰 포토영상 만들기 –스마트폰 QR 코드 제작 및 활용 실습	13:00~14:30 14:30~16:30 16:30~17:00 17:00~18:00	– UCC 스토리보드 만들기 –스마트폰 활용한 UCC 영상 작품 만들기 –제작한 UCC 영상 작품으로 SNS 활용 소통하기 –UCC 작품 발표하기	13:00~15:00 15:00~16:00 16:00~17:00	–본인의 모바일웹 제작하기 –모바일웹 활용 SNS 홍보마케 실습 –자격시험 및 수료식
	18:00~19:00	석식				

스마트 창의 인성 강화 과정

구분		1일차		2일차
오전	10:00~11:00 11:00~12:00	– SMART 아이스브레이킹 – 스마트 시대 생활 변화와 스마트 윤리 필요성과 콘텐츠 영향력	08:00~09:00	조식
			09:00~10:00 10:00~12:00	– 건강한 스마트 소통법 – 스마트 활용 사진/영상 촬영법과 UCC 영상 편집/제작 방법 익히기
	12:00~13:00	중식	12:00~13:00	중식

오후	13:00~15:00
	
	15:00~16:30
	
	16:30~18:00
		– 스마트 창의 인성 이해와
		 인성 8덕목 이론과 실제, 활용 사례
		– 스마트 창의 인성역량 진단과
		 인성강화 Map 작성과 활용법 / 사례
		– 스토리텔링 방법과 창의 인성강화 소통
		 Map / 스토리 작성하기 / 발표
			13:00~14:30
			
			15:00~16:30
			
			16:30~17:00
				– 창의 인성강화 스토리 실습(1)
				 :예. 칭찬보드 / 공감 메시지 만들어
				  소통하기 / 발표
				– 창의 인성강화 UCC 실습(2)
				 :예. 책임, 협동 스마트 UCC 만들어
				  소통하기 / 발표
				– 발표 우수자 시상 및 수료

	18:00~19:00	석식		

©미래창의캠퍼스 모든 교육과정 내용은 국제미래학회의 지적재산으로 무단복제 및 사용시 민·형사상 처벌을 받게 됩니다

시낭송 창의 인성 과정

구분	1일차		2일차	
오전	10:00~11:00 11:00~12:00	- 내가 좋아하는 시와 자기소개 - 시를 통한 자기성찰 특강	08:00~09:00	조식
			09:00~10:00 10:00~12:00	- 시퍼포먼스 방법과 사례 특강 - 개인별 시낭송 클리닉 받기
	12:00~13:00	중식	12:00~13:00	중식
오후	13:00~14:00 14:00~15:00 15:00~17:00 17:00~18:00	- 현대 사회에서 시낭송의 의미 - 시를 들려주고 함께 낭송하여 보기 - 시낭송을 잘하는 7가지 방법 익히기 - 시낭송 발성 연습하기	13:00~14:00 14:00~16:00 16:00~17:00	- 시낭송 무대 발표 연습 - 개인별 시낭송 및 소감 발표 - 발표 우수자 시상 및 수료
	18:00~19:00	석식		

쿠킹을 통한 인성소통 과정

구분	1일차		2일차	
오전	10:00~11:00 11:00~12:00	- 내가 좋아하는 요리 및 자기소개 - 요리를 활용한 조직 커뮤니케이션 활성화	08:00~09:00	조식
			09:00~10:00 10:00~12:00 12:00~13:00	- 세계 식사 비즈니스 에티켓 - 창의적인 샌드위치 요리 실습 - 따뜻한 식사 테이블 셋팅법 실습
	12:00~13:00	맛있는 대화, 맛있는 오찬	13:00~14:00	셰프와 함께하는 따뜻한 오찬
오후	13:00~14:00 14:00~14:30 14:30~15:00 15:00~17:00 17:00~18:00	- 쿠킹을 통한 인성소통 의미와 방법 - 메뉴소개 및 레크레이션 (Guessing game) - 재료안내 및 재료교환권 게임 - 조별 쿠킹 주제선정 및 쿠킹 실습 - 조별 쿠킹 작품 프리젠테이션 및 평가	14:00~15:00 15:00~16:00 16:00~17:00	- 맛있는 조직 소통법 특강 - 개인별 소감 발표 - 우수 팀 및 우수자 시상, 수료
	18:00~20:00	요리, 스타일링 응용팁 만찬과 와인 파티		

디자인 씽킹 기반 창의역량증진 과정

구분	1일차		2일차	
오전			08:00~09:00	조식
	10:00~10:30 10:30~12:00	창의융합시대에서의 창의성 Big C-Pro C	09:00~10:00 10:00~12:00	- 창의역량 개발 워크숍 (1) - 디자인 씽킹 체험하기 워크숍 (1) : Warming Up : 공감하기 : 문제의 발견과 정의하기
	12:00~13:00	중식		
오후	13:00~14:00 14:00~15:00 15:00~17:00 17:00~18:00	- 일상 속 창의성 - 관찰과 공감으로 여는 디자인 씽킹 (Design Thinking)	13:00~14:00 14:00~15:00 15:00~16:00 16:00~17:00	- 창의역량 개발 워크숍 (2) - 디자인 씽킹 체험하기 워크숍 (2) : 아이디어 도출하기 : 시제작 (Proto Type) : 테스트 하기(TEST)
	18:00~19:00	석식		
야간	19:00~20:00 20:00~21:00	- 창의적 사고기법 알고 적용하기 활동 1. 브레인스토밍 적용 아이디어 도출 2. SCAMPER 적용 아이디어 도출		

©미래창의캠퍼스 모든 교육과정 내용은 국제미래학회의 지적재산으로 무단복제 및 사용시 민 · 형사상 처벌을 받게 됩니다

스토리텔링 창의 교육 과정

구분	1일차		2일차	
오전	10:00~10:30 10:30~12:00	– 오리엔테이션 및 자기소개 – 스토리텔링의 이해	08:00~09:00	조식
			09:00~10:00 10:00~12:00	사건 스토리텔링하기 (팀) 팀별 발표 및 토론
	12:00~13:00	중식		
오후	13:00~14:00 14:00~15:00 15:00~17:00 17:00~18:00	– 스토리텔링의 이론 – 스토리텔링의 실재 – 브레인스토밍 연습 (개인) (단어퍼즐 /사진텍스트) – 브레인스토밍 결과물 토론	13:00~14:00 14:00~15:00 15:00~16:00 16:00~17:00	– 만화 & 애니메이션 스토리텔링 – 영화 & 드라마스토리텔링 – 게임스토리텔링 – 우수발표 시상식 및 수료식
	18:00~19:00	석식		
야간	19:00~20:00 20:00~21:00	– 세계관 스토리텔링하기 (팀) – 캐릭터 스토리텔링하기 (팀)		

SW 코딩 창의 캠프 과정

구분	1일차		2일차	
오전	10:00~11:00 11:00~12:00	– 오리엔테이션 , 팀배정 및 자기소개 – 인공지능과 SW 코딩 특강	08:00~09:00	조식
			09:00~10:00 10:00~12:00	– 스마트폰으로 로봇 제어 방법 익히기 – 팀별 스마트폰 로봇 제어 어플 제작하기
	12:00~13:00	중식		
오후	13:00~14:00 14:00~15:00 15:00~17:00 17:00~18:00	– SW코딩 개념과 스크래치 이해하기 – 스크래치 사용법 익히기 – 스크래치 이용하여 로봇 제어 코딩하기 – 초음파센서 이용 회피로봇 코딩하기	13:00~14:00 14:00~15:00 15:00~16:00 16:00~16:30	– 재난구조 로봇 코딩 익히기 – 팀별 로봇 재난구조 활동 구상 연습 – 팀별 로봇 재난구조 활동 시연하기 – 우수팀 발표시상 및 수료식
	18:00~19:00	석식		
야간	19:00~20:00 20:00~21:00	– 팀별 로봇 코딩 제어 연습하기 – 팀별 로봇 코딩 제어 시연하기		

방송영상 창의 캠프 과정

구분	1일차		2일차	
오전	10:00~11:00 11:00~12:00	– 오리엔테이션 및 자기소개 – 그룹별 스마트 콘텐츠 주제 선정	08:00~09:00	조식
			09:00~10:00 10:00~12:00	– 건강한 스마트 미디어 특강 – 팀별 영상 콘텐츠 제작하기
	12:00~13:00	중식		
오후	13:00~14:00 14:00~16:00 16:00~17:00 17:00~18:00	– 스마트폰 영상 사례 및 촬영법 익히기 – 개인별 스마트폰 영상 편집 익히기 – 팀별 컨셉 선정과 스토리 아이디어 개발 – 팀별 스토리보드 작성하기	13:00~14:00 14:00~15:00 15:00~16:00	– 팀별 영상 콘텐츠 프리젠테이션 – 개인별 스마트폰 영상 제작 자격 검정 – 우수팀 발표시상 및 수료식
	18:00~19:00	석식		
야간	19:00~21:00	– 팀별 스토리보드 기반 촬영, 제작하기		

©미래창의캠퍼스 모든 교육과정 내용은 국제미래학회의 지적재산으로 무단복제 및 사용시 민 · 형사상 처벌을 받게 됩니다

독서 창의 인성 캠프 과정

구분		1일차		2일차
오전	10:00~11:00 11:00~12:00	- 오리엔테이션 및 자기소개 - 나의 독서 관리 및 독서능력 진단	08:00~09:00	조식
			09:00~10:00 10:00~12:00	- 신나는 독서 및 토론하기 특강 - 팀별 책 주제 만화 발표 준비
	12:00~13:00	중식		
오후	13:00~15:00 15:00~16:00 16:00~18:00	- 창의 인성 책 읽기 - 가장 인상적인 책 스토리 나누기 - 책 스토리를 그림으로 표현하기	13:00~14:00 14:00~15:00	- 팀별 발표, 영상 촬영하여 증정 - 우수 발표시상 및 수료식
	18:00~19:00	석식		
야간	19:00~21:00	- 팀별 인성 책 주제 선정 및 만화 그리기		

한궁스포츠 인성지도사 과정

구분		1일차		2일차
오전	10:00~11:00 11:00~12:00	한국 전통생활체육의 정의와 현황 및 필요성 스포츠를 통한 건강한 인성실천 방법의 이해	08:00~09:00	조 식
			09:00~10:00 10:00~12:00	국민기본건강인성실천운동 및 체.인.지 운동 이해 한궁 대회 체험 및 진행요령 익히기
	12:00~13:00	중 식	12:00~13:00	중 식
오후	13:00~15:00 15:00~16:30 16:30~18:00	한궁의 필요성과 기본자세 이해 및 개인별 숙련 한궁의 다양한 활용에 따른 맞춤형 교수법 한궁 훈련 효과 분석 및 적용하기	13:00~14:30 15:00~16:30 16:30~17:00	한궁으로 하는 다양한 인성역량 놀이 체험하기 검증 및 간담회 수여식 및 인성실천 선포식
	18:00~19:00	석 식		

청렴 · 윤리 경영 과정

구분		1일차		2일차
오전	10:00~11:00 11:00~12:00	- CLEAN 아이스브레이킹 - 청렴윤리경영 이해와 필요성, 유형	08:00~09:00	조식
			09:00~10:30 10:30~12:00	- 윤리적 위기의 태동과 위기 극복을 위한 청렴윤리경영 8단계와 의사결정 전략 - 윤리적 행동 강화를 위한 윤리 수준/원칙 이해와 코칭
	12:00~13:00	중식	12:00~13:00	중식
오후	13:00~15:00 15:00~16:30 16:30~18:00	- 21C 청렴윤리경영 주요 Issue, 방향과 사례(한국,외국) - 윤리경영의 과제 :체계구성, 비전, 방향, 시스템 구축, 운용 문화정착 프로그램 - 분야별 윤리경영 실천과제 :마케팅/영업, 인사조직, 생산관리, 구매, 재무, 정보, 회계, 금융, 보험 등	13:00~14:00 14:00~15:30 15:30~16:30 16:30~17:00	- 청렴윤리경영 문제점과 단기/중기 개선 방안 - 부정청탁금지법 이해와 청렴사회 구현의 길 - 청렴윤리경영 진단지표 이해와 진단, 분석, 결과 활용법, 사례 - 수료식
	18:00~19:00	석식		

©미래창의캠퍼스 모든 교육과정 내용은 국제미래학회의 지적재산으로 무단복제 및 사용시 민 · 형사상 처벌을 받게 됩니다

서울본부캠퍼스
서울시 서초구 논현로 83
삼호물산 A동 1415호
TEL 02-501-7234

서울강남캠퍼스
서울시 강남구 논현로 543
은주빌딩 4.5층

서울신촌캠퍼스
서울특별시 서대문구 신촌로 197
한국방송예술진흥원 빌딩

곤지암캠퍼스
경기 광주시 도척면
도척윗로 702 곤지암밸리

홍천캠퍼스
강원도 홍천군 서석면 검산리
100 마리소리음악연구원

아산캠퍼스
충청남도 아산시 음봉면
아산온천로 148-39
미래전략혁신사관학교

파주캠퍼스
경기도 파주시 파주출판
도시 문발동 500-8
나비나라박물관

전주캠퍼스
전북 전주시 덕진구
벚꽃로 54

청양캠퍼스
충남 청양군 운곡면 신
대리 789
한궁세계화연수원

울산캠퍼스
울산광역시 중구 중앙길 29
울산문화산업개발원

제주캠퍼스
제주도 서해안로 456-8번지
북라이크연수원

원주캠퍼스
강원도 원주시 귀래면 귀래리
산 300-1 번지 산막학교

4차 산업혁명시대
대한민국
미래 성공전략

| 초판 1쇄 인쇄 | 2018년 9월 5일 |
| 초판 1쇄 발행 | 2018년 9월 10일 |

저자	국제미래학회 장영권 · 안종배		
펴낸이	박정태		
편집이사	이명수	감수교정	정하경
편집부	김동서, 위가연, 이정주		
마케팅	조화묵, 박명준, 송민정	온라인마케팅	박용대
경영지원	최윤숙		

펴낸곳	광문각
출판등록	1991. 5. 31 제12-484호
주소	파주시 파주출판문화도시 광인사길 161 광문각 B/D
전화	031-955-8787 팩스 031-955-3730
E-mail	kwangmk7@hanmail.net
홈페이지	www.kwangmoonkag.co.kr

| ISBN | 978-89-7093-911-7 03320 |
| 가격 | 22,000원 |

이 책의 무단전재 또는 복제행위는 저작권법 제97조5항에 의거
5년 이하의 징역 또는 5,000만 원 이하의 벌금에 처하게 됩니다.

저자와의 협약으로 인지를 생략합니다.
잘못된 책은 구입한 서점에서 바꾸어 드립니다.